本书由中共上海市委党校（上海行政学院）
学术著作出版基金资助出版

周敬青 / 著

解读林彪

上海人民出版社

目录

弁 言

于 南

四十多年以前发生的震惊全国、轰动全世界的"九一三"事件,是中共党史特别是建国以来党史上罕见的一个重大事件。它客观上宣告了"文化大革命"理论和实践的失败。林彪集团问题成为"文化大革命"史研究的一个热点和难点,尽管中央对林彪问题早已有明确的结论。20世纪80年代初,最高人民法院特别法庭及各级军事法院对林彪集团案,依法进行了审理和判决。各种新闻媒体作过详细报道,证据确凿,量刑适当。司法界公布了一些案件有关的资料,学术界也出版了一些研究林彪集团和"九一三"事件的专著和论文。总的看来学术性研究成果不算多。

由于林彪事件的发生十分突然,情节离奇,甚至带有戏剧性色彩,十大元帅之一的林彪,似乎一夜之间就由"亲密战友和接班人"变成"死有余辜的叛徒卖国贼",这个人物反差太大,一些人至今对林彪事件仍有某些疑问和难以理解之处,也是很自然的。

值得注意的是海外也出版了一些有关林彪问题的作品。其中严肃的学术探讨很少,大多是以林彪事件为背景,有的属于猎奇,胡编乱造,还有的是别有用心基于反华、丑化中共及其领导人的目的,散布一些似是而非、歪曲事实的材料和结论,为林彪鸣冤叫屈。国内某些以林彪事件为题材的有些所谓纪实作品、地摊文学并无学术价值,大多是商业利益驱动下的炒作。近年来一些与林彪集团有牵连的所谓知情人、亲历者,以种种借口,歪曲事实甚至捏造材料为林彪辩护,企图翻案,蒙蔽了一些不明真相的人,使本已清楚、明确的问题,又被搅浑了水。

在这种情况下,作者选择了这个有相当难度的课题,收集了大量资料,对林彪集团进行剖析,廓清林彪集团的来龙去脉,回答了人们的一些疑问,批驳了一些谬误,实事求是地还林彪的本来面目,填补了林彪问题研究中的一些空白,这是一件十分有益的学术工作。

究竟如何评价林彪历史上的功过？林彪集团的概念和内涵是什么,究竟哪些人属于这个集团？作者在第一、二章中作了评价和界定,是否符合实际、公允、妥当,请读者去评判吧！林彪已是写入党章的接班人,为何还要抢班夺权？中共九届二中全会上他们坚持设国家主席和天才论的实质是什么？海外有人为林彪喊冤叫屈有事实根据吗？林彪问题在国内外的研究现状、存在的问题是什么？如何深入研究？在本书第三、四、五章中,作者都有自己的见解。最后一章作者提出林彪现象的几点反思,相信也会引起读者特别是经历十年浩劫的中老年人的某些反思吧？

学术研究贵在创新,但创新又离不开借鉴别人的研究成果。本书在继承与创新两方面结合得比较好。例如对林彪蜕变的轨迹的描绘,特别是由林彪现象引发的几点经验教训,是从历史传统、体制弊端以及"文化大革命"特定政治环境等多方面剖析的,说服力强,既富有理论色彩又有一定的现实意义。

本书的一大特色是以充分确凿的史料和事实,批驳了海内外有关林彪事件的一些歪曲和谣传,会有一定的国际影响。《剑桥中华人民共和国史》(1966—1982年)在国际上被认为是一部权威性的著作。本书作者对该书叙述林彪外逃的一个情节提出批评说:希望外国的学者注意吸纳最新的资料与研究成果,"不要不加分析引用一些纯属臆测的描述,道听途说的材料或别有用心的观点,这样才能保持学术著作的严肃性和可信度。"

1999年7月,本书作者在《党的文献》杂志上发表的《林彪外逃中一个插曲的真相》,2001年春突然被国内外一些媒体转载。当时我在悉尼,当地中文《澳华新报》在3月22日整版转载,通栏标题是:《中国当代政坛最高机密被揭开:"林彪被迫飞往苏联"纯属虚构》。可见影响之大。此文见本书第五章几个有关史实辨析。

历史特别是对历史人物的评价,常常需要时间的检验和沉淀。好似一个钟摆,由肯定到否定,再由否定到肯定,肯定中有否定,一般情况下摆幅越来越小,功过是非逐渐接近本来面目。但离作出完全的、历史的、理性的科学论断,本书不能算一个终结,它只反映现时的政治历史环境、掌握的资料及作者目前的认识水平。

本书是一部严肃性的学术著作,却又有很强的可读性,许多章节还是很吸引人的。值得关心党史、"文革"史和林彪问题的读者先睹为快。

我当了几十年的教书匠,一名普通的党史工作者,研究成果很少,从未出版过个人专著,也没有给任何书籍写过序言,让我来为周敬青博士的学术专著写序言,实在是难为我了。我勉强答应下来,也是有些缘由的。

其一,二十多年前,我曾有机会接触到林彪案件一些案卷材料。1980 年以来,我在教学中经常讲述林彪集团和"九一三"事件这个专题。1987 年发表过 3 万多字的《林彪集团兴亡初探》。至少我对有关林彪问题书刊所引资料是否真实,还有些鉴别力,不至于将所谓纪实文学作品虚构的"何秘书",当作真人编入"真相""全传"中。

其二,我与作者导师金春明教授的关系密切。1977 年我调入中央党校后,十余年一直在金的领导下做"文革"史的教学和研究工作。他担任博士生导师后,约有七八年时间,我一直是他博士研究生指导小组成员之一。周敬青选定论文题目后,金春明让她来找我。我曾给作者提供一些建议和资料,却未承担指导论文写作的实际责任,因为那时我准备出国探亲。

其三,2001 年 5 月我探亲回来后,应邀担任论文评阅人和答辩委员会成员。

由于这几层关系,我只好写了这几段内容介绍式的话,支差了事。至于本书的学术价值究竟如何,相信读者会作出公正的判断。

2013 年 2 月于中央党校大有北里

第 一 章

解 析 林 彪

　　1971年爆发的被一些人视为"中国政治之谜"、"亚洲最大谜团之一"的"九一三"事件,已有四十余年了。林彪事件,存在若干难解之谜,以至于四十余年来始终是一个引起多方关注的热点问题,这种情况无论在中国还是国外都不多见。虽然批林文件和"两案"审判已经作出了明确的结论,基本上揭开了谜底,且多年来,探讨"九一三"事件和林彪其人的论著颇多,其中不乏质高力作,但社会上的各种猜测、不真实的传说、离奇的谣言,通过多种渠道传播,影响甚广。国外有的研究者还提出了一些挑战性的说法。而我国史学界对林彪集团问题的研究还很薄弱,对某些有分歧的观点缺乏有说服力的评析,对一些深层次上的理论问题缺乏深入研究。历史的车轮已隆隆驶进21世纪,我们仍有必要拂去尘埃,澄清迷雾,对林彪集团问题进行再研究,揭开笼罩在这个问题上的神秘面纱,展现历史的真相,从中获取启迪和教益。

第一节　功过是非话林彪

　　林彪本人可谓林彪集团关键的一环。林彪是20世纪中叶中国政坛上的一个风云人物。他也是一个复杂的历史人物,他曾做过好事,也曾做过错事,还曾做过坏事,有功绩也有罪恶。他的一生,跌宕诡奇,曲折多变,从"天才战术家"①、战功赫赫的元帅到"永远健康"的接班人,最后暴尸荒野,经历了由人到神,由神变鬼的可悲历程。实事求是地评价林彪的历史地位、作用及功过是非,是一件复杂的工程。

　　革命战争年代,林彪曾以显赫的战功由排长、连长、营长、团长升迁为纵队司令员、红四军军长、军团长、红军大学校长,此后又担任八路军第一一五师师长,东北

---

① ［美］埃德加·斯诺:《西行漫记》,生活·读书·新知三联书店1979年版,第4页。

民主联军总司令,东北军区、东北野战军司令员和中共中央东北局书记,第四野战军司令员、中共中央华中局(后改为中南局)第一书记、华中军区(后改为中南军区)司令员等要职。他曾作为主要指挥者率部在红军四次反"围剿"、长征突围、强渡大渡河、飞夺泸定桥、攻占腊子口、平型关大战、辽沈战役、平津战役、解放海南岛战役等著名战役中屡战告捷。林彪是中国人民解放军战功最卓著的高级将帅之一,他的大名当年曾四海飞扬,威震敌胆。

新中国成立后,林彪的政治地位也是持续上升的。从中南军政委员会主席、中共中央中南局第一书记先后升至中央人民政府革命军事委员会副主席、国务院副总理、国防委员会副主席、十大元帅之一、国防部长、中共中央军委副主席、中共中央副主席等要职;林彪在党的领导人中的排列次序也是不断升迁的,从中共八大上位居第七到中共八届五中全会上名列第六;中共八届十一中全会上,又奇迹般地由第六位上升到第二位,并在会后成为党中央的唯一副主席;中共九大正式将林彪的接班人地位写入党章。然而,在"九一三"事件中,"林副主席",这位"接班人"、"副统帅",仓皇出逃,折戟沉沙,黑白反差之鲜明,令人瞠目结舌。

为了详细了解林彪的生平,这里转述《军事大百科全书》对"林彪"这一词条的解释。

林彪(1907年12月5日①——1971年9月13日),军事家。原名祚大,字阳

---

① 林彪的具体出生年月有几种说法:

[美]埃德加·斯诺在《西行漫记》(第80页)中记载林彪生于1908年。

星火燎原编辑部编写的《中国人民解放军将帅名录》(第一集)(解放军出版社1987年版,第10页)一书中认为林彪出生于1906年。

《中国共产党历史大辞典》(总论·人物卷)(中共中央党校出版社1991年版,第390页)林彪这一词条说林彪出生于1907年。还有几个资料说林彪是1907年12月出生,但具体日期有所不同,有12月7日和12月5日之说。

少华、游胡著《林彪这一生》(湖北人民出版社2003年版,第3页)中记述:"林彪出生于1907年12月7日(清光绪三十三年十一月初三生)。"

王海光著《折戟沉沙温都尔汗》(辽宁人民出版社1997年版,第4页)中说:"林彪1907年12月5日出生在湖北黄冈县林家大湾。"

汪幸福的《林氏三兄弟》(新华出版社1995年版,第220页)中也说林彪的出生年月为1907年12月5日。

笔者就这一问题请教林彪的女儿林晓霖,她确认林彪生于1907年,她说林彪和她的母亲刘新民结婚时,林彪是30岁,她的母亲是17岁,刘新民是1920年生,可以推断出林彪是1907年出生。笔者也倾向于1907年出生之说。林彪出生年代的不同说法可能是由于新旧历换算中出现了差错。

春,号毓蓉。曾用名育蓉、育荣。生于湖北黄冈林家大湾。曾在武昌共进中学读书,1923 年 6 月加入中国社会主义青年团。1925 年在"五卅"反帝运动影响下,参加学生运动,曾出席在上海召开的全国学生联合会第七次代表大会。同年冬,考入黄埔军校第四期,在校转入中国共产党。1926 年 10 月毕业后,被分派到国民革命军第四军独立团(后改编为第二十五师第七十三团)任见习排长。次年 4 月,参加武汉国民政府举行的第二次北伐,任连长。

1927 年 8 月参加了南昌起义,任起义军第十一军二十五师七十三团连长。南昌起义军在广东潮(安)汕(头)地区受挫后,随朱德、陈毅转战闽粤赣湘边界。1928 年 1 月参加湘南起义,任工农革命军第一师一营二连连长。[①]同年 4 月,随军转到井冈山,任中国工农红军(初称工农革命军)第四军二十八团营长、团长,参加井冈山革命根据地的反"进剿"、反"会剿"斗争。1929 年 1 月,随朱德、毛泽东挺进赣南、闽西,3 月任红四军 1 纵队队长(亦称司令员)。1930 年 6 月任红一军团四军军长,1932 年 3 月任红一军团总指挥(后称军团长)。率部参加了文家市、长沙、吉安、赣州、漳州、南雄水口、乐安宜黄、金溪资溪等重要战役和中央苏区第一至第五次反"围剿",曾多次指挥所部担任战役战斗的主攻任务。先后被选为中共红一方面军总前委委员、中共苏区中央局委员、中华苏维埃共和国第一、第二届中央执行委员和中央革命军事委员会委员。1934 年 10 月中央红军开始长征,率部参加突破国民党军第一、第二、第三、第四道封锁线和强渡乌江等作战。1935 年 1 月,参加了中共中央在贵州遵义召开的政治局扩大会议。会后,指挥红一军团参加四渡赤水、巧渡金沙江、强渡大渡河、夺占泸定桥等作战。同年 7 月,红一军团在中央红军与红四方面军会师后改称第一军,任军长。9 月,任红军陕甘支队副司令员兼第一纵队司令员。11 月,陕甘支队到达陕北恢复第一方面军番号后,仍任红一军团军团长,随后率部参加了直罗镇战役和东征战役。1936 年 6 月,任中国人民抗日红军大学校长,后兼政治委员。1937 年 1 月,红大改称中国人民抗日军政大学,继任校长兼政治委员,并兼任抗大第一分校校长兼政治委员。

抗日战争爆发后,任八路军第一一五师师长和该师军政委员会书记,并任中共中央革命军事委员会和军委前方分会委员,率部挺进华北前线,首战平型关,重创日军华北方面军第五师,取得全国抗战开始后第一个大胜利。1938 年 3 月在山西

---

① 林彪于 1928 年 3 月召开的工农革命军第一师连以上军官和耒阳县委委员以上的干部会议上被任命为营长。朱毛井冈山会师时林彪担任营长职务。

行军途中被晋绥哨兵开枪误伤,返回延安治疗。同年冬,赴苏联就医。1942年2月回国抵达延安,参加整风运动,任中共中央党校管理委员会成员。同年10月至1943年7月曾赴重庆,与周恩来一起就克服内战危机,继续合作抗日问题同蒋介石谈判。1945年4月,参加中共第七次全国代表大会,当选为中央委员。8月,当选为中共中央军委委员。

抗日战争胜利后被派往山东,拟任山东军区司令员。途中奉命转赴东北,先后任东北人民自治军总司令,东北民主联军总司令兼政治委员,东北军区、东北野战军司令员兼政治委员和中共中央东北局书记,并兼任东北军政大学校长等职。指挥了四平、新开岭、三下江南四保临江和东北1947年夏、秋、冬攻势及辽沈决战等重要战役,解放东北全境。1948年底,率部入关,任人民解放军平津前线司令员和中共平津前线总前委书记,与罗荣桓、聂荣臻一起,统一指挥东北野战军和华北军区部队进行平津战役。1949年3月,东北野战军改称第四野战军,任司令员。5月,兼任华中军区司令员,并任中共中央华中局第一书记,先后指挥了宣沙、湘赣、衡宝、广东等战役,解放中南广大地区。在解放战争时期,他总结部队的作战经验,提出了"一点两面"、"三三制"、"四组一队"、"四快一慢"等一系列战术原则。他关于战斗作风和战术问题的多次讲话曾印发部队指导作战和训练。

中华人民共和国成立后,任中南军政委员会(后改为中南行政委员会)主席,中南军区兼第四野战军司令员,中共中央中南局第一书记以及第一届全国政协常务委员等职。1951年11月,任中央人民政府人民革命军事委员会副主席。1954年起,任国务院副总理和国防委员会副主席。1955年4月,在中共七届五中全会上被补选为中央政治局委员。9月,曾被授予中华人民共和国元帅军衔和一级八一勋章、一级独立自由勋章、一级解放勋章。1958年5月,在中共八届五中全会上被增选为中共政治局常委和中共中央副主席。1959年9月,兼任国防部部长,旋任中共中央军委副主席,主持军委日常工作。1969年4月,在中共九届一中全会上继任中央政治局常委、中共中央副主席和中央军委副主席。"文化大革命"中,他与陈伯达、黄永胜、吴法宪、叶群、李作鹏、邱会作等结成反革命集团,同江青反革命集团互相勾结,有预谋地诬陷迫害党和国家领导人,阴谋夺取党和国家的最高领导权。1971年9月8日,他下达反革命武装政变手令,企图谋害毛泽东,另立中央。阴谋败露后,于1971年9月13日乘飞机外逃,在蒙古温都尔汗地区机毁身亡。1973年8月20日,中共中央通过决议,开除其党籍。1981年1月25日被中华人民共和国最高人民法院特别法庭确认为林彪反革命集团案主犯。

以上是林彪的一份简单的人生履历。

关于林彪在历史上的功过是非,过去曾经有过两种截然不同的评价:

在"九一三"事件前,是一切肯定,还存在拔高甚至捏造的倾向,如称林彪为"常胜将军";说南昌起义的组织者和领导者是林彪;把"朱毛会师"改成"毛林会师",有的"史书"上还写道,是林彪等率领部队上井冈山和毛泽东会师,对朱德、陈毅只字不提,而井冈山会师时,林彪实际上不过是一个营长;中国革命博物馆里朱德军长挑粮上山的扁担被"林彪的扁担"取而代之;在"九大"党章上说林彪"一贯高举毛泽东思想的伟大红旗,最忠诚最坚定地执行和捍卫毛泽东同志的无产阶级革命路线,林彪同志是毛泽东同志的亲密战友和接班人"等等。

"九一三"事件后,一段时间又一切否定,特别是在党的十一届三中全会前,有些受"左"的影响的人对林彪持全盘否定的态度,认为林彪是投机革命,抱着篡党夺权的个人野心和反革命目的,在各个革命历史时期都犯有滔天罪行。例如,说他在辽沈战役和平津战役中,"有意对抗毛主席的战略方针和战略部署";林彪的许多在战争年代行之有效的战略战术被斥为"资产阶级军事路线"等等。

党的十一届三中全会后,有不少学者认为,林彪的蜕化是有个过程的,对林彪历史上的功过是非应作实事求是的评价。认为林彪在民主革命时期,虽然犯过这样那样的错误,但总的来看还是功大于过,战功卓著。国内史学界比较共同的看法是"文化大革命"开始前后一个时期,林彪从一个革命者由于个人野心和权欲膨胀而逐步蜕变为野心家、阴谋家和反革命集团的头目。

中共中央《关于建国以来党的若干历史问题的决议》(1981年6月)对"文化大革命"中的林彪是这样定论的:"至于毛泽东同志所重用过的林彪、江青等人,他们组成两个阴谋夺取最高权力的反革命集团,利用毛泽东同志的错误,背着他进行了大量祸国殃民的罪恶活动,这完全是另外一种性质的问题。"

邓小平、胡耀邦、杨尚昆、陈云、黄克诚等老一辈革命家都曾对林彪作过专门论述,对我们认识和分析林彪集团,有着重要的指导意义。

"九一三"事件以后,被打倒下放到江西劳动的邓小平以"林彪不亡,天理难容"八个字来表达自己对这一事件的看法。

邓小平在给毛泽东的信中实事求是地谈了对林彪的看法,对林彪的军事才能也作了客观的评价,对林彪在军队建设中搞空头政治和割裂毛泽东思想作了批评。

邓小平在信中说:对于林彪我没有什么重要材料可以揭发,特别是对于他们的历史我一无所知,只能回忆一下平时对他们的感觉:对林彪,我过去觉得他很会打仗。我不相信什么常胜将军,不打败仗的将军是没有的。事实上他也不是每仗必胜,但认为他毕竟是一个军事能手。他的沉默寡言,我也觉得是一个长处。在历史上,我知道他犯了两个错误,一次是在长征时,搞秘密串联。如果没有主席的威望和坚强的领导,不知会成为什么局面。再一次是抗美援朝,这也是一个严重的政治关头,他又出面反对主席的极端重要的决策,并且拒绝到朝鲜作战,按说他是比彭德怀更适当的人选,而他竟拒绝了。在实质上说,他是怕美国,不相信会打败美帝,不相信自己的正义立场和自己的力量。这两件事,一直到八届十一中全会,在大家的自我批评的空气中,他才轻描淡写地说一下。对于军队建设,我过去一直肯定林彪在这方面的作用。过去我只觉得他在强调人的决定因素的时候,忽略了军事技术和战术训练,林彪多次说,只要人不怕死就会打胜仗。这是正确的,又是片面的。在"文化大革命"中,我见到"毛主席缔造的,林副主席直接指挥的"这样的提法,觉得这是提高林彪威信的提法,现在原形毕露,才恍然大悟了。

谈到林彪的为人时,邓小平的信中说:全国解放后,我从一些事情中,逐渐觉得他是一个怀有嫉妒心和不大容人的人,这是我从他对罗荣桓、刘伯承等同志的态度中看出的,对刘的批评不是与人为善的,林在军委扩大会议上的讲话更是声色俱厉,他们甚至说刘在二野没有起到什么作用,似乎只有我在那里起作用。当时我曾为此说过,没有那样能够很好合作的司令员,我这个政治委员也起不了什么作用的(我记得在常委会也说过)。对我这个态度林彪当然是不高兴的。罗荣桓同志和林彪是老战友,按说他们应该是很好的,罗荣桓同志为人朴实,诚恳和厚道,是大家所知道的,罗在部队中是很有威信的,林彪就说过,四野干部有事都找罗,不找他。记不得是不是在 1959年,罗荣桓同志曾指出林在宣传毛泽东思想中,只强调老三篇,是把毛泽东思想庸俗化,林彪非常不高兴,从此与罗的关系很坏,至于与贺龙的关系,大家是知道的。

邓小平对林彪对待毛泽东思想的态度和用心也作了分析:对于林彪高举毛泽东思想伟大红旗,我过去一直认为他抓得对、抓得好,比我好得多。但是,过去在两点上我是一直不同意的,一是林彪只强调老三篇,多次说只要老三篇就够用了。我认为毛泽东思想是在一切领域中全面发展了马克思列宁主义,只讲老三篇,不从一切领域中阐述和运用毛泽东思想,就等于贬低毛泽东思想,把毛泽东思想庸俗化。一是说感觉林彪的提法是把毛泽东思想同马列主义割裂开来,这同样是贬低了毛泽东思想的意义,我是赞成强调毛泽东思想对于马列主义的继承、捍卫和发展作用的。①

---

①　详见 1972 年 8 月 3 日邓小平致毛泽东的信。

1980年11月26日,胡耀邦在中央纪律检查委员会召开的座谈会上发表讲话时,谈到由相信社会主义到蜕化为法西斯主义在历史上是有的,他指出:"意大利那个墨索里尼,开始是主张社会主义的,以后却变成了法西斯主义的头子。我看林彪一伙,也应该说开始是相信社会主义的,后来变成了封建法西斯分子。有的国家,不是已经从社会主义国家,变成对外扩张的霸权主义国家了吗? 这些不管是从理论上、实践上都是说得通的。"①

1984年杨尚昆在全军党史资料征集工作座谈会上的讲话,就如何评价林彪在历史上的表现,作了具体的分析。杨尚昆说:"对林彪怎么估价? 林彪在东北那一段,除了在若干问题上与毛主席相对立外,包括进关,一直打过长江,打到海南岛,应该说,肯定的方面不少。不能因为他以后叛国了,就说他从东北起就一坏到底。无论如何他还是红军的一个战将,他是打了不少仗。"②

1985年2月11日,黄克诚同志就总政百科全书编辑室撰写的中国大百科全书军事卷我军军事人物条目释文中的"林彪"条释文谈了以下意见:

"林彪死了十几年了,对他也要用历史唯物主义的观点去写他的历史。林彪在我军历史上是有名的指挥员之一,他后来犯了严重的罪行,受到党纪国法的制裁,这是罪有应得。但是在评价他的整个历史时,应当一分为二,一方面是他在历史上对党和军队的发展、战斗力的提高,起过积极的作用;另一方面是后来他对党、国家和军队的严重破坏,造成了极为严重的后果。

"据我了解,毛主席和朱总司令在中央根据地指挥中央红军作战时,他们手下有几个著名的战将,一个是彭德怀,一个是林彪,一个是黄公略。红四军是毛主席、朱总司令创建的,成立红一军团后,红四军就是林彪指挥,他是红四军军长。开始时一军团三个军,在这三个军中,战斗力最强的是红四军,战功最大的是红四军。据我了解,林彪的确有指挥作战的能力。他生前我是这么说,他死了以后我还是这么说。有人说林彪不会打仗,这不是历史唯物主义的态度,不符合历史事实。

"在土地革命时期,他先当连长、营长、纵队司令,以后当红四军军长。在毛主席、朱总司令领导下,他指挥了不少战斗。在我们军队中,他可以说是一个战将。要承认这个事实。一军团在我国革命历史上,起的作用是很大的,打过很多仗,在

① 中共中央文献研究室:《三中全会以来》(上),人民出版社1982年版,第577—578页。
② 杨尚昆:《关于征集党史军史资料和编纂军事史料丛书的几个问题》,《党史通讯》1984年第11期。

一军团基础上发展起来的部队也很多。当然主要是毛主席、朱总司令领导的。后来林彪是军团长。在写这一段时，我想可以写他指挥过红四军、红一军团，在一至五次反'围剿'和长征中，他指挥了渡乌江、腊子口等战斗。在广西全州战役中，他在前线指挥一军团和三军团一部分作战。那时我是四师政治委员。我带部队到全州地区时，他指挥我们。我亲自找了他，他告诉我部队怎么摆法。土城战斗是他指挥的，不过那次战斗没有打好，没有消灭敌人。

"在抗日战争初期，林彪指挥了平型关战斗。平型关战斗的胜利，对鼓舞全国人民的抗日信心，树立八路军在全国人民中的声威有重大作用。这个战斗是林彪和其他同志一起指挥的。他是一一五师师长，聂荣臻同志是副师长，罗荣桓同志是政治部主任。不过主要指挥还是他。毛主席、朱总司令当时都不在前线。后来有人说，平型关战斗打错了，这不是历史唯物主义的观点。

"解放战争时期，1945年冬我们进军东北的部队是十万多点，经过三年，到1948年12月部队进关时是一百多万人。带十万人进去，带一百多万人回来，建立了东北那么大的解放区。当然这不是林彪一个人的功劳，这是整个东北局和东北部队指战员和东北人民的功劳。但是林彪是主要领导人，也不能抹煞这一点。不然外国人会说我们写历史不顾历史事实。在'林彪'这条释文中，对他的成绩也需要稍具体一点，概括地写几句话。譬如，他与陈云、罗荣桓、李富春等同志，共同领导了东北的解放战争，解放了整个东北；后来进关指挥平津战役，解放华北；以后又进军中南，直到中南地区全部解放，他才回来休息。总之，对他历史上的成绩也要概括地写出来。"

"至于他后期的问题，属于另外一个性质，那不是错误，而是严重的罪行。他坐飞机外逃，机毁人亡，身败名裂，自己给自己作了结论，这要严肃批判，当然也要按照历史事实表述出来。总起来说，我的意见就是要按历史唯物主义的观点，用历史学者的态度，来写林彪的历史，好的、坏的两方面都写，不要只写一面。"他说："你们写人物志，要学习司马迁，他在史记里写了一大群历史人物。你们现在要用历史唯物主义的观点，用历史学者的态度，去评价历史人物。"①

林彪的个人经历虽反差鲜明，但也是一个逐渐发展变化的过程，对林彪应作客观的分析，应当看到林彪的蜕变不是偶然的。但目前学术界对林彪蜕变的原因尚缺乏深入的分析。见微知著，本章第二、三、四、五节将追溯林彪蜕变的轨迹。当

---

① 《黄克诚同志对大百科全书"林彪"条释文的意见》，《党史通讯》1985年第6期。

然,这种写法也可能给人以没有过多写林彪是如何"过五关,斩六将"之荣,而只是写他"败走麦城"之嫌,但为了不使本文偏离主题,暂且在林彪的战功方面节省笔墨。下面以历史年代为基本线索,剖析林彪蜕化的原因。

第二节 战争年代的林彪

一、富有军事才能,战功卓著

林彪在少年时期曾受过比当时一般人更多的教育,文化基础比较厚实,在黄埔军校学习虽不到一年,但由于他个性孤僻,不爱交际,因而更能集中精力和时间专攻学业、思考问题,掌握了较系统的军事理论知识。林彪生平几乎没有任何个人爱好,但对军事却情有独钟,对战争有着独特的感悟力和深刻的洞察力。据说林彪曾广泛地阅读古代兵书,对《孙子兵法》、《曾胡治兵语录》之类书爱不释手。

1926 年 10 月,林彪从黄埔军校第四期步兵科毕业后,正值北伐军攻克武昌。林彪被中共湖北省委分配到国民革命军第四军叶挺独立团任见习排长。林彪参加了北伐战争和南昌起义。到井冈山后,在三打永新和龙源口激战中,林彪表现出其机智灵活、善用疑兵的战术风格,赢得了毛泽东的赏识。1928 年 7 月红四军参谋长兼二十八团团长王尔琢牺牲后,林彪接任王尔琢的职务,担任二十八团的团长。1929 年春,红四军重新整编,下分三个纵队,林彪担任主力纵队一纵队司令员,与伍中豪、黄公略并称毛泽东手下的"三骁将"。

1930 年 6 月根据中共中央指示,红四军整编为红一军团,朱德任总指挥,毛泽东任政治委员,全军团约 2 万多人。林彪出任红一军团四军军长。1930 年 8 月,红一军团和红三军团合编为红军第一方面军,朱德任总司令,毛泽东任政治委员。红一方面军成立后不久,蒋介石就调集重兵发动了大规模的"围剿":

1930 年 11 月至 1931 年 1 月,红一方面军在江西省南部地区反击国民党军 10 万兵力对中央苏区的第一次"围剿"的战役。第一次反"围剿"中,红一方面军五天内打了两个胜仗,共歼敌 1.3 万人,特别是龙岗一役,歼敌近 1 万人,活捉了国民党"围剿"军前线总指挥、第 18 师师长张辉瓒。

1931 年 4 月至 5 月,红一方面军在江西省南部、福建省西部地区,反击国民党军对中央苏区的第二次"围剿"的战役。在第二次反"围剿"中,中国工农红军第一方面军在 15 天中,由西向东横扫 350 公里,五战五捷,共歼国民党军 3 万余人。

1931年7月至9月，红一方面军在江西省南部地区反击国民党军对中央苏区的第三次"围剿"的战役。此役，红一方面军共歼国民党军17个团3万余人，其中俘1.8万余人。

1933年2月至3月，红一方面军在江西省宜黄县南部地区，反击国民党军对中央苏区的第四次"围剿"的战役。在黄陂、草台岗两次战斗中，一举歼灭蒋介石的嫡系部队近三个师，俘师长李明、陈时骥，击伤师长萧乾，俘虏官兵万余人。首创了大兵团山地伏击战的范例。蒋介石的嫡系部队遭受如此沉重的打击，这在以往历次战役中是不曾有过的。蒋介石的"手谕"中说："此次挫败，凄惨异常，实有生以来唯一之隐痛。"

林彪率领的部队参加了中央根据地的历次反"围剿"作战，战功卓著。林彪也赢得了"常胜将军"的美名。蒋介石称林彪是"战争的魔鬼"，悬赏十万元缉拿林彪的首级。

由于"左"倾错误在中央占据统治地位和冒险主义的错误领导，中央红军（红一方面军）在第五次反围剿作战中屡战失利，1934年10月10日被迫退出中央苏区进行战略转移，开始长征。这支远征的部队由中国共产党中央委员会、中华苏维埃共和国中央革命军事委员会率领，包括中央红军五个军团（红一军团，总指挥林彪、政委聂荣臻；红三军团，总指挥彭德怀、政委杨尚昆；红五军团，总指挥董振堂、政委李卓然；红八军团，总指挥周昆、政委黄功、政治部主任罗荣桓；红九军团，总指挥罗炳辉、政委蔡树藩）及军委第一、第二纵队共8.6万余人。

长征中，林彪、聂荣臻率领红一军团作为红军主力，屡建战功。国民党军在中央红军的转移途中，精心布置了四道封锁线。在突围过程中，红一军团始终作为全军的开路先锋，历尽艰辛，过关斩将。湘江之战，红军付出惨重的代价，折损过半，只剩下3万余人。红一军团浴血奋战，也是损失惨重。长征途中，抢渡乌江天险、智取贵州省遵义城、强渡大渡河、飞夺泸定桥、攻占天险腊子口，这些富有传奇色彩的战例为红一军团战史上增添了一道道亮丽的风景，也为林彪赢得了很高的声誉。哈里森·索尔兹伯里在《长征——前所未闻的故事》中是这样描绘林彪的："他是红军中年轻的鹰。在一九三五年那明媚的春天里，云南的田野万紫千红，到处是雪白、桃红和淡紫的罂粟花，在阳光下迎风摇曳。在红军这道星河中，没有比林彪更为灿烂的明星了。"

抗日战争爆发后，林彪出任八路军第一一五师师长。该师首战平型关告捷，鼓舞了全国军民的抗战胜利信心，打破了日军"不可战胜"的神话。第一一五师抓住日军骄横狂妄和麻痹大意的弱点,正确地运用伏击战术,以勇猛顽强的精神,发挥山地战和近战的特长,以劣势装备一举歼灭日军精锐第 5 师团第 21 旅团一部 1 000 余人,击毁汽车百余辆、马车 200 辆,缴获步兵炮 1 门、轻重机枪 20 余挺、掷弹筒 20 余具、步枪 1 000 余支、军马 53 匹及其他大批军用物资。作战中,第一一五师伤亡 400 余人。此次作战规模虽小,却是华北战场上中国军队主动寻歼敌人的第一个大胜仗,打击了侵华日军的嚣张气焰,振奋了全国的民心士气,提高了中国共产党和八路军的声威,其政治上的意义是远远大于军事上的。平型关首战告捷,全国各大报刊头版头条给林彪挂满了"抗日英豪"、"民族英雄"、"无敌元帅"、"常胜将军"的桂冠。一夜之间,林彪的名字家喻户晓。

抗日战争胜利后,国民党在美国的援助下,向东北大举运兵,企图消灭中国共产党在东北的抗日力量,独占东北。中共中央作出了"向北发展、向南防御"的战略方针,并决定从关内各解放区抽调一批部队和干部挺进东北。中央调派政治局委员、中央委员和候补中央委员共 20 名(政治局委员彭真、陈云、高岗、张闻天,中央委员和候补中央委员林彪、李富春、李立三、罗荣桓、林枫、蔡畅、王稼祥、黄克诚、王首道、谭政、程子华、万毅、古大存、陈郁、吕正操、肖劲光),率领各解放区抽调的部队和干部,海陆并进,日夜兼程向东北进发,先机占领东北各战略要点、重要城市和交通枢纽。1945 年 10 月 31 日,东北人民自治军总部成立,林彪任总司令。这支部队不过十余万人,到 1946 年 1 月改称东北民主联军时,总兵力已达 27 万人,到辽沈战役前发展为 103 万人。

在解放战争中,林彪挥师从白山黑水到平津重地,挥戈江南,横槊五岭,直打到天涯海角。这支威武之师依靠人民群众,同其他部队密切配合,先后发起了辽沈战役、平津战役、汉浔间渡江战役、湘赣战役、宜(昌)沙(市)战役、衡宝战役、广东战役、广西战役、海南岛战役等著名战役,歼灭国民党军 180 多万人(不含后期剿匪战绩),部队也由 10 多万人发展成为一支多兵种和拥有 180 多万人的人民武装,是四个野战军中人数最多的一个野战军。

"歼敌 180 多万人","部队发展到 180 多万人",这两个"180 多万"显示出第四野战军的卓著功勋,他们为新民主主义革命的胜利和共和国的建立,立下了汗马功劳,在中国革命史和战争史上写下了不朽的篇章。其主帅林彪自然功不可没。

二、性格弱点:孤傲与狭窄

林彪身上也有许多毛病和缺点,这在战争年代已有所显露,主要表现为在重大问题上的判断,往往缺乏远见和全局观,在关键时刻容易动摇。林彪敢于提出不同意见,但缺乏独立自我批评精神,即使被证明是错误的,内心仍然耿耿于怀。此外,他身上还存在气量小,心胸狭窄,性格孤傲,有点恃才傲物,不善于处理人际关系,报复心强,对个人名利考虑较多等个性弱点。

(一)摇摇摆摆赣南路

据陈毅回忆:1927年南昌起义受挫后,朱德率领2 000多人,转移到江西大余,进行整编,准备向赣南开进。在向赣南开进途中,林彪开了小差。由于环境险恶,起义部队中有些人感到前途渺茫而悲观动摇。其中有一些军官包括林彪,企图另找生路。当时林彪任第73团7连连长,陈毅是第73团指导员(党代表)。林彪带了一批黄埔军校毕业的军官来找陈毅表示要离开队伍,另寻出路,他们还劝陈毅也走。其他几个连长被陈毅劝阻了,但动摇已久的林彪还是开了小差。在部队离开大余的那天,他伙同几个动摇分子,向梅关方向跑去。在逃跑的路上,林彪发现地主武装团队在关口上把守得很紧,对形迹可疑的人不仅要搜查、盘问,还要抢物打人,甚至枪杀。林彪害怕了,感到走投无路,被迫于当夜返回部队。陈毅当时批评了他,但对他回来还是表示欢迎,还让他回连队当连长。①

开小差当然是一种意志薄弱、信念动摇的表现。但毕竟当时林彪还是个20岁的青年,受党教育的时间不长,第一次面临这么严峻的局面,发生动摇,也并非不能理解。但到了"文化大革命"中,有些人百般吹捧林彪,林彪这段不大光彩的个人历史,竟被篡改成了南昌起义失败后,是林彪率领剩余部队上井冈山与毛泽东会师,"朱毛会师"应改为"林毛会师"。深悉内情的陈毅痛斥道:伪造历史是一种犯罪行为。南昌起义上井冈山,林彪起过什么作用?说穿了他是一个逃跑分子。

1972年5月21日,周恩来在中央批林整风汇报会第一次全体会议上的讲话谈到这段历史时说,怎么能把朱、毛会师说成了毛主席跟林彪会师呢?这是歪曲历史嘛!1974年,朱德在住处对来访的原解放军总政治部主任萧华说:"在井冈山上时,他林彪才是个营长哟,怎么能说井冈山会师是他林彪和毛主席会师呢!历史就是历史,他们胡闹不行。"②

(二)在朱毛之争中的林彪

1929年6月初,红四军领导层中就建立和巩固农村根据地、建军及党对军队

---

① 杜易:《大雪压青松:"文化大革命"中的陈毅》,世界知识出版社1996年版,第243页。
② 中共中央文献研究室:《朱德年谱》(1886—1976)下,人民出版社2006年版,第1986页。

领导的一些原则性的问题发生了争论。争论的焦点主要是红四军前委和军委的关系问题。

自井冈山会师以来,在红四军中,前委与军委一直并存,军委置于前委的领导之下。部队向赣南、闽西挺进中,为统一指挥,红四军决定军委停止办公把权力集中到前委,由毛泽东任前委书记。毛泽东任前委书记,指挥部队打了不少胜仗,将赣南、闽西的革命根据地工作开展得蓬蓬勃勃。由于此时军队和地方工作都比较繁重,前委难以再兼顾军委的工作,故决定从1929年5月起恢复军委办公,由中央新派到红四军工作的刘安恭任临时军委书记。

刘安恭就任不久,在一次临时军委会议上由他提议并形成一个决议:即今后前委只负责研究制定部队的行动等大的方针,部队的指挥权则由军委掌握。这一决定,显示出一种脱离前委领导,与前委分庭抗礼的倾向,下级党委限制上级党委的领导权,这显然是错误的。毛泽东对刘安恭的这一错误决定十分气愤,多次表示不能同意和接受这一决议。

红四军第一纵队司令员林彪在这场争论中是一个举足轻重的角色。

在1929年6月8日召开的白砂前委扩大会议前,林彪给毛泽东写了一封信,主要表示不赞成毛泽东离开前委并表态坚决支持毛泽东和前委工作,反对刘安恭错误做法。

林彪在信中也对朱德进行了尖刻的攻击:"现在四军里实有少数同志的领袖欲望非常高涨,虚荣心极端发展。这些同志又比较在群众中是有地位的。因此,他们利用各种封建形式形成一无形结合(派),专门吹牛皮的攻击别的同志。这种现象是破坏党的团结一致的,是不利于革命的,但是许多党员还不能看出这种错误现象起而纠正,并且被这些少数有领袖欲望的同志所蒙蔽阴谋,(附)和这些少数有领袖欲望的同志的意见,这是一个可叹息的现象。"肖克将军认为,林彪在前委会议前"给毛泽东写信,内容是党的问题而且是极严重的问题,用的辞句是'封建关系'、'无形结合派'、'政客的手段'、'卑污的行为'、'阴谋'等超出当时四军党内领导集团政治生活常态的危言。"①

林彪不仅在给毛泽东的信中含沙射影地攻击朱德,平时也常常散布对朱德的流言蜚语。例如,朱德同士兵的关系从来都是很融洽的,但林彪却指责朱德是"拉拢下层"。

---

① 参见青木:《中国元帅朱德》,中共中央党校出版社1995年版,第176页。

原来,自井冈山会师以来,林彪就对朱德产生强烈不满。原因是:井冈山会师不久,毛泽东感觉这个二十来岁的小营长不错,曾打算让林彪接替已升为红四军参谋长的王尔琢,担任二十八团团长。在朱德的印象中,林彪很聪明,也有军事才能,但资历过浅,还有许多地方思想不纯,何况二十八团是四军的主力团,因此说对林彪还要看一看,团长先由四军参谋长王尔琢兼任。林彪得知后非常不满,为此耿耿于怀,憎恨起朱德来。

白砂会议的主要议题仍是讨论是否成立正式军委的问题,会上的争论主要是在刘安恭和林彪之间进行。刘安恭将锋芒直指毛泽东,林彪在会上对朱德进行攻击。就要不要军委问题,毛泽东和朱德两位主要领导人之间发生了分歧,朱德认为中央对红四军成立军委有指示;毛泽东认为与其有名无实,要也没用。会议在投票表决时,以36票赞成,5票反对,决定撤销临时军委。

白砂会议后,毛泽东写了《复林彪的信》,朱德也写了《答林彪同志谈前委党内争论的信》,双方就此问题分别向林彪谈了自己的看法和理由。前委机关刊物《前委通讯》将林彪致毛泽东的信、毛泽东和朱德写给林彪的信一并刊印发表。

1929年6月下旬,红四军党的第七次代表大会在福建龙岩召开。毛泽东打算在会上通过总结建军以来的经验,解决争端问题。但他的正确主张未能为多数同志所认识和接受。在讨论中,林彪再次坚持他给毛泽东信上所写的内容和对朱德的看法,而刘安恭则要求实行完全选举制度,轮流更换党内负责同志,他的提议遭到了否定。大会在中央未指示改组前委的情况下,改选了前委。毛泽东没有继续当选为前委书记。这一职务改由陈毅担任。

这次大会没有正确解决红四军存在的主要问题,并没有起到应有的效果,但大会决议对于林彪写给毛泽东的信的批评还是比较中肯的:"林同志这信是写给私人的,但内容是关于党的问题,而且是极为严重的问题。林同志现为这严重的问题所感动,便应该向党报告,尤不应仓促(距前委会议的三个小时以前)写这封信,这是不对的。这并不是禁止私人间写信,其主要意义是要同志不要离开党而谈论严重问题。因为这样不但不能解决党内的纠纷反而使之加重。林同志信内的词句如'封建关系','无形结合派','政客手段','卑污的行为','阴谋'等,这些现象固然一部分足以引起林同志的怀疑,但不是很具体的事实,未免过分估量,失之推测,这是错误的。"①

---

① 江华:《关于红军建设问题的一场争论》,《党的文献》1989年第5期。

这场争论直到 1929 年 12 月召开的红四军第九次党代表大会即古田会议上才有一个正确的答案。古田会议认真地总结红军创建以来党在同各种错误思想、错误倾向作斗争过程中积累起来的丰富经验,其中心思想是要用无产阶级思想进行军队和党的建设。古田会议统一了思想认识,并且选举产生了以毛泽东为书记的新的中共红四军前敌委员会。

对于如何评价林彪在这场争论中的表现,历来褒贬不一。主要有三种观点:

第一,"文化大革命"中,林彪及其同伙把它作为政治资本大加赞扬,林彪俨然以正确路线的代表和毛泽东一贯的支持者、追随者而自居。

第二,认为林彪在这场争论中怀有个人企图,推波助澜,起了很坏的作用。

第三,认为林彪毕竟是公开站出来支持毛泽东的正确的建军主张的,当时的情况下这样做是需要勇气的。至于他在争论中说了过头话,在当时也是比较普遍的现象。

笔者认为第二种和第三种说法都有一定的道理,既不能否认林彪敢于支持正确主张的胆识和勇气,也不能不看到林彪对朱德的批评失去了善意,带有倾向性的个人目的,暴露了林彪个性里心胸狭窄、报复心强的一面。

(三)"红旗究竟能打多久"

古田会议结束不久,在 1929 年末,红四军指战员认真学习和贯彻古田会议精神,准备迎击闽粤赣三省敌人的"会剿"。林彪过高地估计了敌人三省"会剿"的军事形势,对时局和革命前途十分悲观,对建立革命根据地缺乏信心。他用贺年的方式,给毛泽东写了一封长信,在信中对形势作出悲观的估计,怀疑"红旗究竟能打多久"。

对于林彪提出的这个问题,毛泽东十分清楚它的代表性,林彪提出的"红旗究竟能打多久"在革命根据地中并非是个别人的观点,尤其是在一部分领导干部中存在着这种思想倾向,对这种甚为危险的情绪,决不能听之任之。

1930 年初,毛泽东给林彪写了一封长达六七千字的回信。毛泽东在信的开篇是这样写的:"新年已经到来几天了,你的信我还没有回答。一则因为有些事情忙着,二则也因为我到底写点什么给你呢? 有什么好一点的东西可以贡献给你呢? 搜索我的枯肠,没有想出一点东西了,虽然不知道到底你的情况切合不切合,但我这点材料实是现今斗争中一个重要的问题,即使于你的情况不切合,仍是一般紧要的问题,所以我就把它提出来。"

毛泽东在这封信中批评了当时林彪以及党内一些同志对时局估量的一种悲观

思想。毛泽东满怀希望地预言革命高潮即将到来:"它是站在海岸遥望海中已经看得见桅杆尖头了的一只航船,它是立于高山之巅远看东方已见光芒四射喷薄欲出的一轮朝日,它是躁动于母腹中的快要成熟了的一个婴儿。"①毛泽东给林彪的信以《时局估量和红军行动问题》为题,印发各纵队、大队党支部,展开讨论。

历史已经证明,林彪的悲观是短视的表现,而毛泽东却表现出一位伟大政治家的远见卓识。毫无疑问,在对形势的判断和战略思考方面,林彪的眼光远不如毛泽东,但这只是战略眼光问题,而不是立场问题。

然而,心胸狭窄的林彪对这件事始终耿耿于怀,事隔将近二十年,1948年在出版《毛泽东选集》第一版时,林彪向中央提出,希望在公开刊行这封信时不要提他的姓名。毛泽东同意了这个意见,把这封信改题为《星星之火,可以燎原》,指名批评林彪的地方作了修改。事隔将近三十年后,1969年林彪重上井冈山,由他人捉刀《西江月·重上井冈山》词一首:

西　江　月
重上井冈山

繁茂三湾竹树,苍茫五哨云烟。井冈搏斗忆当年,唤起人间巨变。红日光弥宇宙。战旗涌作重洋。工农亿万志昂扬,誓把敌顽埋葬。

四十年前旧地,万千往事萦怀。英雄烈士启蒿莱,生死艰难度外。志壮坚信马列,岂疑星火燎原。辉煌胜利喜开颜,斗志不容稍减。

林彪将别人代拟词稿中的"坚信英明领袖"一笔勾掉,改为"志壮坚信马列";将"何疑星火燎原",改为"岂疑星火燎原"。对林彪在词中自我标榜的"志壮坚信马列,岂疑星火燎原"一句,毛泽东重重地划上了两道粗线,并打了一个问号,说:这是历史公案,不要再翻了。

当然,对于林彪敢于写信给毛泽东提出自己想法的这种做法是无可非议的,黄克诚将军评价说:"……林彪写信给毛主席,提出'红旗能打多久'的问题。在党内来说,一个下面的干部,向党的领导反映自己的观点,提出自己的意见,现在看来这是个好的事情;如果把自己的观点隐瞒起来,上面说什么就跟着说什么,这是不正确的态度。林彪不隐瞒自己的观点,尽管观点错误,但敢于向上面反映,就这一点说,是表现了一个共产党员的态度。……在党内不隐瞒自己的观点,按照组织系统

① 《毛泽东选集》第1卷,人民出版社1991年版,第106页。

提出自己的意见,我们应该提倡这种事情,不是批判这种事情。特别现在应当提倡这种作风。"①

(四) 个人主义的最初表现

"九一三"事件后,朱德、聂荣臻都揭发过林彪。

朱德说:"林彪的个人英雄主义在井冈山时期就有所表现。那时,党为了武装地方游击队,从他所在的连队调人、调枪支,就调不出来。他不顾党和革命的大局,死守着小团体不放,实际上是扩大了的个人主义。我军从井冈山建军起,就建立了军事人员服从政治委员领导的制度。他不相信政治委员的领导作用,也不接受政治委员的领导。党派去的政治委员,他不与之合作,不服从政治委员的领导,有的甚至被他排挤出来。他只要政治部主任,好便于他独裁。他从来就看不起他的上级。井冈山时期他当连长时,就看不起营长周子昆同志,他想办法反对周子昆。后来他当了营长,便开始反对团长王尔琢同志。"用聂荣臻的话说:林彪"独断专行,排挤同级政工干部,当连长时看不起营长,当营长时又反对团长。"②

从林彪担任红 28 团团长后,他的脾气褊狭古怪,猜忌疑心,所以同历任团党代表都搞不好关系,难以共事。28 团改称第一纵队后,党代表由谢唯俊继任。林彪对谢唯俊也看不顺眼,经常跑到毛泽东那里告状,硬是把谢唯俊挤走了。

第一纵队改为红四军后,罗荣桓出任红四军政委。罗荣桓一心扑在部队建设上,把军中政治工作、宣传教育、军事训练和后勤保卫等各项工作安排得井井有条,连林彪也觉得无可挑剔。因此,林彪除了负责指挥打仗和钻研战术外,对部队日常工作索性不管了,一时间,林罗之间倒也相安无事。毛泽东对罗荣桓在红四军的政治工作感到满意,也对林罗关系感到放心。毛泽东高兴地对身边的同志说:"罗荣桓到四军,不是跟林彪团结得很好吗?"③但罗荣桓在某些私下场合,曾这样形容与林彪共事:和林彪共事等于判无期徒刑。

1932 年,林彪任新组建的红一军团军团长,担任红一军团政治委员的聂荣臻注意到这样一件事:他看到林彪口袋里经常带着一个小本子,上面记的尽是些历次战斗的歼敌和缴获的数目。有一次,还碰到他向机要科的同志要第三次反"围剿"歼敌多少的统计数字,看到他那种沾沾自喜的样子,聂荣臻感到很不舒服。后来接

---

① 《黄克诚同志对大百科全书"林彪"条释文的意见》,《党史通讯》1985 年第 6 期。

② 聂荣臻:《聂荣臻回忆录》,解放军出版社 1986 年版,第 847 页。

③ 黄瑶:《中国元帅罗荣桓》,中共中央党校出版社 1998 年版,第 169 页。

触多了,发现林彪有非常浓厚的个人主义。他往往夸大了自己的作用,把荣誉都记在自己的功劳簿上。① 聂荣臻还谈到:林彪"性格基本上是内向的,平时不大讲话,与他推心置腹地交换意见很困难"②;刘伯承也对林彪存有这样的印象:这个人主观、狭隘,听不得不同意见,什么都是自己对,权威思想严重。

(五)林彪的《论短促突击》——难解之谜

如何评价林彪的《论短促突击》一文,一直是众说纷纭。

"短促突击"论的发明者是李德。李德,原名奥托·布劳恩,德国共产党员,曾在莫斯科陆军大学(即伏龙芝军事学院)学习。毕业后不久即到中国担任共产国际军事顾问。

1933年9月底,正当国民党军队对中央根据地发动第五次反"围剿"之际,李德从上海来到瑞金。此时,中央根据地正在王明的"左"倾机会主义路线统治时期,临时中央的主要领导人博古对李德十分信赖和支持,他们实际上是这次反"围剿"的最高军事指挥者。

李德完全不了解中国情况,只是搬用苏联红军正规战争的经验。他们废弃过去几次反"围剿"中行之有效的积极防御方针,而实行军事冒险主义的方针,主张"御敌于国门之外",即要求红军在根据地以外战胜敌人。到11月中旬,红军连续作战近两个月,不仅没有能打败敌人,反而因辗转于敌军的主力和堡垒之间,遭到很大损失,陷于被动地位。这时,临时中央领导人即由军事冒险主义转变为军事保守主义。他们采取消极防御的战略方针,推行"短促突击"的战术原则。李德提出的"短促突击"的战术原则,要求红军在敌人修筑堡垒、步步为营地向前推进的情况下,也修筑堡垒防御阵地,以堡垒对堡垒,当敌人走出堡垒前进时,则在短距离内对敌人进行突击。

"短促突击"作为战术手段是可以运用的,但也要视具体情况而论,当时红军装备很差,同用新式武器装备起来的国民党军队打正规战、阵地战、堡垒战,同敌人拼消耗,显然是错误的。

第五次反"围剿"中,林彪起初对博古、李德的瞎指挥是相当不满的,他与聂荣臻一起或以个人名义发电报、写信,向中革军委提出过许多建议,要求改变目前的战略战术,不要同敌人硬拼,改用红军最擅长的运动战打击和消耗敌人。

① 聂荣臻:《聂荣臻回忆录》,解放军出版社1986年版,第848页。
② 同上书,第849页。

1934年2月24日,林彪、聂荣臻致电中革军委,建议不要处处修工事,力求在运动战中消灭敌人。

1934年4月3日,林彪以《关于五次反"围剿"之战术问题》为题给中革军委写了一封长信,信中列举了军委在作战指挥上的四大缺点:第一,最严重的缺点是决心迟缓,以至失了不少的可以取得胜利的机会;第二,是决心下后,对时间的计算是极不精确的;第三,军委对各部队任务的规定及执行的手段过于琐细,使下级无机动的余地。他还批评了李德凭极不可靠的地图去规定部队的位置,指出以军委现有的地图指挥战略的部署还勉强够用,但涉及很多小的战术部署,是无论如何不适用的。军委不能事无巨细,只应在战术原则和动作上提出些必要的供指挥员参考的意见,军委应集中精力判断情况,抓紧时机,迅速果断地下决心;第四,军委对于战术原则还未能根据实际情况灵活适用,未充分分析当时的情况和当地的地形特点,而总是一套老办法到处一样的照摆。特别是针对"短促突击",林彪指出:有时候,事实上不可能行短促的突击,但军委也要行此种突击,敌人如知我军主力在其附近,他的前进是不敢脱离他后面堡垒的火力掩护的,我军突击他时,他以强烈的火力压迫我军,遇势不利时又退入堡垒,他见我军围进到堡垒附近时,或乘我有伤亡,队形混乱时,向我来个反突击,我们就要吃不少的亏。

4月14日,林彪给军委的电报还是同样的意思。

总的看来,林彪是不赞同军委实行堡垒战和"短促突击"的战法的。但他很快转变过来,请李德来红一军团讲授"短促突击"战术。林彪命令部队以庄严威武的分列式对李德的到来表示热烈欢迎,随后集中团以上干部和机关人员,听他作报告。

李德重点讲了短促突击,他认为:红军在防御的重要方向上,构筑支撑点和堡垒群,抵御敌人火力袭击,钳制和阻击敌人进攻。然后,集中我主力,趁敌离开堡垒向我进犯时,对其实施短促、有决定意义的突然袭击,消灭其有生力量。李德还详细地说明了兵力部署、工事构筑、火力配置、步炮协同、出击时机、火力兵力互援及预备队使用等问题。李德还说,这是他根据苏联红军作战经验和苏沃洛夫(俄国军事学术奠基人之一,俄国大元帅)、库图佐夫(俄国元帅,著名统帅)的军事理论,结合中国工农红军的实际,创造的战术新理论。由于红军大多数指挥员没有经过正规的系统军事教育,受游击主义和封建落后的旧军队影响很深,因此必须破旧后才能立新。必须坚决彻底铲除游击主义,游击习气,按正规战的要求,建设正规化的红军。

林彪听完报告后即给军委写了一封信,专门谈自己对短促突击的学习体会。

他写道:在已经进占苏区的门户,我军以后将会遇到更多地采用短促突击战术去消灭敌人的战斗。短促突击战斗的发生是突然的,战斗的过程是短促的。运用它不仅能取得战术上的胜利,而且能取得战役上的胜利。这是红军反"围剿"克敌制胜的新法宝。李德看了信后很高兴,立即给林彪复信,要他整理成文在杂志上发表。①

林彪于 1934 年 6 月 17 日在《战争与革命》第四期上发表了《论短促突击》的文章。《战争与革命》是博古以中革军委的名义创办的军事理论刊物。目的是使李德的军事路线、战略战术更加理论化、系统化,更加顺利地灌输到各级指挥员的脑子里,落实到行动中。林彪在文中提出了 26 条实施措施和注意事项,还引用李德的一段语录作为结束语。

林彪为什么转过来支持"短促突击"呢? 对于林彪发表此文的目的,有两种截然不同的看法:一种看法认为林彪是在搞投机。伍修权称林彪此文是"对'左'倾教条主义的作战方针表示拥护"。聂荣臻认为"林彪突然发表这篇文章,自然不仅是谈战术,实际上是他在政治上的表态"。没有材料证明毛泽东对林彪此文的看法如何,但在 1972 年批林整风时,把林彪的《论短促突击》印了出来,作为林彪反对毛泽东军事思想的佐证。周恩来说:"这篇文章最后一段是支持李德的。"②

另一种看法是,有人推测林彪可能是出于战术上的考虑③。埃德加·斯诺在《西行漫记》中谈到林彪的"短促突击":"他以'短促突击'创始者著称,冯玉祥将军曾经就这种战术发表过评论。据说一军团的许多胜利都可归因于红军熟练地掌握了'短促突击战'。"④说林彪是"短促突击"创始者显然不确切,但从这段话可以看出斯诺对林彪的《论短促突击》一文是赞许的。法国国家科学研究院研究员胡继熙在《中国季刊》(1980 年 6 月号)上撰文,认为林彪所提出的短促突击战术与李德是不同的。李德的短促突击是处于消耗战与运动战之间的一个谋略,是消耗战战略的变种;而林彪所提的是采取突围政策,其基本原则与遵义会议决议中提到的毛泽东等人的战略是一致的。

林彪发表《论短促突击》的真实动机,他的"短促突击"与李德的异同,是一个有待继续研究的问题,这里且不妄加评论。

① 王智涛:《红军洋顾问李德其人真相》,《中华儿女》2002 年第 5 期。
② 1972 年 5 月 21 日,周恩来在中央批林整风汇报会第一次全体会议上的讲话。
③ 胡哲峰、于化民:《毛泽东与林彪》,广西人民出版社 1998 年版,第 148 页。
④ [美]埃德加·斯诺:《西行漫记》,生活·读书·新知三联书店 1979 年版,第 90 页。

（六）遵义会议上态度暧昧，会理会议上被斥为"娃娃"

林彪对遵义会议的态度如何，遵义会议上为李德担任翻译的伍修权是这样认为的：林彪本来是支持李德那一套的，会上被批判的"短促突击"等等，也是林彪所热心鼓吹的。会议虽然没有指名道姓地批判他，他实际上也处于被批判的地位。所以在会上，林彪基本上是一言不发的。聂荣臻也说："我记得在会上，林彪没发什么言。"①1972年5月21日，周恩来在中央批林整风汇报会第一次全体会议上的讲话中，也谈到"在遵义会议上，他并没有发言。"

遵义会议后，林彪没有按照会议的要求向全军团传达会议精神。遵义会议精神过了十几天后才传到红一军团。个中原因，时任红一军团一师师长的李聚奎这样认为：一方面，因为红一军团在党中央召开遵义会议之前，已进到离遵义50公里以外的桐梓、松坎地区，且遵义会议一结束，我师就作为先头部队奉命向赤水方向前进，军情紧急，来不及向我们传达；另一方面，参加遵义会议的军团政委聂荣臻同志因脚打泡，化脓未好，坐担架随中央纵队行军，没有回到前方部队；再一方面，不能不说同林彪对遵义会议的态度暧昧有关。②还有一说是毛泽东亲自到红一军团传达遵义会议的精神，③那么，毛泽东为什么没有让林彪传达会议精神，而是自己传达，是对红一军团的重视，还是对林彪在遵义会议上的表现不满，不得而知。

遵义会议后，在中央红军领导层中，泛起一股小小的风潮。这时忽然流传起毛泽东指挥不行了，要求撤换领导。林彪也是带头起来倡议的一个。主要是因为毛泽东为了摆脱追军，采取了大范围机动作战的方针，即四渡赤水，由于部队疲劳，产生了怨气。遵义会议后，中央红军在毛泽东的指挥下，打了不少胜仗，但部队为了隐蔽企图，调动敌人，更重要的是为了甩掉敌人，采用机动作战，不可能不多跑一点路，有时敌变我变，事后看起来很可能是跑了一点冤枉路。林彪对毛泽东的军事指挥不满，埋怨说部队走的尽是"弓背路"，应该走弓弦，走捷径。

部队在会理休整时，林彪给彭德怀打电话，说：现在领导不行了，你出来指挥吧。再这样下去，就要失败。我们服从你领导，你下命令，我们跟你走。林彪的要求被彭德怀回绝了。

当时在场的聂荣臻严肃地批评林彪说："你是什么地位？你怎么可以指定总司

① 《聂荣臻回忆录》，解放军出版社1986年版，第248页。
② 少华、游胡：《林彪这一生》，湖北人民出版社2003年版，第107页。
③ 黄瑶、张明哲：《罗瑞卿传》，当代中国出版社1996年版，第75页。

令,撤换统帅?我们的军队是党的军队,不是个人的军队。谁要造反,办不到!"聂荣臻警告林彪说:"如果你擅自下令部队行动,我也可以以政治委员的名义下指令给部队不执行。"①但林彪听不进劝告,写信给中革军委要求改换领导。林彪信的大意是,毛泽东、朱德、周恩来随军主持大计,请彭德怀任前敌指挥,迅速北进与四方面军会合。他还要聂荣臻在信上签名,被聂荣臻严词拒绝。林彪只好单独签字把信送上去了。②

　　1935年5月12日,中共中央政治局扩大会议在四川会理召开。会理会议批评了林彪的错误,肯定了毛泽东的军事路线和军事指挥的正确,并表示了对毛泽东的军事领导的充分信任。"林彪在会议上虽然没有敢于公开反对会议的决议,但态度沉默暧昧,内心是不满的"。③毛泽东发言指出,这是党内对失去中央苏区而缺乏胜利信心和存在怀疑的不满情绪,是右倾思想的反映。张闻天在会议报告中也批评这一错误,周恩来、朱德等发言,均支持毛泽东的意见。对于林彪所谓"走了弓背"的谬论,毛泽东进行了驳斥,认为他年轻,不懂事,说:"你是个娃娃,你懂什么!?"④

　　毛泽东最终还是原谅了林彪,他认为林彪的幕后策划者是彭德怀。这次会上毛泽东指出,林彪这封信是彭德怀鼓动起来的。林彪当时没有说信与彭德怀无关。彭德怀考虑大敌当前,需要维护党的团结,他采取事久自然明的态度,未作申辩,并批评林彪的信说:"遵义会议才选出新的领导,这时又提出改变前敌指挥是不妥的,特别是提出我,则更不适当。"⑤

　　1959年庐山会议上,在8月1日毛泽东住处召开的中央常委会上,毛泽东批评彭德怀时,新账旧账一起算,谈到1935年会理会议前林彪写信让毛泽东将军事指挥权移交给彭德怀时,因当事人面对面,林彪发言说出这一事实真相,他写这封信之前,彭德怀不知道这件事,与彭无关。散会后,彭德怀高兴地对身边的工作人员说:"今天会议上林彪算是澄清了二十多年的历史误会。"⑥

　　(七)林彪要到陕南打游击

　　1935年10月,红军长征到陕北后,林彪不愿留在荒凉的陕北,不止一次地流

①②　《聂荣臻回忆录》,解放军出版社1986年版,第259页。
　③　中共中央党史研究室张闻天选集传记组编,张培森主编:《张闻天年谱》(1900—1976)下,中共党史出版社2000年版,第1300页。
　④　《聂荣臻回忆录》,解放军出版社1986年版,第261页。
　⑤　王焰:《彭德怀年谱》,人民出版社1998年版,第122页。
　⑥　同上书,第746页。

露出要到陕南打游击的想法。

1935年12月中旬,中央政治局召开瓦窑堡会议前,曾征求军团干部对战略问题的意见,林彪在信中正式向中央提出,要到陕南去打游击,说这比在陕北巩固和扩大根据地更重要,而且要求把红军主要干部调出,由他带领到陕南打游击。林彪的这封信当即受到毛泽东的批评,认为林彪同中央有分歧,要他改变主意。

1935年12月16日,林彪还在一封电报中提出,期待中央批准打游击战争。同年12月21日,毛泽东同张闻天致电彭德怀并转林彪,答复林彪,指出:"在日本进占华北的形势下,陕南游击战争不能把它提到比陕北等处的游击战争还更加重要的地位,实际上,后者是更重要的。尤其不能把游击战争提到似乎比主力红军还更重要的地位(如提出红军主要干部去做游击战争),这样的提法是不妥当的。林在某些问题上的观点是同我们有些分歧的,中央认为有当面说明之必要。现在前方战事不紧张,因此仍望林来中央一行,并在此一个时期,这于林是有好处的。"[1]在中央的批评和教育下,林彪放弃了到陕南打游击的主张。

不久,由于林彪的本位主义突出,他和毛泽东又发生了冲突。毛泽东打电报给林彪,告诉他红15军团在北线作战艰苦,伤亡过大,加上处于山区,筹款、扩红等工作开展得不理想,希望红1军团能够拨点兵力给红15军团。林彪拒绝拨兵。聂荣臻看完电报后,向师团一级的干部们了解了一些情况。下边的干部们也反映部队编制还不健全,人员也不满额。聂荣臻找林彪商量后,打电报给毛泽东,汇报了自己部队员额未满的实际情况,请求免拨。1936年5月,毛泽东在延川县大相寺主持召开红1方面军团以上干部会议,对红1军团的这种本位主义观念进行了严肃的批评。会上林彪索性一声不吭,作为政委,聂荣臻主动作了检讨,承担了责任。

(八)解放战争时期林彪的个性弱点一些表现

林彪初到东北时,担任东北局副书记,书记是彭真。1946年抚顺会议前,彭真和林彪对东北局势有两种不同的看法。一种意见是主张打大城市,另一种意见是离开铁路干线。对于围绕工作出现的争论,本来是党内很正常的一种现象,但是,疑心病极重的林彪却把彭真以及赞同彭真意见的人都视为一派,向毛泽东告状说,彭真与林枫、吕正操串通一气,搞"桃园三结义"。又捎带了伍修权,实际是"桃园四结义"。毛泽东从大局出发,只好让林彪任东北局书记,彭真改任副书记,后又调作

---

① 中共中央文献研究室:《毛泽东年谱》(1893—1949)上卷,人民出版社、中央文献出版社1993年版,第499页。

他任,林彪才算罢休。

1949年3—4月,东北野战军改称中国人民解放军第四野战军后,林彪任司令员,政治委员是罗荣桓,但林彪对罗荣桓不满,甚至提出不要他担任四野政委。罗荣桓是怎么得罪了林彪的呢?原来,1947年,罗荣桓的妻子林月琴办了一个部队子弟学校,罗荣桓吩咐东北局办公厅把一栋花园洋房腾出来作了子弟学校校舍。这幢带花园的洋房原是东北局分配给林彪的。由于林彪常年住在前线,只剩下叶群和孩子住在大宅院里。叶群有些害怕,便搬进了另一幢房子,但她也没交出这幢洋房。子弟学校搬进花园洋房后,叶群向林彪告状,林彪很恼火,觉得罗荣桓不尊重他。事隔不久,1948年11月,罗荣桓又因组织起草关于辽沈战役的总结报告一事惹恼了林彪。这个总结报告有一段写了在打锦州问题上的犹豫,尽管罗荣桓在措词上十分委婉,语气上十分平和,还为林彪的犹豫罗列了许多理由和客观原因,但也引起林彪的不满。因为这些事情,宽厚、大度、忍让、和气的罗荣桓得罪了林彪,他要求更换四野政委。平津战役结束后,林彪向聂荣臻提出不要罗荣桓当政委,要聂荣臻去当第四野战军政委,被聂荣臻当即坚决拒绝。

还有一例,1948年,中央为了加强集中统一指挥,相互配合为进行战略决战作好准备,要求各中央局、各野战军前委坚持定期向中央作综合性报告的制度。林彪在收到中央规定报告制度以来一直没有按规定向中央作综合性报告。1948年8月14日,毛泽东为中共中央及中央军委起草致各野战军、各军区及各中央局、分局电,指出有的野战兵团或军区机关部队,将自己看成好像一个独立国,"对于中央发动党内反对这种无纪律状态的危险倾向,仍然没有认真的检讨和反省这样一种现象,是还没有完全消灭的。我们现在向一切兵团及军区的负责同志们提出警告,在战争第三年内,我们将要求你们严格执行及时的完备的报告制度,将这件事作为一种绝不允许违反的指令。"①林彪送来综合报告,不得不就此问题向中央作了检讨。8月20日,毛泽东复电林彪:"八月十五日你的综合报告收到,甚慰。""此种综合报告和各个具体问题的个别报告,不但不相冲突,而且必须有此报告,并要有多次此种报告之后,才能使我们看得出一个大战略区的面貌。"②毛泽东在8月22日以中央的名义致电东北局时指出:"你们这次检讨是有益的,这样,你们就可以脱出被

① 中共中央文献研究室:《毛泽东年谱》(1893—1949)下卷,人民出版社,中央文献出版社1993年版,第335页。

② 同上书,第336页。

动,取得主动。在这个问题上如果没有像你们现在所作的这种认真的自我批评,就不可能脱出被动,取得主动,就不可能克服完全不适用于现在大规模战争的某种严重地存在着的经验主义、游击主义、无纪律状态和无政府状态,就不可能克服在你们领导之下的各部门各党委(首先是军队)同样存在着的这种不良现象。"①中央还专门发出指示,要求各中央局、分局、军区及前委,仿照东北局的办法,认真检讨,实行批评和自我批评。

(九) 辽沈战役中的林彪

关于林彪在辽沈战役中的作用,不同的历史时期有不同的说法:

上个世纪 60 年代尤其是"文化大革命"期间,对林彪大肆吹嘘,说他是"常胜将军",在东北解放战争中功劳极大,无限拔高。

上个世纪 70 年代初批判林彪时,说他在辽沈战役中有意破坏毛主席的战略部署,有一条资产阶级军事路线,把其贬得一无是处。

上个世纪 80 年代以后,对林彪逐渐作了较客观的评价,史学界的一些同志认为林彪在辽沈战役中在若干问题上的主张是错误的,但后来积极、正确地指挥了辽沈战役的作战,因此不能说他有意反对和破坏毛泽东的战略部署,更不能说他有一条资产阶级的军事路线。

毫无疑问,林彪对辽沈战役的部署上有一些错误主张和指挥上的失误。如想把主力留在北线打长春而不去打锦州,延误入关时间,堵截不及时,从营口跑了一些敌人等,受到中央军委和毛泽东的批评。特别是林彪对于攻锦州还是打长春,在几个月中几次反复,毛泽东自然很不满意和焦虑。直到林彪下决心攻打锦州时,毛泽东才感到"甚好,甚慰","在此以前我们和你们之间的一切不同意见,现在都没有了"②。

1948 年 10 月 14 日,东北野战军向锦州发起了总攻,只用了 31 个小时,就攻克了锦州。毛泽东充分肯定了作战的成功,致电林彪说:锦州作战"部队精神好,战术好,你们指挥得当,极为欣慰,望传令嘉奖"③。锦州的解放,对于辽沈战役的胜利具有决定性的意义。它就像关上了东北的大门,把国民党方面东北战场和华北战场这两大战略集团分割开来。

---

① 《毛泽东文集》第 5 卷,人民出版社 1996 年版,第 125 页。
② 《毛泽东军事文集》第 5 卷,军事科学出版社、中央文献出版社 1993 年版,第 39—40 页。
③ 同上书,第 105 页。

1972年、1973年批评林彪在辽沈战役中的错误，当时依据的事实是对的，问题在于：一是批评他的错误的同时，没有指出他下定攻打锦州的决心之后在指挥上所表现的积极方面；二是无限上纲，没有实事求是地、历史地分析这些错误的思想原因，而是把这种思想性、局部性的错误不适当地提高到资产阶级军事路线上来批判。

在辽沈战役中，作为全军统帅的毛泽东和作为东北主帅的林彪之间，既有一致之处，也有分歧，毛泽东对战略利益看得比较重，对战略重心看得比较准，提出远景性指导意见；林彪作为前敌将领对战役安全看得比较重，对敌情的变化比较敏感。而且中央有的电报是商讨口吻，准备听取前线指挥员的意见。林彪和野战军领导人集体研究商定的决策，有些是向中央请示的问题，即使有些与中央不同的看法，也不宜都说成"反对毛主席作战方针和部署"、"破坏预定作战方案"。况且在中央指出并纠正其错误作出决定后，林彪还是按中央军委指示行动的。可以说是将帅协谋，各抒己见，经过耐心的协商和充分发表意见，双方终于达成共识，共同创造了辽沈战役的辉煌。必须指出的是，任何一个军事指挥员在长期作战中都不可能一点失误也没有。过去那种对林彪的错误无限上纲，算老账式的批判，不加分析地一律斥之为"资产阶级军事路线"是一种极"左"的做法，不是实事求是的。

老一辈革命家杨尚昆和陈云对林彪在辽沈战役中的表现都作了客观的评价。

1984年杨尚昆在全军党史资料征集工作座谈会上的讲话中说："就不能说他从头到尾都坏。前些时候，东北的同志拍电影，排戏，就不敢写林彪。陈云同志不是说了吗？对林彪应放在具体历史条件下来考察。涉及这些人的有些重要历史问题的结论，不是你们能作的，要由中央来作。那是将来的事。写历史要各方面都站得住，评价要公道。"①

1984年陈云在《关于〈辽沈决战〉一书的谈话》中对林彪在辽沈战役中的表现，也作了正确的评价。他说：一方面，"如果按照林彪的打法，主力围长春而不南下，以后占领了义县又不打锦州而要回师长春，那就不会有辽沈战役，东北的胜利就不会来得这么大、这么快"；另一方面，"林彪作为四野的司令员，在当时正确的地方，我们也不必否定"。②

①　杨尚昆：《关于征集党史军史资料和编纂军事史料丛书的几个问题》，《党史通讯》1984年第11期。

②　陈云：《关于〈辽沈决战〉一书的谈话》，《党史通讯》1984年第12期。

综合起来可以说,民主革命时期的林彪功绩是第一位的。这就是说林彪并非像他大红大紫时被人吹嘘是"一贯高举"、"一贯紧跟"、"最忠实、最坚决、最彻底地贯彻毛泽东思想"、"在中国革命的重大关头,总是坚定地站在毛主席的一边,同各种'左'的右的错误路线进行不调和的斗争"等等;也不像"九一三"事件后被批判那样,参加革命就是投机、抱有篡党夺权的个人野心和反革命目的,在各个革命历史时期都犯有滔天罪行。

不实事求是地讲清林彪历史上的功过,就无法解释:既然他在历史上一贯犯错误,为什么他在党、政、军内的职务却不断提升呢? 至于他在思想意识和个性方面,其个人英雄主义、计较个人得失和个人恩怨、心胸狭窄、性格孤傲等毛病,不仅没有在革命战争中得以克服,反而在其战功之下掩盖了起来,甚至不断有所发展。这就埋下了在新中国成立后他的个人主义恶性发展的种子。

第三节　建国初期的沉寂

一、解析林彪拒受出兵朝鲜帅印之因

1950 年 6 月 25 日,朝鲜内战爆发。6 月 27 日,美国决定派出海军和空军入侵朝鲜领海、领空,进攻朝鲜人民军,对朝鲜城市狂轰滥炸,干涉朝鲜内政。同时命令其海军第七舰队开入台湾海峡,公然干涉中国内政,插足中国的领土台湾,阻挠中国人民解放台湾的既定部署。6 月 30 日,又命令美国陆军在朝鲜参战。7 月 7 日,美国操纵联合国安全理事会通过决议,给美国及其所纠集的其他国家的侵朝军队披上"联合国军"的外衣,任命美国驻远东军队的总司令麦克阿瑟为"联合国军总司令",进一步扩大侵朝战争。

1950 年 10 月 1 日,金日成紧急召见中国驻朝鲜大使倪志亮和政务参赞柴军武,直接向中国方面提出关于中国出兵援助朝鲜的请求。同日,以金日成和朴宪永名义致函毛泽东,请求中国出兵援朝。信中写道:

在目前敌人趁着我们严重的危急,不予我们时间,如要继续进攻三八线以北地区,则只靠我们自己的力量,是难以克服此危急的。因此我们不得不请求您给予我们特别的援助,即在敌人进攻三八线以北地区的情况下,极盼中国人民解放军直接出动援助我军作战!

1950 年 10 月 7 日,美军越过三八线,向北推进。与此同时,美国将战火从鸭绿

江边烧到中国东北,派出 B-29 重型轰炸机和其他作战飞机,对中国东北边境的城市安东、辑安等地进行频繁的轰炸和扫射,炸毁建筑物、工厂及车辆,炸死炸伤中国平民,袭击正常行驶的商轮。美国还派飞机袭扰山东半岛的青岛、烟台等地。

以麦克阿瑟将军为代表的美国好战势力被胜利冲昏了头脑,公然宣称鸭绿江不是中国和朝鲜的国界,也不是美军推进的终点,企图将刚刚诞生的中华人民共和国扼杀在摇篮里。

面对这样的紧急局势,是否出兵,共和国领导人面临着艰难的抉择。打,刚从战火中获得新生的人民共和国将再次面临血与火的考验,况且对手是世界上头号帝国主义强国美国。1950 年,中美两国的国力相差十分悬殊:美国钢产量八千七百七十二万吨,工农业总产值二千八百亿美元,中国的钢产量只有六十万吨,工农业总产值只有一百亿美元;美国还拥有原子弹和世界上最先进的武器装备,具有最强的军工生产能力,中国人民解放军武器装备还相当落后,海、空军还处于初创阶段。出兵参战能不能打赢? 会不会导致同美国的直接对峙? 美国轰炸重工业基地和内地大城市怎么办? 这些问题,稍有疏忽,都会造成不堪设想的后果。① 而一旦坐视不管,朝鲜将很快沦亡,新中国的东北门户将会面临着美国的直接威胁。

中共中央政治局在毛泽东的主持下,于 1950 年 10 月初多次召开会议,讨论朝鲜半岛局势和中国出兵问题。对是否出兵,多数人持慎重意见。

在 1950 年 10 月 4 日的政治局扩大会议上,与会者大多不赞成出兵或对出兵存有种种疑虑,理由是中国刚刚结束战争,经济十分困难,亟待恢复;新解放区的土地改革还没有进行,土匪、特务还没有肃清;我军的武器装备远远落后于美军,更没有制空权和制海权;在一些干部和战士中存在和平厌战思想;担心战争长期下去,我们负担不起等等。②

另一种意见是积极主张出兵援助朝鲜。理由是,我们准备不够,帝国主义集团的准备也是不够的。他们想以打来扩大他们的影响,借以争取一些动摇的国家。如果我们不积极出兵支援朝鲜,国内外的反动气焰就会高涨起来,亲美派就会更加活跃。如果让美国侵占朝鲜,对我们就是一个直接威胁,它就会把兵力转向越南、缅甸,到处搞鬼,我国就将陷于被动,国防、边防都处于不利的地位。三五年以后再打,让我们松口气,当然好,但三五年以后再打,我们辛辛苦苦建设起来的一点工

---

① 参见逄先知、李捷:《毛泽东与抗美援朝》,中央文献出版社 2000 年版,第 19 页。
② 同上书,第 20 页。

业,到那时还会被打得稀烂。那时美国可能把日本、西德都武装起来了,这样制止侵略更不容易。

"两害相衡取其轻",出兵还是利大于弊。毛泽东认为出兵朝鲜已是万分火急。因为朝鲜的存亡和中国的安危是密切关联的,唇亡则齿寒,户破则堂危,出兵朝鲜不只是道义上的责任,而是事关中国切身利益的自卫必要性所决定的。毛泽东思之再三,煞费苦心。不是毛泽东好战,问题是美国已经打到中国的国境线上了,不打怎么办?! 毛泽东最后拍板决定出兵,得到了政治局的同意。

1950 年 10 月 6 日,在周恩来主持召开的党政军高级干部会议上(毛泽东因事未到会),林彪发言说:"打仗打仗,我们打了几十年仗了,十年内战,八年抗战,四年解放战争,人心思和啊。现在再去出兵打仗,可是不得人心啊。国家刚解放,国内经济这么个烂摊子,军队的破枪旧炮还没有改装,还有土匪在活动,自己顾得过来吗? 还要出去打。再说,对国民党作战我们有把握,打美国的现代化,还有原子弹,我们行吗? 我看中央还是要慎重考虑,稳妥行事。"①

听了林彪的发言,周恩来严正地指出:现在不是我们要不要打的问题,而是敌人逼着我们非打不可。我们的自卫是正义的,正义的战争最后一定会胜利的。现在朝鲜政府一再要求我们出兵援助,我们怎能不救呢? 党中央、毛主席决心已定,因此现在不是考虑出不出兵的问题,而是考虑出兵后如何去争取胜利的问题。②

当周恩来把林彪在会上的意见向毛泽东汇报时,毛泽东气愤地说:"他有他的一千条道理,一万条道理,驳不倒我们的一条道理,那就是我国和朝鲜都是共产党领导下的社会主义友好邻邦,唇亡齿寒,不论就国际主义来说,还是爱国主义来说,我们都不能见死不救。中华民族几千年来有个光荣传统和美德,即见义勇为,舍己救人,我们应该发扬它。"当听说林彪对美国的原子弹有些顾虑时,毛泽东说:"美国有原子弹,那也没有什么了不起。它有它的原子弹,我有我的手榴弹;它打它的原子弹,我打我的手榴弹。我们坚决相信,我们的手榴弹,最后一定可以打败美国的原子弹。有些人只看到美国原子弹在广岛爆炸的厉害,不懂得它在广岛的爆炸毁灭的也是它自己,归根结底不是原子弹消灭人民,而是人民消灭原子弹。我相信原

---

① 雷英夫口述,陈先义执笔:《在最高统帅部当参谋——雷英夫将军回忆录》,百花洲文艺出版社 1997 年版,第 156 页。

② 中共中央文献研究室:《周恩来年谱》(1949—1976)上卷,中央文献出版社 1997 年版,第 84 页。

子弹无非是个纸老虎。"①

中央决定出兵,谁来执掌帅印?毛泽东准备派林彪带兵出征。当时林彪任中共中央中南局书记、中南军区司令员兼政治委员,组建东北边防军时抽调的大多是原第四野战军的军队,由他指挥比较顺当。志愿军将来的后方东北地区又是解放战争时期第四野战军的老根据地,各方面的情况林彪都比较熟悉。在各战略区指挥员中林彪年纪又最轻,当时只有44岁,又善于打硬仗、大仗,毛泽东曾赞赏说:林彪打仗又狠又刁。

然而,关键时刻,林彪托病推辞了。他说自己近来身体很不好,恐怕担负不了统帅大军的重任,请求毛泽东派一名比他更健康、指挥能力更强的同志去。或者先让别人去指挥,等他治疗一个时期,身体稍有好转后,立即赴朝。

相比之下,彭德怀对出兵朝鲜,态度鲜明而坚决,他在10月5日的政治局扩大会议上说:"出兵援朝是完全必要的。打烂了,无非是等于解放战争晚胜利几年。如果美军重兵摆在鸭绿江岸和台湾,它要对我们发动侵略战争,随时都可以找到借口"。②经毛泽东提议,政治局会议通过,彭德怀临危受命,担任志愿军司令员兼政治委员。而当时彭德怀的身体并不很好,胃病、关节炎、痔疮折磨着他。他因事前毫无准备,北方已是寒风刺骨,他仍然身着从西安穿来的单衣,四处奔波,直到渡过鸭绿江,才换上朝鲜人民军送来的军装。

毛泽东对自己非常器重的林彪打退堂鼓很不满。当彭德怀问毛泽东:"主席,林彪现在怎么样?"毛泽东大手一挥:"不谈他,不谈他。他这个人打起仗来,谨慎有余,胆量不足,不谈他。"③毛泽东在1959年庐山会议上批彭德怀时曾说:为支持你的工作,给林彪发了转业费。林彪被"发转业费"与抗美援朝没有挂帅有一定关系。

长期以来,人们对林彪拒绝毛泽东提出让他统帅志愿军一事一直迷惑不解,有人认为他是重病在身,不便戎行;也有人怀疑他是贪生怕死,不敢挂帅。这些判断未免片面、简单。林彪身体不好是实情,但也没有病到不可出征,这显然不是充分的理由。1953年,党中央派卫生部副部长、中国人民解放军总后勤部卫生部副部

①　雷英夫口述,陈先义执笔:《在最高统帅部当参谋——雷英夫将军回忆录》,百花洲文艺出版社1997年版,第158页。

②　彭德怀:《彭德怀自述》,人民出版社1981年版,第258页。

③　邓小平、江泽民等著:《巍巍丰碑:怀念彭德怀元帅文图荟萃》,解放军出版社1996年版,第389页。

长傅连暲给林彪看病,傅连暲组织了名医,给林彪会诊。经全面检查,诊断结果未发现重要器官发生严重器质性病变,林彪怕风、怕光、怕水等症状与精神因素有关,也与他使用吗啡有联系。毛泽东批评林彪将自己的病看得太重了:"别的事都是马列主义,就是对他自己的病的看法是唯心主义。"①

从老同志的分析来看,林彪拒受帅印主要是出于两方面的原因:

其一,林彪反对出兵朝鲜,存在着畏难心理,对中朝两国力量估计不足,害怕引火烧身。

林彪在是否出兵援朝问题上一直唱低调。他认为当时国内战争刚结束,各方面都还没有就绪,美国是最强大的工业强国,军队装备高度现代化。在敌我装备极为悬殊的情况下,如若贸然出兵,必然是"引火烧身",严重后果不堪设想。

聂荣臻在回忆录中说:"林彪是反对出兵朝鲜的。毛泽东同志原先决定让林彪去朝鲜指挥志愿军,可他害怕,托词有病,硬是不肯去。奇怪得很,过去我们在一起共事,还没有看到他害怕到这个程度。"②

"九一三"事件后,邓小平在给毛泽东信中,谈到林彪拒绝到朝鲜作战:"从实质上说,他是怕美国,不相信会打败美帝……"

其二,更重要的原因是,林彪对出兵援朝信心不足,担心打败了,影响自己的名望和威信,半世英名付流水。况且,到朝鲜作战条件十分艰苦。就是打胜,自己也被折腾苦了。从个人的利益考虑,林彪不愿执掌帅印。从林彪的这一表现可以看出,这时的林彪已经不同于战争时期了。

二、高饶事件中的林彪

林彪拒受抗美援朝帅印后,虽然担任中共中央委员、中央人民政府委员、中共中央中南局第一书记、中南军区司令员、中南军政委员会主席,但没有做多少工作,一直在养病。1953 年,党内发生了高岗③、饶漱石④的严重事件。林彪也卷入其中。

1952 年前后,为了加强中央领导层的力量,中央决定将各中央局的书记抽调

① 李雪峰:《我所知道的"文化大革命"发动内情》,张化、苏采青等编:《回首文革》下,中共党史出版社 2000 年版,第 605 页。
② 《聂荣臻回忆录》,解放军出版社 1986 年版,第 740 页。
③ 高岗时任七届中共中央委员、政治局委员,中央人民政府副主席,国家计划委员会主席。
④ 饶漱石时任七届中共中央委员、中共中央组织部部长。

回来。担任东北局书记、中央人民政府副主席的高岗于1952年底被调进北京任国家计划委员会主席。国家计划委员会有"经济内阁"之称，和政务院平行，是个非同小可的单位。在高岗前后调入北京的还有西南局第一书记邓小平(任中央人民政府政务院副总理)、华东局的第一书记饶漱石(任中共中央组织部部长)、中南局的第三书记邓子恢(任国家计划委员会副主席)和西北局的第二书记习仲勋(主管政务院文教卫生工作)。西南局、东北局、华东局、中南局、西北局的主要负责人均已调到中央工作，当时政界有"五马进京，一马当先"之说，"一马"自然就是指地位显赫的高岗了。

1953年，抗美援朝战争已取得胜利，土地改革和镇压反革命等民主改革措施也已取得预期效果，一切表明，新中国已牢牢站稳脚跟，我国开始进行社会主义改造和第一个五年计划建设。为了适应大规模经济建设的需要，中共中央开始酝酿召开全国人民代表大会和中国共产党全国代表会议。当时曾考虑国家体制是否采用苏联的部长会议体制，中共中央是否增设副主席和总书记。毛泽东还曾提出中央分一线、二线的主张。高岗、饶漱石的政治权欲和野心急剧膨胀起来，认为这是进行权力再分配的好机会。

高岗了解到毛泽东在新民主主义向社会主义过渡问题上与刘少奇有不同的看法，他错误地估计刘少奇已经失去了毛泽东的信任；对周恩来领导的政务院的工作，高岗知道由于"新税制"的问题，毛泽东认为政务院在组织上犯了分散主义的错误，因而高岗错误地认为周恩来总理已不被毛泽东信任。

在这种错误的估计下，高岗、饶漱石认为时机已经成熟，妄图取而代之，进行了一系列的阴谋活动。在1953年夏的全国财经会议上，高岗和他的极少数追随者发表种种无原则的言论，制造党内纠纷。会外，他们散布流言，污蔑刘少奇有"圈圈"，周恩来有"摊摊"，并扬言要搞个井冈山的大圈圈。高岗还散布所谓"军党论"，将中国共产党分为"根据地和军队的党"与"白区的党"两部分，并且把他自己说成是"根据地和军队的党"的代表人物。他认为，党中央和国家领导机关现在是掌握在所谓"白区的党"的人们手中，因此应当"改组"中央。高岗搜罗了刘少奇的一些讲话，集中起来作为攻击的炮弹，说刘少奇犯有对资产阶级、富农投降的原则错误，是路线斗争。他指名道姓地说，刘少奇在七大被抬高了，几年来的实践证明并不成熟。12月，毛泽东依照前例提出在他休假期间委托刘少奇代理主持中央工作，高岗出面反对，并私自活动，要求由他来担任党中央总书记或副主席，还要改换政务院总理的人选。

　　高岗、饶漱石还抓住中央组织部副部长安子文未经中央授权,草拟了一份中央政治局委员名单和中央各部主要负责人的名单大做文章。其实,这个名单是在高岗向安子文转达了毛泽东同他的谈话内容,说中央政治局要改组,要加强中央各部机构的背景下草拟的。安子文将草拟的名单给高岗看过,也向饶漱石谈过。但高岗疑神疑鬼,认为这个名单是刘少奇授意向他进行试探的。高岗在高级干部中就这个名单有意进行挑拨,本来名单既写有薄一波,又有林彪,他却编造说,政治局委员名单中"有薄无林",连朱德也没有,企图在高级干部中制造不和。

　　高岗觉得实现自己的目的还得争取实力派的支持。他认为全国六大行政区,东北区和华东区已有把握。中南区、西南区的林彪、邓小平,举足轻重,应极力争取;陈云长期主管组织工作,新中国成立后又管财经,也应拉拢。

　　高岗首先找到林彪。

　　林彪与高岗曾经有过共事关系。就党内和国家领导职务来看,高岗都高于林彪。高岗是七届一中全会选出的政治局委员,而林彪不是。但在东北解放战争中,高岗却是林彪的副手。因为战争的需要,中央对林彪采取了极为信任的特殊任命:东北局第一书记由不是政治局委员的林彪担任,而政治局委员彭真、高岗、陈云却只是东北局的常委。新中国成立后,高岗担任了中央人民政府副主席,林彪只是个委员,从国家领导职务上看,高岗就远在林彪之上了。[1]

　　1953年林彪在北京、杭州养病期间,和高岗往来密切。1953年10月,高岗特地到杭州和林彪商量中央人选名单,军队八大代表团名单等。叶群也常代林彪到高岗住处谈政治问题。林彪吹捧高岗政治上很强,将来是党内了不起的人。高岗吹嘘林彪是常胜将军,在军内外、党内外有崇高威望,可以担当重任,甚至还提出准备让林彪当部长会议主席。11月末,林彪交给高岗妻子一封信,要她亲自交给高岗,不要丢了,也不要和其他人讲。

　　高饶事件被揭发后,到1962年叶群又对高岗妻子编造说:那封信是林彪批评高岗搞地下活动是危险的,不让别人知道是想让高岗偷偷改了。说高岗当年在杭州给林彪看中央人选名单,林当时曾批评高岗说这是非法的活动。实际是叶群怕中央追查高、林关系,而授意高岗妻子统一口径,编造情况欺骗中央,掩盖林彪参与高岗反党阴谋活动的事实。

　　党中央对林彪参与高岗某些活动也有所察觉,并派陈云去做林彪的工作。毛

---

① 张聿温:《死亡联盟——高饶事件始末》,北京出版社2000年版,第226页。

泽东让陈云转告林彪:"不要再支持高岗了,否则,我们就和你决裂!"①后来的事实表明,林彪听取了陈云的意见,没有公开支持高岗。林彪向党隐瞒了许多和高岗勾结的重要情节,高岗自杀后又死无对证,中央未予深究。

1954年3月15日,毛泽东和陈毅谈到高、饶时,毛泽东讲"伸手岂止高饶,只是目前不必如此提出,以免有扩大化的嫌疑。"②毛泽东在这里是否指林彪,不得而知。林彪参与高岗的阴谋活动,暴露出他是有政治野心的。

"九一三"事件后,在对林彪的揭发批判中,林彪和高岗的关系问题被提了出来。1972年6月6日提审彭德怀,审讯林彪和高岗的关系问题,并要彭德怀写揭发材料。专案组走后,彭德怀对人说:"他们要我写林彪和高岗的材料。我不清楚。"③

"九一三"事件后,林彪被批判为"高饶反党联盟的漏网分子"。

1980年3月19日,邓小平同中央负责人的谈话,讲到这一问题,他说:"这个事情,我知道得很清楚。毛泽东同志在一九五三年底提出中央分一线、二线之后,高岗活动得非常积极。他首先得到林彪的支持,才敢于放手这么搞。那时东北是他自己,中南是林彪,华东是饶漱石。对西南,他用拉拢的办法,正式和我谈判,说刘少奇同志不成熟,要争取我和他一起拱倒刘少奇同志。我明确表示态度,说刘少奇同志在党内的地位是历史形成的,从总的方面讲,刘少奇同志是好的,改变这样一种历史形成的地位不适当。高岗也找陈云同志谈判,他说:搞几个副主席,你一个,我一个。这样一来,陈云同志和我才觉得问题严重,立即向毛泽东同志反映,引起他的注意。高岗想把少奇同志推倒,采取搞交易、搞阴谋诡计的办法,是很不正常的。所以反对高岗的斗争还要肯定。"④

高饶事件被揭露后,林彪有所收敛。从这时起,林彪就小病大养、"琢磨政治"了。这期间,由于养病赋闲,林彪读书涉猎面很广。他很注意历代开国功臣们的命运,他以阴暗的眼光来看待党内的政治生活,在笔记中摘录了"西汉故人以权贵不全,南阳故人以悠闲自保"的史评。他曾想到偏僻的贵州当个省长,以避开政治漩涡。他在读一本有关曹操的小册子,书中说到曹操当丞相后,自认为已成"骑虎难

① 张聿温:《死亡联盟——高饶事件始末》,北京出版社2000年版,第510页。
② 刘树发:《陈毅年谱》下,人民出版社1995年版,第657页。
③ 张聿温:《死亡联盟——高饶事件始末》,北京出版社2000年版,第521页。
④ 《邓小平文选》第2卷,人民出版社1994年版,第293页。

下之势"时,在旁边批注一句话:"不要轻易骑上去"①。这不能说明林彪不想骑上去,也许是告诫自己不要轻易骑上去。这一时期他的处世哲学可以说是明哲保身。但从另一方面看,当时林彪的心态似乎也没有平静,他曾抄录过《三国演义》中赞扬刘备困处曹营"巧借闻雷来掩饰,随机应变信如神"②的诗句。这似乎又意味着他只是在韬光养晦,以待时机。

第四节　1959 年庐山会议上开始崛起

对林彪复杂的思想活动,毛泽东并不真正了解。毛泽东对抗美援朝回国以后主持军委工作的国防部长彭德怀不满逐步加深。后来,由于个性不同和某些意见分歧,甚至对彭德怀个人也有所疑虑。毛泽东在 1959 年庐山会议上曾说:去年八大二次党代会讲过,准备对付分裂,是有所指的,就是指你(指彭德怀)。③在这样的背景下,毛泽东决定起用林彪。1958 年 5 月召开的八届五中全会上,毛泽东提议林彪增补为中共中央副主席、政治局常委,给他的任务是,好好养病,准备应付第三次世界大战。1959 年的庐山会议成为林彪政治生涯的一个转折点。

一、林彪成为党内斗争"赢家"

1959 年 7 月 2 日起,中共中央政治局扩大会议在江西庐山举行。会议原定议题是总结 1958 年"大跃进"以来经济建设工作的经验教训,在肯定成绩的基础上,纠正"左"的错误。会议开始时,毛泽东提出读书、任务等 19 个问题要大家讨论,指出当时的形势是"成绩很大,问题不少,前途光明"。

在分组讨论中,与会者对问题认识不一,彭德怀在小组 7 次发言,对 1958 年以来的错误谈了许多批评性的看法,同时感到会议中对讲错误有压力。会议原定 7 月 15 日结束。彭德怀感到会议对"左"的错误认识尚有不足,便于 7 月 13 日晚起草,14 日送毛泽东一封信,陈述他对 1958 年以来"左"倾错误及其经验教训的意见。

---

① 官伟勋:《我所知道的叶群》,中国文学出版社 1993 年版,第 202 页。
② 全诗是:"勉从虎穴暂趋身,说破英雄惊杀人。巧借闻雷来掩饰,随机应变信如神。"
③ 李锐:《李锐文集:庐山会议真面目》,南方出版社 1999 年版,第 237—238 页。

彭德怀在信首开宗明义地道出写信的目的:"主席:这次庐山会议是重要的。我在西北小组有几次插言,在小组会上还没有讲完的一些意见,特写给你作参考。但我这个简单人类似张飞,确有其粗,而无其细。因此,是否有参考价值请斟酌。不妥之处,烦请指示。"①

信下文分甲乙两个部分。

在甲部分中,彭德怀肯定了1958年以来的工作成绩,指出中国经济增长的速度是各国从未有过的,同时也指出工作中存在的一些缺点错误,如1958年的基本建设,有些项目过急过多了一些;如在全民炼钢铁中,多办了一些小土高炉,浪费了一些资源和人力,当然是一笔较大的损失。

在乙部分中,彭德怀对如何总结工作中的经验教训提出了自己的看法。他认为在建设工作中所面临的突出矛盾,是由于比例失调而引起的各方面的紧张,就其性质来看,这种情况已影响到工农之间、城市各阶层之间的关系,是具有政治性的。他认为在思想方法和工作作风方面,浮夸风较普遍地滋长起来,小资产阶级的狂热性,使我们容易犯"左"的错误。他也作了自我批评:"在一九五八年的大跃进中,我和其他不少同志一样,为大跃进的成绩和群众运动的热情所迷惑,一些左的倾向有了相当程度的发展,总想一步跨进共产主义,抢先思想一度占了上风;把党长期以来所形成的群众路线和实事求是作风置之脑后了。"②

彭德怀的信整个内容基本上是正确的,对问题的分析也是实事求是的、诚恳的。这种向党的主席写信表达自己意见的方式,也是符合组织原则的。彭德怀向毛泽东递交这封信的本意是给毛泽东作个参考,希望由毛泽东出面讲一讲,影响大些,问题可以轻而易举地得到纠正,《彭德怀自述》中对为何写这封信有详细的记述。

7月16日,毛泽东将信加了《彭德怀同志的意见书》的标题,批示印发到与会同志参考,向政治局几位常委提出要"评论这封信的性质",并通知林彪、彭真、黄克诚、宋任穷、安子文等人上山。林彪是7月17日上庐山的。

在讨论彭德怀的信的过程中,许多与会者对信提出质疑或表示反对,但黄克诚、周小舟、张闻天等不少与会者对信中的观点表示赞同。

毛泽东不能正确对待批评意见。7月23日召开全体会议,毛泽东讲话严厉地

---

① 彭德怀:《彭德怀自述》,人民出版社1981年版,第281页。
② 同上书,第285页。

批判了彭德怀的信中的一些观点,说:"有些人在关键时刻就是动摇的,在历史的大风大浪中就是不坚定的。""他们把自己抛到右派边缘,只差三十公里了"。①对缺点错误,毛泽东认为不能全都公开,他说:"假如办 10 件事,9 件是坏的,都登在报上,一定灭亡,应当灭亡。那我就走,到农村去,率领农民推翻政府。你解放军不跟我走,我就找红军去,我就另外组织解放军。我看解放军会跟我走的。"②

　　7 月 31 日和 8 月 1 日,在毛泽东的住处连续召开两次政治局常委会议。这两次会议在毛泽东的左右下错误地发动了对彭德怀的批判,为彭德怀的"错误"定了调,算了彭德怀的历史总账。认为彭德怀的信表现了"资产阶级的动摇性",是一个右倾机会主义的纲领;是有计划、有组织的、有目的的,是向党进攻。指出彭德怀犯了军阀主义、大国主义和几次路线上的错误。毛泽东批评了彭德怀在党内历次路线斗争中都犯有错误,提出彭德怀同他的关系是"三七开",三分融洽,七分合不来。

　　在对彭德怀的批判中,林彪作为"援兵"大力支持毛泽东,表现得尤为积极。8 月 1 日的政治局常委会上,清算了彭德怀的历史账,林彪无中生有地指责彭德怀"招兵买马,是阴谋家、野心家、伪君了"。③他还说,中国只有毛主席能当大英雄,谁也不要想当英雄。林彪的讲话,可谓"击中要害",为批斗彭德怀定下了最高调子。

　　为了"彻底解决"彭德怀的"问题",中央决定于 8 月 2 日至 16 日,举行八届八中全会,对彭德怀、黄克诚、张闻天、周小舟等人进行批判处理。参加全会的中央委员和候补委员,最后一批是 8 月 1 日才上庐山的。

　　8 月 4 日晚上,根据毛泽东和中央常委的意见,由刘少奇主持,几位常委参加,向晚上山的人传达两次常委会批彭的内容。

　　这个晚上的传达会上,首先是林彪讲话。林彪说,我是先到的援兵,你们是最后到的一批援兵。大家都看到彭的信,骤然一看,还不大容易看出其精神和用意。过细一读,有很严重的错误。除信以外,他还在小组会里讲了很多暴露观点的荒谬言论,还有会外的活动。总的方面是右倾的,是反对总路线、反对大跃进、反对人民公社的。他虽没有提毛主席的名字,但是在前前后后,会内会外的讲话,字里行间,攻击目标非常明显,就是反对毛主席,反对党的领袖。对于总路线,他只讲"基本正确"。党内习惯用法,说基本对,那么就还有不对。这样的话绝不是冲口

① 王焰:《彭德怀年谱》,人民出版社 1998 年版,第 743 页。
② 李锐:《庐山会议实录》(增订本),河南人民出版社 1994 年版,第 134 页。
③ 王焰:《彭德怀年谱》,人民出版社 1998 年版,第 746 页。

而出的,而是很有分寸的。在这些话里,埋伏要修改总路线、动摇总路线、推翻总路线的观点。

林彪还说,我的直接印象,这个人非常英雄主义,非常骄傲,非常傲慢,瞧不起人,非常目空一切,对人没有平等态度。不但对他的下级当儿子一样,随便骂;就是对上级,也很不尊重,可以说傲上慢下。他野心很大,想干一番大事业,立大功,成大名,握大权,居大位,声名显赫,死后流芳百世。他非常嚣张,头昂得很高,想当英雄,总想作一个大英雄。他参加革命,包含着很大的个人野心。毛主席才是真正的大英雄。自古英雄不能并立,因此就要反毛主席。这是事情的规律。毛主席无论在天资方面,学问方面,事业成就,工作能力,马列主义的水准方面,更何况思想意识,在哪方面他能比得上呢?但是他太自不量力了。他这个人是功归于己,过诿诸人。他平时摆出张飞的面貌,坦率的面貌。在生活上比较朴素,这是他的长处。大家看问题容易从小的方面看,在这方面,他是迷惑人的。……

从 7 点半到 11 点,林彪讲话占一多半时间,通篇没有称呼一个"彭德怀同志",只以"他"代替,其他三个常委朱德、周恩来和刘少奇在发言中都称"彭德怀同志",从这个细节,可见林彪把同彭德怀的界限划得何等清楚。[①]而就在一年前的军委扩大会议上,林彪还面对 40 多位高级将领(包括各位元帅在内)发出惊人的呼吁说:我们要团结在彭老总周围……前后反差是何等的泾渭分明啊!

从表面上看,毛泽东对林彪在庐山会议上表现并未作任何表示,事实上,毛泽东对林彪的言行显然是满意的。这从庐山会议后毛泽东对林彪的提携可以看出。

林彪过去虽然战绩显赫,但在党内地位并不很高。党的七大时,他没能进入政治局;11 年后,在 1956 年 9 月举行的党的八大上,他当选为政治局委员,位居第七,排在毛(泽东)刘(少奇)周(恩来)朱(德)陈(云)五位主席副主席和邓(小平)总书记之后;1958 年 5 月 25 日,他在党的八届五中全会上,增选为党中央副主席、政治局常委,位居第六,仍排在毛刘周朱陈之后。1959 年 8 月 16 日,八届八中全会错误地通过了《关于以彭德怀同志为首的反党集团的错误的决议》,决定将彭德怀、黄克诚、张闻天、周小舟等调离国防部、外交部、省委第一书记等工作岗位。庐山会议后不久,经毛泽东提名,1959 年 9 月,林彪取代彭德怀任国防部长。9 月 26 日,中共中央组成新的军委,林彪为军委副主席,并且负责军委日常工作。

林彪成为庐山会议中党内斗争的"赢家",终于从沉寂中崛起了。

---

① 李锐:《庐山会议实录》(增订本),河南人民出版社 1994 年版,第 210—217 页。

二、潜心研究"登龙术"

林彪在政坛上崛起后,最感兴趣的问题也由打仗转向如何处理高层领导关系。他潜心研究起"登龙术",处心积虑地思索、研究起"政治"来。从 1960 年到 1964 年,林彪阅读了不少书,古今中外历史书、各朝演义、军阀混战资料,一些文史资料等。还请一些历史学家给他讲授曾国藩、李鸿章、袁世凯、张作霖、蒋介石等军阀是如何起家的,又是如何垮台的,是如何利用矛盾和钩心斗角的细节。还看了一些名人传记(不包括文学家和科学家的)、历代开国皇帝传记等等。他专心研究这些人用什么手段爬上去,怎样搞政变,成功的、失败的经验教训,统治阶级的机谋权术等等。

林彪让人摘抄了不少卡片,自己和叶群也记了一些笔记,"九一三"事件以后曾披露过不少"林彪罪行材料",其中有林彪和叶群的读书笔记、札记、格言、箴语、散记和感想之类的东西。这其中,绝大多数是他们对毛泽东本人所进行的"研究",揣摩毛泽东个人的思想、动向、好恶。他对毛泽东的许多"判断"和推测,充满了讥讽和近似谩骂的语言,与他表面的虔诚截然相反。这类读书笔记、札记、格言之类的东西虽然有的时间难以考察,但从中可以清楚地看到一个和前台表演大不相同的林彪,一个脱去了戏装、擦掉了油彩的林彪。

林彪悉心揣摩毛泽东,他亲笔写下揣摩毛泽东的"心得"[1]:

"他先为你捏造一个'你的'意见,然后他来驳你的意见。并无,而捏造——老东(指毛泽东)的惯用手法,今后当注意他这一着。"这段话,林彪写在一张《新华报》散页上,贴在 1949 年版《逻辑的产生和发展及其法则》一书中;

"毛,应该照顾他,使他没有小帮帮的必要,他就不小帮帮了。政治上对其每一创举与功绩公道主动地指出来,则他自无锋芒的必要。"这段话,写在 1950 年版《论斯大林的辩证唯物主义与历史唯物主义》一书封底上;

"他自我崇拜,自我迷信,崇拜自己,功为己,过为人。"这段话,写在 1958 年版《学文化辞典》中"个人崇拜"条目旁;

"你先说了东,他就偏说西。故当听他先说才可一致。"这段话,写在 1961 年版《辞海》扉页上;

"他最大忧虑在表决时能占多数否。"这句话,写在 1967 年版《毛主席语录》扉页上。[2]

---

① ② 参见少华、游胡:《林彪这一生》,湖北人民出版社 2003 年版,第 325—326 页。

有的是攻击毛泽东和党中央的一些政策和做法的。如："对 X(指赫鲁晓夫)骂绝了,对明(指王明)斗绝了(乱了套),对大公(指苏联)做绝了。""绝则错。"

林彪悉心揣摩、分析毛泽东的心理,刻意吹捧毛泽东,其目的和用心是为了得到毛泽东更大的信任和摄取更大的权力。为了达到这一目的,林彪表现出一种"坚决'左'倾高姿态":

如林彪曾为自己写了一张条幅作为行事格言:"匹夫见辱,拔剑而起,挺身而出,此不足为勇也。骤然临之而不惊,无故加之而不怒"。

他们还写下了一些"警句",如"才不可露尽,气不可使尽";"谁不说假话,谁就得垮台";"不说假话办不成大事";"古皆真话惹祸";"进庙多磕头,少说话,说好实质是懂事,说坏是大是大非,政治工作是危险工作";三保即"要保官、保产、保命"[1];"善用兵者隐其形";"有而示之以无"。

有些是讨好毛泽东的诀窍,叶群把这些归入"应兑(对)法",以便应付毛泽东。"古策:(1)主先臣后(切勿臣先抢先);(2)主倡臣和(切勿臣倡或不和)。""一字千金——不在多,少而精,同意,顶用;一刻千金——抢时间,早一刻则礼到意到,迟了被动。"

叶群的笔记中,有"闭目养神,照上面办","面带三分笑","三不:不干扰人之决心(免己负责免争领导之嫌)不建言、不批评、不报坏消息(去影射之嫌)。""三要:要响应、要表扬、要报告好消息"。还有"抓一号活思想方法"(按:"一号"指毛泽东);内有"抓苗头";"把他想的办的事列入议事日程上";"从他那里来(其要求)到他那里去(向他报告)",等等。

在叶群记录的林彪谈话中,就有这样一段:"黑格尔说:'何谓伟大人物? 伟大人物就是公众利益的代表者。'""一〇一(指林彪)说:何谓当代伟大人物? 一号(指毛泽东)利益的代表者(应声虫)。""终身不犯错误,得个拥护××的称号,——跟着转喊"。

林彪本人的亲身体会是"大拥大顺,仿恩(格斯)之于马(克思),斯(大林)之于列(宁),蒋(介石)之于孙(中山),跟着转,乃大窍门之所在。要亦步亦趋,得一人而得天下。""党性,遵命性也";"勿讲真理而重迎合";"主席就是最大的'群众',他一

---

① 《江青、姚文元、迟群、谢静宜在中央直属机关和国家机关批林批孔动员大会上的讲话(记录稿)》。国防大学党史党建政工教研室编:《"文化大革命"研究资料》下,1988年版,第99—100页。

个人顶亿万人,所以和他的关系搞好了,就等于对群众搞好了,这是最大的选票"。这些话赤裸裸地表明林彪以个人得失为中心,投上所好,见风使舵的投机心理。笔记中还写着:"为省脑力,勿读一号(指毛泽东)和斯(大林)";"决议不好也同意——头等意义,不然是书呆子";"不得已时使用捧上的办法,然后暴露之,打下之"。

1961年11月,叶群写了篇日记,恶毒咒骂林彪毁了她的青春,其中对林彪作了深入的刻画,她写道:林彪是"一个专门仇视人,轻视(友情、子女、父兄无意趣)人,把人想得最坏最无情,终日计算利害,专好推过于人们,钩心斗角相互倾轧的人"。①

从这些断断续续、隐隐约约、欲断又连、既明且暗、时露时潜的小注、眉批、笔记、日记、札记、格言中,流露出林彪一伙在那个政治生活不正常的年代里的心态:封建主义的君臣心态;为个人得失不讲原则的投机心态;心怀叵测的两面派心态,展示了他所鼓吹的"紧跟"的本质,值得后人深思。

第五节　步入权力的顶峰

林彪担任国防部长开始主持中央军委工作后,他尝试实践"登龙术",也就是通过一系列政治投机活动,获取毛泽东的信任和重用,逐步走上权力的顶峰。林彪以一种"全新"的气息出现在党内、军内。

一、"突出政治"屡出新招

林彪主持军委工作伊始,便利用党内存在的严重"左"倾思想,以极"左"的面目出现,制造个人崇拜。他利用讲话、下达指示、主持起草会议决议、给《毛泽东选集》撰写介绍文章、题词等各种机会,频繁地赞颂毛泽东,将毛泽东思想绝对化、庸俗化。林彪在军队中不断推出思想政治工作的"新招"。

(一)全军学习毛泽东著作运动　全国人民学解放军

林彪提出了一系列"左"的主张和口号,把军队学习毛泽东著作搞成了大规模的全军政治运动,并发展成全国性的大学毛泽东著作活动。在毛泽东发出"学习解放军"的号召下,又展开了一场"全国人民学解放军"运动。

---

① 参见少华、游胡:《林彪这一生》,湖北人民出版社2003年版,第325—326页。

1959年9月,林彪在全军高级干部会议上的讲话中,指出:"我们学习马克思主义怎样学呢? 我向同志们提议,主要是学习毛泽东同志的著作。这是学习马克思列宁主义的捷径。""要好好学习毛泽东同志的著作。我们学毛泽东同志的著作容易学,学了可以马上用,好好学习,是一本万利的事情。"1960年2月,中央军委在广州召开扩大会议,林彪在会上提出学毛著就是要背警句,"我们不要背那么多,背上那么几十句,就差不多了"。1960年春,林彪亲自下到基层连队,宣传"活学活用"毛泽东思想。

林彪还下令《解放军报》逐日在报头刊登毛泽东语录,以后又将刊登过的语录汇编成册,命名为《毛主席语录》发向全军,在全体官兵中掀起了学习毛泽东著作的高潮。

1960年12月,林彪在军委扩大会议上提出:"高举毛泽东思想红旗,把毛泽东思想真正学到手",并以"决议"形式发动全军贯彻。由部队开始,在全国范围内掀起"活学活用"的热潮。1960年10月,林彪在视察部队时又提出学毛泽东著作要"带着问题学"。林彪向全军指战员发出"读毛主席的书,听毛主席的话,照毛主席的指示办事,做毛主席的好战士"的号召。

1961年1月,林彪在《关于加强政治思想工作的指示》中提出了"带着问题学,活学活用,学用结合,急学先用,立竿见影。"后来林彪又加了"在'用'字上狠下功夫",这样就形成了影响巨大、流传甚广的所谓"三十字方针"。

1963年2月,林彪在号召向雷锋同志学习的题词中写道:"学习雷锋同志的榜样,做毛主席的好战士。"

1965年11月8日,林彪在号召向王杰同志学习的题词是:"向王杰同志学习,活学活用毛主席著作,一心一意为革命。"

1966年1月24日,《人民日报》发表了林彪的《关于突出政治的重要指示》,其中一条是:"林彪同志说:毛泽东思想是当代马克思列宁主义的顶峰,是最高最活的马克思列宁主义。又说,毛主席的书,是我们全军各项工作的最高指示。毛主席的话,水平最高,威信最高,威力最大,句句是真理,一句顶一万句。"

1966年3月11日,林彪在《就工业交通战线活学活用毛主席著作写的一封信》中指出:"必须通过活学活用毛主席著作,把毛主席的思想灌输到工人、农民中去,才能改变劳动人民的面貌,才能使精神力量转化为巨大的物质力量。"

1966年10月27日,林彪为"毛泽东号"机车命名二十周年题词:"毛泽东思想指引下的人民革命是历史前进的火车头。"

1967 年 8 月 9 日,林彪给北京卫戍区学习毛主席著作积极分子代表大会题词:"高举毛泽东思想伟大红旗,在无产阶级文化大革命中立新功!"

1967 年 12 月 29 日,林彪给海军首次学习毛主席著作积极分子代表大会的题词是:"大海航行靠舵手,干革命靠毛泽东思想。"

这一时期,林彪关于毛泽东思想和学习毛泽东著作的一些讲话、题词和指示,产生了广泛的影响,如"顶峰论"、"捷径论"、"最高指示论"以及"活学活用"、"天天读",这些名词经历那个年代的人都耳熟能详。林彪提倡的一套实用主义、教条主义的做法,从根本上破坏了毛泽东历来所倡导的学习马克思主义要着重掌握立场、观点和方法,理论联系实际的实事求是的学风。所以,尽管"文化大革命"运动中一而再、再而三地提倡和组织学习毛泽东著作,甚至开展熟读、背诵比赛,不断召开各种形式的学习毛泽东著作积极分子会议,实际上是形式主义的做法,不能正确地把握毛泽东思想,更不能提供正确的理论指导。

1964 年 2 月 1 日,毛泽东向全国人民发出"学习解放军"的号召,当天的《人民日报》发表社论《全国都学解放军》,号召全国人民向解放军学习,一场轰轰烈烈的"全国人民学解放军"运动由此展开。"全国人民学解放军"运动开始后,各部门纷纷响应。2 月 3 日,中华全国总工会要求各级工会组织要学习解放军的政治工作经验;1964 年 1 月到 2 月召开的全国农业工作会议强调,在新一年的工作中,要高举毛泽东思想红旗,学习人民解放军,加强政治思想工作;2 月召开的共青团中央工作会议也把大学解放军作为 1964 年团的工作任务;全国妇联在 3 月初向全国妇女发出"学习解放军"的倡议,以此作为对三八妇女节的纪念;3 月 19 日,《人民日报》发表社论《更广泛更扎实地开展农村比学赶帮运动》,提出在农村开展学解放军运动;3 月 16 日到 4 月 3 日,全国工业交通系统在北京召开第一次政治工作会议,并就学习解放军的政治工作经验提出了一系列具体的原则和措施……

通过"全国人民学解放军"运动,在人们心目中也留下了林彪是"高举红旗"的"好榜样"、"好学生"的印象。林彪的影响和威望,有了明显的提高。

(二) "三八作风"·"四个第一"

1960 年 1 月,林彪把毛泽东在延安为抗大题写的三句话、八个字即"坚定正确的政治方向、艰苦朴素的工作作风、灵活机动的战略战术"和"团结、紧张、严肃、活泼"概括拔高为"三八作风",作为检验全军部队革命化的标准。

林彪提倡在军队中培养和树立"三八作风"的主张受到军队中一些领导干部的大胆抵制。

当时任总政治部主任的谭政指出:是不是叫三八作风? 这种简单化的提法好不好? 你这里叫做三八作风,还有一个"三八妇女节"呢? 当时曾有一位在抗大工作过的干部向谭政提出,林彪引用毛泽东的三句话中"艰苦朴素"的工作作风,是否应为"艰苦奋斗"的工作作风,应予以考证清楚。为慎重起见,谭政特意请示毛泽东。因为要等待毛泽东的批示,总政治部拟订的"三八作风"宣传提纲便暂时未下发到部队。林彪对谭政的做法很不满意。这也是林彪把谭政视为异己的原因之一。

1960 年上半年,空军政委余立金在传达林彪关于"三八作风"的指示时,说:"这不是三八妇女节啊!"这句话后来成为余立金"反对林副主席,恶毒诬蔑、攻击林副主席"的一条罪状。

1960 年 9 月至 10 月召开的中央军委扩大会议上,林彪又提出"四个第一",即在政治工作领域中,要正确处理四个关系:武器和人的关系,人的因素第一;军队各种工作和政治工作的关系,政治工作第一;政治工作中事务性的工作和思想工作的关系,思想工作第一;思想工作中书本思想和活的思想的关系,活的思想第一。在林彪的主持下,这次会议通过了《关于加强军队政治思想工作的决议》,在这个决议中,无论在内容上还是文字表达上都强调古田会议的精神,林彪称之为"复古",即恢复古田会议的精神。这一举动深得毛泽东的赞许。《关于加强军队政治思想工作的决议》尽管有许多正确的、积极的内容,但《决议》主旨是强调"四个第一",把它确定为政治工作和军队建设的基本方针。

"四个第一"是一种似是而非的东西。"人的因素第一",实际上是人的精神因素第一,是一种精神万能论,把政治、思想、人的精神的作用强调到高于一切的不适当的地位;"政治工作第一"片面地夸大政治工作的重要性,忽视了军事训练是部队的经常性中心工作。而当时所强调的"政治"就是"阶级斗争",实际上"政治工作第一"就是"阶级斗争第一";"思想工作第一",这里所指的思想,不是泛指一切正确思想,而是单指"政治思想","我们这种政治思想,都叫作阶级思想,就是阶级斗争思想","思想工作第一"也就是"阶级斗争的思想第一",完全是一种"左"的指导方针;"活的思想第一",把解决实际思想问题与系统的理论学习对立起来,人为地分割为"活的思想"和"死的思想",反对完整地、系统地学习马列主义,对马列主义采取实用主义的态度。林彪认为:过去的思想工作,"就是没有注意抓活的思想,……或者抓思想抓了那个死的,抓那个什么'系统'、'完整'的书本思想"。还说:"搞什么书本学习,'系统'学习","结果费力很大,得不到什么好处","马克思列宁的书太多",

"离我们又太远,过时了",等等①。他大力提倡学毛泽东思想采取"背警句"、"学语录"、学"老三篇"的办法。

"四个第一"夸大了精神的作用,以政治决定军事,把政治工作提高到不适当的地位,使军队建设偏离了以军队现代化为中心的轨道,使部队的思想政治工作误入"左"的迷津。

(三)"四好连队,五好战士"运动

1961年12月,林彪在《对1961年部队政治工作的指示》中提出创四好连队运动的主张,他指出:"连队工作主要抓四个方面:一是抓政治工作,抓活的思想;二是抓作风,就是三八作风;三是抓军事训练;四是抓生活。"1961年元旦,《解放军报》发表了题为《贯彻军委扩大会议决议为创造四好连队而斗争》的社论,公布了中央军委和总政治部关于"创造四好连队运动"的指示,公布了四好连队的条件,即政治思想好,三八作风好,军事训练好,生活管理好。

在1960年9月至10月召开的中央军委扩大会议上,林彪提出了全军评比五好战士的内容和标准,即:政治思想好,军事技术好,三八作风好,完成任务好,锻炼身体好。

军队创建四好连队和评比五好战士运动历时多年,对它采取简单肯定和简单否定的态度都是不可取的。

通过创建四好连队运动,在全军展开群众性的比学赶超竞赛运动,对全面加强连队建设具有促进作用。评比五好战士,是对战士全面表现的综合评价,作为战士入党、配备骨干,选拔干部的基本依据,激发广大官兵参加连队建设的积极性、主动性和创造性。

但"四好连队,五好战士"运动中"左"的错误因素也在增长,特别是1964年林彪严厉批判全军大比武,提出要"突出政治","政治可以冲击一切"后,"四好连队"中"四好"的四个方面关系被搞乱,片面突出政治思想好,以"一好"代替其他"三好",军事训练不再是部队的中心工作,严重影响了部队的全面建设。评比的方法也过于繁琐,时间精力消耗过大,在后期还滋长了一些不正之风,如形式主义、锦标主义、弄虚作假等现象。

(四)"突出政治"的五项原则

1965年11月18日,林彪听了总政治部关于即将召开全军政治工作会议准备

---

① 于浩等:《评林彪的"活的思想第一"》,《解放军报》1979年1月14日第3版。

情况的汇报以后,对1966年全军工作做出指示,提出了执行突出政治的五项原则,作为全军工作方针。

"第一,活学活用毛主席著作,特别要在'用'字上狠下功夫,要把毛主席的书当做我们全军各项工作的最高指示。

第二,坚持四个第一,特别要大抓狠抓活思想。

第三,领导干部要深入基层,狠抓四好连队运动,切实搞好基层,同时要切实搞好干部的领导作风。

第四,大胆地提拔真正优秀的指战员到关键性的负责岗位上。

第五,苦练过硬的技术和近战夜战的技术。"

1966年1月18日,解放军总政治部召开全国政治工作会议,这次会议主要研究林彪提出的"突出政治"的五项原则,强调"突出政治"就是突出毛泽东思想,就是把毛主席的书当作全军各项工作的最高指示,就是用毛泽东思想统帅一切,并把它作为全军1966年各项工作的总方针、总任务,作为全军建设的百年大计。这次会议之后,《解放军报》共发表了七篇论述突出政治的社论,这七篇社论强调"政治统帅一切";"突出政治一通百通,冲击政治一冲百空";"有了精神成果,就一定能出物质成果";"处处突出政治,事事突出政治,时时突出政治";把"突出政治一代一代地传下去",等等。

林彪的"突出政治"是否是"空头政治"?从林彪的言论中可以看出他也曾反对过"空头政治"。1960年10月,林彪在全军高级干部会议上的讲话还附带批评"空头政治",提出政治、文化、军事的比例是:"政治应该少占一点,文化更应该少占一点,军事应该占多些。军事应该占百分之六十、七十以至八十。我们一定要把技术搞好,技术搞不好,打仗就要出乱子。你的飞机从天空中掉下来,军舰碰沉了,那就是政治损失。敌人的坦克冲过来,你打了很多炮弹,没有把敌人的坦克打烂,结果你的炮也被敌人的坦克冲掉了。你的坦克冲过来,你的坦克开到半路停火了,结果挨人家的炮打,那是不行的。技术熟练是个很大的问题。比如写字吧,拿笔谁也会,写得好是要靠练的。打炮不练是打不准的,不能光讲道理,不给他练的时间是不行的,练的时间少了也是不行的。不能变成空头政治,搞成一个空头军。"1961年11月林彪在全军政治工作会议上的讲话谈"四好"中的军事训练好:"军事训练好。为什么要把训练提得这么突出?过去内战、抗战时期,天天打仗,打仗就是训练。现在不打仗,只有训练,靠训练来提高部队的战斗力。在座的同志都是打过仗的,可是许多连长、排长没有打过仗,将来再过几年不打仗,营长也是没有打过仗的,不训练不行。不训练就不能打仗,不训练就要误大事。现在情况变了,训练的意义大大超过过去,提到很高的位置上来,所以军事训练要大大突出。军事学校主要搞军事训练,军事科学技术学校主要学技术,特种兵就更要大量时间搞技术训练。叶剑英同志提出第一把手搞训练,极为重要。没有抽象的政治,为国家为人民办事就是政治,保卫国家就是政治,以毛泽东思想为指针搞好军事工作就是彻头彻尾、彻里彻外的政治。现在有一种看法,好像搞军事技术就是单纯技术观点,这种看法不对。科学家如果不搞专业,只搞政治,那科学还搞的成吗?我们的政治任务是共同的,但是要通过各种不同的专业综合起来去完成。"

但在1964年12月29日,林彪关于当前部队工作的指示对如何"突出政治"就同上述1960年和1961年的两个讲话大相径庭了:"政治教育时间占十分之三,这个比例,无论如何不能减少,有时还要扩大一些。比如搞运动,政治教育就不是三成,而是四成,一半,甚至是七成。政治和军事的时间比例,一般情况是三比七,特殊情况应倒过来,七比三。时间上谁让谁的问题,基本上要确定一个原则:让给政治。军事训练、生产等可占用一定时间,但不应冲击政治,相反,政治可以冲击其他。"

林彪提出的这些口号、方针和做法对军队建设也有些积极的方面,但明显带有实用主义和政治投机性,出现了许多"左"的倾向,无疑迎合了当时的阶级斗争扩大化和个人崇拜的形势的需要,对阶级斗争扩大化和个人崇拜起了推波助澜的作用。他通过突出宣传毛泽东和毛泽东思想,为自己的政治升迁进行投资,造成学习毛泽东著作出现了简单化、庸俗化、实用主义和形式主义的偏差。在军队内大搞突出政治一套做法,歪曲了马克思主义关于政治与军事、政治与业务的辩证统一的观点,造成了政治和军事的对立,影响了军队现代化、正规化、革命化建设,同时也损害了政治工作的威信。

二、七千人大会上成功的政治投机

1958年以来,由于"大跃进"和人民公社化运动,导致了三年困难局面的出现。1959年庐山会议,党内围绕"三面红旗"的得失,就发生过一场争论。林彪十分清楚毛泽东捍卫"三面红旗"的坚决态度,所以他上任国防部长不足半月,就在党中央权威性理论刊物《红旗》杂志上发表《高举党的总路线和毛泽东军事思想的红旗阔步前进》的长篇文章。

面对着严重困难的教训,全党和中央逐步清醒过来,决心认真调查研究,纠正错误,调整政策。经过一年的调整形势开始有所转变,但是困难还是很大,党内外在思想上还是存在各种疑问。在这种背景下,1962 年 1 月 11 日至 2 月 7 日,党中央在北京召开扩大的中央工作会议,参加会议的有中央和中央各部门、各中央局、各省、市、地、县的主要负责人以及一些重要厂矿和部队的负责干部,共七千余人,通常称为七千人大会。此会的目的是进一步总结经验,统一认识,增强团结,动员全党更坚决地执行调整方针,为战胜困难而奋斗。

会上,刘少奇代表中央提出一个书面报告,在肯定成绩之后,指出了几年来工作中存在的缺点和错误。1 月 27 日刘少奇在大会上讲话,对书面报告作了说明。他针对党内思想疑虑最大的几个问题,谈了自己的看法,主要是:关于"三面红旗",现在都不取消,继续为"三面红旗"而奋斗,但是经过五年、十年以后,再来总结经验,可以看得更清楚些。关于缺点和成绩的估计,恐怕不能到处套一个指头和九个指头的关系。从全国讲,恐怕是三个指头和七个指头的关系。还有些地区,缺点和错误不止是三个指头,也可能是七个指头。关于造成经济困难的原因,他认为一方面是由于自然灾害,另一方面很大程度上是由于工作中的错误,有些地方是"三分天灾,七分人祸"。刘少奇在大会或小组会讲话中都代表中央作自我批评,并号召:对中央、中央部门、中央哪个同志有意见,"都要倾箱倒箧而出"。

毛泽东在 1 月 30 日的大会上讲话,着重指出必须健全党的民主集中制,在总结正反两方面经验的基础上,加深对社会主义建设规律的认识。毛泽东作了自我批评:"凡是中央犯的错误,直接的归我负责,间接的我也有份,因为我是中央主席。""第一个负责的应当是我。"①

2 月 6 日下午,邓小平在全体会议上就党的工作问题讲了话,并从中央书记处工作的角度,对几年来工作中的缺点错误承担了责任,要求大家批评。邓小平除在会上作自我批评外,还组织人对几年来的中央文件作了检查,对书记处工作中的缺点和错误,给政治局常委写了一个报告,并要求到会同志提意见,说如果检查的不够,就加。

2 月 7 日下午,周恩来在全体会议上讲话,主要讲几年来工作中的缺点、错误的表现和责任问题。他还从国务院工作的角度,对几年来的问题承担责任,对一些与他有关(但不应该由一人负责)的问题作了自我批评。周恩来在大会讲话中,专

---

① 胡绳:《中国共产党的七十年》,中共党史出版社 1991 年版,第 392 页。

门举了两个例子,具体地检查了他个人的错误。第一个例子,是他1959年8月26日在人大常委会上作关于调整1959年国民经济计划的主要指标的报告中,片面地规定了工农业每年增产的跃进速度(即:农业每年增产超过10％就是跃进;超过15％就是大跃进,超过20％是特大跃进;工业每年增产超过20％是跃进,超过25％是大跃进,超过30％是特大跃进)。周恩来对这个跃进速度的规定,作了分析、检讨,说这是不科学的。表示在以后的人大会议上还要"交待"。第二个例子是,他主持起草了一个关于权力下放的文件,限期将轻工业下放98.5％,重工业下放76％,造成权力下放过多过散的错误。这个文件是经过中央通过的,但是,周恩来还是作为自己的错误作了检讨。

中央领导同志的自我批评精神,极大地教育了到会同志。在"开出气会"阶段,中央一些部委的负责人,各大区、各省的负责人都作了深刻的自我批评,检查了几年来自己的缺点错误,听取了地县同志的批评意见。中央一些部委的领导同志还把自己的检查印发各大组,征求大家的意见。到会同志都敞开思想,指名道姓地提批评意见。有的干部把压在心里三、四年的"怨气"都讲出来了。

林彪在这次大会上却作了一个与众不同的、与整个会议气氛极不协调的发言。他在1月29日的讲话中主要谈两个问题:

一是关于党的工作。

林彪在讲话中对"三面红旗"大加赞扬:我们党所提出的总路线、大跃进、人民公社这三面红旗,是正确的,是中国革命发展中的创造,人民的创造,党的创造。

关于如何看待国家经济生活中出现的困难局面,他说:这两三年以来,我们国家在某些方面发生的一些困难是暂时的,而且情况已经在开始好转,今后必然会继续好转下去。造成困难的原因是多方面的。特大的自然灾害,我们工作上的一些错误,使我们的工农业生产减少了,但我们取得了经验。全党来了个大学习,使我们党员、干部的质量和能力大大提高了。

关于工作中的成绩和失误,林彪说:"在目前,失的方面的作用看清,得的方面的作用还看不清楚。然而得的方面将越来越发挥很大的作用。""这两年物资的消耗,为将来物资的增加奠定了基础。这种减少如小学生上学付学费一样,从小学到大学毕业,十七年只是吃穿,什么也没生产出来,但是毕业以后将得到很大的收益。又如盖这座洋房子(指人大礼堂),不花一点钱,学一些本事是盖不成这样漂亮的大厦的。再如军队,现在不打仗,但是天天要练习,打炮弹、开飞机、坦克、军舰,耗费很多汽油,人也搞得很疲劳,物资未增,但是学到了本事。这种本事可以转化为物资,它得到的物资不是与原来消耗的相等,而是几倍,几十倍,甚至几百倍、几千倍地增加物资。所以,付出一点学费是值得的。全党来个大学习,从实践中学习,这是讲堂,课本上学不到的,那个讲师讲的也没有这个有说服力。""从表面上看失大于得,但是从实质上看,从长期看,得大于失。"如此潇洒地"交学费",如此乐观的"精神收入",显然,这是一篇不顾事实的诺言。

对毛泽东的错误,林彪在大会上则说:事实证明,这些困难,恰恰是由于有许多事情没有按照毛主席的指示、毛主席的警告、毛主席的思想去做。如果按照毛主席的指示去做,如都听毛主席的话,那么,困难会要小得多,弯路会弯得小一些。我在中央的时间是不长的,但是从看得到,听得到的,同志们的思想经常出现的三种状况:一是毛主席的思想;二是"左"的思想;三是右的思想。当时和事后都证明,毛主席的思想总是正确的。可是我们有些同志不能够很好地体会毛主席的思想,把问题总是向"左"边拉,向"左"边偏。毛主席的优点是多方面的,我个人几十年来的体会,他的突出的优点,是实际,总是八九不离十,总是在实际周围,围绕着实际不脱离实际。我深深感觉到,我们的工作搞得好一些的时候,是毛主席的思想能够顺利贯彻的时候,是他思想不受干扰的时候。反之,他的意见受不到尊重或者受到很大干扰,事情就要出毛病。几十年来的历史就是这个历史。

二是关于军事工作。

林彪说,首先是对于战争的看法,现在存在着针锋相对的两种观点:修正主义者一方面认为战争可以避免,另一方面又认为如果战争不能避免,那就要毁灭全球。我们马克思主义者认为,战争是不可避免的,是一定要爆发的。只不过是大战还是小战,在这个问题上有两个可能;世界上主要的大国参加的大战会不会发生,有两个可能,而小战就只有一个可能,一定要打。关于战争的前途,修正主义者认为战争要毁灭全人类;我们则认为战争的前途不是两个都消灭,而是一个消灭一个,我们胜利,敌人失败。我们对战争的方针,第一是不挑衅,不主动发动进攻;我们要争取和平,尽量推迟战争的爆发。第二是不搞单纯防御。就是说,我们不挑衅,你打来的时候,我打防御战;但是,我们不是打单纯防御的防御战,而是打进攻防御战,让你进到适当地点的时候,我们就向你进攻。先是你向我进攻,然后是我向你进攻。根据这种作战方针,我们就应该有一系列的措施,这种措施有军队应该做的,也有地方应该做的。现在主要讲军队本身应该怎样准备。庐山会议以后,军委一致的精神就是要以毛主席思想为指导方针,处处按毛主席的意图、毛主席的著作、毛主席的指示来办事,向毛主席请示,向毛主席报告,以毛主席的思想来统一我们的思想。①

　　林彪这个异乎寻常的讲话,把毛泽东的责任洗刷得一干二净。按照他的说法,产生经济困难的原因,不是中央领导人乃至全党执行了毛泽东"左"倾错误的东西,而是人们把毛泽东正确的东西拉到"左"边去,产生了错误;毛泽东的思想总是正确的,总是不脱离客观实际,因此,凡是出了问题,就是错误思想对毛泽东正确思想的干扰。林彪这番不顾事实、真理和原则的讲话,一方面借机打击刘少奇等第一线中央领导人;另一方面,阿谀奉承毛泽东,把个人崇拜推进到一个更高的境地。

　　毛泽东对林彪在七千人大会上的讲话倍感亲切和感动,十分欣赏并加以赞扬,他对林彪的信任也进一步增强了。毛泽东对罗瑞卿说:林彪同志的讲话水平很高,这样的讲话你们作得出来吗?罗瑞卿回答:我作不出来。1962年3月20日,毛泽东在修改林彪的讲话时致田家英、罗瑞卿的信中说:"此件通看了一遍,是一篇很好、很有分量的文章,看了很高兴。"②

　　与此形成鲜明对比的是,毛泽东对刘少奇在七千人大会上的讲话内心是不满的,这从他在1967年2月在会见阿尔巴尼亚劳动党中央政治局委员、中央书记处书记、共和国部长会议第一副主席希斯尼·卡博和阿尔巴尼亚劳动党中央政治局委员、共和国部长会议副主席兼国防部部长贝基尔·巴卢库等时的谈话中可见一斑,毛泽东说:"多年来我们党内斗争没有公开化。比如,1962年1月,我们召开了7 000人的县委书记以上干部大会。那时候我讲了一篇话,我说修正主义要推翻我们,如果我们现在不注意,不进行斗争,少则几年十几年,多则几十年,中国就会要变成法西斯专政的……那个时候已经看出问题了。"③

三、造"神"运动的急先锋

　　在中国当时的历史条件下,毛泽东享有至高无上的威望,林彪要想升迁,他就必须把自己打扮成一个最坚决拥护最忠于毛泽东的人,是"高举毛泽东思想伟大红旗","一贯紧跟"的"亲密战友"、"最好学生",才能获取毛泽东的信任,获取全党、全军的信任,才有可能被委以重任。

　　林彪在伪装"高举"、获取信任上是下了功夫的。他从多方面观察、揣摩、探听

---

① 《建国以来毛泽东文稿》第10册,中央文献出版社1996年版,第63—65页。
② 同上书,第62页。
③ 廖盖隆:《中华人民共和国编年史》,河南人民出版社2000年版,第227页。

毛泽东的心理、好恶、动向，赞成什么、提倡什么，反对什么、讨厌什么，以此来决定自己的言行。

1966年5月18日，林彪在政治局扩大会议第三次全体会议上发表长篇讲话，号召全党全国人民要做到"四个念念不忘"，即"念念不忘阶级斗争，念念不忘无产阶级专政，念念不忘突出政治，念念不忘高举毛泽东思想伟大红旗。"①他还别有用心地鼓吹个人崇拜："十九世纪的天才是马克思、恩格斯。二十世纪的天才是列宁和毛泽东同志。不要不服气，不行就不行。不承认这一点，我们就会犯大错误。"②"毛主席的话，句句是真理，一句超过我们一万句。"③"毛主席是我们党的缔造者，是我国革命的缔造者。是我们党和国家的伟大领袖，是当代最伟大的马克思列宁主义者。毛主席天才地、创造性地、全面地继承、捍卫和发展了马克思列宁主义，把马克思列宁主义提高到一个崭新的阶段。毛泽东思想是在帝国主义走向全面崩溃，社会主义走向全世界胜利时代的马克思列宁主义。"④

1966年8月13日，林彪在中央工作会议上说："……以主席为轴心，我们做磨盘，一切按主席指示办事，不能有另外做法，不能有两个方针，两个司令部，不能以想当然代替主席的想法，不能唱对台戏，要一元化，紧跟主席。主席处理问题，有全盘考虑，高瞻远瞩，还有他的想法，有很多想法我们是不了解的。我们对主席的指示要坚决执行，理解的要执行，不理解的也要执行。"⑤林彪把党的领袖与干部群众的关系视为封建社会的君臣关系，领袖的话具有绝对权威，不管对错，说一不二。理解的要执行，不理解的也要执行，只许惟命是从，完全违背了党的民主集中制。

1966年8月18日，毛泽东首次接见百万革命师生和红卫兵小将，林彪发表讲话指出："这次无产阶级文化大革命，最高司令是我们毛主席。毛主席是统帅。"

1966年8月31日，毛泽东第二次接见红卫兵。林彪讲话一开头就说："我代表我们伟大的导师、伟大的领袖、伟大的统帅、伟大的舵手毛主席，向各地来的同学问

---

① 林彪：《林彪同志在中央政治局扩大会议上的讲话》（1966年5月18日），中国人民解放军国防大学党史党建政工教研室：《"文化大革命"研究资料》上，1988年版，第20页。

② 同上书，第22页。

③ 同上书，第23页。

④ 同上书，第21页。

⑤ 林彪：《林彪同志在中央工作会议上的讲话（1966年8月13日）》，中国人民解放军国防大学党史党建政工教研室《"文化大革命"研究资料》上，1988年版，第85页。

好,向大家问好!"这是"四个伟大"第一次经"权威"之口表达出来。1967年五一节前,林彪给清华大学题词:"伟大的领袖、伟大的统帅、伟大的导师、伟大的舵手毛主席万岁! 万万岁!"5月1日,各报发表了林彪的"四个伟大"的题词手迹,从而把"四个伟大"的宣传推向了极点。

1966年9月18日,林彪在《把学习毛主席著作提高到一个新阶段》的讲话中说:"毛泽东思想是全党全军全国人民的统一行动纲领。全世界谁也不能代替毛泽东思想。什么李达,康斯坦丁诺夫,尤金,都不行。这些人的书怎么能同毛主席的书相比? 现在全中国、全世界没有哪一个人的著作能统一人们的思想。马克思,列宁的书太多,读不完,他们离我们又太远。在马克思列宁主义的经典著作中,我们要百分之九十九地学习毛主席著作,这是革命的教科书。要彻底把毛泽东思想贯彻于全党全军全国人民,用毛泽东思想来统一我们的思想。""毛泽东思想是革命的科学,是经过长期革命斗争考验的无产阶级的最高真理,是最现实的马克思列宁主义。""毛主席比马克思、恩格斯、列宁、斯大林高得多,现在世界上没有哪一个人比得上毛主席的水平。""毛主席这样的天才,全世界几百年、中国几千年才出现一个。毛主席是世界上最大的天才。"①这是完全违背了唯物主义的历史观的。革命领袖在不同的历史时期,正确地解决了社会实践向他们提出的历史任务,怎么能够硬把他们拉在一起作互相比较呢。

1966年12月16日,林彪为《毛主席语录》写了《再版前言》,指出:"毛泽东同志是当代最伟大的马克思列宁主义者。""毛泽东思想是在帝国主义走向全面崩溃,社会主义走向全世界胜利的时代的马克思列宁主义。"

林彪"紧跟"毛泽东,吹捧毛泽东,甚至在一些具体细节上也很注意:走路不要走到毛泽东前面去;不要忘了带"语录";要"言不离主席";开会林彪要早到一两分钟,恭候毛泽东的到来;包括在天安门城楼上,林彪站的位置叶群都反复交待,不能离得太近,又不能挡住主席,保持几步远的距离,为了"紧跟"毛泽东可谓煞费苦心。1970年4月25日下午,叶群口授了一份给秘书的指示:

选文件、打电话时都要提醒,言不离主席。

首长参加外事活动时,也要提醒。

你们要注意礼貌。如,接送主席他们虽然告诉我们不要去,只去一部车到车站,我和首长还是要去,不能只想一面。他们叫我和首长先走,我们不能走,要等主

---

① 《林彪同志关于把学习毛主席著作提高到一个新阶段的指示》(1966年9月18日)。

席的车走了以后,我们才能离开。

在中国这个具有深厚封建主义历史积淀的适宜土壤上,人们对毛泽东的个人崇拜发展到极端,一股带有浓厚封建色彩的宗教狂热就像一条熬过冬眠的巨蟒开始在中国大地上蠕动起来。"早请示"、"晚汇报"这种类似宗教做弥撒式的奇景随处可见,从"文化大革命"初期开始,一直持续到1971年的"九一三"事件之后,全国人民每天必要集体或独自实行这种礼仪。"红海洋"遍布全国,"忠字舞"到处扭跳,家家的正面墙上挂起领袖的画像,几乎每个广场都树起了领袖的巨雕或塑像,虔诚的人们甚至把领袖的像章挂在自己的胸脯上。

对毛泽东著作的学习也出现了许多奇怪的现象。大小会前必须集体诵读有关毛主席语录。每天上班后,头一件事就是学习毛泽东著作一小时,这叫天天读,雷打不动。甚至出现了明显的宗教崇拜形式。大小集会开始必须手挥《毛主席语录》,集体高呼"敬祝伟大领袖毛主席万寿无疆! 万寿无疆!""敬祝林副主席身体健康,永远健康!"整个中国笼罩在对毛泽东的狂热的个人崇拜气氛中。

四、从"造神者"成为紧邻神位的"天将"

由于毛泽东对中国革命无与伦比的功绩和无人可比的威望,人们把对毛泽东的赞颂视为很自然的事情。正是利用这一心理,林彪把人们对领袖正常的颂扬一步一步地演变成了一场席卷全国的造神狂飙巨澜使自己成为紧邻神位的天将。

林彪从政治投机中获益也是很大的。毛泽东是林彪制造个人崇拜的对象,他对个人崇拜的欣赏无疑是林彪制造个人崇拜得逞的关键因素之一。毛泽东出于政治需要,对搞他的"个人崇拜"从默许转为赞赏,深谙毛泽东喜好的林彪投其所好。毛泽东一次又一次感受到了林彪对他的支持和忠诚,对此十分欣慰。于是,二者之间成了正比,林彪愈是鼎力歌颂,毛泽东就愈是倚重林彪。林彪也以此为晋升之阶,向权力顶峰攀登。

1961年6月,毛泽东在一次会议上,不加掩饰地表扬了林彪,肯定了军队的作法。他说:"最近林彪同志下连队做调查研究,了解到很多情况,发现了我们部队建设中一些重要的问题,提出了几个很好的部队建设措施。"

1963年12月14日,毛泽东在给林彪的信中,开篇就非常关心地写道:"你的信早收到了。身体有起色,甚为高兴。开春以后,宜到户外散步。"信写完后,毛泽东特别又加上了一段语重心长的话:"曹操有一首题名《神龟寿》的诗,讲养生之道的,很好。希你找来读一读,可增强信心。又及"①(曹操的原诗为《龟虽寿》,作者注。)
这首诗原文为:"神龟虽寿,犹有竟时;腾蛇乘雾,终为土灰。老骥伏枥,志在千里;
烈士暮年,壮心不已。盈缩之期,不但在天;养怡之福,可得永年。幸甚至哉,歌以
咏志。"毛泽东建议林彪读此诗的含义,显然含有对林彪的鼓励和嘉许的用心。

1963年12月16日,毛泽东在给林彪等人关于工业部门学解放军的信中更是
明确表示:"解放军的思想政治工作和军事工作,经林彪同志提出四个第一、三八作
风之后,比较过去有了一个很大的发展,更具体化又更理论化了,因而更便于工业
部门采用和学习了。"②

12月25日,毛泽东又在一个批示中亲切地称林彪为"林总"。

翻阅上世纪60年代的档案,毛泽东对谁曾有过这么多具体而肯定的赞扬呢?
可以说,林彪几年来大搞个人崇拜,确实赢得了毛泽东对他的信任。

林彪的个人威望也在不断提升。1966年8月12日通过的《中国共产党第八届
中央委员会第十一次全体会议公报》指出:"全会认为,林彪同志号召人民解放军在
全军展开学习毛泽东同志著作的群众运动,为全党全国树立了光辉的榜样。"

1966年9月18日,林彪发表了《把学习毛主席著作提高到 个新阶段》的讲话
后不久,10月10日的《人民日报》发表了新华社的《林彪同志号召人民解放军把活
学活用毛主席著作群众运动推向新阶段》的报道,对林彪评价如下:"林彪同志一贯
最忠实、最坚决、最彻底地贯彻毛泽东思想,执行毛主席的正确路线,他是毛主席最
亲密的战友,最好的学生,是活学活用毛主席著作的最好的榜样。我们全军同志都
应当向林彪同志学习。""在中国革命的重大历史关头,林彪同志总是坚定地站在毛
主席一边,同各种'左'的右的错误路线进行不调和的斗争,英勇地捍卫了毛泽东思
想。林彪同志主持军委工作以来,高举毛泽东思想伟大红旗,创造性地运用毛泽东
思想,提出了加强军队革命化的一系列重大措施。他号召在全军开展学习毛主席
著作的群众运动,并且推动全国掀起了一个工农兵活学活用毛主席著作的群众性
热潮。"③

1967年11月27日,中共中央发出《关于对征询召开"九大"的意见的通报》指
出:"九大要大力宣传林副主席,进一步提高林副主席的威望。"

---

① 《建国以来毛泽东文稿》第10册,中央文献出版社1996年版,第449—450页。
② 同上书,第455页。
③ 《林彪同志号召人民解放军把活学活用毛主席著作群众运动推向新阶段》,《人民日报》
1966年10月10日。

　　新中国成立后林彪的精神状态,也是随着政治气候的变化而变化的。当他认为时机不利,就借病躺倒,等待时机,东山再起;当他认为时机有利,就精神抖擞、野心勃勃。对林彪的为人,曾和林彪有过二十多年工作接触的张闻天写下了自己的总印象:"我觉得他平常是一个阴沉的,不轻易表示自己的政治态度的人,但在紧要关头,也表现出他在政治上是动摇的;他平时深居简出,除同少数他亲近的干部联系外,同群众很少联系;他长时期以养病为名,逃避实际斗争,追求个人享乐,并等待对他有利的时机。"①

　　1970年5月1日,林彪在接见总政治部部长以上的干部谈话时,曾有过这样的表白:"我这个人是搞军事的,一向分工抓军事工作。但是,我的兴趣是搞政治,搞无产阶级政治。我搞军事是斗争的需要,其实我年轻的时候就爱搞政治,对政治有兴趣,我的职业是搞军事,兴趣是搞政治。毛主席一贯搞政治,我是学毛主席的。他的法有效,我也学他的法。"②

　　林彪这种表白,也多少把他喜欢在政治上玩弄一些心计、权术表现出来。林彪越来越认准了,在和平建设时期,"政治有更加重要的价值"、"一本万利,一通百通。"林彪这时说的"政治",当然并不是他自己声言的"无产阶级政治",实际上是一种政治权术。他在"研究"毛泽东上,可谓下了大功夫;在如何利用毛泽东上,可谓费尽心机。当毛泽东头脑清醒,党的民主生活正常的时候,林彪的"研究"和揣摩是难以奏效的。但是,当毛泽东出现失误,党的民主生活越来越不正常的时候,就为林彪野心得逞提供了条件。

　　任何一个正面人物或反面人物,都是社会的人,历史的人,都有其复杂性、多面性。即使是圣贤、伟人也有缺点和错误,而那些巨奸大恶,也不一定桩桩件件都是坏事。但是,这丝毫不能改变他们各自的基本面貌,不足以推翻已有定论。周恩来说过:"要历史地、辩证地、发展地看问题。我们认识林彪也有一个发展过程;对林彪要作一个分析,他也有一个从量变到质变的过程,不要以为说他坏,从头到尾都是坏的"③。从林彪蜕变的轨迹剖析来看,在他身上确实是个人私欲和政治野心并存。

──────────

　　① 中共中央党史研究室张闻天选集传记组,张培森:《张闻天年谱》(1942—1976)下卷,中共党史出版社2000年版,第1302页。
　　② 胡长水:《林彪上台之初》。江波、黎青编:《林彪:1959年以后》,四川人民出版社1993年版,第5页。
　　③ 中共中央文献研究室:《周恩来年谱》(1949—1976)下卷,中央文献出版社1997年版,第542页。

第二章

林彪集团的崛起

林彪已被盖棺论定。林彪从革命功臣到反革命集团的头目有个蜕变过程,林彪集团的其他成员也有个发展演变过程。我们有必要对林彪集团的组成部分作横向的解剖,对林彪集团的形成及过程作历史地全面地纵向考察。

第一节　林彪集团的成员

所谓的"集团"是指为了一定的目的组织起来共同行动的团体。林彪集团,是一个以长期的上下级关系为背景,以军委办事组为依托,以宗派主义为基础,在"文化大革命"这一特殊的历史条件下形成和发展起来的以军事人员为主体的,以篡党夺权为目的而结合起来的共同犯罪组织。林彪集团可分为上层和下层。林彪集团的上层是以林彪为首,以黄永胜、吴法宪、邱会作、李作鹏(又称"四大金刚",以下简称黄吴李邱)和叶群、陈伯达为干将。林彪集团的下层是指林彪之子林立果在空军中组成的所谓"联合舰队"。

一、"四大金刚"——林彪集团的"台柱子"

在党的历史中,曾出现一种带有小团体主义和宗派主义性质的错误倾向。过去,它是从党和军队所处的分散的农村根据地的一个个"山头"中自然产生的,故得名为山头主义。山头主义在党内的产生、存在,同历史关系、地缘关系、组织关系、认识关系及私人关系、部属关系、利害关系等密切相关。新中国成立后一贯强调克服山头主义,在军委各总部均是实行五湖四海。但林彪主持军委工作后,在用人问题上逐渐破坏了这个传统,存在着明显的山头主义倾向。林彪用人的一条重要标准是用自己的老部下,即重用"双一"。当然,也不是唯"双一"是用,还有更重要的一条用人标准,就是能卖身投靠,效忠于他。"文化大革命"初期,整海军主要领导干部时,叶群曾对李作鹏说:那人是反"双一"的。李不解地问何谓"双一"?叶群说就是红一方面军、红一军团。按照这一标准,林彪提拔和重用了黄吴李邱,把他们当成自己"帅旗"下的"大将"。林彪集团的头目是林彪,而支撑这个集团的四根台柱子是黄吴李邱。这四个人就是人们所说的"大舰队"的重要成员,其中上将一人,中将三人。黄吴李邱的主要经历如下:

黄永胜(1910—1983)湖北省咸宁县人。1927年6月入武昌国民革命军第2方面军总指挥部警卫团,9月参加湘赣边界秋收起义,12月加入中国共产党。曾在中国工农红军第一军团任连长、营长、团长、师长。参加过中央苏区历次反"围剿"和长征。抗日战争时期,任八路军晋察冀军区第三军分区副司令员、司令员,教导第二旅旅长。解放战争时期,历任热河军区、热辽军区司令员,纵队司令员,军长和兵团司令员。曾率部参加辽沈、平津和广西等战役。1949年后,任兵团司令员,华南军区、中南军区副司令员,广州军区司令员。1955年被授予上将军衔。1956年被选为中共第八届中央候补委员(1968年递补为中央委员)。"文化大革命"中,当选为中共第九届中央委员、政治局委员,曾任人民解放军总参谋长兼军政大学校长。"文化大革命"中,积极参与了林彪夺取党和国家最高领导权的阴谋活动。1971年9月被撤职。1973年8月被开除党籍。1981年1月25日,中华人民共和国最高人民法院特别法庭确认为黄永胜是林彪、江青反革命集团主犯,判处有期徒刑18年,剥夺政治权利5年。1983年4月26日去世。①

吴法宪(1915—2004)江西省永丰县人。1930年加入中国共产主义青年团,同年参加中国工农红军。1932年由团转入中国共产党。土地革命战争时期,曾任红十二军第一〇五团青年干事,第六十四师青年科科长,红一军团第二师二团总支书记、团政治委员。参加了长征。抗日战争时期,曾任八路军一一五师三四三旅六八四团政治处副主任,六八五团政治委员,苏鲁豫支队政治部主任、政治委员,新四军第三师政治部主任。解放战争时期,曾任辽西军区副政治委员,东北民主联军第二纵队副政治委员,第四野战军三十九军政治委员,十四兵团副政治委员兼政治部主任。中华人民共和国成立后,曾任中国人民解放军空军副政治委员兼政治部主任,空军政治委员、司令员,中国人民解放军副总参谋长兼空军司令员。1955年被授

---

① 中国大百科全书总编辑委员会《军事》委员会:《中国大百科全书》(军事卷Ⅰ),中国大百科全书出版社1989年版。

予中将军衔。是中国共产党第九届中央委员、中央政治局委员。"文化大革命"中，积极参与林彪篡夺党和国家最高领导权的阴谋活动。1971 年被审查。1973 年被开除党籍、撤销党内外一切职务。1981 年被中华人民共和国最高人民法院特别法庭确认为林彪反革命集团主犯。①吴法宪被判处有期徒刑十七年，剥夺政治权利五年。2004 年 10 月 17 日，吴法宪去世。

李作鹏(1914—2009)江西省吉安县人。1930 年参加中国工农红军。1931 年加入中国共产主义青年团,1932 年转入中国共产党。土地革命战争时期,曾任中央军委二局参谋、二科科长。参加了长征。抗日战争时期,曾任中国人民抗日军政大学参训队长,八路军一一五师侦察科科长、作战科科长,山东纵队参谋处处长。解放战争时期,任东北民主联军参谋处处长,第一纵队副司令员兼参谋长,东北野战军第六纵队司令员,第四野战军四十三军军长。中华人民共和国成立后,曾任中国人民解放军第十五兵团参谋长,中南军区军政大学副校长,第一、第四高级步兵学校校长,中国人民解放军训练总监部陆军训练部部长,总参谋部军训部部长,中国人民解放军海军副司令员,中国人民解放军副总参谋长兼海军政治委员。1955 年被授予中将军衔。是中国共产党第九届中央委员、中央政治局委员。"文化大革命"中积极参与林彪篡夺党和国家最高权力的阴谋活动。1973 年被开除党籍、撤销党内外一切职务。1981 年被中华人民共和国最高人民法院特别法庭确认为林彪反革命集团主犯。②李作鹏被判处有期徒刑十七年,剥夺政治权利五年。2009 年 1 月 3 日,李作鹏去世。

邱会作(1914—2002)江西省兴国县人。1929 年参加中国工农红军。1930 年加入中国共产主义青年团,1932 年转入中国共产党。土地革命战争时期,曾任红五军团宣传队队长,军委总供给部政治指导员,军委四局三科科长,西北供给部粮秣处处长。参加了长征。抗日战争时期,曾任军委供给部副部长、部长,豫皖苏边区财政委员会主任兼新四军第四师供给部政治委员,新四军第四师政治部组织部部长。解放战争时期,任热辽军区政治部主任,东北野战军第八纵队政治委员,第四野战军四十五军政治委员。中华人民共和国成立后,曾任中国人民解放军第十五兵团副政治委员兼政治部主任,华南军区政治部主任,中国人民解放军总后勤部部长,副总参谋长兼总后勤部部长。1955 年被授予中将军衔。是中国共产党第九

---

① 参考:《中国人民解放军将帅名录》第一集,解放军出版社 1987 年版,第 290 页。

② 同上书,第 274 页。

届中央委员、中央政治局委员。"文化大革命"中积极参与林彪篡夺党和国家最高权力的阴谋活动。1973年被开除党籍、撤销党内外一切职务。1981年被中华人民共和国最高人民法院特别法庭确认为林彪反革命集团主犯。①邱会作被判处有期徒刑十六年,剥夺政治权利五年。2002年7月18日,邱会作去世。

从黄吴李邱各自的经历可以看出:他们出身很苦,十五六岁就投身革命,为新中国的成立立下了汗马功劳。黄吴李邱之所以得到林彪的宠爱,很重要的原因是由于他们在历史上都是林彪的部下。土地革命战争时期,黄永胜、吴法宪即在林彪手下任团长和团政治委员。抗战时期,黄永胜、吴法宪和李作鹏都在八路军一一五师工作过,分别任团长、团政治委员和科长。解放战争时期,林彪任第四野战军司令员,黄永胜任第四野战军十四兵团副司令员、十三兵团司令员,吴法宪任三十九军政治委员、十四兵团副政治委员兼政治部主任,李作鹏任四十三军军长,邱会作任四十五军政治委员。在长期战争环境中形成的历史渊源关系,使他们达到了林彪用人的基本标准。而真正形成一个反革命集团更重要的原因是这些人在"文化大革命"开始前后积极投靠林彪,极尽逢迎拍马之能事,死心塌地地充当打手,因而受到林彪的拉拢、提携和重用,成了林彪集团的骨干。下文分别从黄吴李邱是如何爬上高位这个角度具体考察林彪与黄吴李邱的勾结过程。

对自己老部下黄永胜的能力和素质,林彪是非常了解的。抗美援朝前,以13兵团为基础建立东北边防军,林彪认为第十三兵团司令员黄永胜难以胜任负责东北边防军的工作,临阵换将,提议邓华出任第十三兵团司令员,黄永胜调任第十五兵团司令员并兼广东军区副司令员。

"文化大革命"初,黄永胜任广州军区司令员。1967年1月,广州军区的一些干部群众起来造反,炮轰黄永胜。1月28日,黄永胜打电话向林彪告急。林彪立即让叶群把黄永胜召到北京,保护起来。1968年2月21日,广东省革命委员会成立,黄永胜任革委会主任。1968年3月,经林彪提名为总参谋长和军委办事组组长。

黄永胜凭借其取得的中共中央政治局委员、军事办事组组长、总参谋长和中央专案第二办公室主任等特殊的地位和权力,极力按照林彪的旨意行事,有预谋地诬陷和迫害党和国家的领导人叶剑英、聂荣臻、彭德怀、罗瑞卿等同志;制造了"广东地下党"和广州部队"反革命集团"两大冤案,致使大批干部和群众遭到诬陷迫害,副省长林锵云和文年生被迫害致死。

---

① 参考:《中国人民解放军将帅名录》第一集,解放军出版社1987年版,第300页。

黄永胜同林彪、叶群的关系密切,1969 年 3 月,黄永胜把叶群亲笔写给他的题字"不信今朝无古贤"的条幅,挂在自己的宿舍。他对林彪感恩戴德,发誓:"在任何时候都要忠于林副主席。"1970 年秋黄永胜和叶群有一次通话,叶群告诉黄永胜,林彪真正喜欢的只有他(指黄永胜),他们(指叶群和黄永胜)的生命是连在一起的,不管是政治生命还是个人生命。甚至对他们的孩子,也都作了策划安排,将来"一个人把一个关口",充当黄永胜的"助手"。从中可以看出共同的政治目的,使他们休戚与共,命运相连。

林彪对吴法宪拉拢重用。1965 年 5 月,在空军司令员刘亚楼病故后,林彪就急忙策划由吴法宪改任空军司令员。"文化大革命"开始后,吴法宪把反对他的空军一大批高级干部打了下去。但不久,空军院校和空军机关的很多人起来造他的反,他吓得跑到一个山洞里躲起来。恰在这时,空军一支部队击落了一架台湾的美制无人驾驶飞机。叶群立即对造反群众说:"你们知道这架飞机是怎么打下来的?是吴司令指挥打下来的! 你们天天要揪他,以为他吓得不知跑什么地方去了,其实,他是受了主席和林副主席的委托,一直在战备指挥所里指挥对敌作战。"[1]叶群煞有介事的这些话,给吴法宪解了围。

"文化大革命"中,中共中央军委的工作受到干扰破坏。1967 年 8 月 17 日,根据中共中央、中央军委的决定,成立了军委办事组。军委办事组最初是负责处理军队系统驻京机关、部队文化大革命方面的具体工作,"看着总政机关的文化大革命运动不要出偏差"。[2]林彪一伙控制了军委办事组后,军委办事组实际上取代了中央军委常委会议。军委办事组最初成立时,又称军委四人看守小组。吴法宪任组长,成员还有叶群(林彪办公室主任)、邱会作(副总参谋长兼总后勤部部长)、张秀川(海军副政委)。9 月底,杨成武任军委办事组组长,吴法宪为副组长。1967 年底,林彪提名任命吴法宪为副总参谋长。但他这个副总参谋长,既没有参加总参党委,也没有到总参办公,更没有分管总参哪个部的业务,不干实事,徒有虚名。1968 年 3 月,军委办事组改组,林彪提名吴法宪任军委办事组副组长。1968 年 3 月中共九大上,林彪又提名吴法宪为政治局委员。

吴法宪对林彪的拉拢重用感恩戴德。他常说:"我这个空军司令是挂名的","真正的空军司令是林副主席"。吴法宪还当着林彪的面痛哭流涕,感谢林彪对他

---

① 张云生:《毛家湾纪实——林彪秘书回忆录》,春秋出版社 1988 年版,第 121 页。

② 王年一:《关于"军委办事组"的一些资料》,《党史研究资料》2001 年第 7 期。

的褒奖提拔,并当面高喊"祝林副主席万寿无疆!"他认为:"是林彪把我提拔起来的,所以我脑子里就是一个林彪";"为了跟林彪,林彪、叶群叫我干什么,我就干什么"①;"我是林彪的走狗"。吴法宪在空军党委三届十二次全会上提出"忠于林副主席",还自我标榜说:"这是空军首先提出来的,我们写在会议纪要里了"。吴法宪还指令空军编写的各种条令、条例上都要写上"忠于林副主席"。

吴法宪及其同伙多次向林彪、叶群搞"效忠"的活动。1970年和1971年的5月13日,黄、吴、叶、李、邱同游长城,写诗题词,摄影留念。吴法宪及其一家也多次向林彪、叶群写效忠信,表示"天变、地变、宇宙变","忠于林副主席的红心永不变";"永生永世,子孙万代都做林副主席的忠诚战士";②"海枯石烂也忘不了林副主席、叶主任、立衡、立果同志对我们海样深的阶级感情";要"永远牢记叶群的教育深恩。"他甚至称叶群为"叶妈妈"。

吴法宪的效忠给林彪更加有效地利用他提供了方便。1967年10月,林彪亲笔写信指使吴法宪组织假调查,制造伪证,掩盖叶群参加国民党青训班的经历,美化叶群的历史是"白璧无瑕"。吴法宪也依靠林彪、叶群的撑腰,在空军包揽大权,培植亲信,排除异己。吴法宪批准和关押审查空军干部群众达174人,其中有张廷发、黄玉昆、聂凤智等军以上的干部33人。大批干部战士受到迫害,仅空军司令部、政治部处以上的干部定为敌我矛盾的就有上百人,空军部队其他直接间接的受害者达五六千人。"九一三"事件后,周恩来批评"空军万马齐喑"便可窥见一二。③

1980年特别法庭第二审判庭开庭审问吴法宪,吴法宪供认自己一心跟着林彪往上爬,对反对过他的人打击报复,在空军诬陷和迫害了大批干部。他说:"自一九七一年九月二十四日被逮捕以后,十年来一直在想为什么犯这么大的罪?就是因为跟着林彪,对林彪一家言听计从,确确实实犯了大罪。"④

林彪与李作鹏的勾结早在"文化大革命"前就开始了。1962年林彪以加强海军领导为名,派李作鹏任海军常务副司令。

1966年5月,海军党委召开第三届三次扩大会议,李作鹏利用这次机会搞罢

---

① 《中华人民共和国最高人民法院特别法庭审判林彪江青反革命集团案主犯纪实》,法律出版社1982年版,第269页。

② 同上书,第371页。

③ 鹿音、赤男:《秘密审判林彪的"小舰队"内幕》,《中华儿女》1999年第11期。

④ 《中华人民共和国最高人民法院特别法庭审判林彪江青反革命集团案主犯纪实》,法律出版社1982年版,第373页。

官夺权的地下活动,中共中央批评和制止了李作鹏的阴谋活动。正当海军党委根据中央精神揭发李作鹏的阴谋活动的时候,林彪利用职权强令海军会议"立即收兵停战"。

在"文化大革命"刚开始时,李作鹏在海军各方面的关系很紧张,急于找个靠山。林彪和叶群看透了这点,在迫害罗瑞卿的过程中,拉李作鹏充当打手(下文还要论述)。林彪利用他的地位和权力,极力保护李作鹏。1966 年 8 月 13 日,林彪用封"左派"的阴谋手段,高度评价李作鹏等人"是高举毛泽东思想伟大红旗的,是拥护毛主席的,是突出政治的,是有干劲的,对海军工作转变做了很多工作,反对罗瑞卿是有功的"。1967 年 4 月的一天,李作鹏正在会场上被群众批判,叶群得知这个消息,马上打电话编造谎言说林彪要找李作鹏谈话。待李作鹏到林彪家后,林彪、叶群火速把他送到京西宾馆,秘密保护起来。林彪还说过:"我活着不准反李作鹏,我死了也不准反李作鹏"。

李作鹏积极投靠林彪,说过"林副主席活着跟他干,生与林副主席同生,死与林副主席同死。"李作鹏在林彪的扶持下步步高升,登上了海军第一政委、海军党委第一书记、副总参谋长、九届中央委员、政治局委员的宝座。

李作鹏参与了林彪夺取最高权力的活动,1968 年 4 月,李作鹏诬陷贺龙等人"篡军反党";在海军点名诬陷迫害 120 名干部;1971 年 9 月 12 日晚,在林彪、叶群叛逃前,李作鹏两次篡改了周恩来总理的命令,致使林彪一伙得以乘飞机叛逃。

邱会作是林彪一手提拔起来的。1959 年林彪主持军委工作后,就提名任命邱会作为总后勤部部长,总后党委第一书记。后来林彪又提名邱会作为副总参谋长兼总后勤部部长、军委办事组成员,中共九大时,又提名他为政治局委员。

由于邱会作生活作风问题,在总后民愤极大。"文化大革命"前,罗瑞卿曾要专门开会处理他,是林彪把他保了下来。

"文化大革命"中,邱会作是黄吴李邱中挨批斗最厉害的。1966 年 8 月 10 日,林彪就军队机关文化大革命和干部路线问题作了一次谈话,林彪提出干部有几种。一种干部,他高举毛泽东思想伟大红旗,拥护毛主席,突出政治,有革命干劲,但是小节有毛病,有缺点。一种干部不高举毛泽东思想伟大红旗,反对毛主席,不突出政治,没有革命干劲,但是小节方面没有什么问题。对着两种干部,林彪提出要提拔第一种人,不用第二种人。提出对于小节不好,有错误的人,也要用他,批评他;批评他是为了用他、信任他。邱会作实际上就是林彪指的那类"小节"上虽有毛病,但可以提拔的人。

1966 年 8 月中旬,林彪说邱会作是"高举"的、"突出"的、"有干劲"的,是"信得过"的,想予以包庇。但由于邱会作品行不端,道德败坏,被总后愤怒的群众揪斗批判,第二军医大学的学生们把他关押在总后大院内,还挨了打。

1967 年 1 月 24 日,被关押中的邱会作给叶群写信说:"向林总求救! 今后仍同过去一样,只要还有一口气,就坚决跟着林副主席走"。林彪急忙派叶群拿着他和陈伯达的手令强行把邱会作接往西山藏起来。第二天,邱会作写了一篇《零点得救》的日记,纪念林彪为他保驾的日子,日记中写道:"二十五日零点四十分,是我新生的时刻,是我一辈子,是我的妻儿子女一辈子不能忘记的时刻。我听到'林副主席办公室派人叫我去',我就知道得救了,抑制不住的感动从内心像炸弹一样爆发出来。当时我的心脏阵阵发疼,我服了一片药之后,我也不管他了。……但是我用最大的忍耐忍住了没有掉泪……林总挺身而出派夫人接一个人,以我所知全军还是头一份。写到这里又不能不感动,不能不使人流下温暖的热泪。"①

邱会作把"一·二四"看做是林彪保他的"再生日",以后每年在这个日子里,向林彪、叶群写效忠信、送效忠礼。1968 年 1 月 24 日邱会作给叶群写信表示对林彪、叶群"海枯石烂不变心",他在信中写道:

"叶群同志:

今天是我终生不能忘记的日子!

去年的今天,是我处在极为危险的时刻。……你勇敢地来到我们机关,把我抢救出去,挽救了我的生命。……我们全家都以万分激动的心情回忆去年的今天。……这不但是我自己终生不能忘记的日子,也是我们全家永远不能忘记的日子。……"

邱会作还选制象牙底座的台屏为效忠礼献给林彪。1968 年 12 月,邱会作在总后党委三届十次扩大会议上,历数林彪从 1966 年 8 月到 1967 年 8 月有七次讲话都对他有评价,以说明林彪对他的支持和器重。邱会作说林彪、叶群是"再生父母","发誓永远忠于林副主席"。邱会作自己也供认说:"林彪'一·二四'对我的抢救,及其以后的'八九'讲话,使我和我全家的心被他一手抓去了",对林彪、叶群的感激,"除了没有跪下向他们磕头以外",说尽了感恩的话,做尽了感恩的事。邱会作的老婆胡敏还为林家的子女选"妃子"、选"驸马",跑了十几个大、中城市,看了上万人。邱会作追随投靠林彪,可谓绞尽了脑汁。

---

① 《"文化大革命"中的名人之升》,中央民族学院出版社 1993 年版,第 154 页。

而叶群拉拢包庇邱会作,也是费尽了心机。1967年3月17日,叶群在中央文革小组会上竭力吹捧邱会作,说他是解放以来四个后勤部长中最好的一个。1967年3月25日,林彪在空军高级干部会上的讲话中说:"邱会作同志小偷小摸的事有,应该烧,但邱会作是个好同志。"1970年初,叶群把林彪的词《重上井冈山》赠给邱会作,邱请人抄录裱糊后,赠给叶群、黄永胜。4月,叶群写《咏菊》诗送给邱会作,其中有这样两句:"宁可枝头抱蕊老,不曾摇落坠西风。"邱会作把诗刻在菊花砚上,回赠叶群,表示毫不动摇地跟林彪到底。邱会作曾对他的亲信透露过,林彪说,你的职务不管兼多少,但总后勤部长要一直兼下去。

邱会作积极参与了林彪夺取最高权力的活动。例如,1967年,邱会作指使人窃取总政治部的档案材料,诬陷总政治部的干部,在林彪"砸烂总政"的犯罪活动中起了重要作用。1967年至1971年,邱会作在总后勤部私设监狱,刑讯逼供,直接诬陷迫害了干部和群众462人,致使汤平、周长庚等八人被迫害致死。

从上述林彪、叶群同黄吴李邱互相勾结的简要过程中,可以清楚地看到,一边是拉,一边是靠。在"文化大革命"的特殊背景下,林彪要实现他的政治野心,需要纠集一伙人,因此,他用"保"和"提拔"的办法,对黄吴李邱竭尽拉拢。林彪对"四大金刚"效忠他本人的行动,给予了应有的奖赏。黄吴李邱为了满足权力欲,投靠地位显赫的林彪作为他们的靠山。他们看见在"文化大革命"这场政治动乱中,置身于"副统帅"的保护伞下可能给自己带来巨大的利益,于是死心塌地追随林彪,把赌注押在林彪一家身上,并把林彪的保护、赏识和重用视为私恩,刻骨铭心。

林彪有意结党营私,黄吴李邱甘心卖身投靠,在"文化大革命"特定的历史条件下,林彪集团的上层开始勾结起来。他们的关系正如叶群所说:"你们靠林彪","林彪靠你们","六个人死也要死在一起。我们六个人之间的关系是原子弹也炸不烂的"。林彪和黄吴李邱出于共同的利害关系,相互勾结、相互利用。

当然,参与林彪反革命集团的黄吴李邱等人,在历史上曾为党和人民做过一些有益的工作,对他们应当采取历史唯物主义的态度,他们成为林彪反革命集团的主犯,既有复杂的社会原因和历史背景,也有个人品质和世界观问题。

二、叶群——维系林彪集团的纽带

叶群是林彪集团的关键性人物之一。按照林彪孤傲好静的性格,以及他韬光养晦的思维方式,是不轻易与人交结的。因此,有许多人认为,以林彪的性格而言,他似乎不是一个能够拉帮结派,组织阴谋集团的能人。正是叶群在林彪集团的形成过程中起了重要的纽带作用。

叶群的人生简历如下:叶群(1917—1971)福建闽侯县(今属福州)人。早年参加一二九学生运动。后去延安。抗日战争后期与林彪结婚。"文化大革命"中成为林彪反革命集团的主要成员。1967年后曾任"全军文化革命小组"组员、副组长,林彪办公室主任,中共中央军委办事组组员等职。1969年中共第九次全国代表大会后,曾任中共中央委员、政治局委员和中共中央军委办事组成员等职。"文化大革命"中,参与诬陷和迫害中华人民共和国主席、中共中央副主席刘少奇和一大批人民解放军高级干部、文艺界人士;积极参与了林彪夺取党和国家最高领导权的阴谋活动。1971年9月13日与林彪、林立果等乘飞机出逃,摔死在蒙古温都尔汗。1973年8月20日,中共中央通过决议,永远开除她的党籍。

叶群表面给人以热情殷勤的印象,实际上是一个极不安分的女人,贪婪,虚伪,精神空虚,权势欲极强,喜欢出头露面,经常要些小聪明和小手腕。

林彪任国防部长,主持军委工作后,于1960年6月任命叶群为林彪办公室主任。林彪因为身体有病,身体好时,每天也就是听秘书讲两三个小时的文件,很多事情并不亲自过问,会议一般也不参加,叶群就代表他参加中央文革碰头会等重要的会议,这样她有了在各种公众场合崭露头角,大出风头的机会。个人野心大而道德操行差的毛病,随着她的地位的上升而极度地膨胀起来。在林彪集团迫害大批干部、攫取权力的活动中,叶群起了很关键的作用。正如聂荣臻元帅在回忆录中所言:"'文化大革命'中,叶群为林彪出谋划策,出了许多坏点子。这也是促成林彪野心膨胀的原因之一。"①

叶群的地位资望都很有限,只有依靠林彪才能有所作为。叶群也担心林彪身体完全垮了自己失去依靠。她为了巩固自己的权势和地位,时时去拉拢、巴结权贵。

毛家湾与钓鱼台的联系即处理与江青的关系,是她从中联络斡旋。如1970年,叶群为取悦江青,赶在8月号的《解放军画报》上发表江青的两幅摄影作品,原来报社已经制版和已经付印的封面和封底全部作废,造成十几万元的经济损失,刊物推迟半个月才出版,用叶群的话说"要算政治账,不能算经济账。"

陈伯达和黄吴李邱这些人都是由叶群出面笼络。这些人与林彪的联系要通过叶群,他们自然也把叶群当作林彪的化身了。

---

① 聂荣臻:《聂荣臻回忆录》,解放军出版社1986年版,第849页。

据林彪的秘书张云生回忆:1967年冬天,为了满足陈伯达想吃螃蟹的欲望,叶群让人用专机运螃蟹到北京,用她的话说,就是"螃蟹里面有政治"。

叶群为了控制黄吴李邱,颇费心计。她对吴法宪又打又拉,使吴法宪俯首帖耳,言听计从;邱会作作风败坏,民愤极大,叶群掌握了他不少把柄,因此对叶群也不敢怠慢;李作鹏为人奸猾,但他四面楚歌,离开林彪、叶群也混不下去;为拉拢黄永胜,叶群使出浑身解数,使黄永胜拜在她的裙下。对叶群,黄永胜是了解的,他曾有这样一段交代:"叶群利用她的色相主动地挑逗人,引诱人。她不仅用于周围的工作人员、秘书,也不仅是中国人,还用于外国人(主要是苏联军事顾问);不仅是对一般工作人员,而且还有高级干部。她毫不知耻地主动玩弄男性。一般女人用色相引诱挑逗是为了金钱,有的是为了权力地位,有的是为了生理上的需要。而叶群是金钱、权力、生理兼而有之。"①1970年5月14日,叶群与黄吴李邱同游长城,题词赠诗,摄影留念。回来后,叶群又叫秘书帮她起草几首赠黄吴李邱的词,赞美林彪和他们几个人的"生死之交",说:"要把我们和黄、吴、李、邱的密切关系写出来。"秘书在词中写了"同生死"的句子,有人提出"同生死"似乎是夫妇间的话,不太好,叶群说:"这倒反映了我们的真实情况,没有关系。"共同的政治野心,如同黏合剂,把林彪和黄吴李邱等人的政治生命牢牢地"黏"在一起。

林彪与叶群的关系也十分微妙。林彪曾给叶群亲手题了不少条幅,像:"生不同衾死同穴,发不同青心同热。""天马行空——书赠爱妻良友叶群,死后骨灰同葬,以念亲密相处。"叶群也给林彪回赠了自己手写的条幅,像"教诲恩情报不尽,天长地久永相随——书赠林副主席。"这些条幅都挂在他们的卧室中。这种格外亲密的"恩爱"表示,正是说明了他们夫妻关系的极不正常状态。他们的关系正如叶群所说是"政治夫妻"关系。相互题词无非是对无奈婚姻的一种补偿。事实上,他们的家庭生活中也的确是充满了冷冰冰的政治气息。

林彪对叶群的态度,充满着矛盾。林彪的身体不好,许多事情需要这位任办公室主任的夫人出面,一切送给林彪的文件,什么人要见林彪都得经过她的批准。林彪的意见、指示、批示也要由她把关。可是,林彪对叶群常借他的名义做的一些事情又很不满。林彪深居简出,不接触实际,就连文件也不亲自看,很需要从她那里打听外面的消息,可又讨厌她的啰嗦、唠叨。林彪曾叫内勤人员写了一个"说话莫

---

① 肖思科:《超级审判——图们将军参与审理林彪反革命集团案亲历记》下,济南出版社1992年版,第484页。

啰嗦,做事莫越权"的纸条,让人贴在叶群的门上。

叶群对付林彪采取了封锁的办法。叶群私下曾说:"要把林彪供起来,只要他不病倒就行。"她甚至把林办的工作人员组织起来一起瞒骗林彪。她教训林办工作人员说:"撒谎有两重性,有革命的撒谎,也有反革命的撒谎。为了革命,撒谎也是必要的。"她还警告秘书:"你们当秘书的要注意,不要在这类问题上挑拨我和首长的关系。"①叶群还做了个假温度表放在她房间门口,林彪要找她,一看温度相差好几度,怕感冒,就不去了。

林彪与叶群的关系如此微妙,所以不能把叶群的所有言行都看成是林彪的旨意。叶群所说的话,所做的事,有的是林彪指使的;有的是他俩合谋的;有的是叶群自作主张,林彪事后默认的;还有的是叶群背着林彪做的,事后林彪也不知道。但在大的问题上,叶群是回避不了林彪的。在总的方面,林彪对叶群的所作所为是难逃其咎的。

党的九大叶群进政治局,就是一个例子。九大时,江青、叶群都想进政治局。甚至在 1969 年 1 月河南省地方国营五三农场某人给总理的一封信中要求"提江青同志为'九大'中央委员会候选人,并应成为常委",并说希望"江青同志兼任中央组织部部长",毛泽东在来信上批示:"徒有虚名,都不适当"。②毛泽东曾几次提出"不准江青进政治局",林彪也表示不让叶群进入政治局。中央酝酿政治局候选人的工作班子由周恩来、康生、黄永胜三人组成。江青进不了政治局,叶群就更进不去,所以她就极力拥护江青。江青也极力推举叶群进政治局,叶群能进,她作为"文革旗手"就更有资格进了。在九届一中全会正式选举的前一天,最后商定政治局候选人名单,把江青、叶群都列进去了。名单要先报送给毛泽东、林彪征求意见。叶群怕林彪把她划掉,就请林立果帮忙。当周恩来要派人送名单给林彪看时,林立果按叶群的意思,骗周恩来说林彪正在出汗,不看名单了。名单虽然通过,林彪如果真是从党与国家利益着想,认为叶群不该进政治局,同样可以制止住。但林彪听秘书特地强调说叶群被列进政治局候选人时,毫无表示。他在中央开会时也没有提出反对意见。在会上,也有人提邓颖超进政治局,周恩来就坚决不同意,结果提议没被通过。

据林彪的一位秘书观察,从表面上看,叶群在家里管事,但说到底,叶群还是怕

---

① 张云生:《毛家湾纪实》,春秋出版社 1988 年版,第 83 页。
② 《建国以来毛泽东文稿》第 13 册,中央文献出版社 1998 年版,第 4 页。

林彪,林彪一旦发火,叶群立即蔫了。这从叶群和黄永胜的一次电话中可见一斑,叶群对黄永胜说"我是挨着骂声过生活。""一会儿你上级(指林彪)可能会找你,你给我说一两句好话,免得他老欺侮我。"①

鲁迅曾写文章嘲笑那些把商纣和周幽王亡国归咎于妲己和褒姒,而不从商纣、周幽王荒淫暴政倒行逆施这一根本问题上找原因的人:"譬如罢,关于杨妃,禄山之乱以后文人就都撒着大谎,玄宗逍遥事外,倒说是许多坏事情都由她,敢说'不闻夏殷衰,中自诛褒妲'的有几个。就是妲己、褒姒,也还不是一样的事?女人的替自己和男人伏罪,真是太长远了。"②中国封建王朝的文官武将们不敢指责昏君,而大肆抱怨妖后误国。把林彪的罪行完全归咎于叶群的看法也是很肤浅的。

三、林立果及其"小舰队"

相对"大舰队"而言,以林立果为头目,以周宇驰、于新野、刘沛丰、江腾蛟、王飞、王维国、陈励耘等人为骨干的"联合舰队",又称"小舰队"。"联合舰队"的成员都是空军的,以年轻人居多,也有少数老干部。

林立果生于1946年。由于特殊的家庭环境,他从小就过着骄奢的生活:住着宽敞舒适的房间;有保姆、服务员供使唤;可以在特殊的商店里买东西;冬天到南方避寒;夏天到海滨避暑。林彪、叶群"精心"培养林立果,使他养成了一种高人一等的优越感。林立衡说弟弟在别人面前"俨然像个小皇帝"③。从林立果懂事开始,叶群就给他看国外的画报、资料、电影、录像,听西方电台的广播;林彪则让他看中国封建社会皇帝起居录及皇宫内部钩心斗角的书,把他认为"精彩"的章句亲笔抄给林立果。林立果以总分二百多一点的成绩,"考"入北京大学。"文化大革命"开始时,林立果21岁,是北京大学物理系一年级的学生。他在"大串联"期间到南方转了一圈,然后就离开了学校,没有介入地方的"文化大革命"运动。

1967年3月,林立果参军到空军。他当时还没有入党,就被吴法宪安排在空军司令部党委办公室当秘书。为了培养林立果,林彪让他直接参与自己的政治活

①　江波、黎青:《林彪1959年以后》,四川人民出版社1993年版,第262—263页。
②　《鲁迅全集》第5卷,人民文学出版社1981年版,第425期。
③　靳大鹰:《"九一三"事件始末记》,《时代的报告》1980年第4期。

动。从张云生的回忆录看,1967年3月,林彪要在军以上干部会议上讲话,竟让参军才几天的林立果参加"拉条子"①。叶群也交代林彪办公室的工作人员:"老虎(林立果)不是孩子了,有时帮助首长拉个条子什么的,有些文件可以让他看看。"从此,林立果便可以"合法"地看到送给党的副主席的所有机密文件和各种资料。林立果没有社会经验,却过多地接触了社会最高层的政治内幕。而林彪和叶群,更是利用手中的特权,为林立果的"成长"提供一切条件。林彪要求林立果要学军事,学会使用各种主要的武器,要林立果学开飞机、开坦克等。林立果被安排秘密学习了驾驶坦克、飞机和水陆两用汽车。林立果是空军党委办公室的秘书,而吴法宪却指派两名处长——周宇驰和刘沛丰负责"帮助"他,实际上是成了他的"秘书"。

1967年4月,叶群对吴法宪说:"我的儿子、女儿(林立衡1964年到空军工作)都在空军,这是对你和空军的信任,是为了保你的权,为了防止别人挖你的墙角。你们应该让他们在空军大胆工作,大胆活动。他们只会帮你的忙,不会拖你的后腿,你要相信他们。"吴法宪表示,林立果来空军"是林副主席对空军的最大信任,最大关怀,是我们的最大幸福"。②林立果入伍不到4个月,1967年7月1日便按照叶群指定的日子,由吴法宪、周宇驰介绍入党。

经过两年的"培养"和"锻炼",林彪认为儿子的翅膀比较硬了,羽毛比较丰满了,便着手为儿子作进一步的安排。1969年2月16日,林彪给周宇驰、刘沛丰写了一封信:

周宇驰刘沛丰同志:

这两年老虎在你们帮助下能力已有进步,今后你们可让老虎多单独行动以便锻炼他的独立工作能力。此致敬礼并感谢你们过去对他的帮助。

林彪　　二月十六日

林彪以副统帅之尊,写了这样一封亲笔信,用意是很明显的。吴法宪、周宇驰、刘沛丰等人自然心领神会,对林立果加以吹捧提携。

据吴法宪交代:"1969年10月2日林彪问我:立果在你们空军工作不错吧？我说不错,大家挺信任他。林彪说,你把他提拔为办公室副主任兼空军司令部作战部副部长,以便他经常向我汇报,我可以帮助你们空军研究防空作战的战略方针和战

---

①　林彪办公室把起草讲话稿叫"拉条子"。

②　《中华人民共和国最高人民法院特别法庭审判林彪江青反革命集团案主犯纪实》,法律出版社1982年版,第84页。

术问题……1969年10月17日下达了任命林立果为空军司令部办公室副主任兼作战部副部长的命令。"①不久,林彪的女儿林立衡也被提升为空军报社副总编辑。"一年兵,二年党(实际上入伍不到一年就入了党),三年副部长,四年成了太上皇。"人们曾经用这样四句话,概括林立果到空军后飞速的发迹道路,即使在"文化大革命"这个"大升一批,大降一批,大罢一批"的年代,这种情况在军队也是罕见的。

在1969年的"战备热"中,林立果和空军党办的几个人搞了项"技术革新",把地对空雷达改装在飞机上,搞了一个简单的导弹预警系统,并向中央写了报告。吴法宪特地给林彪写信,吹捧这篇林立果起草的报告是"空军有史以来写得最好的一份文件",并要送给林立果一只金表以示纪念。林彪在林立果等人的报告上亲自批上"呈主席阅"的字样,特地批送给毛泽东,企图为林立果捞一笔政治资本。但文件送出去后,一直没有回音。

为了紧跟林彪,向林家表忠心,吴法宪在1969年10月18日上午,把林立果、周宇驰、王飞三个人找来,对王飞、周宇驰说:"今后空军的一切要向林立果汇报,可以由林立果同志指挥、调动。"这就是吴法宪提出的"两个一切",把空军的一切指挥权和调动权交给林立果,为林立果组成谋杀毛泽东,策动武装政变的骨干组织"联合舰队"提供了条件。对此,1970年吴法宪更露骨地说:我在林立果的领导下,"将来空军司令是林立果接班"。1970年7月,在一次空军党委常委办公会议上,周宇驰传达了吴法宪提出的"两个一切"。关于"两个一切",吴法宪在《岁月艰难　吴法宪回忆录》一书中写道:"关于林立果在空军'可以指挥一切,调动一切',这个话的确是出自我的口,是我同王飞、林立果私下里讲的。这个话是不妥当的,是错误的。我当时说这个话的意图,主要是为了讨好林彪。然而说了以后,又感到很后悔,想公开收回又怕得罪林彪,以后被林立果、周宇驰等人利用来兴风作浪,我负有失职的责任。"②

林彪也亲自出马为林立果捧场,1970年7月23日,一向闭门不出的林彪到国防科委所属某工厂"视察",他带着林立果和黄永胜、吴法宪、李作鹏、邱会作顶着炎炎烈日,走了两里路,接受一万多人的夹道欢迎。此举也提高了林立果在军队的地位。当晚,林立果又安排空军一部分人看"视察"的录像,扩大他在空军的影响。

---

①　《中华人民共和国最高人民法院特别法庭审判林彪江青反革命集团案主犯纪实》,法律出版社1982年版,第84页。

②　吴法宪:《岁月艰难　吴法宪回忆录》,香港北星出版社2006年版,第981页。

为树起林立果,在林彪和叶群的策划下,1970年7月31日,林立果在空军机关二级部副部长以上的干部会上作了所谓的"讲用报告",整整讲了七个小时。在这次会议上,林立果信口开河,说精神病患者和疯子,只要一听毛主席语录,就会"热泪盈眶",病体也就痊愈了,还自吹自擂说"我个人的工作……要在中国强大、空军强大的基点上考虑空军的发展,考虑空军的建设。我在空军干定了。"

讲用报告会一结束,主持会议的王飞传达说:"吴司令一向很欣赏立果同志的天才。吴司令说空军的一切都可以由立果同志调动,空军的一切都可以由立果同志指挥。"吴法宪的妻子陈绥圻领头呼喊:"向立果同志学习!向立果同志致敬!"林彪赞赏林立果的"讲用报告"说:"不仅思想像我的,语言也像我的。"空军中大造舆论,宣传要紧跟林立果这个"天才"、"全才"、"全局之才"、"帅才"、"超天才"、"第三代接班人"。"讲用报告"先后在北京、上海各单位大量印刷,流传甚广。"九一三"事件发生后收缴的就有48种版本71万多册,不愿上报自行销毁的还未统计在内。

1970年8月3日,空军政治部党委第67次会议讨论学习林立果的"讲用报告",同时向空军党委建议提升林立果任空军副参谋长,林立衡任空军政治部副主任,并为空军党委常委(后因九届二中全会吴法宪挨批,提升林立果、林立衡的建议才被搁置起来)。根据这次会议讨论的意见,空军政治部提出"五条措施":"一切重大问题,例如工作计划、决定、报告、干部配备以及重要问题的处理等,都要及时主动地向立果、立衡同志请示报告,争取他们的领导,真正做到大事不遗漏,不延误,小事不干扰。对林立果、林立衡必须时时想到他们,事事请教他们,处处保卫他们,把他们看成是自己的好领导,老老实实服从他们的调动,伏伏贴贴地听从他们的指挥。"[①]周恩来生前曾严厉批判这"五条措施"是最封建、最买办、最法西斯的。

但林立果毕竟不是林彪,他身后没有战功,手中没有军队。尽管吴法宪允许他"指挥一切",但这对一支有光荣传统的人民军队来说,他还是难以随意指挥摆布的,更无法依靠军队来进行政治阴谋活动。因此,他必须组织一支绝对听命于他个人的政治力量。经吴法宪批准,在空军办公室成立了一个以林立果为组长的"调查研究小组",这个小组的成员大都在1965年秋天和叶群在江苏太仓搞过"四清",如王飞、周宇驰、刘沛丰、于新野、何汝珍、江腾蛟等人。"调查研究小组"的任务名为研究空军的建设问题,实为收集情报,秘密联系,发展势力,建立反革命组织,是林

---

① 《中华人民共和国最高人民法院特别法庭审判林彪江青反革命集团案主犯纪实》,法律出版社1982年版,第87页。

立果进行秘密活动的工具。林立果晋升后,"调研小组"的活动日益频繁,范围更加广泛。这样,在林立果周围就形成了一个小宗派体系。

1970 年 5 月 2 日,林彪、叶群邀请了"调查研究小组"的主要成员王飞、周宇驰等人和他们的家属到毛家湾(林彪在北京的住所)做客。林彪问周宇驰:"是你领导立果还是立果领导你?"周宇驰和林立果的正式职务都是空军司令部办公室副主任,他们之间不存在领导与被领导的关系。周宇驰自然明白林彪话里的弦外之音,立即回答道:"当然是立果同志领导我们喽!"

第二天,周宇驰就把受到林彪接见的人召集起来,开了一个"表忠会",周宇驰发表了讲话,公然提出要成立一个以林立果为"头"、为"核心"的战斗集体:"有一个很重要的问题,我考虑很久,觉得到提出来的时候了。就是一个单位,一个集体,总要有一个头,在我们这个战斗集体中,应该以立果同志为头,为核心。我们应该有这样的认识,这样的觉悟。实际上,也只有他才能当得起这个头和核心。这是客观的需要,斗争的需要。这不是'多中心论',而正是为了更好地维护以毛主席为首、林副主席为副的领导核心。"①

从此以后,空军机关这一批以林立果为核心的效忠于林家父子的人,便由一个不那么严密的、松散的小圈子,形成一个比较固定的"战斗集体",进而发展成为一个组织严密的组织,到 1970 年八九月间逐步扩展为联合舰队。林彪通过接见,在组织上,进一步明确可在空军机关存在一个独立的"战斗集体",这个集体有它自己的头和核心——林立果;在政治上,进一步明确了这个反革命组织和林彪的特殊关系。林立果在看了日本电影《山本五十六》、《啊,海军》之后,于 1970 年 10 月,便正式把"调研小组"这个反革命组织称为"联合舰队",他自称"旗舰",并根据英语里"司令官"的谐音,自称代号为"康曼德"。

由于林立果特殊的地位和职位,在空军机关、各军区空军特别是上海、杭州、南京、广州地区空军部队受其影响的人确实比较多。

1970 年初,在林立果、王维国的直接策划下,把 1969 年 6 月秘密成立的为林立果、林立衡选"妃子"找"驸马"的所谓上海"找人小组",改编为"联合舰队的分舰队"——上海小组。林立果亲自主持发枪仪式,给上海小组的成员都发了枪。林立果多次布置上海小组收集军内外情报,控制部队,刺探接待中央领导同志的住处和毛泽东专列的停车地点。

---

① 邵一海:《"联合舰队"的覆灭》,春秋出版社 1988 年版,第 43 页。

1971年4月,在林立果、江腾蛟和王维国的指使下,上海小组又组建了为政变服务的"教导队"。这个教导队进行了擒拿格斗等各种训练,还修建了秘密活动据点,准备谋害毛泽东。

在广州林立果控制了"战斗小分队",其前身是广州民航局宣传队,只有13人。1971年2月5日,民航局政治委员米家农在林立果的授意下,提出要把它扩大,不久便发展到80多人,其中有由林立果亲自审定的骨干60余人。林立果和他的亲信,先后四十多次到"战斗小分队"看排练,作"指示"。他们还在北京、上海、广州的空军部队内部设立了14个秘密活动据点。

联合舰队及其分舰队有如下特点:

第一,他们表面上冠冕堂皇,在革命的辞藻的装饰下,把封建会道门和法西斯特务组织的手法结为一体,培养队员对林家的个人"忠诚"。

如"上海小组"的《入组须知》,开头就写着:"本小组的任务,是为完成无产阶级司令部直接交代的各项任务。""坚决执行无产阶级司令部的各项命令。"每个成员必须"无限忠于伟大领袖毛主席",等等。但联合舰队及其分舰队真正效忠的对象是林彪、林立果。1971年2月,上海小组的头子王维国要求"上海小组"的"每一件工作、行动"都"要有助于大局,大局就是副部长(指林立果)"①。上海小组的成员都进行了效忠林彪、林立果的宣誓。上海小组的《入组须知》规定:"……小组的最高领导——林副部长的指示,必须认真领会,句句照办,字字照办!"

林立果提出"教导队"的成员的人选是"不要学习毛主席著作的积极分子,不要干部子弟"。"教导队"要求成员在政治上要培养对林彪、林立果的感情,使"教导队"成为在林立果的领导下,誓死捍卫林彪领导地位的"坚强战斗集体"。"教导队"在写给林立果的决心书中提出:"我们一定要人人想着您,步步紧跟您,一切听您的领导,一切服从您的指挥,紧跟您,顶逆风,战恶浪,风吹浪打不回头","为誓死捍卫林副主席最高统帅地位,为誓死捍卫您——我们的好领导,不怕牺牲,不怕坐牢。只要您一声令下,我们就立即行动,您指向那里,我们就冲向那里"。

"战斗小分队"提出要"建设成为捍卫林副主席和副部长的坚强战斗堡垒",还经常组织队员宣誓效忠,并组织队员反复学习林立果的"讲用报告",把林立果的话编成语录歌。"战斗小分队"的誓词中说:"永远忠于林副主席";"一切听从副部长的调动,一切听从副部长的指挥,我们要做副部长的宣传员、保卫员、通讯员、战斗

---

① 《历史的审判》下,群众出版社2000年版,第342页。

员";"我们要成为宣传副部长的先锋！捍卫副部长的尖刀！紧跟副部长的闯将！"
"战斗小分队"还编了表示忠诚于林立果的队歌：

军旗飘扬,战歌嘹亮,战斗的小分队斗志昂扬,忠于毛主席,林副统帅,紧跟副部长奔向前。前进,前进,永远紧跟副部长,前进,前进,前进在毛主席的革命路线上。

忠于毛主席是最高理想,林副主席是光辉榜样,我们和副部长心连心。紧跟副部长战斗终生,前进,前进,紧跟副部长,前进,前进,前进在毛主席的革命路线上。

我们战斗在副部长身旁,无限幸福无限荣光,我们是最最幸福的人,紧跟副部长红心永向党。前进,前进,永远紧跟副部长。前进,前进,前进在毛主席的革命路线上。

第二,舰队成员都有明确的分工。

在"联合舰队"中,林立果自称"旗舰",是舰队的"司令官"(commander),代号"康曼德"。"舰队"其他成员也有明确的分工,除周宇驰协助林立果"抓总"以外,有的"开茶馆"当"阿庆嫂",负责日常事务;有的外出搞"调查研究",搜集情报;有的负责同各个方向的"左派"保持联系;有的负责"外贸",采购进行反革命活动的器材;有的负责各种器材的使用、维护、修理;还有人专门负责接电话、管文件及林立果的生活和警卫。

第三,纪律严格,要求队员绝对保密。

"联合舰队"的重要成员都有各自的代号,并把代号报告了林彪和叶群。从林彪、叶群外逃时准备带走的一个小本子上,查获了叶群亲笔写下的周宇驰、王飞、刘沛丰等人的代号,先是用红油笔写的原来的代号"铜铃"、"阿飞"、"捶子",以及他们的电话号码;后来又在三个代号上分别用铅笔写了他们的新代号:"金钟"、"黄翔"、"催子"。"联合舰队"明确规定要"过双重组织生活",除了按照各自公开的身份过组织生活外,都要过舰队的秘密"组织生活",他们经常搞"学习"、"整风"以及开会分析情况等等。

上海小组的《入组须知》要求:"严守机密。小组的一切活动均是绝对秘密,未经请示和未得指示时,不得向任何人泄密和了解情况。"广州的"战斗小分队"也规定有严格的纪律。例如:不准向外泄露小分队的情况,在小分队期间不许探亲,不许家属来队,不准恋爱结婚;不准单独活动;至少两人以上集体活动;不准随便打电话,电话由专人接;不准谈论"首长"活动去向、生活习惯;不准谈论"副部长"吃、喝等情况,等等。

他们还规定了许多互相联系的密语、暗号和方式。如"战斗小分队"的密语:

"政治气候、温度、风向"指的是各单位对林立果的感情、态度和要注意观察形势；"战友"指林彪、林立果这条线上的人；"战友握双手"指同一条线上来的人，要亲热；"闷热"指有不同一条线上的人在场，不好说话；"天气很冷，要加衣服"指要提高警惕；"吃冰棍"指对不同一条线上的人要冷淡，等等。这些做法说明"联合舰队"的阴险、怯懦，他们害怕人民，害怕群众，即使在他们控制的组织内部，也不得不采取欺骗手段和法西斯统治。

如果用一句话来概括"联合舰队"的特点，那就是：这是一个以忠于林彪和林立果个人为准则，以篡夺党和国家最高权力为目标，集封建性、腐朽性为一体的法西斯宗派集团。

林彪控制"大舰队"，林立果带领"小舰队"，这两套人马，大有大的威势，小有小的狠辣。他们将公开活动与地下活动相配合，准备以和平接班和武装政变两种方式参加权力角逐。

附：林彪反革命集团情况一览表

集团组成	姓　名	原　职　务	被特别审判时所定罪行	判处刑期
大舰队成员	林　彪	原中共第八届、九届中央委员会副主席、国务院副总理、国防部长	（已死，不再起诉）	
	陈伯达	原中央文化革命小组组长，中共第八届、九届中央政治局常委	阴谋颠覆政府罪、积极参加反革命集团罪、反革命宣传煽动罪、诬告陷害罪	18年
	黄永胜	原中共第九届中央政治局委员、中国人民解放军总参谋长	阴谋颠覆政府罪、组织领导反革命集团罪、诬告陷害罪	18年
	吴法宪	原中共第九届中央政治局委员，中国人民解放军副总参谋长兼空军司令员	同黄永胜	17年
	李作鹏	原中共第九届中央政治局委员，中国人民解放军副总参谋长兼海军第一政委	同黄永胜	17年
	邱会作	原中共第九届中央政治局委员，中国人民解放军副总参谋长兼总后勤部部长	同黄永胜	16年
	叶　群	原中共第九届中央政治局委员	（已死，不再起诉）	

（续表）

集团组成	姓名	原职务	被特别审判时所定罪行	判处刑期
小舰队成员	林立果	空军司令部办公室原副主任，作战部原副部长	（已死，不再起诉）	
	王飞	空军原副参谋长	（患精神病，保外就医，因过追溯期没被追溯）	
	江腾蛟	南京军区空军原政委（1968年5月被免职）	策动武装叛乱罪、积极参加反革命集团罪、反革命杀人伤人罪	18年
	王维国	中共九届原候补中央委员，空四军原第一政治委员	积极参加反革命集团罪、策动叛乱罪	14年
	陈励耘	350部队（空五军）原政治委员	（免予起诉）	
	周建平	南京部队空军原副司令员	（免予起诉）	
	刘沛丰	空军司令部办公室原处长	（已死，不再起诉）	
	周宇驰	空军司令部办公室原副主任	（已死，不再起诉）	
	胡萍	人民解放军空军司令部原副参谋长	资敌罪	11年
	关光烈	人民解放军0190部队原政委	积极参加反革命集团罪、反革命杀人（未遂）罪	10年
	李伟信	空4军政治部秘书处原副处长	积极参加反革命集团罪、阴谋颠覆政府罪、投敌叛变罪（未遂）	15年
	于新野	空军司令部办公室原副处长	（已死，不再起诉）	
	顾同舟	7341部队空军司令部原参谋长	资敌罪	11年
	刘世英	空军司令部办公室原副主任	积极参加反革命集团罪、阴谋颠覆政府罪、分裂国家罪	12年
	鲁珉	空军司令部作战部原部长	同刘世英	10年
	郑兴和	空军司令部军务部装备处原处长	同刘世英	11年
	程洪珍	空军司令部办公室原秘书	同刘世英	11年
	王永奎	空军司令部情报技术处原副处长	同刘世英	11年
	贺德全	空军司令部情报部原部长	同刘世英	12年

（续表）

集团组成	姓名	原职务	被特别审判时所定罪行	判处刑期
小舰队成员	陈伦和	空军办公室外事原秘书	同刘世英	5 年
	许秀绪	空司雷达兵部原副处长	同刘世英	8 年
	王琢	空军司令部管理局原副处长兼汽车队队长	积极参加反革命集团罪	3 年
	朱铁铮	空军司令部办公室原二处处长	积极参加反革命集团罪	5 年
	陈伯羽	广州军区空军司令部原管理处处长	提供情报罪	4 年
	陈玺	南京军区空军气象处原副处长	诬告陷害、刑讯逼供罪	5 年

　　注：1.1982 年，根据第五次全国"两案"审理工作座谈会的精神，对林彪、江青两个反革命集团的判刑人数缩小到最低限度，采取从宽从缓处理的原则，中国人民解放军军事检察院公布了对陈励耘、周建平等 13 人免予起诉的决定。2. 表中所列只是小舰队中被判刑或免予起诉的主要成员，并非全部成员。

第二节　林彪集团的形成过程

　　由于种种历史原因，党和国家的领导制度、组织制度、干部制度等方面还存在许多不健全的地方，党和国家政治生活中的集体领导原则和民主集中制遭到破坏，由于体制上的原因，使得林彪集团能够得势横行。林彪集团是在"文化大革命"特定的历史条件下，凭借其地位和权力，利用合法的和非法的、公开的和秘密的、文的和武的各种手段，有预谋地诬陷、迫害党和国家领导人，在篡夺党和国家的最高权力的罪恶活动中逐步形成的。

　　国内学术界对林彪集团产生的根源的看法是："左"倾错误和动乱的社会环境为他们的活动创造了条件，我国政治体制上存在的弊端是林彪集团产生的沃土。林彪集团的产生是"文化大革命"推翻了党和国家一系列正确的基本原则的结果。在已经进行了五年的"文化大革命"中，民主集中制和集体领导原则被彻底破坏；中国共产党的各级组织涣散以至完全瘫痪；党的领导作用被严重削弱；实事求是的原则被抛弃；民主和法制被践踏；拉帮结派、搞阴谋、弄权术、杀戮就成了野心家争夺权力的手段。争权夺利公开化、合法化,整个国家陷于严重混乱。这些就造成了林彪集团能够产生和发展,能够横行无忌,敢于铤而走险的条件。①另一方面,载入党章的接班人,"最最高举"、"最最紧跟"的"副统帅"出逃,这本身又是对"文化大革命"的理论与实践的讽刺和否定。②

于南教授归纳林彪集团的兴衰过程:

第一,1965年冬,林彪使用阴谋手段诬陷罗瑞卿,迈开篡党夺权的第一步。

第二,1966年八届十一中全会,林彪成为接班人,个人野心恶性膨胀;通过迫害贺龙、批判所谓的"二月逆流",夺取相当一部分权力。全会后,以林彪为首的一股政治势力才逐渐聚拢起来。

第三,1967年夏林彪集团初步形成,其主要标志应包括"五一三"事件、军委看守小组的成立、林彪的"八九讲话",在组织上形成以吴、叶、李、邱为主要骨干的林彪集团的格局。

第四,1968年的"杨、余、傅事件",剥夺了老帅们对军委的领导权,林彪集团得到进一步发展。

第五,1969年中共九大,是林彪集团发展的顶点。林彪集团的主要成员黄、吴、叶、李、邱等进了中央政治局,控制了中央各要害部门的实权,标志着林彪反革命集团完全形成。

第六,1970年九届二中全会,篡权阴谋失败;林彪集团开始破产。

第七,1971年9月13日,林彪仓惶出逃,林彪集团最后覆灭。③

笔者认为于南教授非常深刻地分析了林彪集团的兴衰过程。由于林彪集团的形成与"文化大革命"中的许多重大事件有密切的联系,要了解林彪集团的形成到发展过程,必须考察这些重大历史事件的发生、发展过程及其在林彪集团形成过程中的作用。

一、网罗班底

1959年主持军委工作以来,林彪经过几年的苦心经营,到1965年,不仅在政治上大出风头,得到了毛泽东和党内外的信任;在组织上也通过拉山头、搞宗派,培

---

① 席宣、金春明:《"文化大革命"简史》,中共党史出版社1996年版,第244页。

② 王年一:《大动乱的年代》,河南人民出版社1988年版,第433—434页。

③ 于南:《林彪集团兴亡初探》,载谭宗级:《十年后的评说》,中共党史资料出版社1987年版,第57—101页。

植了一批亲信,形成了自己的班底,军队的各要害部门,海、陆、空各军种都安置了他认为可靠的人,对不信任的人则采取打击报复、排斥。罗瑞卿首当其冲地成了林彪通往权力顶峰之途意欲排除的障碍。

罗瑞卿被打倒之前,任中共中央委员、中央书记处书记、全国人大常委会委员、国务院副总理、中央军委常委、中央军委秘书长、国防部副部长、中国人民解放军总参谋长、中华人民共和国国防委员会副主席、人民防空委员会主任、国务院国防工业办公室主任、中央15人专门委员会(负责中国原子能工业的重大决策和组织、领导)成员兼办公室主任等重要职务,也是主管军队的实权人物。

罗瑞卿与林彪在战争年代就相识,共事时间比较长。他们在工作中有时会有些碰撞,但并无原则性分歧。然而1960年以后,林彪出于不可告人的目的,拉帮结派,要求部下绝对效忠,捧他、跟他。性格刚正不阿的罗瑞卿显然难以达到他的要求。

为了控制和利用罗瑞卿,林彪也费了不少心机。林彪在日常工作中多方刁难,寻找借口整人,想压服罗瑞卿。罗瑞卿任中国人民解放军总参谋长不久,林彪就向他交代说,我的身体不好,你有事可以多向毛主席和军委其他副主席汇报请示工作。罗瑞卿真的这样做了,林彪又表示不满,说既然请示了主席和军委其他副主席,何必再问我?若真拿一些问题去请示他,他又说这些小事也来找我,不是存心折磨我这个病人吗?罗瑞卿按林彪规定的时间去汇报请示工作,林彪常常以有病为借口,拖延不见;若直接去了,他说你搞突然袭击;若不去请示汇报,他又说你封锁他。反正怎么做也不对。这是存心出难题、想压服罗瑞卿听他的。

令林彪特别不满的是,因为工作关系,罗瑞卿同军委主持日常工作的副主席贺龙接触较多。虽然罗一再向林解释:毛泽东看你身体不好,要贺老总多管一点军队工作,但这反而更引起了视军队为自己独占领地的林彪的猜忌。他认为罗对他"不忠""不敬",并在一张纸上写下:"大捧别人,大跟别人,回京后根本不来见面……让他做绝。"污蔑罗瑞卿是"又一彭黄"(指彭德怀、黄克诚)。

围绕着1964年群众性练兵运动,罗瑞卿与林彪发生了较大分歧。罗瑞卿积极协助军委副主席叶剑英倡导和组织全军开展群众性练兵运动。1964年6~8月,根据中共中央军委的决定,全军有18个区举行"比武大会",共有1万多人参加了表演。通过这次群众性练兵运动,明显地提高了部队的军政素质,使军队取得了建国以来最好的训练成绩,受到了毛泽东、周恩来、朱德等党和国家领导人的称赞。

林彪对于大练兵和大比武,开始表现沉默,后派叶群等人到基层蹲点了解情况。叶群到广州军区"蹲点考察",写了四份调查报告,抓住群众练兵运动中出现的某些偏差,如有些单位军事训练占用时间多一些,比武中有的单位有锦标主义、形式主义等非主流的问题,大做文章。攻击一点,无限上纲,硬说"大练兵冲击了政治","犯了路线错误"。

1964年11月,林彪借全军组织工作会议召开之际,提出要"突出政治",他说,军事训练等"不应冲击政治,相反政治可以冲击其他"。并于1964年12月29日,发出《关于当前部队工作的指示》,把全军轰轰烈烈的练兵运动压了下去。

林彪对大比武的批评,罗瑞卿难以接受。林彪说,1964年"军事训练搞得太突出,时间占得太多,军政工作比例有些失调,冲击了政治"。罗瑞卿则认为,1964年军事训练工作是建国以来最好的一年,"气可鼓不可泄,就是不要泼冷水",他还召集了军委办公会议扩大会,讨论怎样评价1964年的军事训练,会议上大多数人不同意林彪的看法。

对于林彪大搞"突出政治",罗瑞卿也有不同看法。他说:"一定要正确理解林总的指示。政治搞得不好,打起仗来向后跑;但是,军事没有一点功夫,打得不准,一打人家扑过来,你说向不向后跑?"①罗瑞卿认为政治"也不能乱冲一气","红与专是辩证的关系","政治好了,也要把其他工作搞好","政治工作要保证完成训练和各项任务","否则,天天讲突出政治,业务工作总是搞不好,提不高,那就是毛主席所说的空头政治家"。

林彪提出"最高最活"、"顶峰"时,罗瑞卿认为这种提法不科学,"不能这样讲"。1965年6月,在讨论总政治部为再版《毛主席语录》起草的"前言"时,因初稿中沿用了林彪"最高最活"的提法,罗瑞卿当即提出异议。他还打电话给中央办公厅副主任、毛泽东的秘书田家英,问"最高最活"的提法是否科学,田家英也认为"最高最活"的说法不确切。罗瑞卿随即把田家英的话向大家作了传达。

罗瑞卿对林彪许多错误的东西,进行过抵制和斗争,不听他那一套谬论,不愿跟他走,林彪因此十分恼火地说:"1960年,罗瑞卿和我合作是好的。但是从1961年起,便开始疏远我、封锁我,到1965年便正式反对我了。"②罗瑞卿成为林彪篡党夺权首当其冲的障碍,所以他就采取种种手段,捏造罪名,加以诬陷和迫害。

当然,林彪决心打倒罗瑞卿,也不排除还有个人的恩怨,叶群起到了火上浇油的作用。

---

① 汤兆云、张赛群:《林彪迫害罗瑞卿纪实》,《党史文苑》1999年第5期。
② 黄瑶、张明哲:《罗瑞卿传》,当代中国出版社1996年版,第524页。

叶群曾经几次伸手要级别、要军衔,都被罗瑞卿拒绝了。1955年评军衔时,叶群提出自己要当大校,罗瑞卿坚持原则,只给定了个上校。

林彪关于"突出政治"的五项原则的指示中,提到叶群的名字。这份讲话经林彪同意,决定印成大张,张贴到连队。罗瑞卿认为叶群只不过是林彪办公室的主任,在军内并无重要职务,不宜过分突出。但这又不好明讲,罗瑞卿便建议将叶群和另一个人的名字都去掉,只写总政工作组。这实际上也是对林彪的爱护,但这引起了林彪和叶群的不满。

叶群十分跋扈,打着林彪办公室主任的招牌,什么事都要插手,常遭到罗瑞卿的拒绝。

上述这些事都使叶群怀恨在心,她在打倒罗瑞卿的过程中发挥了举足轻重的作用。

对罗瑞卿进行政治陷害和人身迫害,林彪一伙采取了很多手段。1965年5月,林彪就掌握了海军政治部主任张秀川等写的几份所谓"揭发"罗瑞卿问题的材料。1965年11月27日,林彪在苏州口授一个电话稿,要秘书传给李作鹏,林彪要李作鹏写一个关于近年来海军两种思想斗争的情况,同时提出四个问题,在每个问题上罗瑞卿的表现怎样?此外还有什么问题,都一一写出。叶群也亲自打电话给李作鹏,诬陷罗瑞卿"有野心"、"想当国防部长"、"正在组织新的班子",指使李作鹏从海军的角度写诬陷材料。李作鹏在接到叶群的电话后,立即表示,决不会做出对不起林彪的事情。李作鹏在林彪授意的当天,立即召集海军副司令员王宏坤、海军政治部主任张秀川,秘密策划,编造材料,联名给林彪写信,诬陷罗瑞卿对海军"怀有巨大阴谋","有不可告人的秘密",是想占领海军这个阵地,等待时机准备反攻报复。李作鹏组织策划捏造的这份诬陷材料,成为林彪最早用来迫害罗瑞卿的材料之一,林彪将这个材料报送给毛泽东。

黄永胜、吴法宪等人也诬陷罗瑞卿是"大阴谋家"、"大野心家"。1980年吴法宪在特别法庭审判时交代:"我给林彪写过两次信。一次在1965年12月份,林彪、叶群叫我写刘亚楼在世时讲过的一些对罗瑞卿不满的话,第二次是在1968年8月20日,我和黄永胜两人联名写了一封信给叶群,信里诬蔑罗瑞卿十分狡猾,可恶至极,是罪大恶极的反革命分子。这话我是根据林彪、叶群搞的一个材料写的。"①

---

① 《中华人民共和国最高人民法院特别法庭审判林彪江青反革命集团案主犯纪实》,法律出版社1982年版,第268页。

林彪决心打倒罗瑞卿的阴谋之所以能够实现,关键在于毛泽东的批准。1965年11月30日,林彪写了一封亲笔信给毛泽东,说有重要情况需要报告,先派叶群携带他授意吴法宪、李作鹏等人写的"揭发材料",并作初步的口头报告。林彪给毛泽东的信(节录)如下:

"主席:

有重要情况需要向你报告,好几个重要的负责同志早就提议我向你报告,我因为怕有碍主席健康而未报告,现在联系才知道的杨尚昆的情况……觉得必要向你报告,为了使主席有时间先看材料起见先派叶群送呈材料并向主席作初步的口头会(汇)报如主席找我面谈,我可随时到来,此致敬礼

林彪　　　十一月三十日"

叶群到杭州后向毛泽东密告罗瑞卿,毛泽东身边的工作人员对叶群说,为了不影响主席休息,谈话不要超过2个小时,但叶群喋喋不休地讲了近5个小时,毛泽东听得很仔细,但一直不表态。①

叶群的诬告中还耸人听闻地提出一个"死无对证"的材料,说是已故的空军司令员刘亚楼生前在罗瑞卿的指使下,向叶群讲了四条关于林彪不要多管军队的事情,希望她劝林彪接受。据叶群说,刘亚楼对她说,六三年以来几次想和你谈四点意见,是罗瑞卿交代的。"四条意见"的内容是:

一、一个人早晚要出政治舞台的,不以人的意志为转移的,我看林彪同志要出政治舞台的;

二、你的任务很重,应要好好保护林总身体;

三、再不要干涉军队工作了;

四、放手要罗总长工作,信任他,一切交给罗负责。

最后,毛泽东在打倒罗瑞卿之事上还是支持了林彪、叶群,毛泽东认为:"罗的思想同我们有距离。""过去打的都是政治仗,要恢复林彪突出政治的原则。""罗个人独断,罗是个野心家"。毛泽东还在兰州军区党委一个报告上对罗瑞卿问题这样批示:"那些不相信突出政治,对于突出政治表示阳奉阴违,而自己另外散布一套折中主义(即机会主义)的人们,大家应当有所警惕。"②有了毛泽东这样的指示,林彪

---

① 李雪峰:《我所知道的"文化大革命"发动内情》,张化、苏采青:《回首文革》下,中共党史出版社2000年版,第603页。

② 《建国以来毛泽东文稿》第11册,中央文献出版社1996年版,第486页。

一伙当然就可以为所欲为了。

罗瑞卿在毛泽东身边工作了几十年,他长期把自己看成是毛泽东的老警卫员,长征时,罗瑞卿在一方面军当保卫局长,解放后,担任公安部长,一直把保卫毛泽东的安全看成头等大事。

毛泽东对罗瑞卿是应该了解的,这从1965年12月周恩来和邓小平向罗瑞卿转告了毛泽东对林彪谈话的内容可以看出,毛泽东对林彪说:"'反对你,还没有反对我呢。就是反对我到长江里游泳,还是一片好意。'这是一。第二,主席说,如果没有这三条(指伸手、反对突出政治、封锁反对林副主席),可以把问题挂起来,中国有很多问题都是挂起来的,挂几百年不行,还可以挂一万年。有什么检讨什么。还说,瑞卿工作是有成绩的。主席讲,这个事,我们也有责任,没有及时发现,及时教育。"①

从这段话来看,毛泽东对罗瑞卿的认识还算比较清醒的,毛泽东之所以会批准打倒罗瑞卿的原因很复杂,可能是毛泽东与中央第一线从事实际工作的领导人的分歧越来越大,罗瑞卿处于军队工作的第一线,叶群所煽动的罗瑞卿掌握军队大权又掌握公安大权自然会引起毛泽东的警觉。也可能一个重要的原因是像他给江青的信中说的那样,是为了获得朋友的支持去"打鬼"。

1965年12月8日至15日,在上海召开中央政治局常委扩大会议。叶群在会上用了将近十个小时,作了所谓"揭发"罗瑞卿的三次发言。林彪在会议上宣布撤消罗瑞卿的职务。会议开了三天以后,才突然派飞机把正在西南视察的罗瑞卿接到上海,立即隔离,进行背靠背的揭发批判。

叶群在上海会议上给罗瑞卿罗织了许多罪状,说罗掌握了军队大权,又掌握了公安大权,一旦出事,损失太大;罗的个人主义已发展到野心家的地步,除非把国防部长的位置让给他,他当了国防部长又会要求更高的地位,这是无底洞,等等。叶群还说,1964年国庆节后,罗瑞卿见林彪,大声说:"病号,不能干扰,应让贤",出门后又大声喊"不要挡路"。林彪气得昏迷过去。叶群又重述了她在杭州向毛泽东诬告罗瑞卿时编造的所谓要林彪"退出政治舞台"的"四条"意见。

当时很多领导同志都认为叶群讲的"四条"不可信。一是死无对证;二是刘亚楼为什么不向中央反映;三是这样重大的问题,刘亚楼生前不写一个文字的材料;四是为什么只向叶群一个人讲,没有其他人在场。陆定一说这真是奇闻!刘少奇

---

① 赵建平等:《世纪风云中的共和国大将——罗瑞卿》,作家出版社1997年版,第326页。

说某人写的揭发材料,未可置信。贺龙回去后对薛明说:"她说了罗瑞卿那么多坏话,有的离奇的很。""我看叶群的话靠不住。"①邓小平也根本不相信,说"刘亚楼已死,死无对证"。

叶群"揭发"后,见别人也很少表态,沉默怀疑的人不少。叶群因对罗瑞卿的指控没有任何事实依据,难以令人信服而惊恐。会后,她进一步施展阴谋手段,先是以她的女儿林立衡的名义,编造一个《我所知道的罗总长的几件事》的伪证材料。这个假证是叶群口述,秘书记录,最后由林立衡抄写上送中央的。

叶群还指使吴法宪胁迫刘亚楼的妻子翟云英制造伪证。翟云英根本不知道所谓"四条"的内容,在他们的胁迫下,只好说"我见刘亚楼伸过四个手指头"。吴法宪叫秘书代翟云英写了个证明,由吴法宪同翟一起签名上送。叶群怕露了马脚,同吴法宪统一口径说:如果有人问起翟云英为何和吴法宪一起写证明,就说翟经常去罗瑞卿家,现在罗出了问题,告诉了她,她才写的。

吴法宪胁迫翟云英制造的伪证出笼后,又于 12 月 25 日写了一封诬陷罗瑞卿的信给林彪。信节录如下:

"林副主席:

关于罗瑞卿同志的错误问题,我在中央会议小组会议上已经作了揭发,有两个问题还需要向您书面报告。

一九六四年九月(哪一天记不清,当时刘亚楼同志刚从罗马尼亚访问回来不久)刘亚楼同志向我讲过:罗瑞卿同志曾向他说,林总和罗瑞卿同志谈过,林彪同志身体不好,今后军委的工作,军队的事情要罗瑞卿同志独立主持,要大胆独立地处理问题,不需要经常向林总请示,也不要到处去请示。林彪同志还要罗瑞卿同志现在多抽出时间去把全国地形、战场都去看一看,一旦发生战争要靠他指挥。从刘亚楼同志和我谈的这一段话,可以充分说明罗瑞卿同志向党伸手和夺取军权的野心。……"

对于叶群、吴法宪等人的诬陷,罗瑞卿在 1972 年 6 月 15 日写的揭发材料中反驳:刘亚楼的死,他(指林彪)也会认为是整我的一个条件,因为死无对证,有些情况,他可以随意编造,例如刘亚楼为我当说客,由此可以得出结论,我在向党伸手,想代替他当国防部长,这是他整我最恶毒的一着,使我有口难辩。……至于说我会(汇)报完后,走到走廊上还恶狠狠地说了一句"不要挡路",这是露骨地向他硬夺

---

① 李烈:《贺龙年谱》,人民出版社 1996 年版,第 768 页。

权。可惜此话也捏造得太不近情理,就算我也是利令智昏吧? 能昏到这种程度? 这事虽不是死无对证,但他却利用了无法对证,因为没有第三者在场。……吴法宪还捏造了我的一个罪名,说我对刘亚楼说过,林彪要我好好看地形,一旦战争爆发就代替他指挥,说这是我在造谣。而这话是在他同刘亚楼一起散步时,听刘说的。这个捏造,当然也利用了死无对证,可是他造的不太高明! 首先要问吴法宪,这样重要的事,你是上海会议的参加者,为什么当时不揭发? 再说,我怎能向刘亚楼造一个蠢得比猪还蠢的谣言? 刘亚楼同林是很接近的,一问,这种谣言不就彻底揭穿了么? ……

1966 年 2 月 4 日至 4 月 8 日,在北京又召开批判罗瑞卿的会议。对罗瑞卿进行面对面的揭发批判,并着手起草关于所谓罗瑞卿错误问题的报告。1966 年中央政治局扩大会议正式批转《关于罗瑞卿同志错误问题的报告》。

1966 年 5 月 18 日,林彪在政治局扩大会议上发表"五一八"讲话,诬陷彭真、罗瑞卿、陆定一、杨尚昆要搞政变,把他们定调为反党集团。彭罗陆杨四个人各有各的情况,问题根本不同,互相之间也没有什么联系,林彪却说罗瑞卿是掌军权的;彭真的手更长,抓去了很多权;文化思想战线的指挥官是陆定一;搞机要、情报,联络的是杨尚昆。诬陷他们"文武相配合","他们就能搞反革命政变";"搞颠覆";"要杀人"。林彪完全不顾客观事实,以主观判断定罪,就把四位中央领导人打成反党集团。他们的家属、同事、亲属、部下也都受到无辜株连。

林彪还在"五一八"讲话中别有用心地颂扬毛泽东是"天才",说"毛主席的话,句句是真理,一句超过我们一万句"。毛泽东"是我们党的最高领袖","谁反对他,全党共诛之,全国共讨之"。污蔑彭、罗、陆、杨"他们这些家伙的共同点,就是反毛主席,反毛泽东思想","他们仇恨毛泽东思想,他们阻碍毛泽东思想的传播"。这样,林彪就把自己打扮成一个最坚定捍卫毛泽东思想,最坚决拥护毛泽东的人。他也可以以此为借口,对不肯跟他走的人,妨碍他篡党夺权的人,扣上个反毛泽东、反毛泽东思想的罪名而"诛之"、"讨之",加以剪除。他还杀气腾腾地说"社会上的反动派,混进党内的剥削阶级代表人物,都要镇压。有的杀头,有的关起来,有的管制劳动,有的开除党籍,有的撤职。"

1967 年 7 月 31 日的《解放军报》社论中,历数了罗瑞卿的种种"罪行",第一次公开点名批判罗瑞卿。

林彪一伙还利用医疗手段对罗瑞卿进行迫害。1968 年夏,当罗瑞卿需要动手术时,林彪却说:"罗瑞卿到现在没有搞出什么材料,要抓紧审问和斗争,搞出材料后到秋后再动手术,如果手术后不好,什么材料也不能写了"①。在"医疗为专案服务"的口号下,直到罗瑞卿病情严重恶化后才在一家医院做了手术,手术做得不合常规,专案组强令提前拆线,留下严重后遗症,造成终生残疾。

诬陷罗瑞卿,在党内开创了整人立威的恶劣先例。上海会议时就有人说,林彪揪出了罗瑞卿这样一个埋藏在党内、军内的野心家,为党除了一大隐患,林彪是"高举红旗"的。1966 年 3 月在京西宾馆的会议上,谢富治在发言中,吹捧林彪高举旗帜,是"好学生"。邱会作说:罗瑞卿"坚决反对林副主席,向党伸手";吹捧林彪"是毛主席的最亲密的战友最好的学生","是我们党的核心领导人之一,在全党、全国、全军是最有威望的领袖之一","反对林副主席实质上就是反对毛主席、就是反对党"。

林彪整倒罗瑞卿等于打开了缺口,便于上下左右搞株连,继续扫除障碍。由于罗瑞卿长期担负党政军的重要职务,决定了他同各方面都有工作关系。整倒一个罗瑞卿,往上可以追他的"后台",整军委和其他中央领导人;平级的是"文武相配合"、"联合起来搞颠覆";罗瑞卿工作过的部门和下级就是"黑据点"、"黑爪牙"。彭真曾主张对罗瑞卿问题要实事求是,不同意把一些未经核实,人身攻击的材料写入文件,被认为是包庇罗瑞卿,是一大"罪状"。邓小平对林彪恶意诬陷罗瑞卿根本就不相信,对用突然袭击办法整书记处书记罗瑞卿很不满意,对批判罗瑞卿也是消极和抵触的。军队在北京开会批判罗瑞卿时,毛泽东指定邓小平主持会议,邓小平借到外地视察工作采取了回避的方式。"包庇罗瑞卿"后来成为打倒邓小平的一条"罪状"。一些同罗瑞卿工作关系密切而又不肯受林彪拉拢的人,如总参的肖向荣、总政的梁必业等领导人,以及同罗瑞卿有工作关系的一大批副部长、司局长及一些省市公安局长都受到株连,如海军参谋长张学思、总后卫生部副部长傅连暲等一批高级将领被迫害致死。

从 1965 年底整罗瑞卿开始,林彪一伙开始正式勾结起来:

吴法宪为整罗瑞卿出假证明,敢面对面同罗瑞卿作"斗争"。

李作鹏等按林彪旨意写的几份诬陷材料在上海会议派上了用场。

邱会作在京西宾馆会议上连续数次长篇发言"揭发"罗瑞卿。1966 年邱会作在京西宾馆的一次会上攻击罗瑞卿组织的"大比武":"罗在 1964 年组织的全军大

---

① 《中华人民共和国最高人民法院特别法庭审判林彪江青反革命集团主犯纪实》,法律出版社 1982 年版,第 254—255 页。

比武。这次比武是罗的资产阶级军事思想的总暴露,同时也是表现了他的个人主义恶劣品质的一个侧面。比武指引全军转了向,这是六年总参谋长的最大'贡献'……比武比出了什么结果呢?(一)比出了一个错误的方向。……(二)比出了一个坏作风。……(三)比出了一个大浪费。……从以上可以看出,组织全军大比武政治上、方法上都是错误的,同时组织上也是错误的。独断专行的典型。……全军比武是罗同林唱对台戏的一台大戏。……从上面的事情可以看得很清楚,比武的真相是什么? 就是企图通过这一'杰作'来反掉林的正确的东西,骗取中央信任,在军队造一个罗家天下。……"

黄永胜则写信给叶群,对自己在诬陷罗瑞卿战役中不力"检讨":"……我跟得不好,跟得不紧,我不敏锐……我是蠢猪。"他还诬陷罗瑞卿"手段十分毒辣,打着红旗反红旗","是十足的伪君子,大阴谋家、大野心家。"1968 年 8 月,黄永胜还和吴法宪捏造事实,诬陷罗瑞卿是"罪大恶极的反革命分子"。

在这场诬陷中,黄吴李邱一齐上阵,或投书密告,或血口喷人,或落井下石,或栽赃诬陷,在林彪的指挥棒下演了一场"四重唱"。黄吴李邱则出于各自的野心,把林彪当作靠山,唯林彪之命是从。迫害罗瑞卿是他们向林彪献媚的极好机会,是忠于林彪的表现。正因为他们在这一阴谋活动中为林彪立下了汗马功劳,林彪从此更把他们视为得力助手。"文化大革命"初期,这些人受冲击,林彪出面保他们时就讲他们反罗瑞卿是有功的,这些人也就死心塌地地逐渐成了林彪集团的主要成员了。

二、羽翼渐丰

整倒罗瑞卿仅仅是个开端。林彪在 1966 年 8 月 13 日的中央工作会议上说:"我们对干部,要来个全面考察,全面排队,全面调整。"林彪还提出识别、选拔和使用干部的标准,如有人敢于抵制他,就扣上"不高举"即"反对毛泽东思想的大帽子",罢官;他认为是"同政治思想工作捣乱的,同文化大革命捣乱的",罢官;认为"没有革命干劲的",也罢官。"这次要罢一批人的官,升一批人的官,保一批人的官。"反对他的,就罢官;能紧跟他的,就升官;反对过他,肯认错的就可以保。这就是林彪在组织上的"全面调整"的真正用意。

林彪的这一讲话,实际上提出了"文化大革命"中培养选拔接班人的标准。于是,一批后来属于林彪、江青反革命集团的骨干分子、许多造反起家的人、帮派思想严重的人以及打砸抢分子,纷纷乘机混入各级领导班子,掌握实权。而大批忠诚于党的高级领导干部成为他们通往最高权力道路上的障碍，必欲先去之而后快，贺龙就是其中之一。

上海会议时，叶群曾经暗示贺龙和罗瑞卿的关系密切，支持过罗瑞卿，要贺龙作检讨。林彪在1966年向中央提出，贺龙在历史上有曾向国民党反动派"请求收编"和"阴谋篡军反党"等问题，要进行审查。贺龙怎么会成为林彪的眼中钉呢？其中既有突出的现实原因，也有深刻的历史原因。

现实原因是：1962年以来，主持军委日常工作的副主席林彪一直不参加军委会议。1963年9月，毛泽东在政治局常委扩大会议上提出，林彪的身体不好，实际上主持不了军委日常工作，建议由贺龙同志主持军委日常工作。中央政治局的同志都表示同意。由此埋下了贺龙被林彪忌恨的祸根。贺龙在林彪"休养"期间主持军委日常工作，同叶剑英、罗瑞卿一道，搞"大比武"，同林彪精心谋划的"突出政治"大唱反调，而且此举还得到了毛泽东的首肯。贺龙善于处理人际关系，在军中有很高的威望，也深得毛泽东的信任。林彪既怕他那套"突出政治"失效，又怕毛泽东对贺龙委以重任，威胁自身的地位，因而他决定采取行动。

更深远的历史原因是：1942年5月13日，中央军委决定在延安设立陕甘宁晋绥联防军司令部，贺龙担任联防军司令员。此后，贺龙同毛泽东接触甚多。毛泽东同他谈起林彪时，说遵义会议期间，林彪表面上承认毛泽东的领导，背地里却经常散布不满，甚至骂娘，到了会理，又给中革军委写信，要求更换中央领导人；等等。不知什么原因，毛泽东跟贺龙的这次谈话，被林彪知道了。他一直很紧张，对此耿耿于怀，很担心不知什么时候被贺龙这个"炮筒子"捅出来。

还有一件更使林彪日夜不安的事。1937年1月，八路军几位师长随朱德、彭德怀去洛阳出席蒋介石召集的第二战区军官会议。在返回的路上，林彪写了一张纸条给贺龙。大意是，蒋介石是有抗战到底的决心的，我们回部队可以吹吹风。这件事，长期成了林彪的一块心病。他担心贺龙万一抛出这张纸条怎么办？其实，贺龙是个豁达的人，看完这张纸条后，就随便往衣袋里一放，被警卫员洗衣服时泡烂了。贺龙并未保留这张纸条。林彪很怕了解他这么多底细的贺龙成为他夺权的障碍。①

叶群之所以怂恿协助林彪迫害贺龙，她与贺龙夫人薛明的矛盾也增添了一些"燃料"。薛明对叶群的历史了解较多。1942年延安整风时，薛明出于对同志的关

---

① 参见水工：《中国元帅贺龙》，中共中央党校出版社1996年版，第382—383页。

心,劝叶群把她 1937 年在南京时,曾在国民党电台里当过广播员,在青年战地服务训练班与国民党教官关系暧昧,还参加过国民党三青团举办的"一个党一个主义一个领袖"的演讲比赛,并向国民党 CC 系举办的壁报投稿等事情向组织讲清楚。但叶群听不进劝告,出于对党负责,薛明给中组部写了一封揭发信。叶群的历史问题由于林彪的包庇没有受到审查。这事种下了叶群对薛明仇恨的种子。叶群在"九一三"出逃前烧毁的材料中,就有一份是薛明当年在延安给中组部的揭发信,这封信被烧得剩下一角,证明薛明的揭发触到了叶群的痛处,成了她一辈子放不下的一块心病。这件事对林彪欲打倒贺龙是产生一定的影响的。陈毅在"九一三"事件后还特别谈到,薛明同志在延安就揭发过叶群,同她有斗争,叶群怀恨在心,利用"文化大革命"之机进行报复。

林彪借捏造出来的所谓"二月兵变"问题对贺龙进行诬陷。所谓"二月兵变"的原委是这样的,1966 年 2 月,中央军委为加强地方武装建设,决定北京新组建一个团归卫戍区建制。北京卫戍区曾向北京大学、中国人民大学等校联系暂借一些校舍作营房。7 月中旬,北大有人贴出大字报,怀疑部队向学校借房子是搞兵变。康生知道后,在中央文革小组会上作了肯定性的表态,又在群众性大会上说"这是千真万确的事情"。8 月 2 日,邓小平在中国人民大学的群众大会上作了澄清,说明根本没有"二月兵变"这回事。林彪和康生等经过密谋策划,还是把"二月兵变"的罪名加到贺龙的头上。

不久,林彪又借"8·25"事件诬陷贺龙。1966 年 8 月 25 日,总参谋部几位部、局领导和一部分群众一起给当时总参谋部主要负责人张贴了一张大字报,这件事被称为"8·25"事件。林彪知道后立即诬称这是受贺龙指使的"反革命事件",是贺龙"到处插手"、"夺权"的证据,并组织人写诬陷贺龙的信。8 月 26 日林彪在诬陷贺龙的信上批示:这件事与不久前煽动空军颠覆吴法宪、海军反李作鹏、王宏坤等"同出一个根源"。并报告毛泽东。

林彪又指使吴法宪、李作鹏写材料诬告贺龙。8 月 28 日林彪对吴法宪说:贺龙"有野心","到处插手,总参、海军、空军、政治学院都插了手。""空军是一块肥肉,谁都想吃"。"你要警惕他夺你的权。"①他让吴法宪把贺龙"插手"空军的情况写成材料报给他。吴法宪在人大会堂浙江厅根据林彪授意,叫傅××等人写诬陷贺龙的材料。9 月 3 日吴法宪和另一位空军主要负责人给林彪写报告,诬蔑贺龙,并转

---

① 《贺龙年谱》,人民出版社 1996 年版,第 778 页。

述了一名空军领导干部1966年8月30日对贺龙的"揭发"。林彪将此报告和所附材料报送毛泽东。

1966年9月2日林彪打电话给李作鹏："你要注意贺龙，贺龙实际上是罗瑞卿的后台。他拉了一批人来反我。军委很快要开会解决他的问题。你就这个问题尽快写个材料。"①9月7日李作鹏给林彪写信密告贺龙同志反对"四好连队"运动，反对林副主席派李作鹏和张秀川到海军工作。林彪将此信报送毛泽东。

叶群还授意军委办公厅警卫处长宋治国"以反映情况的口气"写了5封揭发信。9月8日宋治国的信在交送以前，叶群让林彪办公室三位秘书作旁证，是宋自愿写的，是真实的。信中诬陷贺龙有"野心"，"常去他家的人神态也不正常"，还诬陷贺龙亲自保管一支精制进口小手枪，晚上放在枕头底下，外出带上。林彪将此材料报送毛泽东。

9月8日林彪在中央军委常委会上讲话谈到贺龙的问题，"主要危险在主席百年之后，他会放炮起哄，会出乱子。"②同日，在中央工作会议上讨论成立贺龙专案问题。在叶群、江青、陈伯达等人的积极倡议下，责成中央专案小组写出立案报告，报毛泽东、林彪批准。

9月10日按照毛泽东的指示，贺龙去人民大会堂与林彪谈话。在谈话中，林彪说：贺老总啊，你的问题可大可小，今后要注意一个问题，支持谁？反对谁？贺龙说：我干的是共产党，支持谁、反对谁，你还不知道？可笑的是在谈话时叶群非常紧张地与警卫人员埋伏幕后，怀疑贺龙会暗杀林彪。③

贺龙拒不屈服，林彪加紧对贺龙进行攻击，1967年1月9日，林彪在军委扩大会议上讲话，诬陷贺龙"在历史上有问题"，"到处夺权"，"在总参、海军、空军、装甲兵、通信兵到处伸手"，是个"刀客"，"搞大比武，是大阴谋。罗的后台就是贺龙。""贺龙是个大土匪，是土匪出身，拍肩膀，介绍老婆，搞旧军队一套，40年来灵魂深处是个大野心家，吃了饭不干事，经常在家请客，拉拢干部。许多军区、军种、兵种都有他的人。贺龙是反毛主席的。"

林彪还挑唆、鼓动造反派将斗争目标集中到贺龙身上，说"真正要打倒的未打倒，在军队内并没有炮轰贺龙。贺到处搞夺权，搞山头主义，反而不炮轰。"

---

① 《贺龙年谱》，人民出版社1996年版，第778—779页。
② 同上书，第781页。
③ 同上书，第782页。

　　1967年9月,毛泽东批示同意对贺龙进行专案审查。"九一三"事件发生前,对贺龙问题的审查,一直为林彪、黄永胜、吴法宪、叶群、李作鹏等人把持,他们欺骗中央,造成错案。1969年贺龙被迫害致死。此案株连了原二方面军、一二〇师、第二野战军和国家体委的许多领导干部。

　　林彪在打倒刘少奇上也起了极为卑鄙的推波助澜的作用。1966年8月,中共八届十一中全会尚未结束,林彪便指使叶群于11日、12日两次找中国人民解放军总参谋部作战部副部长雷英夫,把他们捏造的诬陷刘少奇的材料口授给雷英夫,要他写成书面材料揭发。13日,林彪看了雷英夫写出来的材料。14日,林彪在家里找雷英夫谈话,要他把书面揭发改成向林彪、毛泽东写信的形式上报,并说"这样更政治化些"。①当天,林彪就把这封信和诬陷刘少奇的材料批送给江青"酌转"毛泽东。在八届十一中全会和其后许多重要会议上,林彪多次点名批判刘少奇、邓小平。

　　1968年9月29日,林彪在刘少奇专案组罪行审查报告上的批示说:刘贼少奇五毒俱全,铁证如山,罪大恶极,令人发指,是特大坏蛋,最大隐患,"向出色地指导专案工作并取得巨大成就的江青同志致敬!"这是林彪与江青勾结迫害刘少奇的铁证。

　　林彪、叶群和黄吴李邱还罗织种种罪名,把矛头指向其他各位老帅。

　　由于朱德在1959年庐山会议之前和会议期间,曾多次批评过"大跃进"和"人民公社化运动"中"左"的错误,在庐山会议上对彭德怀的"错误"批评的态度比较温和,毛泽东说他是"隔靴抓痒,未抓到痒处"②,被迫在同年9月11日在北京举行的中共中央军委扩大会议上作检讨。林彪在会上攻击朱德是"老野心家"、"想当领袖","实际上没当过一天总司令"。③1966年5月在北京召开的中央政治局扩大会议上,林彪、康生等攻击朱德,把朱德不同意说毛泽东思想是马列主义顶峰的意见说成是"以马克思主义来反对毛主席","有野心","想黄袍加身","是党内危险的定时炸弹"等等。④

　　1968年10月在北京召开的中共扩大的八届十二中全会上,吴法宪攻击朱德:"你是一贯反对毛主席,反对毛泽东思想的","过去你名义上是总司令,真正指挥我

---

　　① 黄铮:《"刘少奇专案组"始末》,张化、苏采青编:《回首"文化大革命"》下,中共党史出版社2000年版,第858页。
　　② 中共中央文献研究室:《朱德年谱》(1886—1976)下,人民出版社2006年版,第1744页。
　　③ 同上书,第1746页。
　　④ 同上书,第1953页。

们打仗的是毛主席,真正的总司令是毛主席。"①会上,黄永胜污蔑朱德"一贯反对毛主席"、"有野心"、"想当领袖"、"人老心不死"。同年12月1日,邱会作在总后勤部党委三届十次全体(扩大)会议上的讲话,污蔑朱德"野心很大,想当领袖"。②

对彭德怀则新老账一起算,彭德怀再次被批斗。

陈毅被打成"老机"、"老右"。

聂荣臻在主管的国防科委被"九一五"、"九一六"两大群众组织纠缠得不可开交。

邱会作在1967年6月指使人编造诬陷军委副主席徐向前的材料,7月又用群众组织名义印成传单,在传单中诬陷徐向前是"埋藏在党内军内的一颗定时炸弹",并诽谤他"是标准的个人野心家阴谋家",煽动"打倒徐向前!"徐向前被迫靠边站,被勒令检查。

刘伯承身患重病,仍不免受刁难。

叶剑英虽然受毛泽东一再保护,说他长征路上获取张国焘企图危害党中央的密电有功,但仍然处于被"半打倒"状态。1967年6月23日,黄永胜批准广州市公安局军管会负责人报送的《关于揪叛徒调查工作的请示》及所附的"第一号调查方案",阴谋陷害中共中央军委副主席叶剑英为"叛徒"。李作鹏伙同王宏坤、张秀川,1968年4月3日向中央写信诬陷中共中央政治局委员、中央书记处书记、中央军委副主席叶剑英,诬陷贺(龙)、叶(剑英)配合刘(少奇)、邓(小平)、陶(铸)企图篡军反党。1968年6月,黄永胜把诬陷叶剑英"密谋发动反革命政变"的材料交给叶群。有一段时间,黄永胜一伙不给叶剑英看文件,不准他打电话,不准与外界联系,甚至不准与子女联系,使他过着与世隔绝的孤寂生活。

林彪一伙还多次诬陷其他中央领导同志和大批干部。继刘少奇之后邓小平也成了林彪的最大的心头之患,他不断加紧加重对邓小平的攻击和批判。1966年8月下旬,林彪在一次会上说邓小平是敌我问题,逼邓小平当场交权。1966年10月9日至28日,毛泽东在京主持召开中央工作会议,集中批判以刘、邓为代表的"资产阶级反动路线"。林彪在讲话中指名攻击刘、邓执行了一条"压制群众,反对革命的路线",明确地作出结论:"在一个短时期内,刘、邓这条路线取得了一个差不多的

---

① 中共中央文献研究室:《朱德年谱》(1886—1976)下,人民出版社2006年版,第1966页。
② 同上书,第1967页。

统治地位,全国照他们的这条路线执行嘛。"①林彪还在会上发言说,邓小平曾经与四野争功,并污蔑邓在历史上(指红七军时期)是逃兵,妄图给邓加上有历史问题的罪名。②会后,全国便掀起了批判资产阶级反动路线的浪潮,中央文革小组策动各地造反派,把攻击矛头集中转向各级党政领导机关。1966年12月6日,在一次会议上,林彪讲话,说刘、邓不仅是五十天的问题,而是十年、二十年的问题,把刘、邓问题大大升级。③他还污蔑邓小平是"黑帮分子"、"坏分子"、"反党分子"等。

1967年1月,林彪煽动说:西南的李井泉,西北的刘澜涛,还有薄一波,这些牛鬼蛇神,大家伙还没有揪出来。

1967年,全国更加混乱,军队也越来越乱。1月1日,《人民日报》、《红旗》杂志发表元旦社论,号召对"走资派"展开总攻击。1月,张春桥、姚文元策划上海夺权,而后夺权之风迅速刮向全国。军队院校的"造反"组织也纷纷夺权,总部机关的战斗组织开始出现。

1967年2月前后发生了后来被诬为"二月逆流"的党内高层的抗争。中共中央政治局和中央军委的一些领导人谭震林、陈毅、叶剑英、李富春、李先念、徐向前、聂荣臻等,挺身而出,拍案而起,在不同会议上,代表广大党员和人民的意志,对"文化大革命"中的一些错误做法,进行抵制,提出强烈的批评。

1967年1月19日在军委扩大的碰头会议上,叶剑英、徐向前、聂荣臻主张军队要保持稳定,不能与地方一样开展所谓"四大",他们同江青、陈伯达、康生展开了激烈的争论。特别是2月11日、16日在怀仁堂召开的中央政治局常委扩大会议的例会上(也就是政治局日常工作的碰头会),斗争更加激烈,谭震林、陈毅、叶剑英、李富春、李先念、徐向前、聂荣臻等政治局和军委的领导人,对中央文革小组的种种错误行为,特别是围绕着"文化大革命"要不要党的领导,应不应该把老干部统统打倒,要不要稳定军队三个根本性的问题,提出激烈的批评。这就是所谓的"大闹怀仁堂"。

会后,张春桥、姚文元、王力秘密整理了《二月十六日怀仁堂碰头会记录》,并在与江青密谋后,由江青安排他们向毛泽东作了汇报。毛泽东听信了他们的汇报。2月18日夜至19日拂晓,毛泽东召集部分政治局常委开会,非常尖锐激烈地批评了在怀仁堂会议上提意见的一些老同志,叶群(代表林彪)参加了这次会议。1967年

---

① 林彪:《在中央工作会议上的讲话》(1966年10月25日),《中共党史教学参考资料》(第25册),国防大学出版社1988年版,第147页。

② 毛毛:《我的父亲邓小平:"文化大革命"岁月》,中央文献出版社2000年版,第32页。

③ 同上书,第37—38页。

2月18日,王力、江青曾亲自去向林彪汇报2月16日谭震林、陈毅、叶剑英、李富春、李先念、徐向前、聂荣臻等一批老同志"大闹怀仁堂"的情况。

2月17日,谭震林写给林彪一封信,在信中怒斥江青他们"真比武则天还凶",手段的毒辣是党内没有见过的,把老干部弄得妻离子散,倾家荡产,我们被丑化到无以复加的地步了。谭震林下定决心,准备牺牲,斗下去,拼下去,决不允许他们如此蛮干。信的全文如下:

林彪同志:

昨天碰头会议上,是我第三次反击,第一次是上前天在电话中,第二次是昨天一早写了一封信。我所以要如此,是到忍无可忍的地步。

他们不听主席的指示,当着主席的面说:"我要造你的反"。他们把主席放在什么地位,真比武则天还凶。

他们根本不作阶级分析,手段毒辣是党内没有见过的。一句话,把一个人的政治生命送掉了,名之曰"冲口而出",陶铸、刘志坚、唐平铸等等,一系列人的政治生命都是如此断送的。对于这些的错误批评过吗,只批评了陶铸,其他人都未批评,而且,批评陶铸为时很短,根本不给人改过的机会。老干部、省级以上的高级干部,除了在军队的,住在中南海的,几乎都挨了斗,戴了高帽,坐了飞机,身体垮了,弄得妻离子散,倾家荡产的人不少,谭启龙、江华就是如此。我们被丑化到无以复加了,北京《群丑图》出笼后,上海、西安照办。真正的修正主义、反革命分子,倒得到保护。这些无人过问,他们有兴趣的是打老干部,只要你有一点过错,抓住不放,非打死你不可。我是主席反复说过要保的,无可奈何,只好整,一次、二次、三次、四次,戴上反革命高帽不算,因为这样太露骨了,又来一个政治上、经济上巨大损失的罪名。非把我整倒不行。对于丑化党的行为,对于老干部倒下去这样多,他们一言不发,少了几吨鱼,就如此大发雷霆,就可看出他们喜的是什么,恨的是什么。他们根本不作检查,把责任推得一干二净。他们能当政吗,能接班吗,我怀疑。

我想了好久,最后下了决心,准备牺牲。但我决不自杀,也不叛国,但决不允许他们,再如此蛮干。总理,已被他们整得够呛了,总理胸襟宽,想得开,忍下去,等候等候。等到何时,难道,等到所有老干部都倒下去再说吗。不行,不行,一万个不行。这个反,我造定了,下定决心,准备牺牲,斗下去,拼下去。请你放心,我不会自杀。

此致

布礼

谭震林

二月十七日

对这样一封铿锵有力,正气凛然怒斥江青一伙的战斗檄文,2月19日,林彪批道:"主席:谭震林最近的思想糊涂堕落到如此地步,完全出乎意料之外。"并把信转送给毛泽东,毛泽东批"已阅。""恩来同志阅,退林彪同志。"

林彪本也许希望毛泽东看到谭震林的信件和自己在信上的批示,对打倒谭震林能起到火上浇油的作用,可毛泽东只是批了几个字,就退给了林彪。林彪没有达到目的,十分不满,将毛泽东的批件撕毁,丢到墙角的痰盂中去了。林彪的秘书趁林彪不在的时候,将毛泽东的批示,从痰盂中捞出、晾干,又拼凑到一块,后来这个批件被复制保存到中央档案馆。

从2月25日至3月18日在怀仁堂召开七次会议批评这些老同志,叶群在会上也是围攻的积极分子。同时,林彪、江青一伙借机掀起所谓"反击全国自上而下的复辟逆流"的浪潮,更大规模地打击和迫害各级领导干部。此后,中央政治局实际上停止了活动。中央军委常委会也不能正常开了。1967年3月20日,林彪在军以上干部会议上作报告。他污蔑"有些老干部,进到社会主义时期,没有跟得上,没有变成社会主义革命的战士,而是停留在旧的民主革命阶段。有些就蜕化变质,变成资本主义分子,变成新的资本主义分子"。这个讲话,经毛泽东批准向中国人民解放军全军人员和全国红卫兵播放,实际上成了所谓"反击二月逆流"的理论纲领。此后,老帅们根本无法实施正常的领导工作。

三、粗具雏形

"五一三"事件对林彪集团的形成起到了重要的作用。所谓"五一三"事件,是指1967年5月13日晚,军内两派为在北京展览馆剧场演出问题,发生的一起武斗事件。

事件的原委是这样的:1966年冬至1967年春,在空军机关、海军机关、总后勤部机关和他们所属的文体单位、院校,群众组织都分成两派。空军中保吴法宪的是一派,即所谓"保守派",人数较少。反吴法宪、李作鹏、邱会作的是一大派,即所谓"造反派",人数较多。

据当时担任林彪秘书的张云生在《毛家湾纪实》中记载:1967年4月的一天,叶群告诉他:"徐秘书(作者注:即毛泽东秘书徐业夫)来,传一组(作者注:指毛泽东)的话。空军几个女演员为陪主席跳舞,经常出入中南海。他们在空军内部是受压的少数派,要向主席反映情况。主席说,让叶群找他们谈谈。"①这显然是让叶群

---

① 张云生:《毛家湾纪实》,春秋出版社1988年版,第112页。

支持他们,即支持"少数派"。

1967年4月,叶群接见了空政文工团的演员刘淑媛等人,支持他们搞一派演出。刘淑媛等人串联了空政文工团、海政文工团、战友文工团、二炮文工团等驻京部队文艺团体中相同观点的人,联合排练节目,筹备庆祝毛泽东《在延安文艺座谈会上的讲话》发表25周年的文艺演出。参加演出的都是在空军保吴法宪的、海军保李作鹏的、总后保邱会作的一派组织,实际上是派性演出。

4月下旬,为了促进两派的联合,周恩来接见部队文艺团体时说,希望两派同台演出,否则就不去看。总政和全军文革根据周恩来指示精神,要求部队领导机关做工作,促进两派同台演出。

"造反派"人数众多,并和各大学的著名造反组织联系密切,扬言:他们胆敢演出,我们就去冲、砸会场。坚持演出的一派认为:不能因为他们一威胁,我们就不演了,况且还有吴法宪、李作鹏和邱会作的支持,仍坚持按期演出。5月13日,时任中国人民解放军总政治部主任肖华打电话指示军委文革办:通知空军、海军、北京军区的主要负责人,请他们劝说演出的一派文艺团体不演出或者推迟演出,以免引起两派群众之间的武斗;同时通知解放军艺术学院等单位反对演出的群众组织,命令他们不准冲击演出会场。军委文革办当即执行了肖华的指示。

5月13日下午,李作鹏在家里召集海军支持他的组织"红联总"领导人参加的会议,还是决定演出。当晚,叶群表示支持演出,并传达林彪的指示:不要听肖华的,你们演你们的,为什么不能宣传毛泽东思想? 为什么不能唱毛主席诗词、语录歌? 有什么可非难的呢![1]

5月13日晚,一派如期在北京展览馆剧场演出,另一派就来冲砸会场,两派发生了严重的武斗,伤了数十人。地方院校也来人分别"支援"两派,涉及面比较广。

5月14日叶群带着关锋,由吴法宪、李作鹏、王宏坤等陪同到医院代表林彪慰问演出一派的伤员,根本不理睬冲砸会场一派的伤员。这大大加深了派性,进一步分裂了一些军事单位的群众组织。

1967年6月9日,林彪亲自观看了吴、李、邱率领的所谓"三军无产阶级革命派"文艺团体的演出,新华社为此专门发了消息。

"五一三"事件后,吴、李、邱等人成了"三军无产阶级革命派"的领袖,成了林

---

① 王年一:《一场大有来头的小型武斗——文革中的"5·13"事件》,《百年潮》1999年第1期。

彪、叶群"同生死、共患难"的死党。6月10日,在叶群的授意下,空军、海军、二炮等单位数千人到总后大院游行,支持邱会作"站出来"。而把另一派称为"冲派",给予巨大的政治压力。此后,"三军无产阶级革命派"消灭了它的对立面组织(这些组织原先是中央文革小组或明或暗地支持的,是反对吴法宪、李作鹏、邱会作的),中央文革小组的办事人员几乎全部换成"三军无产阶级革命派"的人。人民解放军总政治部、总后勤部、空军、海军先为吴法宪、李作鹏、邱会作所牢牢掌握,首都军内的局势很快稳定下来。

"五一三"事件一个严重后果,就是搞瘫总政治部,开始夺了总政的权。总政治部是人民解放军的最高政治领导机关。"文化大革命"开始后,总政在中共中央军委的领导下,采取谨慎稳妥的措施指导军队系统的"文化大革命"运动,在一个时期中,保持了军队的稳定和正常秩序。

林彪、江青一伙处心积虑要把总政从政治上搞臭,组织上搞垮,工作上搞乱,夺取军队政治工作和"文化大革命"的领导权。

他们借"五一三"事件,挑动造反派,把这次事件嫁祸到总政治部主任肖华头上,大骂肖华是"保皇派",是"五一三"事件的罪魁祸首,要揪出肖华示众。

叶群还亲自给空军的造反派打电话,让他们把批判肖华的大字报和标语贴到天安门广场。

江青、叶群、吴法宪、李作鹏、邱会作等人四处活动,到一派群众中去"慰问",蓄意煽动说"打你们就是打我们"。

6月14日,邱会作在总后碰头会上决定成立"批斗总政领导干部小组",暗中领导砸烂总政活动。

7月25日,林彪在天安门城楼上,接见了造反派,指示说:"你们要战斗,要突击,要彻底砸烂总政阎王殿。"

林彪讲话后,总政机关基本解体。邱会作把实际存在的"批斗总政领导干部小组"合法化、公开化,组织人力批斗总政各级领导干部。他们整出16万字的材料汇集,把这些干部都说成是"叛徒"、"特务"、"反革命修正主义分子"。邱会作亲自修改了这些材料,以群众组织的名义印了3万多册,发给全军后勤系统,煽动"砸烂总政"的活动。

1967年12月30日,在林彪、江青一伙的操纵下,造反派炮制了一份《关于反革命修正主义分子肖华的罪行和处理意见的报告》,分别上报毛泽东、林彪、中共中央、中央军委和中央文革小组。报告对于总政充满了诬陷不实之词:总政治部变成了"水泼不进、针插不进的资产阶级独立王国,一个刘邓设在我军的黑分店,一个大阎王殿。""肖华盘踞总政长达 17 年之久,他招降纳叛,结党营私,组成一个反革命修正主义集团。他的 6 个副主任,刘志坚、徐立清、梁必业、袁子钦、刘西元、傅钟,是清一色的三反分子。在 51 名正副部长中,初步查明,有叛徒和叛徒嫌疑的 9 名,假党员和入党无证明的 4 名,隐瞒重大政治历史问题的 4 名。"①

在"砸烂总政阎王殿"中,总政 4 名正副主任,40 多名正副部长被揪斗,总政副主任袁子钦等 17 人被迫害致死。总政机关和直属单位干部 767 人被立案审查,95％以上的机关干部和一大批直属单位的干部被赶出总政。林彪还宣布对总政实行军事管制,吴法宪为军管组领导,管制起军队的最高政治机关。

直到 1979 年 3 月,中共中央、中央军委发出通知,同意总政治部《关于为"总政阎王殿"冤案彻底平反的决定》,《决定》指出:在"文化大革命"中,林彪、"四人帮"互相勾结,狼狈为奸,为"彻底砸烂总政"进行一系列的阴谋活动,制造一系列重大事件,进而制造了"总政阎王殿"这一大冤案,给当时所有的总政领导同志戴上了"阎王"的帽子。"总政阎王殿"冤案后果严重,影响之深,是空前的。《决定》为"总政阎王殿"等一系列冤、假、错案彻底平反,为在这些冤、假、错案中所有受到打击迫害的同志彻底平反,恢复名誉,对被迫害致死的同志予以昭雪。

"五一三"事件在林彪集团形成发展过程中意义重大。"五一三"事件是林彪集团的转折点,它使林彪反革命集团的势力和影响有了明显的变化和加强。"五一三"事件开创了解放军打解放军的先例,进一步分裂了军队,成了军队划线站队的标志。而林彪反革命集团的主要成员吴法宪、李作鹏、邱会作等人,从此则以"三军无产阶级革命派"的领袖面目出现,左右全军的"文化大革命"。"五一三"事件之前,吴法宪、李作鹏、邱会作,在空军、海军和总后各自都有强大的对立面,日子都不好过。特别是邱会作在总后民愤极大,林彪曾收到一份要求坚决打倒邱会作的誓言书,总后机关的大多数人都在上面签了名。如果没有"五一三"事件,邱会作即使不被打倒,站出来工作也是相当困难的。

以"五一三"事件为标志,以林彪为头子,以叶群为"参谋长",以吴、李、邱为主要成员的林彪集团开始初步形成。九个月后,1968 年 3 月 22 日,黄永胜由广州军区司令员调京任总参谋长、军委办事组组长,自然成为林彪集团重要一员。

吴法宪、李作鹏、邱会作等人也把"五一三"事件看成一个具有纪念意义的事

---

① 李镜:《儒将肖华》,解放军文艺出版社 1998 年版,第 624 页。

件,在"五一三"事件三周年时,他们给叶群的一封效忠信中说,"'五一三'政治流血事件,是军队'文化大革命'的转折点,它揭开了砸烂总政阎王殿斗争的序幕";"'五一三'这个胜利应归功于林副主席的亲切关怀和教导,归功于叶群的关怀和支持"。

"五一三"事件后,1967年7月17日,军委看守小组成立。(江青在1968年10月30日八届十二中全会上说,是她建议成立一个看管小组。)吴法宪任组长,成员有叶群、邱会作、张秀川(不久由李作鹏取代)。军委看守小组的成立,从组织上奠定了吴法宪、叶群、李作鹏、邱会作等组成的林彪集团的格局。驻京部队"文化大革命"领导权就公开的操纵在吴法宪、叶群、李作鹏、邱会作手中了。林彪集团篡夺海军、空军和总后领导权的阴谋可以说是得逞了。从此,林彪、江青支持的"三军"在某些方面可以左右北京甚至外地的大局,当时有"全国看北京,北京看三军"之说。

四、控制和改组军委办事组——林彪集团形成的标志

1967年1月10日,中央文革小组成员关锋、王力等人起草了一个《关于解放军报宣传方针问题的建议》,提出"彻底揭穿军队一小撮走资本主义道路的当权派"的口号。当天晚上,江青将这个报告送林彪。第二天,林彪批示"完全同意"。同年1月14日,《解放军报》社论公开了这一口号。次日,《人民日报》转载了这篇社论。"揪军内一小撮"的口号迅速流传全国。由于军队内部许多将领对林彪并非心悦诚服,反对他的也大有人在,利用"揪军内一小撮",排除一批异己将领,是林彪的用心所在。

在"揪军内一小撮"运动中,军队的高级干部纷纷被揪斗、戴高帽、挂黑牌,甚至遭到打骂。随后,林彪又召开一次军委常委会,提出要在军队内全面搞大民主,此举遭到参加会议的几位军委副主席的一致反对。林彪又于1月23日,煽动普遍夺权和揪斗迫害干部,他说:"无论上层、中层、下层都要夺。有的早夺,有的迟夺";"有的上面夺,有的下面夺,有的上下结合夺";并煽动迫害领导干部,说:"有的关起来,有的戴高帽子,有的抄家";"有些方式,如搞'喷气式'","对有些人就得用这个办法,如对彭、罗、陆、杨就很需要"。

1967年3月召开的军级干部会议,目的在于统一军队高级干部对"文化大革命"的认识,解决军队在"三支两军"中遇到的问题。3月20日,林彪在军以上干部会议上发表讲话,攻击各级领导班子,煽动"造反派"进行夺权。他把原来的各级领导班子分为"基本上好的、全部烂掉的、烂掉一半的、烂掉一小半的、烂掉大半"的五

种情况,并说,"凡是烂掉的,要统统搬掉。""搞一个新班子,是当前面临着的一个迫切事情","是大问题"。

1967年4、5月间,林彪、江青等人提出挖"带枪的修正主义路线",他们图谋在打倒一大批从中央到地方的党政领导干部的同时,再打倒一大批军队的各级领导干部,以便把党政军大权统统夺到手。在他们煽动下,到处挖"带枪的"修正主义路线,到处"揪军内一小撮",从地方乱到部队。

第一,"七二〇事件"——"揪军内一小撮"活动的一次强烈爆发。

"揪军内一小撮"活动促进了造反力量对军队的冲击,"七二〇事件"是"揪军内一小撮"活动的一次强烈的火山爆发。"七二〇事件"与林彪、江青一伙策划操纵有直接的关系。林彪多次对吴法宪等人说过,要把军区一小撮不好的人,都揪出来烧掉。吴法宪心领神会,多次给武汉军区空军政委刘丰等人打电话,要他们不要听大军区的。江青在1967年4月16日接见军内外造反派时鼓动他们冲击成都、武汉军区。这样,1967年春夏,武汉地区出现了"工人总部"与"百万雄师"两派群众组织之间频繁的武斗事件。

1967年7月14日,毛泽东南巡到达武汉。同日,谢富治(中共中央政治局候补委员、国务院副总理、军委文革小组副组长)、王力(中共中央文革小组成员、中央对外联络部副部长、《红旗》杂志第一副总编辑)也到达武汉,他们以"中央代表团"的名义,在武汉四处活动,公开讲话支一派(支持少数派的激进派"工人总部"),压一派(压多数派的"百万雄师"),挑动群众斗群众。

王力的行为震怒了群众组织"百万雄师"。7月20日,爆发了大规模的群众性抗议示威游行活动,愤怒的军民冲进王力的住处,把王力揪到武汉军区大院进行质问和批判。当时群众既不知道毛泽东在武汉,也根本没有危及他安全的任何自觉或不自觉的行动,更谈不上是陈再道(时任武汉军区司令员)"搞兵变"。

林彪、江青等人却有意把"七二〇事件"说成一个"兵变事件",企图嫁祸于陈再道。7月20日上午,林彪亲自给毛泽东写信,并要戚本禹修改。戚本禹认为此事至关重大,找陈伯达、关锋一起修改,再请江青把关,最后定稿。最后,这封信改由江青署名,派邱会作送给毛泽东。这封信危言耸听地说:"外面形势不好,主席的安全受到威胁。趁他(指陈再道,作者注。)尚未下定决心,要及早转移……"鉴于武汉局势比较混乱,毛泽东接受了林彪、江青的劝告,离开武汉去上海。

林彪为什么要嫁祸于陈再道呢?事后陈再道本人分析了几个方面的原因:

其一,早在延安时期,钟汉华负责审干工作,发现叶群参加过三青团。但是,叶群痛哭流涕,林彪也大发脾气,但钟汉华等同志坚持原则,据实给叶群作了结论。

其二,军委 1964 年讨论毛泽东关于战略方针的指示,陈再道发言说:"主席的指示,是 1960 年战略方针(林彪主持制定的)在新形势和新条件下的重要补充和发展。过去的方针,今天看来是有缺陷的,当时看也有缺陷,没有主席指示的全面,成龙配套。"陈再道的发言有批评林彪指导思想的意思,因此引起一场"风波",黄永胜等人对陈再道进行了围攻,说他把主席的指示和原来的方针对立起来,是否定过去的方针,反对林彪。

其三,1964 年叶群到广州搞调查,说大比武是"拼凑尖子"、"弄虚作假"、"锦标主义"、"冲击了政治"等等,实际上为林彪整罗瑞卿罗织罪名。陈再道认为要用"两分法"看待大比武。他在会上发言说:"大比武的成绩是主要的,主席看过大比武,没有说大比武不好。"因为说了公道话,自然得罪了林彪。

其四,1965 年,林彪到武汉,陈再道因在外检查工作,没有赶回来接他,而黄永胜却专程赶到武汉来迎接林彪。相比之下,陈对林彪有失恭敬。林彪在武汉大骂罗瑞卿,并且有所指地说:"你们武汉,有没有罗瑞卿?"

其五,"文化大革命"开始后,湖北省军区给武汉军区写报告,说要像修韶山那样修林彪的家乡林家大湾,而且要把路修成能并排通行四辆大卡车的柏油马路。这个报告,被武汉军区压了下来,没有批准。陈再道也是从维护林彪的角度出发的,害怕给林彪帮了倒忙。①

林彪对这些事情一直是怀恨在心,借"七二〇"事件公报私仇,同时还有更深一层的目的就是杀鸡骇猴,使其他军区的"陈再道、钟汉华"不敢轻举妄动;可以借机追出所谓的"黑后台",把矛头指向徐向前、叶剑英等几位老帅。

周恩来于 7 月 22 日召集武汉军区负责人开会,希望稳定武汉局势,稳定武汉军区领导班子。但李作鹏和刘丰有意在中间制造手脚。当天,李作鹏叫海军党委给海军驻武汉的单位发电报,说"七二〇事件"是"反革命兵变",要他们表态"打倒陈再道",东海舰队在李作鹏直接操纵下,还发表了《严正声明》:"我东海舰队严阵以待,随时准备粉碎任何反革命暴乱!"为了制造声势,7 月 22 日,林彪和江青组织了数万人去机场欢迎谢富治和王力。当晚,林彪主持了有中央文革全体成员参加的会议,听取谢富治的汇报。会议决定把"七二〇事件"定性为"反革命暴乱",并提

① 陈再道:《武汉"七二〇事件"始末》,载《中共党史教学参考资料》("文化大革命"时期)第 25 册,国防大学出版社 1988 年版,第 512 页。

出三条措施:以中央名义调陈再道、钟汉华等进京;起草文件通知全国;召开百万人大会。这三条措施都被迅速执行。

林彪和叶群指使三军造反派冲击来京的陈再道、钟汉华等人,他们冲进陈再道、钟汉华住的京西宾馆,要"找陈再道辩论",同时,包围京西宾馆。在叶群的亲自布置下,打倒陈再道、钟汉华和揪出"黑后台"徐向前的大标语布满了北京街头。叶群还邀请江青、关锋、戚本禹等人到京西宾馆"看热闹"。

林彪亲自参加 1967 年 7 月 25 日的百万群众欢迎王力大会。林彪在天安门城楼上对江青说:"武汉问题不单是武汉问题,而是全国的问题。"又对蒯大富(清华大学"井冈山兵团"总负责人、"首都大专院校红代会"核心组副组长、北京市革委会常委)、韩爱晶(北京航空学院造反组织"红旗战斗队"总负责人)等造反派头目说:"从前我们要作文章,但没有题目。现在他们给我们出了一个题目,我们要抓住大做文章。估计最近一个月将是全国矛盾激化的一个时期。"①会上,林彪对"打倒陈再道"、"打倒军内一小撮"的口号都举手赞成。

蒯大富曾在 1979 年 11 月 27 日的供词中交代他们当时的判断:"林彪做接班人,有好多人不服,主要是四方面军的,他们力量大人多。'七二〇事件'就是四方面军的陈再道搞的。林彪提出'带枪的刘邓路线'就是冲着这些人来的。林彪'要大做文章'就是'揪军内一小撮',把反他的力量全都打下去,为他当接班人扫清道路。"蒯大富交代中说"七二〇事件"是四方面军的陈再道搞的,这是不正确的,但他对林彪"揪军内一小撮"用心的分析还是入木三分的。林彪向蒯大富等人煽动"要大做文章",但当时蒯大富不了解林彪的矛头所指。在这种情况下,蒯大富找到王力,探询底细。蒯大富一一点着军队领导人的名字,看王力表态。在王力暗示要打倒徐向前以后,蒯大富立即策划和组织实施"打倒徐向前"的宣传煽动活动。他还派人去绑架徐向前,因徐向前不在,绑架未成,随即抄了徐向前的住所和办公室。

1967 年 7 月 26 日,在扩大的中央常委碰头会上,林彪、江青一伙,对陈再道、钟汉华(武汉军区政委)等武汉军区负责人进行人身攻击,并把矛头指向徐向前元帅。批斗陈再道时,吴法宪极为恶劣地伸手打了陈再道两个耳光,以证实他立场坚定,态度鲜明。吴法宪还领着刘丰和几个打手,撕掉了陈再道的帽徽、领章,对他拳打脚踢。吴法宪亲自动手打人,开创了高级干部打人的先例。吴法宪在会上带头搞

---

① 陈再道:《武汉"七二〇事件"始末》,《中共党史教学参考资料》("文化大革命"时期)第 25 册,国防大学出版社 1988 年版,第 521 页。

武斗,受到了周恩来的严厉批评。而江青却表扬吴法宪说:"吴法宪是造反派,有造反精神。"陈再道后来气愤地说:"在扩大的中央常委会碰头会上搞武斗,这在我党历史上也是绝无仅有的。"

7月27日,林彪、江青一伙以中共中央、国务院、中央军委和中央文革的名义,发出了《给武汉市革命群众和广大指战员的一封信》,说:"你们英勇地打败了党内、军内一小撮走资本主义道路当权派的极端狂妄的进攻。"同日,撤销了陈再道和钟汉华的职务,刘丰升任武汉军区第一政委。武汉军区所辖独立师被定为"叛军",林彪亲自下令取消番号,该师撤离武汉整训改编。

吴法宪等人以支持武汉市的造反派为名,在北京驻京军事机关组织三天武装游行,掀起揪"陈再道"式人物的恶浪,冲击各大军区领导机关。

《人民日报》、《解放军报》等报刊,以声讨"七二○事件"和"揪军内一小撮"为主要内容,连篇累牍地发表消息、社论、评论、文章、照片。有人作过统计,从7月26日到8月28日,仅《人民日报》一家就发表、转载了22篇社论。最多一天,一期报纸刊登四篇,整版都是这些社论。7月22日,在《解放军报》一版头条位置,林立果署名"空军司令部红尖兵",发表了题为《从政治上思想上彻底打倒党内一小撮走资本主义道路的当权派》的文章,这篇文章由林彪授意并出思想,由周宇驰、刘沛丰帮助林立果起草,叶群又请陈伯达、关锋作了修改。该报同时还发表了《推荐一篇好文章》的评论员文章,吹捧林立果。

林彪、江青等人掀起的"揪军内一小撮"的恶浪,迅速地波及到全国各地,造成了极为严重的后果。林彪公然讲:"军队怎么搞文化大革命,过去没有一个好办法,出了一个'七二○'事件,找到了路子。"从武汉打开一个缺口,武斗在全国升级。

与此同时,林彪还让吴法宪作好准备,"把要揪的人的名单和材料,交给在北京串联的军队院校的学生,由学生们去揪。"北京一些大专院校群众组织的头头聂元梓、蒯大富、谭厚兰、王大宾、韩爱晶等派人到各地,串联当地群众组织"揪军内一小撮",冲击军事机关,抢劫枪支弹药,挑动武斗,制造事端。

在"揪军内一小撮"的恶浪冲击下,向上追"七二○"事件的黑后台,徐向前、徐海东、王任重等人被打成"七二○"事件的"黑后台";各地部队系统的许多领导干部,被打成了"陈再道式的人物",戴上了"军内一小撮走资派"的帽子,被任意批斗、监禁、迫害。甚至连公社人武干部、大队民兵干部,也被打成了"陈再道式的小人物"。据湖北省委统计,全省在"七二○"事件以后,被打伤、打残、打死的干部、军人、群众,多达十八万四千余人。仅武汉市就打死六百多人,打伤、打残六万六千多人。如果加上1968年和1969年林彪、江青等人挑动造反派之间进行武斗的伤亡人数，那就更加骇人听闻了。

"七二〇"事件后，"文化大革命"的重心已由地方转向军队，全国各地制造了大量冲击军队的事端。在8月1日《红旗》杂志上发表了题为《无产阶级必须牢牢掌握枪杆子——纪念中国人民解放军建军40周年》的社论中，明确提出把"揪军内一小撮"作为目前斗争的大方向，社论还提出一个"崭新"理论："中国人民解放军，是我们伟大领袖毛主席亲手缔造的，是林彪同志直接指挥的伟大军队"。这样一来，把朱德、周恩来等一批老一辈革命家排除在缔造者之外，而且毛泽东作为中央军委主席却无法"直接指挥"中国人民解放军了。接着，各地出现冲击军事机关、抢夺武器弹药、派性武斗激化等严重状况。

8月7日，王力召见外交部"革命造反派联络站"代表，公然表示支持在外交部夺权。这个讲话，当时被称为"王八七"讲话。在王力的鼓动下，外交部造反派在8月19日冲砸了外交部政治部，宣布"夺取"部党委大权。整个外交业务陷于混乱。

毛泽东震怒了，在他看来，"文化大革命"中的党委和政府可以瘫痪，而军队是国家的"钢铁长城"，是保证"文化大革命"进行下去的重要力量，军队乱了，局面将无法收拾。他不能容忍"揪军内一小撮"狂涛肆虐了。他也决不能允许外交工作中制造严重混乱。

8月中旬，毛泽东对8月1日《红旗》杂志的两篇社论提出严厉批评。毛泽东批示这两篇社论是"大毒草"，并批示"还我长城！"同时，毛泽东在林彪送审的下发部队的文件上，划掉了多处"军内一小撮"的字样，并批示"不用"两个字，退给了林彪的办公室。

毛泽东的批示传来，林彪、江青等人非常慌张。叶群把毛泽东退回的文件，悄悄地锁进了保险柜。然后，让林立果给江青写信，说明"红尖兵"文章中"揪军内一小撮"的提法，是后来别人加上去的。

江青和康生也找到了推脱的"理由"。他们先说《红旗》上发表的两篇社论，是陈伯达负责签发的，主要责任在陈伯达身上。因为《红旗》杂志是由陈伯达、王力、关锋（原任中共中央文化革命小组组员、全军文化革命小组副组长、《红旗》杂志副总编辑）、戚本禹（原任中共中央文化革命小组组员、《红旗》杂志副总编辑）直接控制的。后来，毛泽东要追究责任，他们又觉得推到陈伯达身上不妥，江青便改变口气说，错误人人有份，不能怪陈伯达，想把责任往下推。而康生更是出尔反尔，赖得一干二净。他说在请示毛主席时，毛主席只同意开欢迎大会，根本就没有同意过

"揪军内一小撮"的提法,声称"揪军内一小撮"的提法是王力等人私自提出来的。

8月25日,周恩来约见了才从上海毛泽东处回京的代理总参谋长杨成武,向他谈了对近来一系列事件的看法。周恩来特别提到"王八七"讲话,指出:这个讲话煽动造反派夺外交部的权,并连锁反应到外贸部和国务院其他部,还有火烧英国代办处以及借口揪斗刘少奇把中南海围得水泄不通,宣传上又提"揪军内一小撮"。周恩来说:"这样下去怎么得了?我担心的是连锁反应。现在,一个是中央的领导不能动摇,一个是解放军的威信不能动摇!"①周恩来要杨成武即去上海向毛泽东汇报,并将"王八七"讲话交给杨成武转送毛泽东。当天,杨成武飞上海见毛泽东。

毛泽东在上海听了杨成武转达周恩来的意见,看到周恩来转送的"王八七"讲话,经过一天的考虑,毛泽东下了决心,他对杨成武说:"王、关、戚是破坏文化大革命的,不是好人。你只向总理一人报告,把他们抓起来,要总理负责处理。"并对这一讲话批:"大、大、大毒草"。②稍后又对杨说,可以先解决王、关,将戚的问题稍缓处理。当天中午,杨成武回到北京,向周恩来汇报毛泽东的决定。之后,周恩来召开中央碰头会,陈伯达、康生、江青等人参加。会上,周恩来传达了毛泽东的指示。随后,遵照毛泽东的指示,王力、关锋被隔离审查。第二年一月,根据毛泽东的指示,戚本禹也被隔离审查。

对王力、关锋、戚本禹这三名中央文革小组重要成员实行果断处置,对"文化大革命"以来不断升级的大混乱和大破坏也产生了一定的遏制作用,对江青、陈伯达、康生等人来说是一次重大的打击。然而,林彪、江青、陈伯达、康生等人,这一次却很容易地蒙混过去了。他们玩了一手"丢卒保帅"的把戏。

第二,"八九"讲话在林彪集团的形成中意义重大。

1967年8月9日,林彪在接见武汉军区新任司令员曾思玉和新任第一政委刘丰时,做了一个很出名的"八九"讲话,1967年10月19日作为中共中央文件转发了这个讲话。林彪在"八九"讲话中说:"全国各大军区过去有两个不放心,一个是北京,一个是武汉,拿他们没有办法。文化大革命解决了这个问题,通过文化大革命,让各种坏事暴露出来,把各种隐患诱发出来,问题就解决了。"在这个讲话中,林彪表露了他整武汉军区的一贯用心。

林彪还在"八九"讲话中说:"现在不少地区党、政机关瘫痪了,表面上看来很

① 《周恩来年谱》(1949—1976)(下卷),中央文献出版社1997年版,第182页。
② 同上书,第183页。

乱,这个乱是必要的,正常的。"他提出"现在的革命是革原来我们革过命的命"等荒谬主张,并鼓吹"要建立新的国家机器"等。在说到乱有四种情况时说:"坏人斗好人,好人挨了整",像北京军区、海军、空军、总参、总后就有这样的情形。邱会作被总后一小撮坏人几乎整死;"海军的李作鹏、王宏坤、张秀川也是被整";吴法宪也是这样。他号召要像邱、吴、李、王、张那样,坏人整你时"要顶住,要沉住气"。

"文化大革命"以来,军队也是今天整这个,明天保那个,究竟谁是谁的人,为什么要保,为什么要整,一时还看不清楚,林彪"八九"讲话公开说吴、邱、李、王、张是好人,整他们的是坏人。这就等于公开宣布这些人是他林彪所支持的好人,是他的人。所以,"八九"讲话在林彪集团的形成中意义重大。

第三,军委办事组的成立。

1967 年 8 月 17 日,中共中央、中央军委决定成立军委办事组,又称"四人小组",小组成员由吴法宪、叶群、邱会作、张秀川(李作鹏因随毛主席外出,海军才由张参加)组成,吴法宪任组长。

军委办事组是怎样成立起来的? 原来,1967 年 7 月 13 日,军委秘书长、代总长杨成武随毛泽东视察大江南北离开了首都。没过几天,林彪提出,杨成武不在北京,现在军队日常工作很繁重,需要有人来抓。据 1968 年 10 月 30 日江青在八届十二中全会上的讲话中说,"看守小组"是她最先向林彪提出建议成立的,她说:"军委办事组是怎么产生的呢? 1967 年夏天,斗争肖华的时候,出现了不严肃的现象,把一场严肃的阶级斗争,变成低级下流,转移了斗争大方向,侮辱了中国人民解放军。因此,我建议成立一个看管小组(就是军委看守小组,作者注)。开始是 4 个人。后来……在军队中产生了新的办事班子——军委办事组。杨余傅问题出现后,进行了改组。"①

"看守小组"接受中央文革小组领导,列席中央文革的碰头会,负责看管总政,负责驻京部队、机关的"文化大革命"运动。这样,"看守小组"成为合法的领导军队文革的机关。因为全军文革小组垮了,总政瘫了,"军委办事组"就成为合法的领导军队"文化大革命"的机关。

吴法宪当组长的办事组,只对林彪、叶群负责,对各位老帅是封锁的。吴法宪、李作鹏、邱会作等人在"文化大革命"初期处于被批斗的境地,至此发生了根本性的变化,他们的地位彻底巩固下来,通过控制军委办事组,林彪控制了空军、海军、总

① 王年一:《关于"军委办事组"的一些资料》,《党史研究资料》2001 年第 7 期。

后的企图得以实现。

1967年9月23日,毛泽东回到北京后,在一次谈话中说:要不要一个军委办事组?如果要的话,让杨成武当组长。对毛泽东提议杨成武任军委办事组组长,林彪虽不满但也不能明确表示反对。后来由周恩来宣布中央的决定:经毛主席批准,杨成武任军委办事组组长。当时会上只讲由杨当组长,没有提谁任副组长。第二天,林彪就给周恩来打电话,说吴法宪不当组长可以,但要当第一副组长,并且要当副总参谋长。

1968年春,林彪勾结江青,设下圈套,捏造罪名,突然袭击,制造所谓"杨、余、傅事件"(也称"杨余傅事件")。"杨、余、傅"是指解放军代总参谋长杨成武、空军政委余立金、北京卫戍区司令员傅崇碧。由于这一事件是1968年3月24日在人民大会堂宣布的,所以简称"三二四"事件。

"杨、余、傅事件"的原因很复杂,但政治背景是清楚的。"文化大革命"以来,林彪、江青两股政治势力正在崛起,他们不断地制造混乱,以便乱中夺权。随着"文化大革命"的不断深入,他们的阴谋逐步得逞。老一辈革命家中,有的被打倒,有的被罢官,有的"靠边站",到1968年初,"杨、余、傅"已成为他们的重要障碍。"杨、余、傅"事件,既有重大的政治背景,又有鲜为人知的个人恩怨。

在1965年12月上海会议前后,林彪对杨成武是信任的。打倒罗瑞卿后,林彪又推杨成武为代总参谋长。这个"代"字是林彪给加上的,主要是想留有余地,以便进一步观察杨。杨成武谈到自己是如何成为林彪迫害的对象时,谈到这样几件事情:

林彪说杨成武是"彭黄反党集团的漏网分子"。杨成武是1958年底调到总参谋部,任副总长。是时,彭德怀任国防部长,黄克诚任总长。杨成武在他们的领导下做了一些工作。庐山会议后,彭德怀、黄克诚被打倒,罗瑞卿任总长,杨成武在他的直接领导下在总参工作了六、七年之久。1965年冬上海中央常委扩大会议批判罗瑞卿后,在北京总参党委扩大会议上杨成武讲到罗瑞卿时掉了眼泪,说"可惜了"。后在北京批判罗瑞卿的会议上,吴法宪等人提出要开除罗瑞卿的党籍时,杨成武表示不同意。所以,杨成武就被林彪、江青一伙称为"彭黄反党集团漏网分子"、"地地道道的罗瑞卿分子"。

林彪一伙很不满意杨成武对老帅和一些老同志的态度。如在"文化大革命"初期,先安排刘伯承到山东治疗眼病,徐向前、聂荣臻、叶剑英三位老帅都被保护在西山军委的房子里,派两个营守卫;贺龙元帅被保护在象鼻子沟派一个营守卫。林彪提出"批带枪的刘邓路线"后，1967年2月，林彪告诉杨成武不要把文件送给叶剑英，杨请示周恩来后，仍继续照送重要的文件。武汉"七二〇事件"被林彪定性为"反革命暴乱"后，毛泽东随即要杨告诉周恩来将陈再道接到北京，住京西宾馆保护起来。毛泽东还要杨成武转告陈再道本人三点指示：有错误就检查、注意学习、注意安全。林彪、江青一伙对这些非常不满。

杨成武不同意吹捧林彪。关于几句口号的提法，杨成武也与林彪一伙有所不同。林彪的党羽周宇驰、刘沛丰和林立果炮制了一篇提出"以林副主席为光辉榜样，永远忠于毛主席"的文章，空军政委余立金觉得还没有人这样提过，就把文章送给杨成武看。杨成武觉得这样不妥，请他转告吴法宪。但这篇文章还是坚持这一提法，署名吴法宪在《人民日报》上发表了。其实，杨成武和余立金都不知道，这篇文章早已送叶群、林彪审定过了。吴法宪在这篇《永远忠于毛主席，永远忠于毛泽东思想，永远忠于毛主席的无产阶级革命路线》的结尾一段吹捧林彪："忠于毛主席，忠于毛泽东思想，忠于毛主席的无产阶级革命路线，要以林副主席为榜样。林副主席是毛主席最亲密的战友，最好的学生。几十年来，他一时一刻没有离开毛泽东思想和毛主席的无产阶级革命路线。他一贯高举毛泽东思想的伟大红旗，刻苦地学习毛主席著作，最坚决地贯彻执行毛主席的指示，最热情地传播毛泽东思想，最英勇地保卫毛主席的无产阶级革命路线，我们要永远向林副主席学习，像林副主席那样，永远忠于伟大领袖毛主席，永远忠于伟大的毛泽东思想，永远忠于毛主席的无产阶级革命路线，为毛泽东思想在全中国和全世界的彻底胜利而英勇奋斗。"[①]

时隔不久，余立金又找到杨成武，说吴法宪在空军提出"以毛主席为主、林副主席为副的党中央"的口号，杨成武说："这种提法中央从来没用过，要慎重，搞不好要犯错误的。"吴法宪很快把杨成武的话报告了叶群，并说杨成武反对宣传林副主席。

杨成武不赞成黄永胜当总政治部主任、上报王飞等人的严重问题，都成了被打倒的"罪状"。1967年夏天，林彪提出要黄永胜当总政治部主任，问杨成武有什么意见，杨坦率地说黄永胜从来没有做过政治工作怕不合适。毛泽东在南巡时对杨成武说，林彪提出要黄永胜当总政治部主任，我没同意，我人都不认识。杨成武说，黄在长征前当过总部特务营长，在晋察冀时，犯过乱搞女人的错误，聂帅很严肃地批评过他。1968年春，空军有人写了一些检举信，揭发王飞、何汝珍、周宇驰、于新野几个人胡作非为。杨成武当时不了解这些人，更不知道他们和林彪的关系，便写

---

① 《人民日报》1967年8月13日。

了一个条子，说"这些检举信反映的问题很严重，如果情况属实要严肃处理"，报林彪批示。对此，林彪说杨成武要将这些人打成反革命，是杨成武的一大"罪状"。历史事实证明，这些人的问题确实严重，后来差不多都成为以林立果为首的小舰队的重要成员。

林彪还说杨成武封锁他。事情经过是这样的，1967年夏，杨成武随毛泽东视察南方时，毛泽东曾对他说到"四个伟大，讨嫌"等有关对林彪评价的话，同杨成武说："什么'永远健康'，难道还有不死的人吗?"并指示杨说："你回去报告周总理，不要宣传这些，要宣传马克思主义万岁，不要宣传个人，否则将来要犯大错误吃大亏的。"回北京后，叶群一再向杨成武打听毛泽东说过什么话。因为毛泽东没有授权传达，杨成武恪守组织原则，没有告诉叶群。从此，林彪对杨成武的态度十分冷淡，认为杨成武是在封锁他。今天回过头来看，林彪是毛泽东选定的接班人，全党唯一的副主席，杨成武是林彪的下级，杨成武对林彪一向是尊重的，林彪若真的要杨成武去汇报工作，杨成武不能不去。但是毛泽东明确指示要杨成武只向周恩来一个人汇报的事，他不可能自作主张向林彪汇报。处在夹缝中的杨成武虽然处处小心谨慎，还是难免遭受冤屈。

据杨成武回忆，那是1968年初，林彪、叶群要杨成武写一个1936年叶群历史问题的假证明。杨成武在1960年才和叶群第一次见面，就没有答应这个要求。林彪碰了一个钉子，从此埋下了整杨成武的种子。

江青为什么要勾结林彪整杨成武呢? 因为那时从上海、北京弄到一些有关江青的材料，都存放在杨成武那里，杨感到不好处理，一直未动，江青知道后大发脾气，认为杨成武是别有用心的，后来这批材料经林彪批准，在中南海销毁了。江青为此对杨成武很不满意。

要打倒空军政委余立金，是因为他对林彪有一定的抵制，并成为吴法宪独揽空军大权的障碍。

为了给余立金捏造更多罪名，1968年空军机关无产阶级革命派印发了所谓《大野心家，大阴谋家，大叛徒，反革命修正主义分子余立金的反革命罪行材料》。这份材料既是林彪、江青一伙残酷迫害人的罪证，又从反面衬托出余立金这位忠心耿耿、直言不讳的老战士对林彪、江青的抵制。

吴法宪将曾经在新四军工作过的人揭发余立金在"皖南事变"时"可能被捕过"的情况转报上去。林彪决定支持吴法宪，搞掉余立金。余立金被逮捕，被宣布是叛徒时，他们手里没有任何证明材料。从1968年3月一直搞到9月，吴法宪一伙仍没有搞到像样的证据。专案组在江西的一个劳改农场找到了关押在这里的原国民党某师的一个军需处长C。专案组暗示C,余立金已经倒台,你愿怎么说就怎么说!并许愿说:你要能写出对我们有用的材料,可以立功赎罪,马上放你出去。两天之后,C给专案组写了一份材料,上面写着:

一九四一年一月,我所在的师参加了"皖南事变"。在皖南的一个小村庄,我亲眼看到一队由国民党军士押送的新四军官兵,这些人中间,有余立金,李××,钱××⋯⋯

这就是给余立金案定性的"铁证",它蒙骗了许多人。据"皖南事变"时和余立金在一起的陶白、唐炎同志回忆,余立金带领教导团的全体干部、战士,跟随叶挺将军同敌人进行了殊死的搏斗。他既没有被捕也没有叛变。这位军需处长的伪证,完全是专案组哄骗逼诈出来的。值得一提的是,当初那个写了伪证的C,后来痛悔莫及,当新的复查人员到劳改农场去找他时,他错把这些人员当成原先让他写伪证明的人,连声说:"你们不是要放我出去吗? 今天是来放我出去的吧?"复查人员说明来意,请他核实这段情况,他说:"我当时糊涂、他们让我写的、我以为真的能出去⋯⋯其实,'皖南事变'时我根本不在皖南,在四川抓壮丁呢!"①

傅崇碧作为北京卫戍区司令员,在"文化大革命"中,根据周恩来的指示,保护了大批老干部、老同志,受到林彪、江青一伙的忌恨。

林彪、叶群对傅崇碧先是拉拢:一次,傅崇碧生病住院,叶群亲自到医院探望傅崇碧;叶群还三次邀请傅崇碧去家里看电影,都被傅婉言谢绝。在叶群看来,傅崇碧是不识抬举。

拉拢不成,就罗织"傅崇碧武装冲击中央文革"的罪名,阴谋除掉。关于这个问题,杨成武回忆:

1968年3月5日午夜,周恩来、陈伯达找杨成武,说:鲁迅夫人许广平发现原藏于鲁迅博物馆的书信手稿不见了,毛泽东叫设法查找。杨成武和傅崇碧等人连续几个昼夜进行调查,终于搞清楚原来是江青叫戚本禹取走鲁迅手稿,并放在钓鱼台中央文革保密室。1968年3月7日,杨成武叫先报告陈伯达,傅崇碧立即给中央文革办公室打电话,肖力(李讷,毛泽东的女儿)接的电话,傅说明已经知道手稿的下落,请他向陈伯达报告一下,自己随后就到。傅到钓鱼台门口,又打电话给正在值班的陈伯达的秘书王保春,王答复可以进来后,吉普车才驶入大门。江青反诬傅崇

---

① 参见董保存:《杨余傅事件真相》,解放军出版社1987年版,第132—133页。

碧带了两部汽车冲中央文革。傅到大门,是打电话经他们同意后才进去的,何来"武装冲击"? 这纯粹是用"林冲误入白虎堂"的手法进行政治陷害。3月8日召开了一次警卫工作会议,作了几条规定,问题已经解决了。可是两周后,江青又把这个事翻弄出来,硬说是杨成武指使干的。整北京卫戍区司令员傅崇碧的实质是林彪、江青一伙要进一步控制首都形势。

林彪、江青等人诬陷杨成武、余立金、傅崇碧为"二月逆流"翻案,是"二月逆流新反扑"。他们捏造杨成武搞"山头主义、宗派主义";"同余立金勾结要夺空军的领导权,要打倒吴法宪";"同傅崇碧勾结要夺北京市的权";"整了江青的黑专案黑材料";"杨成武有野心,还想排挤许世友、韩先楚、黄永胜等和他地位不相上下的人";"杨成武三次下命令给傅崇碧冲钓鱼台,到中央文革去抓人",还"打了江青";说杨成武有"黑后台",后台就是"叶剑英、聂荣臻、陈毅、谭震林"。林彪还说杨成武的政治品质很坏,是一个两面三刀的人;诬陷余立金是"叛徒";其后,又诬陷杨成武、余立金、傅崇碧是"五一六"的黑后台等等。这些都纯属捏造、诬陷,无限上纲。

1968年3月24日夜,在人民大会堂召开了军队干部大会。这次大会被称为"三二四事件"。林彪在会上宣布了中央的决定,逮捕"叛徒"余立金;撤销杨成武代总长等一切职务;撤销傅崇碧的北京卫戍区司令员职务。宣布任命黄永胜为总参谋长,温玉成兼北京卫戍区司令员。林彪说"杨余傅"为"二月逆流翻案",是"二月逆流"的一次"新反扑"。并说这件事在毛泽东那里汇报了,开了四次会才决定下来。可见林彪是早有预谋的。[1]毛泽东听了他们的多次汇报、诬陷后,对此事的表态是:"不算很大也不算很小的问题。"可见,毛泽东并没有把"杨、余、傅事件"看成"敌我矛盾。"

尤其意味深长的是,林彪在讲话中特别提到"杨成武的错误主要是山头主义、宗派主义",又说了一通晋察冀只是解放军的一部分,意思说杨成武在搞"晋察冀山头主义"。林彪讲话以后,康生接着讲话说:"我相信杨成武的背后还有后台的,还有黑后台的。"他们一唱一和,配合默契,就是要挖出晋察冀的"黑后台"。[2]康生在会上曾大声插话说:"傅崇碧的后台就是叶剑英"。

会上,林彪一伙作了精心安排,李富春、李先念、陈毅、徐向前、叶剑英等同志都是政治局委员,但统统不准在主席台上就座。别的一些政治局委员和"中央文革"

①　聂荣臻:《聂荣臻回忆录》,解放军出版社1986年版,第851页。
②　同上书,第853页。

的成员却坐在台上。这次大会是名副其实的第一次把老帅们赶下主席台,很显然,意思是台下的这些同志有问题,是属于可以冲击的对象。会上第一次向群众宣布了"二月逆流"。江青在会上高喊有确凿证据证明谭震林是大叛徒。康生详细讲了"二月逆流"情况。

3月25日,李作鹏等就给林彪写信说叶剑英怎样赞扬过杨成武,意思是说叶是杨的后台,并捏造了叶的十条罪状。4月25日,又诬陷叶剑英同刘少奇、邓小平、贺龙一起反毛主席。杨成武、傅崇碧都长期在晋察冀、华北地区工作过,曾经是聂帅、徐帅的老部下,因而徐、聂也成了后台。余立金原是新四军的,老首长是陈毅。因而陈毅也成了他的后台。

针对林彪给杨成武编造的"晋察冀山头主义",还有"黑后台"等罪名,把矛头直接指向聂荣臻元帅,4月6日,聂荣臻给叶群打电话问:"杨、余、傅事件究竟是怎么回事? 黑后台是谁?"叶群在电话里说:"并没有点名嘛,将来轰倒谁就是谁。"当时社会上"炮轰聂荣臻"轰得很厉害。叶群的意思是,反正外面在轰,轰倒谁就是谁。为此,聂帅于4月7日写信给毛泽东,谈了自己的看法。毛泽东在信上批了16个字:"荣臻同志,信已收到,安心养病,勿信谣言。"不久,毛泽东又当面对聂帅讲,如果讲杨成武的后台,第一个就是我,第二个才轮到你。可见,林彪搞的这一套并非毛泽东的意思。

4月16日,聂帅又找到林彪问:"杨成武究竟有什么问题,为什么要把他打倒?"林彪支支吾吾地说:"杨成武不到我这里来。"意思是杨成武是不大听话了。聂帅说:"他不到你这里来,你是副主席嘛,打个电话他不就来了。"[①]这真是"欲加之罪,何患无辞"。

林彪等人在"杨、余、傅事件"中捏造一条"晋察冀山头主义"、"华北山头主义"的罪名,捏造北京军区"在杨成武操纵、干预之下搞山头主义",之后在北京军区一次又一次地大反所谓"华北山头主义",前后达七年之久。他们把当时军区一部分领导同志作为经营"华北山头"的代表,罗织罪名,打击迫害,并把矛头直接指向在华北地区担任过主要领导工作的聂荣臻、徐向前、罗瑞卿、杨成武等,特别是聂荣臻,每次都成为攻击的对象。林彪曾指令北京军区党委立即召开第十二次全委扩大会,并派黄永胜、吴法宪、谢富治等人坐镇指挥,强令会议"揭山头主义的罪行,批山头主义的危害,肃山头主义的流毒","把山头主义批透"。反"华北山头主义"株

---

① 聂荣臻:《聂荣臻回忆录》,解放军出版社1986年版,第85—854页。

连了大批同志,严重地破坏了部队的团结和建设。

"杨余傅"事件发生11年之后,1979年3月28日,中共中央发出《关于为"杨、余、傅事件"公开平反的通知》,《通知》指出,所谓"杨、余、傅事件"纯系林彪、"四人帮"反党集团制造的冤案,他们强加的罪名,纯属捏造。中央决定,为"杨、余、傅事件"公开平反,对杨成武、余立金、傅崇碧同志的一切污蔑不实之词,都应予以推倒,由于这个案件受到株连的同志,一律公开平反、昭雪。

林彪策划"杨、余、傅"事件的真正目的不仅仅是打倒"杨、余、傅",还通过这一事件排斥异己、安插亲信,控制总参谋长、空军政委、北京卫戍区司令等要害职位,同时借机打倒一批他们想要打倒但暂时还没有打倒的其他方面的老干部。通过这一事件,罗织杨成武、余立金、傅崇碧的罪名,撤销了他们的职务。

1968年3月,中共中央、中央军委决定改组中央军委办事组。1968年3月25日,周恩来、陈伯达、康生、江青向林彪报告称:"中央文革碰头会议讨论过新的军委办事组名单,拟了5个同志,现先送上,请考虑是否妥当,并请在您考虑后,向主席报告请示。名单:黄永胜任组长,吴法宪副组长,叶群、李作鹏、邱会作。"当天,林彪批示:"呈主席批示。"毛泽东指示照办。改组后的中央军委办事组由黄永胜任组长,吴法宪任副组长,成员为叶群、李作鹏、邱会作等。

1968年3月28日,毛泽东、林彪、周恩来接见黄永胜、吴法宪等人。毛泽东说:今后军委办事组由林副主席直接捏在手里。又说:军委办事组要订一个制度,至少一周到林彪那里汇报一次工作,一次谈一两个钟点,有事无事都要去,除非林彪同志身体不好。周恩来说:"军委常委不要开会了吧?"毛泽东说:"军委就是办事组。军委常委可以不开会了。"林彪说:"把它悬空起来。"就这样,根据毛泽东的意见,决定军委常委不再开会,军委办事组实际上取代了军委常委会。

1968年4月1日,黄永胜、吴法宪给毛泽东、林彪、周恩来、陈伯达、康生、江青、姚文元、谢富治、叶群、汪东兴写报告称:由于军委常委不再开会,军队文电今后除发到团级文电照发各常委外,重要文电不再抄送陈毅、刘伯承、徐、聂、叶等同志,粟裕同志与工作无关文电亦不抄送。毛泽东批示:"此事待议。"1968年4月4日,黄永胜、吴法宪、李作鹏、邱会作收缴了军委印章。①此后,只准许老帅们看县团级文件,彻底剥夺了老帅们对军队的领导权,军委办事组取代中央军委"合法化"了。

从此,林彪集团就能以合法的形式进行活动了。以林彪为首,以黄永胜、吴法

---

① 王年一:《关于"军委办事组"的一些资料》,《党史研究资料》2001年第7期。

宪、叶群、李作鹏、邱会作为主要成员的林彪集团,得到了进一步的发展。据吴法宪交代,1969年国庆节后,林彪在10月2日、3日以加强战备为名,召集黄永胜、吴法宪、李作鹏、邱会作在家里开会,林彪说他身体不好,军队的事要黄吴李邱负责管好,不要把权交给别人;要黄永胜特别抓好总参、卫戍区、广州和北京军区,要邱会作抓好总后和国防工业,要李作鹏抓好海军,要吴法宪抓好空军。

在这个军委办事组的指挥下,他们进行了大量的活动。如:整理诬陷迫害叶剑英、徐向前、聂荣臻、陈毅等几位老帅的所谓《二月逆流反党集团在军内活动的大事记》;整理诬陷叶剑英的所谓《叶剑英反党反毛主席反对文化大革命的罪行材料》三十条以及对罗瑞卿、贺龙等进行人身迫害。1969年6月间,军委办事组召开座谈会,按照林彪提出的"用打仗的观点,观察一切,检查一切,落实一切"的要求,提出了庞大的国防建设计划,邱会作等人先后提出,要搞"独立的完整的国防工业体系","比洋人还要洋",并声称"什么比例不比例,打仗就是比例"。由于盲目扩大军工生产,1969年的国防战备费比上年猛增34%,1970、1971年又继续递增15%和16%还多。1969—1971年这三年,国防工业和国防科研投资在国家基本建设总投资中占的比重平均高达11%,超过1968年不到9%的比重,严重影响了国民经济的正常发展。①

新的军委办事组进一步加紧了林彪、叶群同黄吴李邱的勾结,标志着林彪集团的形成。

五、中共九大——林彪集团发展的顶峰

1969年4月,中国共产党第九次全国代表大会举行。九大通过的政治报告和党章,使"文化大革命"的错误理论和错误实践合法化,加强了林彪集团和江青集团在党中央的合法地位。九大在思想上、政治上和组织上的指导方针都是错误的。操纵九大筹备工作的林彪、江青等人把他们帮派体系中的人大量地塞进九大代表团,甚至个别非党员也参加了九大。由此看来,九大是中共历史上前所未有的一次本身组织严重不纯的代表大会,党的组织原则受到严重践踏。

九大选举中央委员会不是以差额方式进行的,而是搞等额选举。列入候选名单的中央委员170人、候补中央委员109人,全部当选。大会没有遵循选举充分体

---

①　中共中央党史研究室:《中国共产党历史大事记》(1919.5—2005.12),中共党史出版社2006年版,第258页。

现选举人意志的原则。在酝酿、提名和正式选举中央委员、候补中央委员的过程中,选谁不选谁不是由代表个人决定,而是事先由林彪、江青等人指定。林彪一伙在九大选举问题上,践踏了党规党纪,破坏了民主集中制原则。投票前,他们暗中布置,操纵投票,从而把一些老一辈革命家和久经考验的有威望的老干部排斥在中央委员会之外。另一方面又把一些他们视为亲信骨干的所谓"革命左派"、"红卫兵小将"塞进中央委员会,有的进入核心领导机构,使中央委员会来了一个不正常的大换班。从选举结果可以清楚地看出这一点。九大所选出的170名中委和109名候补中委中,原八届中央委员和候补中央委员只有53人继续当选。排除这个期间已去世的委员们不算,这个数字占八届中委和候补中委总数的29%;仅占九届中委和候补中委总数的19%。

4月28日,第九届中央委员会举行第一次全会,选出中央委员会主席、副主席各1人;中央政治局常委5人;中央政治局委员21人、候补委员4人。名单如下:

中央委员会主席:毛泽东

中央委员会副主席:林彪

中央政治局常务委员会委员:毛泽东、林彪(以下按姓氏笔画为序)、陈伯达、周恩来、康生。

中央政治局委员:毛泽东、林彪(以下按姓氏笔画为序)、叶群、叶剑英、刘伯承、江青、朱德、许世友、陈伯达、陈锡联、李先念、李作鹏、吴法宪、张春桥、邱会作、周恩来、姚文元、康生、黄永胜、董必武、谢富治。

中央政治局候补委员:纪登奎、李雪峰、李德生、汪东兴。

由上可见,不仅九大选出的中央委员会中有相当一批林彪、江青集团的帮派骨干分子,而且九届一中全会新选出的21名中央政治局委员中,经后来查实,属林彪、江青集团的主要成员占了12名,过了半数。这样,通过九大和九届一中全会,林彪的"副统帅"、"接班人"地位用法定形式和组织程序固定下来,加强了林彪、江青两个集团在党中央的地位与权力。林彪集团的主要成员黄、吴、叶、李、邱进入中央政治局,控制了中央一些要害部门的实权,林彪集团的势力发展到了顶峰。

从九大的选举结果看,八届十一中全会时的政治局委员陈云、陈毅、李富春、徐向前、聂荣臻等许多老同志都被排除出政治局,只任中央委员。另一些政治局委员、候补委员刘少奇、邓小平、彭真、彭德怀、贺龙、乌兰夫、张闻天、陆定一、薄一波、谭震林、李井泉、陶铸、宋任穷等十三人,不仅未能进入中央委员会,连大会都未能出席,处在被隔离审查中,有的已被迫害致死。

中共九大,林彪集团发展到达顶点,主要表现在:

第一,扫除了障碍。从整倒罗瑞卿;整死贺龙;诬陷刘少奇;打倒邓小平;大反"二月逆流";借"五一三"事件,排斥异己,砸烂"总政阎王殿",制造"杨、余、傅"事件,元帅中除林彪外再没有一个元帅能管事了。可以和林彪抗衡的主要对手都被一个个、一批批搞倒了,黄、吴、李、邱在军队中的地位也已经稳固,林彪在军队中的主要障碍已基本扫除。

第二,林彪已是大权到手。林彪继续当了党中央的唯一副主席,成了法定的接班人。九大通过的《中国共产党章程》给予了林彪以高度的评价,称他"一贯高举毛泽东思想伟大红旗,最忠诚、最坚定地执行和捍卫毛泽东同志的无产阶级革命路线",并且清楚地写着"林彪同志是毛泽东同志的亲密战友和接班人"[①]。一部神圣的党章就这样注入浓厚的封建色彩,这完全背离了党的民主集中制和集体领导的原则,与马克思主义政党的性质是根本不相容的,同党章关于"党的中央委员会全体会议产生中央政治局、中央政治局的常务委员会、中央委员会主席、副主席"的规定也是相抵触的。这在中国共产党历史上是绝无仅有的,在国际共运史上也是没有先例的。

第三,林彪集团已是羽翼丰满。林彪集团的主要骨干和亲信进了中央政治局和中央委员会。中央和地方的许多部门,特别是军队的一些单位,都有"忠于"林彪的人。林彪已经控制了军委办事组,不仅军队的主要权力基本上掌握在他和他的党羽手中,还通过军委办事组,通过军管,控制了中共中央和国务院的一些部门,以及一些省市的权力。由控制军权发展到控制了部分党权,在中央有了相当的权势和地位。在各省市还有一批党羽和积极投靠者,如福州军区副政委兼江西省军区第一政委、江西省革命委员会主任程世清,武汉军区政委刘丰,南京军区空军政委江腾蛟,驻杭州空五军政委陈励耘,驻上海空四军政委王维国,广州军区副司令员丁盛等人。

总之,以中共九大为标志,以林彪为首,以黄、吴、叶、李、邱为主要骨干的林彪反革命集团发展到了顶峰,也是走向衰亡的起点,又是林彪集团和江青集团出现矛盾,并转入互相争夺阶段的开始。正如《中国共产党的七十年》中所说:"潜伏着更深的危机,酝酿着更加复杂尖锐的斗争。"[②]

---

① 　《中国共产党章程》第一章(1969 年 4 月 14 日)。

② 　胡绳:《中国共产党的七十年》,中共党史出版社 1991 年版,第 445 页。

第三章

林彪集团由盛到衰的转折点

九大以后,召开四届人大提到议事日程上来。林彪集团、江青集团都视四届人大为权力再分配的机会。围绕着修改宪法中关于设立国家主席和称天才问题,双方展开了激烈的角逐。林彪集团决定在九届二中全会上,与江青集团决一胜负。在风云迷漫的庐山上展开的斗争,既是林彪集团与江青集团矛盾的爆发,也是毛泽东与林彪矛盾的爆发,毛泽东对林彪的信任发生了根本性的动摇,毛泽东和林彪矛盾尖锐化。九届二中全会成为林彪集团由盛到衰的转折点。

第一节　从亲密到对抗:
毛泽东与林彪关系的裂变

德国著名诗人海涅写过这样著名的诗句:"我播下的是龙种,而收获的却是跳蚤。"恩格斯在 1890 年批判德国社会民主党内"青年派"机会主义的行径时,曾引用海涅的这句诗,说"马克思大概会把海涅对自己的模仿者说的话转送给这些先生们。"①

在分析毛泽东和林彪的关系时,不由使人想起海涅的这句诗和恩格斯的话。毛泽东与林彪相处四十余年,历经土地革命战争、抗日战争、解放战争及社会主义改造和社会主义建设时期。毛泽东与林彪的关系,在革命战争的岁月里,可以说是从师生到战友;新中国成立后,林彪成为毛泽东的重要助手,"文化大革命"中又被定为毛泽东的"法定接班人",最后却反目为仇。这确实是一个触目惊心、曲折复杂的过程,毛林关系给后人留下了一道险峻多变、跌宕诡奇、反差鲜明、变化微妙、似

---

① 《马克思恩格斯选集》第 4 卷,人民出版社 1995 年版,第 695 页。

乎既清晰又晦暗的奇异轨迹。

反思毛林关系,我们不能不提出疑问:毛泽东既然选择林彪作为他的接班人,为什么又要废黜这位接班人?他们之间的分歧究竟何在?

一、毛泽东选择林彪作为接班人的原因

新中国成立后,毛泽东开始考虑选择接班人问题。1957年,毛泽东访苏时,曾向赫鲁晓夫谈到刘少奇、周恩来、邓小平都有条件接替他的工作。以后,毛泽东又讲过,我的接班人第一是刘少奇,第二是邓小平。1961年,他在同英国元帅蒙哥马利谈话时也提到,刘少奇是他法定的接班人。刘少奇接班人的地位是在长期的革命和建设中形成的,是符合党和国家事业发展的客观实际,是能够为全党和全国人民所接受的。但从1962年七千人大会开始,在社会主义建设问题上,刘少奇与毛泽东产生了严重的分歧。毛泽东对刘少奇的不满和疑忌与日俱增,毛泽东发动"文化大革命"需要借助军队的支持,他开始倚重林彪,对林彪寄予极大的希望。林彪的地位开始直线上升。

可是,挑选党和国家最高领导人的接班人,毕竟是关系到党和国家生死存亡的大事,毛泽东在选择林彪为接班人的问题上一直犹豫不决。至于什么时候决定林彪代替刘少奇作为他的接班人,毛泽东并未说明。具体时间虽无从考定,但从1970年毛泽东同斯诺的谈话看,在1965年1月制定《二十三》条时,毛泽东已决定让刘少奇下台。①毛泽东在1965年夏天会见来访的法国文化部部长时还说,我和戴高乐一样,没有接班人。②"文化大革命"前,周恩来曾对王稼祥说:将来的接班人或者是林元帅,或者是邓总书记。因为两人的年龄差不多。到底是谁,没有定。③1966年7月8日毛泽东在《致江青信》中也流露出对林彪能否当合格接班人的犹豫态度。

即使到"文化大革命"全面爆发,毛泽东对于自己已经看中的林彪也并不是完全放心的。当时的中央文革成员王力回忆,在邓小平被打倒后的1967年7月16日,毛泽东曾单独与王力谈过一段耐人寻味的话,毛泽东说:"林彪要是身体不行

① 《建国以来毛泽东文稿》第13册,中央文献出版社1998年版,第173页。
② R.特里尔著,刘路新等译:《毛泽东传》,河北人民出版社1989年版,第410页。
③ 张素华、边炎军、吴晓梅:《访于南——从毛泽东处理"九一三"事件说开去》,《说不尽的毛泽东——百位名人学者访谈录》,辽宁人民出版社;中央文献出版社1995年版,第483页。

了,我还是要邓出来,邓至少还是常委。"①如果王力的回忆可信的话,从中可以看出毛泽东对接班人的担忧,对后路的选择。

上述这些讲话、信件表明毛泽东对林彪在一定程度上是有保留的,但毛泽东的天平最终还是倾向了林彪。毛泽东在"文化大革命"前对几件事的态度和做法上起到了使林彪成为接班人的直接铺垫作用②。

第一,1965 年同意打倒罗瑞卿表示出对林彪的信任和尊重。

罗瑞卿长期跟随毛泽东,对他忠心耿耿,这些毛泽东十分清楚。但林彪与罗瑞卿有矛盾,林彪给罗瑞卿罗织罪名,要打倒罗瑞卿。毛泽东居然连常委们都未打招呼,就在上海开会,支持林彪一伙对罗进行诬陷,搞突然袭击,将罗瑞卿打倒入狱。"九一三"事件以后罗瑞卿案得以平反,毛泽东说是"听了林彪的一面之词"。毛泽东能轻易地听信别人的"一面之词"吗? 实际上,这可能是毛泽东决定林彪当接班人,且要依靠林彪进行"文化大革命",打倒罗瑞卿是为了这一更大的政治上的需要。

第二,让江青借助林彪,搞《林彪同志委托江青同志召开的部队文艺工作座谈会纪要》(以下简称《纪要》)。

众所周知,"文化大革命"的导火线是 1965 年 11 月 10 日姚文元在《文汇报》上发表的《评新编历史剧〈海瑞罢官〉》,这篇文章是江青在毛泽东的支持下组织写的。这篇文章发表后,学术界普遍反感,很多人投书报社表示不同意见。由于姚文元的文章公开点名批判北京市副市长、明史专家吴晗,所以除华东各省市报纸迅速转载外,十多天内北京和其他各省市报刊均未转载。经大体了解文章发表的背景后,《人民日报》于 11 月 30 日才转载了姚文元的文章,不过是把它作为学术问题来讨论。毛泽东对北京市委和中央的一些主要领导人更加怀疑和不满。

于是,毛泽东要江青正式登上政治舞台。1966 年 1 月 21 日,江青从上海到苏州找林彪,要林彪支持她在部队召开文艺座谈会,要"搬尊神",借军队的力量,来打倒所谓"文艺黑线"。

在取得林彪的支持后,江青于 2 月 2 日至 20 日在上海召开部队文艺工作座谈会。根据座谈会内容形成的《纪要》,完全否定了新中国成立以来文艺界在党的领导下所取得的成绩,污蔑新中国成立以来文艺界被一条反党反社会主义的黑线专

---

① 毛毛:《我的父亲邓小平:"文化大革命"岁月》,中央文献出版社 2000 年版,第 46 页。

② 参见林源:《"文化大革命"中的林彪现象论析》,《南京社会科学》2000 年第 9 期。

了政,号召要进行一场文化战线的社会主义大革命。

《纪要》标题上的"林彪同志委托"这几个字是毛泽东亲自加上的,并将原稿中"文化革命解放军要带头"改为"文化革命解放军要起重要作用"。此举意义重大,不仅突出了江青,而且突出了林彪,突出了军队这个"文化大革命"的后盾。

第三,通过广为宣传"五七"指示,在舆论上起到树林彪的作用,林彪也从中获取了不少政治资本。

1966年5月7日,毛泽东在审阅人民解放军总后勤部《关于进一步搞好部队农副业生产的报告》后,借题发挥,给林彪写了一封信。全文如下:

林彪同志:

你在5月6日寄来的总后勤部的报告,收到了,我看这个计划是很好的。是否可以将这个报告发到各军区,请他们召集军、师两级干部在一起讨论一下,以其意见上告军委,然后报告中央取得同意,再向全军作出适当指示。请你酌定。只要在没有发生世界大战的条件下,军队应该是一个大学校,即使在第三次世界大战的条件下,很可能也成为一个这样的大学校,除打仗以外,还可做各种工作。第二次世界大战的八年中,各个抗日根据地,我们不是这样做了吗? 这个大学校,学政治,学军事,学文化。又能从事农副业生产。又能办一些中小工厂,生产自己需要的若干产品和与国家等价交换的产品。又能从事群众工作,参加工厂农村的社教"四清"运动;"四清"完了,随时都有群众工作可做,使军民永远打成一片。又要随时参加批判资产阶级的文化革命斗争。这样,军学、军农、军工、军民这几项都可以兼起来。但要调配适当,要有主有从,农、工、民三项,一个部队只能兼一项或两项,不能同时都兼起来。这样,几百万军队所起的作用就是很大的了。

同样,工人也是这样,以工为主,也要兼学军事、政治、文化,也要搞"四清",也要参加批判资产阶级。在有条件的地方,也要从事农副业生产,例如大庆油田那样。

农民以农为主(包括林、牧、副、渔),也要兼学军事、政治、文化,在有条件的时候也要由集体办些小工厂,也要批判资产阶级。

学生也是这样,以学为主,兼学别样,即不但学文,也要学工、学农、学军,也要批判资产阶级。学制要缩短,教育要革命,资产阶级知识分子统治我们学校的现象,再也不能继续下去了。

商业、服务行业、党政机关工作人员,凡有条件的,也要这样做。

以上所说,已经不是什么新鲜意见、创造发明,多年以来,很多人已经是这样做

了,不过还没有普及。至于军队,已经这样做了几十年,不过现在更要有所发展
罢了。

毛泽东

一九六六年五月七日

　　这封信中毛泽东理想的社会蓝图是:人民解放军、工人、农民等各行各业包括学
生,在做好自己本分工作之外,都要兼学军事、政治、文化,从事农副业生产和开办小
工厂等等。这封信后来被称为"五七"指示,它所指出的方向被称为"五七道路"。

　　毛泽东的这封信由林彪转呈中央,5月15日,中共中央转发了这封信,并加批
语指出:"中央认为,毛泽东同志给林彪同志的信,是一个极为重要的具有历史意义
的文献。这是马克思列宁主义划时代的新发展。这一思想,不仅对促进我国的社
会主义革命、社会主义建设具有伟大的历史意义,而且对于反对帝国主义、现代修
正主义、各国反动派可能的进攻,加强国防、贯彻人民战争思想方面,具有伟大的战
略意义。"①8月1日,在决定全面发动"文化大革命"的八届十一中全会开幕的当
天,《人民日报》发表了《全国都应当成为毛泽东思想的大学校》的社论,将这封信的
基本精神向全国公布。

　　"五七"指示写于"文化大革命"正在紧锣密鼓酝酿之时。启动一场大革命,必
然要建设一个"新世界",而"五七"指示就是毛泽东所憧憬的这个新世界的理想蓝
图,实际上是他向全党全军宣布的"文化大革命"所要达到的目标。毛泽东认为党
内已经形成了一个以刘少奇、邓小平为代表的资产阶级司令部,中央出了修正主
义,自己理想中的社会主义模式有毁于一旦的可能。"五七指示"就是毛泽东提出
的有别于刘少奇、邓小平的社会主义的理想模式,就是要以阶级斗争为社会主义建
设的动力,建立千千万万个封闭式的、自给自足的小社会,由此组成"共产主义大学
校"。毛泽东所理想的共产主义新世界,实际上是一种建立在自给自足的自然经济
基础上的具有浓厚的平均主义色彩的小生产者的空想王国。

　　在这个时候公布这样一封信,表明在毛泽东心中只有林彪才与他"志同道合",
才是他实现理想目标的亲密战友,这在更高层次上突出了林彪。

　　**第四,1966 年 5 月政治局扩大会议,毛泽东要林彪从大连回京参加会议,林彪
在会上发表了"五一八"讲话。**

　　1966 年 5 月 18 日,林彪在中央政治局扩大会议上发表有名的"五一八"讲

---

　　① 《建国以来毛泽东文稿》第 12 卷,中央文献出版社 1998 年版,第 56 页。

话。林彪这个讲话的开场白很耐人寻味:"本来是常委其他同志先讲好。常委同志们让我先讲,现在我讲一点。我没有写出稿子,凭口来讲,有些材料念一念。"林彪当时是党中央第五位副主席,别人不讲,由他来讲,说明林彪在党内政治地位的上升。

林彪在讲话中大念政变经,他还污蔑彭真、陆定一、罗瑞卿、杨尚昆要搞反革命政变:"野心家,大有人在。他们是资产阶级的代表,想推翻我们无产阶级政权,不能让他们得逞。有一批王八蛋,他们想冒险,他们待机而动。他们想杀我们,我们就要镇压他们!他们是假革命,他们是假马克思主义,他们是假毛泽东思想,他们是背叛分子。毛主席还健在,他们就背叛,他们阳奉阴违,他们是野心家,他们搞鬼,他们现在就想杀人,用种种手法杀人。陆定一就是一个,陆定一的老婆就是一个。他说他不知道他老婆的事!(指陆定一的妻子严慰冰写匿名信揭露林彪、叶群的恶行之事,作者注。)怎么能不知道?罗瑞卿就是一个。彭真手段比他们更隐蔽更狡猾,使人家不容易看出来。"林彪还在讲话中大捧毛泽东。

林彪的这个讲话后又经毛泽东批准,作为中央文件发给全党。此时,毛泽东肯定已经选定了林彪这位"朋友"作为他的接班人。

第五,中共八届十一中全会上林彪地位的升迁。

1966年8月的中共八届十一中全会上通过了《中国共产党中央委员会关于无产阶级文化大革命的决定》,对中央领导机构政治局、政治局常委、书记处进行了调整。政治局常委由七人增加到十一人,新增加的有陶铸、陈伯达、康生、李富春。顺序是:毛泽东、林彪、周恩来、陶铸、陈伯达、邓小平、康生、刘少奇、朱德、李富春、陈云。最重要的变化是:刘少奇由第二位降为第八位,林彪的地位奇迹般地超过周恩来、刘少奇等人,排在仅次于毛泽东的位置上,由第六位上升到第二位。原来有五个常委兼副主席,这次全会并未重新选举党的副主席,林彪却在会后成为党中央的唯一副主席,其余四人(刘少奇、周恩来、朱德、陈云)只任常委不兼副主席。林彪私下得意地说:他从小六上升到老二。

八届十一中全会明确宣布林彪为"副统帅"、"最亲密的战友",内部讲是"接班人"。尽管当时强调这次全会的选举结果不对外公布、不见报,但当时参加全会的代表都清楚这样一个事实:毛泽东出于对中央一线领导的不满,否定和取消中央第一线,林彪正在取代刘少奇成为毛泽东的接班人。

1967年8月18日,在天安门广场召开的有百万人参加的"庆祝无产阶级文化大革命"的大会,毛泽东等中央领导出席了这次大会。在天安门城楼上,人们可以清楚地看到,站在毛泽东身边的不再是刘少奇,而是林彪。会上林彪发表了重要讲话。

8月19日,《人民日报》以《毛主席同百万群众共庆文化大革命》为标题报道这次大会,报道中写道:"毛主席和林彪同志肩并肩地站在天安门上,看着浩浩荡荡的游行队伍";"毛主席和林彪、周恩来等同志在天安门上检阅游行队伍,不时地向百万革命群众招手致意。在举行庆祝游行的过程中,毛主席和林彪等同志在天安门上,一再向着广场上的百万群众鼓掌。"是日《人民日报》上发表的照片之一就是《毛主席和林彪同志在天安门城楼上同百万革命群众一起,鼓掌庆祝无产阶级文化大革命》。这一切,已向人们清楚地表明中央在人事上已经有了重大变动。

同年9月24日,毛泽东在一次会上谈到召开九大问题时,非常明确地指出:"接班人当然是林彪。"①

如果说八届十一中全会后,林彪作为毛泽东的接班人的地位只是一种可能的话,那么,中共九大的召开和党章的修改,就表明林彪从此成为毛泽东正式的、合法的、无可争议的接班人了。九届一中全会的选举同八届十一中全会的特别安排一样,林彪再一次成为中共中央的唯一的副主席,在政治局常委选出后,林彪的排名也是紧随毛泽东之后。

林彪最终被毛泽东确定为自己的接班人不是偶然的。主要原因如下:

第一,60年代毛泽东选择接班人的问题日渐突出。

20世纪60年代毛泽东要选择接班人的历史背景是:一方面,苏共二十大上,赫鲁晓夫全盘否定斯大林,使苏联领导层发生了巨大的变化,党内有不少同志认为这是由于斯大林没有选好接班人的缘故;另一方面,阶级斗争扩大化的错误日益深入到党内,毛泽东认为,赫鲁晓夫式的人物正在被培养成为接班人。因而毛泽东发动"文化大革命"的目的之一,即是要解决接班人问题,当然,"接班人"既包括无产阶级事业的接班人,也包括毛泽东自身的接班人。这时毛泽东已年逾七旬,个人交接班问题已日渐突出。

第二,毛泽东对林彪的信任和重用,是林彪成为"接班人"、"副统帅"的决定性因素。

毛泽东之所以信任林彪,主要缘于以下几点:

一是"文化大革命"前后,林彪大搞个人崇拜,取得了毛泽东的信任。毛泽东误

---

① 《周恩来年谱》(1949—1976)(下卷),中央文献出版社1997年版,第191页。

认为只有林彪才能最忠实最坚决地贯彻执行他提出的那些"左"的理论、方针和政策。毛泽东对林彪虽有看法，但也有些宠爱。

二是爱其出众的军事才能。毛泽东感念林彪二十余年追随自己转战南北的战功，很欣赏林彪能打仗，有一套想法和见解，特别是林彪重视部队思想政治工作，如提出的"活学活用"，"四个第一"，大搞"突出政治"，这一套做法很适合毛泽东的心思。

三是对林彪的性格比较了解。林彪在战争年代虽多次固执己见而与毛泽东发生争吵和不快，但出发点大都是为了打好仗。而且林彪敢于发表意见，有意见是"向上讲"不"向下讲"，显得有分寸，符合组织原则。特别是当事实证明自己是正确，并且打了胜仗，林彪从不居功，而总是归功于"贯彻了毛主席的指示"，是"毛泽东军事思想"的胜利。正如有些论者所说，那时林彪是"当面敢坚持意见，顶撞毛泽东，背后喊万岁，公开场合维护毛泽东"。

四是毛泽东认为，林彪是他从井冈山一手带出来的重要干部，几个关键时刻都站在自己一边。

如1929年在闽西红四军主力内部围绕着建立和巩固农村根据地、建党、建军及党对军队领导一些原则性问题发生了争论，争论的焦点主要是要不要设立军委的问题。自井冈山会师以来，在红四军中，前委和军委一直并存，军委置于前委的领导之下。在这场争论中林彪站在了毛泽东一边。多数人不赞同毛泽东的意见。他的前委书记当不成了，只好休息养病。后来红军的战斗活动很不顺利，于是又去请毛泽东出来，召开了红四军党的第九次代表大会，通过了毛泽东起草的古田会议决议，这个决议解决了党内思想上、路线上的许多关键问题。

三十七年后，1966年6月10日，毛泽东在杭州同胡志明的谈话中，还谈到林彪当年对自己的支持："林彪同志同我一道，赞成我。他是在朱德领导下的队伍里，他的队伍拥护我。我自己秋收暴动的队伍，却撤换了我。同我有长久关系的撤换了我，同我不大认识的拥护我。"

1959年庐山会议和1962年七千人大会上，林彪表现"出色"，得到毛泽东的赞赏。此外，林彪从不串门，或许在毛泽东看来，这正是林彪不拉帮结派的表现。

"党外有党，党内有派"，如果说林彪有派别，毛泽东相信那可能就是"毛派"。

第三，林彪得到党内军内许多人的信任。

毛泽东选择林彪作为接班人的决策之所以能够在中央全会上通过，并得到党内军内相当多的人的拥护，其根本原因是林彪的那些颂扬领袖"大树特树"等一些

"豪言壮语",林彪的一套假马列主义的"理论",讲起来都是一套一套的,听起来颇有"新意",确实使许多人信以为真,误认为他是"高举"、"紧跟"的"最好学生",在当时"左"倾思想日益发展的情况下,林彪那套"突出政治"的理论很能迷惑人,大多数人被他那样"热烈"拥戴毛泽东所蒙蔽,才拥护他当"接班人"的。另外,在当时个人崇拜盛行,民主集中制受到破坏,党内政治生活很不正常的情况下,让林彪这种人当接班人,党内外都比较容易接受。

第四,林彪当选为接班人还因为他自身有相当的政治资本。

林彪有过光荣的历史和显赫的战功,在十大元帅中排名第三,又是中央五个副主席之一,当时还占了年轻的有利条件,是国内外赫赫有名的人物。八届十一中全会前的七名中央政治局常委中,刘少奇、邓小平被认为是犯了方向路线错误,处于受批判的地位;朱德年纪大;毛泽东对周恩来、陈云也不大满意;林彪在常委中年纪最轻,当时只有59岁,这是林彪当选为接班人十分有利的条件。林彪就是在这样的背景下被选定为"接班人"的。

第五,"文化大革命"特殊的历史时期造就了林彪的接班人地位。

毛泽东重视林彪,主要出于对军队重要地位和作用的考虑。毛泽东历来重视军队,战争年代曾讲过"枪杆子里面出政权"。新中国成立后,也十分重视军队在巩固政权中的作用,军队被称为"无产阶级专政的柱石"。毛泽东发动"文化大革命",更需要军队的支持。在"文化大革命"的大动乱中,军队的作用更是日益突出,特别是1967年、1968年,全国许多地方出现了严重的武斗,为了控制局势,成立了军管会这样的组织,进行"三支两军"(即支左、支工、支农和军管、军训),派驻军管会的单位相当广泛,在高等院校、中学和党政军民机关实行军管,甚至连国务院各部委、全国人民代表大会常务委员会和全国政协,以及解放军总政治部,都派驻了军管小组或军代表。军管会实质上是以军队的干部和管理方式接管地方工作,它的领导核心是军队中的各级党组织,这实际上是一种运用军队来控制局势的特殊的政治运行机制。在这种机制下,林彪作为军队的领导人被选为接班人也是可以理解的。

此外,有一批亲信为林彪歌功颂德,吹喇叭、抬轿子、造舆论。这对他权位的上升起了很大作用。总之,毛泽东在特定的历史条件下最终选择了林彪作为其"接班人"。

二、毛泽东与林彪的分歧

九大党章虽然指定林彪为"接班人",但毕竟只是一种规定、一个决议。事实上,毛泽东与林彪对很多问题的认识并不一致,行动也多有不同。毛泽东虽然树林彪为接班人,私下里却似乎从未与林彪亲密无间过,他对林彪的信任有所保留,大权始终未交给林彪,对林彪这个接班人并非十分满意。从毛泽东选择林彪作为接班人之时,他与林彪的分歧就已存在并与日俱增,主要表现如下①:

第一,对个人崇拜不同看法。

反对个人崇拜是马克思主义的一贯原则。但是,在国际共产主义运动史上曾出现了两次影响和危害空前的个人崇拜,即对斯大林的个人崇拜和对毛泽东的个人崇拜。中国在1957年以前,个人崇拜现象并不突出,此后,党内外的政治生活越来越不正常,毛泽东默许、欣赏甚至提倡个人崇拜;党内少数野心家、阴谋家和别有用心的人极力煽动个人崇拜,个人崇拜现象在中国便愈演愈烈。

林彪大搞对毛泽东的个人崇拜,一开始也是得到毛泽东的欣赏和支持的,他认为党内斗争需要"正确的个人崇拜"。1965年1月9日,毛泽东同斯诺谈话时,当斯诺问毛泽东"在俄国有人说中国有个人迷信",毛泽东回答说:"可能有一点。据说斯大林是有的,赫鲁晓夫一点也没有,中国人是有的。这也有点道理。赫鲁晓夫倒台了,大概就是因为他没有个人迷信。"②毛泽东甚至把赫鲁晓夫倒台的原因归结为他没有"个人迷信"。但出于长期丰富的政治经验,他对林彪那些形式主义的东西,夸大其辞的渲染,还是有所警觉的,对林彪的许多话不无疑虑和反感。

毛泽东的不安主要表现在对林彪"五一八"讲话的看法上。林彪在这个讲话中大吹特吹毛泽东和毛泽东思想,总体上说是迎合"要搞点个人崇拜"的需要。但毛泽东也并非事事满意,处处放心,也表现出"不安"。1966年6月10日毛泽东在同越南胡志明主席谈话时就说:我们都是七十以上的人了,总有一天被马克思请去。接班人究竟是谁,是伯恩施坦、考茨基,还是赫鲁晓夫,不得而知。要准备,还来得及。总之,是一分为二,不要看现在都是喊"万岁"的。他特别叮嘱胡志明主席说:我劝你,你们的人不是都忠诚于你的。忠诚的可能是大多数,但小部分可能只在口头上叫你"万岁",他叫你"万岁"时,要注意,要分析。越是捧你的越靠不住。这是很自然的规律。一个党不分裂?没有那回事。一切事物都是一分为二。③

毛泽东的"不安"还集中反映在1966年7月8日给江青的信中。这封信的全文如下:

① 参见刘志男:《九大至九届二中全会前夕毛泽东与林彪的分歧与矛盾》,《当代中国史研究》1997年第3期。
② 中共中央文献研究室:《毛泽东文集》第8卷,人民出版社1999年版,第408页。
③ 薄一波:《若干重大决策与事件的回顾》(修订本)下卷,人民出版社1997年版,第1204页。

江青：

　　六月廿九日的信收到。你还是照魏、陈①二同志的意见在那里②住一会儿为好。我本月有两次外宾接见，见后行止再告诉你。自从六月十五日离开武林③以后，在西方的一个山洞④里住了十几天，消息不大灵通。廿八日来到白云黄鹤的地方⑤，已有十天了。每天看材料，都是很有兴味的。天下大乱，达到天下大治。过七八年又来一次。牛鬼蛇神自己跳出来。他们为自己的阶级本性所决定，非跳出来不可。我的朋友的讲话⑥，中央催着要发，我准备同意发下去，他是专讲政变问题的。这个问题，像他这样讲法过去还没有过。他的一些提法，我总感觉不安。我历来不相信，我那几本小书，有那样大的神通。现在经他一吹，全党全国都吹起来了，真是王婆卖瓜，自卖自夸。我是被他们迫上梁山的，看来不同意他们不行了。在重大问题上，违心地同意别人，在我一生还是第一次。叫做不以人的意志为转移吧。晋朝人阮籍反对刘邦，他从洛阳走到成皋，叹道：世无英雄，遂使竖子成名。鲁迅也曾对于他的杂文说过同样的话。我跟鲁迅的心是相通的。我喜欢他那样坦率。他说，解剖自己，往往严于解剖别人。在跌了几交之后，我亦往往如此。可是同志们往往不信。我是自信而又有些不自信。我少年时曾经说过：自信人生二百年，会当水击三千里。可见神气十足了。但又不很自信，总觉得山中无老虎，猴子称大王，我就变成这样的大王了。但也不是折中主义，在我身上有些虎气，是为主，也有些猴气，是为次。我曾举了后汉人李固写给黄琼信中的几句话：峣峣者易折，皦皦者易污。阳春白雪，和者盖寡。盛名之下，其实难副。这后两句，正是指我。我曾在政治局常委会上读过这几句。人贵有自知之明。今年四月杭州会议⑦，我表示了对于朋友们那样提法的不同意见。可是有什么用呢？他到北京五月会议⑧上还是那样讲，报刊上更加讲得很凶，简直吹得神乎其神。这样，我就只好上梁山

---

　　① 魏，指魏文伯，当时任中共中央华东局书记处书记。陈，指陈丕显，当时任中共中央华东局书记处书记、上海市委第一书记。

　　② 指上海市。

　　③ 指杭州市。

　　④ 指毛泽东家乡湖南韶山的滴水洞。

　　⑤ 指武汉市。

　　⑥ 指林彪1966年5月18日在北京举行的中共中央政治局扩大会议上的讲话。9月22日，中共中央印发了这个讲话。

　　⑦ 指毛泽东1966年4月16日在杭州主持召开的中共中央政治局常委扩大会议。

　　⑧ 指1966年5月4日至26日在北京举行的中共中央政治局扩大会议。

了。我猜他们的本意，为了打鬼，借助钟馗。我就在二十世纪六十年代当了共产党的钟馗了。事物总是要走向反面的，吹得越高，跌得越重，我是准备跌得粉碎的。那也没有什么要紧，物质不灭，不过粉碎罢了。全世界一百多个党，大多数的党不信马列主义了，马克思、列宁也被人们打得粉碎了，何况我们呢？我劝你也要注意这个问题，不要被胜利冲昏了头脑，经常想一想自己的弱点、缺点和错误。这个问题我同你讲过不知多少次，你还记得吧，四月在上海还讲过。以上写的，颇有点近乎黑话，有些反党分子，不正是这样说的吗？但他们是要打倒我们的党和我本人，我则只说对于我所起的作用，觉得有一些提法不妥当，这是我跟黑帮们的区别。此事现在不能公开，整个左派和广大群众都是那样说的，公开就泼了他们的冷水，帮助了右派，而现在的任务是要在全党全国基本上（不可能全部）打倒右派，而且在七八年以后还要有一次横扫牛鬼蛇神的运动，尔后还要有多次扫除，所以我的这些近乎黑话的话，现在不能公开，什么时候公开也说不定，因为左派和广大群众是不欢迎我这样说的。也许在我死后的一个什么时机，右派当权之时，由他们来公开吧。他们会利用我的这种讲法去企图永远高举黑旗的，但是这样一做，他们就要倒霉了。中国自从1911年皇帝被打倒以后，反动派当权总是不能长久的。最长的不过二十年（蒋介石），人民一造反，他也倒了。蒋介石利用了孙中山对他的信任，又开了一个黄埔学校，收罗了一大批反动派，由此起家。他一反共，几乎整个地主资产阶级都拥护他，那时共产党又没有经验，所以他高兴地暂时地得势了。但这二十年中，他从来没有统一过，国共两党的战争，国民党和各派军阀之间的战争，中日战争，最后是四年大内战，他就滚到一群海岛上去了。中国如发生反共的右派政变，我断定他们也是不得安宁的，很可能是短命的，因为代表百分之九十以上人民利益的一切革命者是不会容忍的。那时右派可能利用我的话得势于一时，左派则一定会利用我的另一些话组织起来，将右派打倒。这次文化大革命，就是一次认真的演习。有些地区（例如北京市），根深蒂固，一朝覆亡。有些机关（例如北大、清华），盘根错节，顷刻瓦解。凡是右派越嚣张的地方，他们失败就越惨，左派就越起劲。这是一次全国性的演习，左派、右派和动摇不定的中间派，都会得到各自的教训。结论：前途是光明的，道路是曲折的，还是这两句老话。

　　久不通信，一写就很长，下次再谈吧！

毛泽东
1966 年 7 月 8 日①

---

① 《建国以来毛泽东文稿》第 12 册，中央文献出版社 1998 年版，第 71—74 页。

"文化大革命"开始时,毛泽东需要一点个人崇拜,但当林彪大搞个人崇拜时,毛泽东对林彪的过分颂扬存有疑虑,但他的这种矛盾心态不好向旁人吐露,所以,他借中共中央催发林彪1966年5月18日中共中央政治局扩大会议上的讲话之机,给江青写了封两千多字的长信。信中表达出对林彪吹捧自己的不安,但为形势所迫,自己只好上梁山,违心地表示同意。毛泽东是在武汉写的这封信,当时跟随毛泽东的中央警卫团团长张耀祠回忆:

"在武汉期间,主席给江青写了一封信,信的思想显然是主席在滴水洞思考的结果。

说是给江青写的,但主席还是给王任重同志看了。当时周恩来不在武汉,没有先给周恩来看。"

"毛主席的信写毕,叫秘书徐业夫抄了一份留存,原信寄给了江青。"

为什么毛泽东把政治问题采用家书的形式写给江青,张耀祠分析:"我认为里面主要阐明左、中、右的现实和这种政治现象的未来归宿,而这时的林彪正在成为毛主席的'亲密战友',同时林彪大吹毛主席的话'一句顶一万句'、'句句是真理'。这两个问题毛主席都不便于公开讲。江青那时是'文革'小组领导成员之一,给她写信是让她对政治问题敏感一些,做到心中有数,也提醒江青注意自身的缺陷。"①

据《周恩来年谱》(下卷)记载,周恩来是在1966年7月11日飞到武汉的,11日、12日,周恩来到毛泽东处谈话,看了毛泽东给江青的信后,建议找林彪谈谈。经毛泽东同意,7月14日,周恩来从上海飞大连与林彪谈话,转达毛泽东的意见。林彪表示接受,答应回京后修改5月18日的讲话。②但后来林彪的言行并没有收敛。

1972年5月,在批林整风汇报会议华东组和中南组会议上学习《毛泽东致江青同志的信》时,江青在会上作了三次发言,据她说:"听说主席写了这封信后,要秘书抄了一个抄件,并在抄件上做了亲笔修改。在主席那里(即白云黄鹤之处)首先看到这封信的抄件的,是总理、王任重。总理看了这封信后,提出他去大连说服林彪改正。主席同意。总理劝告林彪不要再作那种提法,据说当时林彪表面上是答应了。因此,八届十一中全会后,中央专门发了一个通知。现在事实证明,他实际上是要了两面派。最近查了一下过去的批件,主席把林彪这个讲话,一直压到一九

---

① 张耀祠:《张耀祠回忆毛泽东》,中共中央党校出版社1996年版,第42—45页。
② 《周恩来年谱》(1949—1976)下卷,中央文献出版社1997年版,第40页。

六六年九月二十几号才批发的。"从江青的话里可以看出,毛泽东压了两个多月才批发了林彪的"五一八"讲话,反映出毛泽东对林彪的疑虑。

对林彪、陈伯达、康生等人鼓动的"四个伟大"的宣传,毛泽东也是不满甚至是反感的。他多次表明自己反对提"四个伟大"。

1966 年 12 月 2 日,毛泽东在审阅周恩来 12 月 1 日报送的《中共中央、国务院关于革命师生进行革命串联问题的通知》稿时,将文中"毛主席"之前的定语"我们的伟大导师、伟大领袖、伟大统帅、伟大舵手"删去。

1967 年 2 月 8 日,毛泽东对来华访问的阿尔巴尼亚客人卡博、巴卢库等人说:"又给我封了好几个官,什么伟大导师、伟大领袖、伟大统帅、伟大舵手,我就不高兴,但是有什么办法?他们到处这么搞!""有些人吹,说我一点错误也没有,我就不相信,我就不高兴。你那么吹我就不相信,我是个啥人,自己还不知道?有一点自知之明嘛。"

1967 年 2 月 18 日周恩来向毛泽东转报《红旗》杂志社论稿《必须正确地对待干部》,在社论稿的末尾,毛泽东删去了以下口号:"伟大导师、伟大领袖、伟大统帅、伟大舵手毛主席万岁!"①

1967 年 6 月 17 日,我国爆炸了第一颗氢弹,毛泽东在审阅氢弹爆炸公报时把"伟大的领袖、伟大的导师、伟大的统帅、伟大的舵手"字样勾掉,也把毛泽东思想之前的"光焰无际"几字删去。

据汪东兴回忆:"我记得可能是 1968 年元旦前夕,要发表一篇社论。社论草稿上提了'四个伟大',毛主席不同意,他让我拿着社论的清样去钓鱼台找陈伯达和姚文元删掉。我问毛主席,'四个伟大'您就不留一个?主席想了想说,那就留一个吧!我又问留哪一个。毛主席说,我是当教员的,就留下那个导师吧。其实导师就是教师,不过比教师高明一点。九大党章上的三个副词,也被毛泽东删去了。"②

1970 年 12 月 18 日,毛泽东在同斯诺谈话中提出对他的个人崇拜要降温。他说:"崇拜得过分了,搞许多形式主义,比如'四个伟大',讨嫌,总有一天统统去掉,只剩下一个 teacher,就是教员。因为我历来是当教员的,现在还是当教员的;其他一概辞去。""过去这几年有必要搞点个人崇拜,现在没有必要,要降温了。"斯诺说:

① 《建国以来毛泽东文稿》第 13 册,中央文献出版社 1998 年版,第 234 页。

② 汪东兴:《汪东兴回忆:毛泽东与林彪反革命集团的斗争》,当代中国出版社 1997 年版,第 73—74 页。

"我有时不知道那些搞得很过分的人是不是真心诚意。"毛泽东说:"有三种,一种是真的,第二种是随大流,'你们大家要叫万岁嘛',第三种是假的。你才不要信那一套呢!"①毛泽东同斯诺的谈话很快传达到群众。这也引起了林彪的不安。

对林彪拔高毛泽东思想,毛泽东也表示过反对。1966 年 7 月 25 日,毛泽东在一则新华社电讯稿上批示,告诫中宣部以后请注意不要用"最高最活"、"顶峰"、"最高指示"一类的语言;1967 年 12 月 17 日,毛泽东又对"大树特树毛主席的绝对权威,大树特树毛泽东思想的绝对权威"的提法表示反对,认为"绝对权威"和"大树特树"的提法不妥,从来没有单独的绝对权威,凡权威都是相对的,凡绝对的东西都存在于相对的东西之中,犹如绝对真理是无数相对真理的总和,绝对真理只存在于各个相对真理之中一样。权威或威信只能从斗争实践中自然地建立,不能由人工去建立,这样建立的威信必然会垮下来。②

毛泽东还多次在文件中删去吹捧他的三个副词——"天才地"、"创造性地"、"全面地"。

实事求是地说,这三个副词的发明权不属于林彪,它最早见于 1966 年 8 月的党的八届十一中全会公报。同年 12 月,林彪在《〈毛主席语录〉再版前言》中照抄了这三个副词。

1968 年 10 月党的八届十二中全会讨论九大党章时,毛泽东两次删去了党章草案中出现的这三个副词。当时有人报告毛泽东说,这是十一中全会公报通过的,新党章不写不好吧。毛泽东回答道:党的代表大会有权修改以前的任何文件。因此,八届十二中全会公报、九大政治报告和新党章都没有再用这三个副词。

1970 年 4 月,毛泽东在纪念列宁诞辰一百周年的社论上再次删去了这三个副词,并批示:"关于我的话,删掉几段,都是些无用的,引起别人反感的东西。不要写这类话,我曾讲过一百次,可是没有人听,不知是何道理,请中央各同志研究一下。"③这个批示表明毛泽东对"没有人听,不知是何道理"的状况极为不满。其实"一百次""没有人听",是因为林彪的鼓吹和提倡。毛泽东是知道这一原因的,所以他要求"请中央各同志研究一下"。

林彪是以"一贯高举毛泽东思想的伟大红旗,最忠诚、最坚定地执行和捍卫毛

---

① 《建国以来毛泽东文稿》第 13 册,中央文献出版社 1998 年版,第 174—175 页。
② 《建国以来毛泽东文稿》第 12 册,中央文献出版社 1998 年版,第 455 页。
③ 《建国以来毛泽东文稿》第 13 册,中央文献出版社 1998 年版,第 90 页。

泽东同志的无产阶级革命路线"而著称的,但毛泽东却指责他的赞颂之词"都是些无用的"。毛泽东虽然没有点林彪的名字,但却极为鲜明地表现出对林彪赞颂自己真实目的的怀疑。毛泽东在审阅文章时还补充了一段重要的内容。毛泽东写道:"但是历史是有曲折的。正如恩格斯逝世以后产生了伯恩施坦—考茨基的修正主义一样,在斯大林逝世以后,又产生了赫鲁晓夫—勃列日涅夫的修正主义。"①

　　如果将这些批示与毛泽东提出的修改宪法、不设立国家主席的意见联系起来看,毛泽东不仅仅是指明苏联已经出现了修正主义,而且更重要的是,毛泽东主要在思考自己的接班人是否可靠,如何避免、解决在中国出现"赫鲁晓夫"这样的问题。

　　对各地劳民伤财地兴建自己塑像等一些形式主义的做法,毛泽东也予以制止。1967年7月5日毛泽东写给林彪、周恩来及文革小组各同志的批语,指出"此类事劳民伤财,无益有害,如不制止,势必会刮起一阵浮夸风。"②中共中央下发了毛泽东这个指示。7月10日,林彪还是把总参、总政关于执行林彪指示建造毛泽东大型的全身塑像的通知稿转送毛泽东审阅,林彪在指示中说"建造大型毛主席全身塑像,已经成为广大群众的自觉要求。我们部队也应当这样搞","凡有代表性的大军事机关,其驻地有大院、有广场的地方","都可以搞"。林彪的这个指示显然有违毛泽东的本意,毛泽东在这个通知稿上批示:"退林彪同志。此件不发"。③

　　1971年7—8月,毛泽东南巡期间同沿途各地负责人谈话,点名批评林彪搞个人崇拜:"我同林彪同志谈过,他有些话说得不妥嘛。比如他说,全世界几百年,中国几千年才出现一个天才,不符合事实嘛!马克思、恩格斯是同时代的人,到列宁、斯大林一百年都不到,怎么能说几百年才出一个呢?中国有陈胜、吴广,有洪秀全、孙中山,怎么能说几千年才出一个呢!什么'顶峰'啦,'一句顶一万句'啦,你说过了头嘛。一句就是一句,怎么能顶一万句。不设国家主席,我不当国家主席,我讲了六次,一次就算讲一句吧,就是六万句,半句也不顶,等于零。陈伯达的话对他们才是一句顶一万句。什么'大树特树',名曰树我,不知树谁人,说穿了是树他自己。"④

　　毛泽东和林彪关于个人崇拜的分歧,一方面表明毛泽东本人并没有沉湎于个

---

① 《建国以来毛泽东文稿》第13册,中央文献出版社1998年版,第91页。
② 《建国以来毛泽东文稿》第12册,中央文献出版社1998年版,第368页。
③ 同上书,第376页。
④ 《建国以来毛泽东文稿》第13册,中央文献出版社1998年版,第246页。

人崇拜,但也不能说毛泽东真的要彻底抛弃个人崇拜,只是对林彪一伙的过分吹捧表示不满,也许,他就是从中觉察到了林彪的别有用心,对林彪产生了深深的疑虑。

第二,起草九大政治报告的分歧。

九大筹备期间,据林彪秘书回忆:1969 年 2 月的一天下午,林彪对他说:"主席让我作政治报告,并说,这次报告不用事先写成稿子,叫我口头讲,然后整理一下;如果需要对外发表,就用记录稿。我提出,在党代表大会上正式作报告,最好请中央文革给写个稿子。……主席同意了,最后决定由陈伯达、张春桥、姚文元三个人组成一个小组,起草政治报告。"①毛泽东只要求林彪作口头政治报告,并且先不决定这个报告是否公开发表。仅仅从这一点来看,已经表现出毛泽东对林彪的特殊考虑。

1969 年 2 月,林彪召集陈伯达、张春桥、姚文元 3 人开会,决定先由陈伯达动笔。直至 3 月中旬,陈才写出一部分初稿。"九大"召开在即,毛泽东决定改由康生、张春桥、姚文元起草,由张、姚执笔。一个多星期后,两人就拿出全部初稿。对此,陈伯达不甘心,与康、张同时拿出初稿,但中央文革碰头会却只讨论张、姚稿。毛泽东对张、姚稿的修改作了具体批示,并在修改稿上加了大段文字。对陈伯达送去的报告稿,毛泽东连信封都没有拆。

陈伯达所写报告稿的一个重要内容是发展生产,因为报告的题目是《为把我国建设成强大的社会主义国家而奋斗!》。在起草报告时,陈伯达向秘书讲他要起草九大政治报告的主题设想时,说:运动不能再搞了,现在主要的任务应该是抓生产了,就是说,经过了一场政治上的大革命,必然要掀起生产上的大跃进。他要秘书帮助搜集各地方有关经济建设、生产方面搞得好的典型资料。

毛泽东决定采纳张春桥、姚文元的稿子后,陈伯达置毛泽东肯定张、姚报告稿的态度于不顾,在中央开会讨论张、姚稿子时,陈伯达很激动地抨击了张、姚的报告稿子,说:还是要发展生产,搞好生产,提高劳动生产率,不能尽搞运动。运动,像伯恩斯坦说的运动就是一切,而目的是没有的。张春桥反驳说:你说的是"唯生产力论"。……会上争论得很激烈。后来,毛泽东说,可以考虑在报告中加进陈伯达的意见。会上大家都表了态。最后,陈伯达说大家都同意,我也同意。毛泽东说:你可以不同意,不要你同意。②

从陈伯达讥讽张春桥搞的是"伯恩施坦的报告",而张春桥、姚文元则批评陈伯

① 张云生:《毛家湾纪实——林彪秘书回忆录》,春秋出版社 1988 年版,第 209—210 页。
② 王文耀、王保春:《关于陈伯达起草九大报告的前前后后》,《中共党史研究》2003 年第 2 期。

达的稿子是在鼓吹"唯生产力论"等等，更从另一个侧面证明了陈伯达报告稿的主题。周恩来在中共十大的政治报告中也证实了这一点："九大以前，林彪伙同陈伯达起草了一个政治报告。他们反对无产阶级专政下继续革命，认为九大以后的主要任务是发展生产。……林彪、陈伯达的这个政治报告，理所当然地被中央否定了。对毛主席主持起草的政治报告，林彪暗地支持陈伯达公开反对，被挫败后，才勉强地接受了中央的政治路线，在大会上读了中央的政治报告。"

是陈伯达写的九大政治报告提纲和草稿不合毛泽东的意思，还是毛泽东对陈伯达不满，或者毛泽东对林彪有了看法？总之，两稿的内容大相径庭，也可能意味着毛、林围绕"九大"以后的主要矛盾和主要任务的看法产生了分歧，但这些都是没有足够证据可以证明的种种推测。

毛泽东的一系列言行，不能不使作为"副统帅"和"接班人"的林彪耿耿于怀。据陈伯达的秘书回忆，陈伯达的稿子被否定后，叶群给陈伯达来过电话。她在电话里安慰陈伯达说，不用你的稿子没关系，他们要搞就让他们搞去，林彪同志是了解你的，你要注意自己的身体。[①]

林彪对毛泽东没有采纳陈伯达稿了很生气。他问秘书张云生两份稿子哪个好，并轻蔑地说"不要相信那些大秀才"，这是冲着张春桥、姚文元说的。至于让他定稿，他却"呈主席审批"，对这个报告稿根本不看，一字不改。让他作报告，他事先竟看都不看一眼。而且在"九大"上作报告时情绪低落，有气无力地念着。或许在林彪看来，毛泽东的天平在"九大"期间已经向钓鱼台"文人"一边倾斜了。但在当时的情况下，林彪恐怕还不便让人感觉到他同毛泽东本人有矛盾，或许他那时也不愿意公开同毛泽东的矛盾。也许林彪还是希望同毛泽东之间保持亲密关系，所以他才"勉强地接受了中央路线"。

海外学者有一种观点，认为林彪集团在"九大"进入中央政治局后，为了巩固既得利益，使已到手的权力不再受到动乱的威胁，便急于结束"文化大革命"，因而与想要把"文化大革命"继续推向前进的毛泽东和江青集团发生了冲突。不过，能够证明林彪集团想要结束"文化大革命"的证据尚显不足。仅有起草"九大"报告的那些争论，是远远不够的。因为：

其一，当时陈伯达还只是在向林彪集团靠拢，尚未完全成为林彪集团中人。陈伯达与张、姚之间在起草报告中的冲突，并不等于就是林彪集团与江青集团的政见

---

①　王文耀、王保春：《关于陈伯达起草九大报告的前前后后》，《中共党史研究》2003 年第 2 期。

性冲突,而更多地带有"文人相轻"、"争功邀宠"的味道。

其二,陈伯达与张、姚之间的这种争论,还可以解释为争论双方只是出于对毛泽东的意图理解上的偏差。毛泽东曾多次预计,"文化大革命"能在一两年、两三年内有一个好的结束。毛泽东在九大前召开的中共八届十二中全会上曾说过,现在不是都要讲要把"文化大革命"进行到底?究竟什么叫到底呀?我们估计大概要三年,到明年夏季就差不多了。①按照毛泽东的这个说法,"九大"以后 1969 年夏就是"文化大革命"的底了,自然应该考虑将主要精力转向生产建设。经过"文化大革命"几年来的"全面内战"、"天下大乱"的局势,毛泽东希望通过"斗、批、改"和"整党建党"的方式达到"天下大治",也含有结束"文化大革命"的意向。

能否这样看,其实,林彪对陈伯达起草报告内容并非太关注,两个集团的争论表面上看起来是报告的内容,实质上是谁来起草报告,而在这场争论中,毛泽东无疑已经倾向了张春桥、姚文元一边。

第三,毛泽东与林彪在国际战略问题上的分歧。

如前所述,毛泽东与林彪的矛盾是在中共九大前后尖锐起来的。在中共九大之前,他们在国际问题上的分歧也已有所表现。

1969 年 2 月 19 日、3 月 22 日和 4 月 19 日,毛泽东曾先后三次要陈毅、徐向前、聂荣臻、叶剑英"这几位老总研究一下国际问题",对此表示关注。

当时,中共九大报告已就国际问题作了长篇论述,值得注意的是,报告中用于谴责苏联的篇幅要几倍于抨击美国的篇幅,九大报告认为:"决不可以忽视美帝、苏修发动大规模侵略战争的危险性。我们要作好充分准备,准备他们大打,准备他们早打。准备他们打常规战,也准备他们打核大战。"

林彪主张要发动一场世界农村包围世界城市的人民战争。按照林彪的公式,"世界的城市"(北美和西欧)将被亚、非、拉美的"农村"包围和征服,要使"井冈山道路通天下,毛泽东思想照全球。"一味立足于战争不可避免,甚至认为迟打不如早打,小打不如大打,深信会打出一个红彤彤的新世界。但毛泽东认为仍有再研究的必要,周恩来也要四位老帅研究国际形势不要有框框,对原来的看法和结论要及时作出部分甚至全部的修改。

九大以后,在陈毅主持下,四位老帅举行国际形势座谈会。

从 1969 年 6 月 7 日至 7 月 10 日,四位老帅共进行了 6 次共 19 个小时的讨论。

---

① 席宣、金春明:《"文化大革命"简史》,中共党史出版社 1996 年版,第 209 页。

7月11日,根据座谈会讨论的情况,写出《对战争形势的初步分析》,由陈毅、叶剑英、徐向前、聂荣臻签署,上送周恩来总理转呈毛泽东主席。四位元帅全面分析了中美苏三大力量之间的斗争,认为中苏矛盾大于中美矛盾,美苏矛盾大于中苏矛盾,反华大战不致轻易发生。中苏战争一时不会发生。报告全面地勾画了国际战略新格局。

从7月29日至9月16日,四位老帅又进行了10次共29.5小时的讨论。9月17日,又写出《对目前局势的看法》的报告。这个报告中突出的一条重要建议是:建议党中央利用美苏矛盾,举行中美高级会谈,争取打开中美关系的僵持局面。

毛泽东开始考虑要改变腹背受敌的状况,他同意陈毅、徐向前、聂荣臻、叶剑英四位老帅的建议,认为国际上两大阶级的对抗,集中地表现为中苏美三大力量之间的斗争;一方面美苏均以中国为敌,另一方面它们又互相为敌,而现实的威胁是在它们之间;美苏矛盾高于中苏、中美矛盾,中苏矛盾又高于中美矛盾;中国可以利用美苏矛盾,打开中美关系僵局,抵制苏联的严重威胁。

毛泽东经过深思熟虑,毅然决定调整中国的外交战略。经毛泽东批准,于1970年1月恢复了中美华沙大使级谈判,随后1971年4月邀请美国乒乓球代表团访华,同年7月,美国总统国家安全事务助理基辛格秘密访华。

尼克松当选美国总统后,针对世界的战略形势和美国国内的实际矛盾,将原来针对苏联和中国和其他地区打"两个半战争"的军事战略改变为"一个半战争",即改变为仅仅打一场对付苏联和其他地区大战的战略。[1]基辛格则直言不讳地说:"向中国开门可能帮助我们结束那场战争的苦难"。[2]美国全球战略的被迫调整,使得美国对中国的威胁有所减少。毛泽东调整对苏联战略的同时,深入研究了尼克松竞选中和就职以后企图缓和中美关系的种种迹象,采取若干有别于从前的措施。正因为如此,毛泽东在会见尼克松时才说:"我的问题是哲学问题,就是说,你当选,我是投了一票的"。而尼克松则心领神会地回答:"我想主席投我一票是从两个坏东西中选择好一点的一个。"[3]

林彪是否反对中美接触,还缺乏直接有力的证明材料,一些说法多来自国外一些研究人员的猜测。但从笔者已经接触的材料看,林彪对中美接触是持怀疑态度

① 资中筠:《战后美国外交史——从杜鲁门到里根》,世界知识出版社1994年版,第646页。
② 韩念龙:《当代中国外交》,中国社会科学出版社1988年版,第217页。
③ 熊向晖:《试析1972年毛泽东同尼克松的谈话》,《党的文献》1996年第3期。

的。仅能找到的几个佐证是：

一是基辛格秘密访华及尼克松即将访华的公告公布以后，阿尔巴尼亚劳动党中央政治局给中国共产党中央政治局写了一封信，表示反对，政治局开会讨论阿尔巴尼亚的来信时，李作鹏知道林彪对于改善与美国关系的政策不满，他在会上公然称赞阿尔巴尼亚同志的信写得好，是一封马克思列宁主义的信。

二是1972年尼克松访华时，毛泽东说过这样一句话："我们国内有一派也反对我们跟你们往来，结果坐一架飞机跑到国外去了。"①这句话显然指林彪反对中美接触。

美国研究中美关系的学者罗伯特·S.罗斯也认为林彪反对中国改变对美国的外交政策："林彪和他在军队的支持者以及与毛的妻子江青结成帮派的激进政治家们认为，尽管美国正在衰落，并且将不可避免地受到越战失败造成的创伤，但是从本质上讲，即使它不比苏联更危险的话，它也与苏联同样危险，除了与苏联'社会帝国主义'勾结共同对付中国之外，它仍对中国造成威胁。他们建议北京继续实行全面反对美国的外交政策。甚至到1971年7月，基辛格结束中国之行及北京和华盛顿对即将举行的北京高级会晤发表声明之后，林彪的亲信黄永胜将军还在警告人们低估美国的威胁是危险的。"②

美国对中国内部在中美关系上的分歧也似乎有所觉察，因而担心在两国接近中会节外生枝。有鉴于此，"九一三"事件后，周恩来让出访的符浩在巴黎专门向负责中美秘密接触渠道的黄镇传达事件内情，目的是通过黄镇给美国以暗示：林彪事件不会影响中美关系。③

"九一三"事件至少在两方面推动了中美关系：

一是削弱了决策层中对中美关系正常化的反对意见；林彪集团被消除，江青集团的言行一时也有所收敛。

二是在毛泽东的支持下，周恩来开始全面纠"左"，为中美关系正常化提供了更适宜的国内环境。一方面是由于毛泽东和周恩来的努力干预，另一方面是1969年后国内的动乱局面有所缓解，各项工作的秩序有所恢复，召开四届人大、重建政府

---

① 熊向晖：《试析1972年毛泽东同尼克松的谈话》，《党的文献》1996年第3期。
② ［美］罗伯特·S.罗斯著，丛凤辉等译：《风云变幻的美中关系》(1969—1989)，中央编译出版社1998年版，第36—37页。
③ 符浩：《"九一三"事件补遗》，熊华源、安建设编：《林彪反革命集团覆灭纪实》，中央文献出版社1995年版，第157—166页。

被提上日程;国务院重新恢复制定和实施国民经济年度计划,经济指标停止滑坡并明显上升;大中小学复课;我国的对外交往也开始恢复。

在国内局势趋于相对稳定的环境下,有助于毛泽东、周恩来等人腾出更多的精力关注国际问题,改善中美关系。因而出现了1969—1973年间"左"害稍缓之时,中美关系得以解冻并开始正常化的巧合。

对于是否允许美国真正从越南脱身,怎样消耗美国的政治、军事力量,林彪和毛泽东也有不同的看法。据林彪的秘书回忆:"范文同与武元甲约见林彪的愿望实现了。事后,我看过林彪与他们的谈话记录。林彪所谈的内容,中心是一个'熬'字。林彪对他们说:'面对强大的美国,你们的办法就是熬,熬就是胜利。'"①"九一三"事件后,毛泽东在一次接见越南外宾时说:"我们过去党内意见也不统一。一派人(指林彪)就是劝你们把美国抓住不放,一个字,叫作'熬',就是只能打游击战,不要打大仗,而我是劝你们要集中兵力打大仗。你不打败敌人,不打痛他,他是不那么舒服的呀! 不是这样,你们谈判桌上得不了这样的结果。"林彪的认识与世界的战略形势存在着距离,也多少不同于毛泽东的战略。

对林彪和毛泽东在国际战略上存在分歧的原因所在,国内外都有学者认为分歧的核心和实质是"接班人"问题。"在中国被孤立、受到威胁的情况下,人民解放军的权力就会大大膨胀。当国家处于危险状态时,由一位伟大的革命元帅接毛的班,就无可争议了。而和平和外交艺术(周恩来的所属范畴)的地位就会下降。"②当九大以后,国内政策即将调整,动乱初期的巨大压力已经减轻,军队作为毛泽东发动"文化大革命"的依靠力量,林彪的作用和地位有可能改变。如何巩固林彪"接班人"的地位成为林彪集团的首要问题。林彪因此感受到了压力,他要设法摆脱这种危机。林彪知道自己没有能力来阻止政治上的不利形势的发展。然而,如果国际上存在着紧张形势,如果苏美发动战争的威胁始终迫在眉睫,林彪就能以军队领导人的地位和身份,牢固地保证自己地位的稳定。因此,林彪既不赞成缓和中美关系,更不支持采取让美国从越南脱身的政策。从表面上看,林彪与毛泽东在对外政策和对战争等问题上的分歧是认识判断的不同,但历史的发展说明了,林彪与毛泽东的分歧和矛盾的实质是"接班人"的问题。林彪集团的主张是有着极大的利己

---

① 张云生:《毛家湾纪实——林彪秘书回忆录》,春秋出版社1988年版,第329页。

② [美]R.麦克法夸尔、费正清:《剑桥中华人民共和国史》(1966—1982),中国社会科学出版社1992年版,第325页。

性的。

关于毛泽东与林彪在国际战略上的分歧,目前缺乏充分的史料依据,很多是推断出来的,因此值得进一步研究。

第四,毛泽东与林彪关于军队领导权问题的分歧。

关于军队领导权问题的分歧,是毛泽东与林彪之间根本分歧之一。这方面的分歧主要表现在以下几个方面:

一是林彪在军队拉帮结派,扶植亲信,搞山头主义,引起毛泽东的警觉。

"文化大革命"前夕,林彪就诬陷罗瑞卿要夺军权而将罗打倒。"文化大革命"爆发后,林彪的野心有了极大的发展,他利用毛泽东重用军队、重用军队领导人来支持和控制"文化大革命"的时机,打倒与他意见不一致的军队领导干部,形成和巩固了林彪集团。成立军委办事组,是林彪企图架空军委和其他各位老帅,将军权控制在自己手里迈出的重要一步。1969年,林彪对其亲信黄永胜、吴法宪、李作鹏、邱会作说:军队的权力就集中在你们几个人身上,不要把权交给别人。①九大时,黄、吴、叶、李、邱均进入政治局,并且把持了军委办事组,林彪集团在事实上控制了军委的领导权。

毛泽东对军队中业已形成山头主义非常警惕,1971年南巡时特别强调军队要谨慎,不能骄傲,一骄傲就要犯错误,他还说:"我很久没有抓军队工作了,现在要抓军队工作。抓军队无非就是路线学习,纠正不正之风,不要搞山头主义,要讲团结这些事情。进城以后,管军队工作开始时是聂荣臻。以后是彭德怀,他是打了胜仗的人嘛。以后就是林彪。他管不了那么多,实际上是贺龙、罗瑞卿管得多。以后是杨成武。再以后是黄永胜当总长,又是军委办事组的组长。办事组里面有一些人,在庐山会议上搞出那么些事来。我看黄永胜这个人在政治上不怎么样强。第一军队要谨慎,第二地方上也要谨慎。军队要谨慎,首先不搞山头主义。"②毛泽东在谈话中反复强调了军队不要搞山头主义。

二是"文化大革命"中军队作用日渐突出,势必在客观上加强林彪集团的地位。毛泽东公开批驳苏联攻击我"军事官僚专政",说明党内已出现了不正常的现象。

"文化大革命"导致了一场内乱,使各级党政领导机构陷入瘫痪。为了限制"文

---

① 刘志男:《九大至九届二中全会前夕毛泽东与林彪的分歧与矛盾》,《当代中国史研究》1997年第3期。

② 汪东兴:《汪东兴回忆毛泽东与林彪反革命集团的斗争》,当代中国出版社1997年版,第121页。

化大革命"所造成的危害,只能依靠军队的积极参与,将"乱"控制在一定的范围和程度之内。在"文化大革命"前期,军队既要承担稳定国内政治形势,又要抵抗苏美军事威胁,这就导致绝大多数地方的领导职务由军人担任。在29个省市自治区的负责人中,军人居绝大多数,在国务院各部委负责人中,军人也占有相当大的比例。中国的政治生活中出现了"地方党委已经决定了的事,还要拿到部队党委去讨论"的不正常状况,这就是所谓"军事官僚专政"说法的由来。

九大期间,毛泽东很重视外界对"文化大革命"造成的军队领导人权力得到不正常加强、并扩展到社会生活各个领域的反映。1969年4月23日,毛泽东说:"苏联不会写文章,还不如王明哩,他说我们革命委员会搞军事化。"1969年4月28日,毛泽东在中共九届一中全会上又说:"说我们搞一元化,回到了过去根据地那个时代,就是讲倒退了。什么叫一元化呢? 他们说就是军事官僚体制,按照日本人的话叫体制,按照苏联的话叫做'军事官僚专政'。他们一看我们这个名单里头,军人不少,这就叫'军事';还有什么'官僚',大概就是我呀,恩来呀,康生呀,陈伯达这批'官僚'。总而言之,你们凡不是军人,都属于'官僚'系统就是了,所以叫做'军事官僚专政'。这些话嘛,我看让人家去讲! 人家怎么讲,就怎么讲"。①

毛泽东公开批驳苏联的攻击,的确反映和说明党内已经出现了某种不正常的现象。事实表明,绝大多数军队领导人与林彪集团没有牵连。但是,在"文化大革命"中军人权力过重的不正常现象,势必在客观上加强林彪集团的地位,使得林彪集团有机可乘。

几十年领导和指挥军队的经历,使毛泽东对军队问题异常重视和敏感。"文化大革命"前夕,他与汪东兴谈话时说:"我们军队里也不那么纯,军队里也有派嘛! 军队里有要闹事的,历史上也经常有闹事的。不知你们信不信? 你们不信我信。我们军队几十年经常有人闹乱子"。②毛泽东对林彪也并非完全放心,自己一直牢牢地掌握着军队,他定了一条规定:文革期间不准调动军队,调一个排也要军委主席签字,就是必须由毛泽东签字。可见毛还是不完全放心,不让林有权调动军队。③九大期间,他特别指出:军队我不相信就那么太平无事。那么太平吗? 太平

---

① 《建国以来毛泽东文稿》第13册,中央文献出版社1998年版,第35页。

② 李可、郝生章:《"文化大革命"中的人民解放军》,中共党史资料出版社1989年版,第125页。

③ 李雪峰:《我所知道的"文化大革命"发动内情》,张化、苏采青等编:《回首文革》下,中共党史出版社2000年版,第605页。

只能太平一个时候。

三是未经毛泽东许可,发布了"第一个号令"。

1969年10月18日,即林彪从北京疏散到苏州的第二天下午,林彪叫林办值班秘书张云生给当时的总参谋长黄永胜打个电话,同时,口授了六条电话内容。大意是:苏联代表团将于10月20日来北京,对此应提高警惕,为了防止苏联利用谈判作烟幕,对我进行突然袭击,全军各部队要立即疏散;各种主要装备、设备及目标要进行伪装和隐蔽;通讯联络要经常畅通;国防工业要抓紧武器、弹药的生产;二炮部队也要做好发射准备等等。当晚7点钟左右,张云生用电话把林彪口述的六条指示传给北京的黄永胜。黄永胜于18日19时许,布置总参副总长阎仲川向下传达。黄永胜只记下林彪指示的大意,他向阎仲川传达时,讲得不够连贯、条理,有些地方还作了解释和补充。阎仲川又对指示作了整理和修改,21时30分,阎仲川将林彪的"紧急指示"定名为"第一个号令",要前指作战组立即用电话向全军传达。在传达六条指示时,只剩下了四条(有关二炮的一条,不向其他单位传达,另一条是关于武器生产的,也不向部队传达)。号令全文如下:

第一个号令

1969年10月18日21时半

林副主席指示:

一、近两天来,美帝苏修等有许多异常情况,苏修所谓谈判代表团预定明(19)日来京,我们必须百倍警惕,防止苏修搞欺骗,尤其19、20日应特别注意。

二、各军区特别是"三北"各军区对重武器,如坦克、飞机、大炮要立即疏散隐蔽。

三、沿海各军区也应加强戒备,防止美帝、苏修可能突然袭击,不要麻痹大意。

四、迅速抓紧布置反坦克兵器的生产,如四〇火箭筒、反坦克炮等(包括无后坐力炮和八五反坦克炮)。

五、立即组织精干的指挥班子,进入战时指挥位置。

六、各级要加强首长值班,及时掌握情况。

执行情况,迅速报告。

林彪的指示经过黄永胜、阎仲川两个环节的转述、加工,基本精神未变,文字却有不小的变化。档案材料显示,张云生传达的原稿标题是《首长关于加强战备、防止敌人突然袭击的紧急指示》,黄永胜向阎仲川传达时,讲的是"林副主席指示",经阎仲川整理加工发布时又简化为"第一个号令";原指示的正文4条,"号令"则变成了6条;在传抄过程中,也有一些单位把"第一个"写成了"第一号"。

在传达第一个号令的同时,阎仲川考虑到,第一个号令是发给全军的协同号令,对于负有特殊任务的部队、机关和业务部门,还需要分别给以具体指示。特别是二炮部队,情况尤为特殊。黄永胜在传达林彪指示时,只讲了二炮部队要作好战斗准备。阎仲川认为:第一,这样讲过于笼统,如果掌握不好会出大娄子;第二,针对二炮(战略导弹部队)的性质,不便向全军传达,便另写了一个指示,编为第二号号令。为了调动和组织各种侦察手段掌握敌情,特向总参二部、三部等单位下达了第三号号令。为使军事系统各机关、部门都作好应变准备,又向各总部、各兵种、国防工办、国防科委下达了第四号号令。[①]

值得注意的是,当时叶群只让张云生向黄永胜传话,而向毛泽东等中央领导同志请示报告的事则由她办理。[②]黄永胜在18日当晚下达了林彪的"紧急指示",而叶群于19日才以"电话记录传阅件"向毛泽东等领导人报送。此件送到毛泽东处,他阅后即在烟灰缸里付之一炬,只留下一个有着传阅号的信封。毛泽东此举显然表达了对林彪擅自号令全军的极度不满。据汪东兴说:"毛主席对林彪这个号令很反感,但当时不便说什么"[③]。

由于执行"第一个号令",全军立即进入一级战备状态。全国许多大中城市进行防空演习和紧急疏散人口;海军、空军和11个大军区的部队和重型装备、物资紧急疏散,全军共疏散95个师、94万人,疏散4 100余架飞机和600余艘舰艇。整个国家处于临战状态。这些重要情况竟被黄永胜扣发封锁和删改。[④]

紧急备战从1969年10月18日直到1970年4月24日中央军委发出《关于部队疏散的指示》后,才允许疏散的部队和重型装备逐步返回营区。这次紧急备战规模之大,等级之高,持续时间之长,都为朝鲜停战以来所仅见。"第一个号令"发布后,苏军美军也随即在全球各地进入戒备状态,世界大战似乎爆发在即。但是最终毛泽东还是采纳了陈毅等老帅们的建议,提出了"联美抗苏"的中国外交新战略。

---

① 阎铭:《我的父亲与"一号号令"》,《党史信息报》2002年10月30日。

② 张云生:《毛家湾纪实——林彪秘书回忆录》,春秋出版社1988年版,第316—320页。

③ 汪东兴:《汪东兴回忆毛泽东与林彪反革命集团的斗争》,当代中国出版社1997年版,第15页。

④ 《汪东兴日记》,中国社会科学出版社1993年版,第232页。

　　如何看待"第一个号令",有两种意见:一种认为:"九一三"事件后,这个号令被说成是林彪"背着毛主席、党中央",借口"加强战备,防止敌人突然袭击"擅自"发布"的,"实际上是一次篡党夺权的预演"或"反革命政变的预演"。1971年12月11日,中共中央的《粉碎林陈反党集团反革命政变的斗争(材料之一)》称:"1969年10月18日,林彪趁毛主席不在北京,擅自发布所谓'林副主席指示第一号令',调动全军进入战备状态,这样的大事,竟不请示毛主席、党中央,实际上是一次篡党夺权的预演。"理由是:林彪的所谓"紧急指示"是背着党中央和毛主席,借口加强战备而擅自发布的,其目的是看他的号令灵不灵,并以战备疏散为名,把老同志赶出北京,为实现他篡党夺权的阴谋扫除障碍①。

　　另一种意见不同意"预演说",其理由是:第一,当时中苏边界局势很紧张,参加中苏边界谈判的苏联代表团将于1969年10月20日到北京,考虑到国际上曾发生过一些以谈判为名进行突然袭击的事例,在中央统一部署下,把北京的一些中央老同志有计划地疏散到了外地。10月15日,毛泽东离开北京前往武汉;17日,林彪离开北京前往苏州;毛泽东还指定陈毅去石家庄,叶剑英到长沙,徐向前到开封,聂荣臻到郑州,因为这四个地方都是战略要地,如果战争爆发,他们可以协助当地的军政首脑指挥作战。实际上,对老同志进行战备疏散是中央决定的,在1969年10月14日,中共中央通知紧急疏散在京党和国家领导人。根据中央政治局会议决定,为了防范苏联利用谈判之机进行军事袭击,立即开始加强战备,通知要求:10月20日以前在京老同志全部战备疏散。②老同志在林彪发布"第一个号令"之前就开始疏散了,故说以战备疏散为名,把老同志赶出北京不妥。第二,"两案"审判时原曾想把"第一个号令"问题作为林彪罪状写进起诉书,但感到证据不足,缺少定罪的充分证据。1980年对林彪集团的审判中,《起诉书》、《判决书》都没有提到"第一个号令",也没有"预演"之说,故此说不宜沿用③。

　　"第一个号令"究竟有无必要,是个值得讨论的问题。我们不能因为苏联没有袭击中国就认为采取备战措施是失当的。用是否发生了战争评论采取的战备措施是不得当的。

　　1969年是中苏紧张关系达到顶峰的一年,3月,发生珍宝岛战斗;8月13日,

---

　　①　聂荣臻:《关于林彪的几个问题》,《星火燎原》1984年第2期。

　　②　中共中央党史研究室:《中国共产党历史大事记》(1919.5—2005.12),中共党史出版社2006年版,第258页。

　　③　苏采青:《"文化大革命"史实辩误二则》,《中共党史研究》1988年第4期。

新疆裕民县铁列克提地区 30 多人的边防小分队遭到苏联边防部队的突然袭击,队员全部壮烈牺牲。

前苏联驻华大使叶利扎伟京在他的回忆录中,用《红色按钮一触即发》为题,记述苏联领导人在 60 年代如何准备冒险对中国的核设施进行先发制人的打击。

苏联在边界地区和蒙古陈兵百万,对中国虎视眈眈,这不能不引起中国领导人的高度警惕。毛泽东在 1969 年 4 月中共九大期间多次讲到战备问题,提出"要准备打仗"。8 月 28 日,毛泽东签发了《中国共产党中央委员会命令》,要求边疆各级革命委员会、各族革命人民、解放军边疆部队全体指战员高度树立敌情观念,充分做好反侵略战争准备。

9 月 11 日,周恩来总理和苏联部长会议主席柯西金在首都机场就缓和边界问题进行了会谈。中国方面估计,这次谈判有可能对缓和中苏关系达成协议,但苏方也有可能以此为掩护向中国发动大规模突然袭击,不可不加戒备。

多方信息表明,苏联确有对中国发动突然袭击的具体计划,随时可能行动。中国驻东欧某国大使馆,甚至密报他们侦察到苏联可能发动突然袭击的具体时间。形势险恶,不得不防。毛泽东明确指示,在北京的党和国家领导人以及中央党、政、军领导机关必须于谈判开始前紧急疏散。"第一个号令"就是在这种背景下发布的。

"第一个号令"的必要性暂且抛开不谈,问题的严重性在于林彪发出"第一个号令"这一决策带有很大的随意性、偶然性等非程序性特点。虽然在秘书和叶群的提醒下,林彪决定报告毛泽东,但"第一个号令"在报告毛泽东之前就已经发出了。毛泽东是中共中央主席、中央军委主席,是中国人民解放军的领导者,林彪不报经毛泽东的批准,擅自调动全军进入战备状态,这一行动已经从根本上破坏了人民军队建设的基本原则,而且可能给国家以至世界带来极为严重的后果,这就必然引起毛泽东的高度警觉。周恩来作为毛泽东指定留京主持中央日常工作的最高负责人,这件事军委办事组理应向他报告,但黄永胜却没有报告。事后,周恩来对黄永胜事先没有向他报告以及文件的编号提出了批评。

毛泽东与林彪的多方面分歧的存在以及黄永胜等人支持和执行林彪违背军队指挥原则的"第一个号令"的行动,使毛泽东对党内军内产生另外的权力中心的危险性更为警惕。林彪调动全军进入战备状态的命令在全军得到贯彻执行,正是因为林彪具有"副统帅"和"接班人"的军事和政治地位。也正是这一命令的贯彻执行,才清楚地表明在军队中已经出现了林彪集团公然无视毛泽东领导权威的严重形势。

"第一个号令"这样一个关系到全军将士的重大决策,竟如此轻率地作出,而且是否请示毛泽东也是随意的。1969年10月18日"第一个号令"发布的当天,朱德针对"第一个号令"对夫人康克清说:"'醉翁之意不在酒。'现在毫无战争迹象。战争不是凭空就能打起来的,打仗之前会有许多预兆,不是小孩打架,现在还看不到这种预兆、迹象。"①可见,如果当时能坚持集体领导制或通过一定程序讨论一下,这个决策可能就不会作出。当然,这个决策也不能说一点根据也没有,但决策者的主观随意性很强,缺乏一定的程序和规则。

1970年5月,毛泽东在一次谈话中指出:什么叫政权?什么叫力量?什么叫权力?没有别的,只有军队。林彪的行动在毛泽东看来,是矛盾性质发生了变化的表现。毛泽东反复坚持不设立国家主席,他不担任国家主席的建议,甚至提出不要"因人设事"的告诫,就发生在林彪不报告毛泽东而调动全军进入战备状态的举动之后,这就说明毛泽东对林彪的信任已经发生了动摇。

四是关于军队领导权。

1970年7月,在起草纪念"八一"建军节的社论时,针对人民解放军的缔造者和指挥者的表述又产生了激烈的争论。

人民解放军的缔造者和指挥者的表述最早是在1967年《红旗》杂志第12期《无产阶级必须牢牢掌握枪杆子——纪念中国人民解放军建军四十周年》的社论中提出"中国人民解放军是我们伟大领袖毛主席亲手缔造的,是林彪同志直接指挥的伟大军队"。

在1970年7月27日的中共中央政治局会议上,陈伯达与张春桥就纪念"八一"建军节的社论稿中"伟大领袖毛主席亲自缔造和领导的,毛主席和林副主席直接指挥的中国人民解放军"的提法,发生了争论。陈伯达主张改回到过去几年的一贯提法,即将"直接指挥"前面的"毛主席和"四个字去掉。张春桥则主张不改。康生也认为新提法不易译成外文。7月29日,周恩来就此问题当面请示毛泽东,毛泽东表示,这类应景文章,政治局既然已经讨论修改过,他就不看了。并让汪东兴代其圈去原稿中"毛主席和"四个字。②

然而,毛泽东内心对这种提法极为不满。1971年,毛泽东在南巡时,多次谈到

---

① 中共中央文献研究室:《朱德年谱》(1886—1976)下,人民出版社2006年版,第1970页。
② 《周恩来年谱》(1949—1976)下卷,中央文献出版社1997年版,第381页。

1970 年的"八一"社论和两种意见的争论,他认为关于军队的缔造者与指挥者的争论,关键在于指挥权的归属。毛泽东一针见血地说:"缔造的就不能指挥呀!"他说:"军队的缔造者、领导者就不能指挥,这是不对的。缔造者、领导者也不是少数人,也不是我毛泽东一个,也不是你林彪一个。我们党内还有很多同志是领导兵暴的、领导军队的。"①突出林彪对军队的"直接指挥"的,取消毛泽东对人民解放军的指挥权,这是用心叵测的,也是毛泽东绝对不能容许的。

针对林彪集团的目无组织纪律,毛泽东在九大期间就提出了"军队要谨慎"的告诫。1971 年 1 月,毛泽东又在济南军区政治部《关于学习贯彻毛主席"军队要谨慎"指示的情况报告》批示:"我军和地方多年没有从这一方面的错误思想整风,现在是进行一场自我教育的极好时机了。"②这个批语也是毛泽东对林彪集团甩出的一块"石头"。

毛泽东在南巡时又谈到军队的问题,"第一军队要谨慎,第二地方也要谨慎。不能骄傲,一骄傲就犯错误。军队要统一,军队要整顿。我就不相信我们军队会造反,我就不相信你黄永胜能够指挥解放军造反!军下面还有师、团,还有司、政、后机关,你调动军队来搞坏事,听你的?""全国人民学解放军,这不完全,还要加上解放军学全国人民。"他还对地方大员说:"你们要过问军事,不能只当文官,不当武官"。

虽然毛泽东曾对林彪的"突出政治"的一套做法表示过赞赏和支持,但在南巡讲话中对林彪人搞空头政治的一套做法,也表示出警觉和质疑。针对"四好连队"运动中存在着"政治思想好"这"一好"代替其他"三好"的现象,毛泽东说:"一好带三好,你那一好也许带得对,也许带得不对。还有那些积极分子代表会,到底效果如何,值得研究。有些是开得好的,也有好多是开得不好的,主要是路线问题。路线不对,那积极分子代表会就开不好。"毛泽东在谈到部队教育与训练问题时说:"过去我们部队里搞军事训练、制式教练。从单兵教练、排教练、连教练到营教练,大约搞五六个月的时间。现在是只搞文不搞武,我们的军队成了'文化'的军队了。"③

---

① 汪东兴:《汪东兴回忆毛泽东与林彪反革命集团的斗争》,当代中国出版社 1997 年版,第 146 页。

② 《建国以来毛泽东文稿》第 13 册,中央文献出版社 1998 年版,第 200 页。

③ 汪东兴:《汪东兴回忆毛泽东与林彪反革命集团的斗争》,当代中国出版社 1997 年版,第 112 页。

　　林立果在空军的权力膨胀,也引起毛主席的注意。1970年7月31日,林立果在空军司令部干部大会上作"讲用报告"后,空军的吴法宪等人极力吹捧林立果是"超天才"。毛泽东得知此事后,非常不高兴。他多次说:"你在那里搞什么所谓'超天才'。有人说我是天才。我只读了六年土学堂,七年洋学堂,我算什么天才呢?青年人,哪有那么多天才呢?"①"不能捧得太高,比如有人说'超天才',对二十几岁的人就捧得这样高,这没有什么好处,实际上是害了他。"②

　　再就是,九届二中全会在庐山召开前夕,毛泽东要汪东兴先到庐山检查会议安排及安全情况。汪东兴发现在毛泽东住处的山顶,正在突击修建一座直升机机场。汪东兴就此事问了周恩来,周恩来说他不知道。周恩来后来追问黄永胜,黄永胜说是他下"命令"建的,经过"林副主席批准的"。像这样的事,事先必须报告毛泽东和周恩来,并经他们同意后才能进行。后来,毛泽东交待汪东兴进一步了解有关情况,得知庐山周围部署有陆军师和空军师,陆军的坦克内有火箭装置,空军装置机动能力很强。汪东兴把这些情况向毛泽东汇报了。所以,毛泽东在庐山会议期间,8月31日发表的《我的一点意见》中,以点陈伯达为名,揭露林彪一伙"配合得很好了,采取突然袭击,煽风点火,唯恐天下不乱,大有炸平庐山,停止地球转动之势"。"至于无产阶级的天下是否会乱,庐山能否炸平,地球是否停转,我看大概不会吧。"毛泽东这样写《我的一点意见》,显然和他在庐山会议前,了解和掌握林彪一伙一系列不正常活动情况是分不开的。1971年8月25日,毛泽东在武汉同华国锋谈话时,指出炸平庐山是有用意的,空军才能炸平。这表明毛泽东对林彪一伙有所警觉。

　　林彪在重大问题上与毛泽东对立,而这种对立具有对抗性。毛、林之间已出现了深深的裂痕。这些分歧的存在,动摇了林彪接班人的地位。他们之间的矛盾公开化已是必然,只不过何时、何地、以何种形式公开带有偶然性而已。1970年的九届二中全会关于设立"国家主席"和"称天才"的问题的争执,表明毛泽东与林彪的矛盾已经尖锐化,1971年的"九一三"事件则是毛泽东与林彪矛盾积累的总爆发。

---

　　① 汪东兴:《汪东兴回忆毛泽东与林彪反革命集团的斗争》,当代中国出版社1997年版,第112—113页。
　　② 同上书,第123页。

第二节　林彪集团与江青集团的结盟与争斗

以江青为首的江青集团是"文化大革命"孕育出来的又一畸形儿,其主要成员在王力、关锋、戚本禹被清理后,尚有康生、陈伯达(陈伯达在九大前后投向林彪集团)、张春桥、姚文元等人。王洪文虽然"文化大革命"一开始就积极投靠,但成为主要成员较晚①。江青集团是毛泽东推行"左"的错误的直接产物和主要工具。由于江青的特殊地位,江青集团的最大特点是利用"中央文革小组"的合法组织,"挟天子以令诸侯";是一个觊觎党和国家最高权力,在"文化大革命"中为害甚烈的集团。江青集团与林彪集团的关系,曾经是一个"谜"。他们究竟是冤家对头还是一丘之貉?它们之间究竟存在着什么性质的矛盾?

1978年6月2日,邓小平在全军政治工作会议上作了重要讲话,他讲了四个问题,其中第三个问题谈到了"林彪"与"四人帮"集团的关系:"要把'四人帮'揭深批透,非联系揭批林彪不可。林彪、'四人帮'早就勾结在一起,阴谋篡党夺权。林彪对军队毒害很大,过去没有怎么批,被'四人帮'包庇下来了。他们不批林、假批孔,把矛头指向周恩来同志、叶剑英同志。揭批'四人帮'联系揭批林彪,这是顺理成章的事,不存在什么'纠缠历史旧帐'的问题。"②彭真在1980年11月的一次会议上谈到林彪集团与江青集团的关系时说:"林、江反革命集团是一个集团,还是两个集团?是两个反革命集团的联盟。""林、江两个反革命集团在'文化大革命'的头几年,是互相勾结、狼狈为奸、阴谋篡党篡国、推翻人民民主专政即无产阶级专政政权的一个反革命联盟。"③

《中华人民共和国最高人民法院特别法庭判决书》(法特字第一号)对两个集团的性质及其关系作了如下概述:"以林彪为首的反革命集团和以江青为首的反革命

---

①　1970年王洪文被调进中央,1972年9月中央正式决定他列席三个会议(中央政治局会议、国务院会议、中央军委会议),随后在1973年8月召开的中国共产党第十次全国代表大会上王洪文被"选进"中央委员会。在十届一中全会上,王洪文又被"选进"中央政治局,并成为第二副主席,被安排为事实上的"接班人"。经过十大和十届一中全会,江青、张春桥、姚文元被"选进"中央政治局,张春桥被选为政治局常委,结果,江青、张春桥、姚文元、王洪文在政治局内结成"上海帮"即"四人帮"。

②　《邓小平文选》第2卷,人民出版社1983年版,第122页。

③　《历史的审判》上,群众出版社2000年版,第5页。

集团,都是以夺取党和国家最高权力为目的而进行阴谋活动的反革命集团。这两个反革命集团有共同的推翻我国人民民主专政即无产阶级专政(包括国家机构、军事机关,在本案中也包括上述机构的领导力量中国共产党)的犯罪动机和目的,有共谋的犯罪行为,形成了一个反革命联盟。"①

两个集团的头子是林彪、江青,"军师"是康生、陈伯达、张春桥。两个集团的矛盾到九大前后日益明显而且逐渐表面化,九届二中全会上两个集团的矛盾爆发了。林彪集团覆灭后,江青集团继续进行反革命活动。

林彪集团与江青集团的异同,有研究者将它们之间的关系概括为"三个一样"、"四个互相",即政治一样,都是在极左的伪装下实行"打倒一切"、"全面夺权";手法一样,都是打着红旗反红旗,打着毛主席的旗号进行反党反社会主义的活动;目的一样,都是要颠覆无产阶级专政,乘乱夺权,篡党窃国,建立封建法西斯专政。四个互相是:互相勾结、互相利用、互相吹捧、互相争夺。②

国内学术界还提出需要揭露两个反革命集团的罪行,归纳其作乱的特点,深入探讨两个集团形成的原因及它们之间的勾结和斗争,等等。

江青集团与林彪集团之间既有互相勾结利用的一面,也有矛盾斗争的一面,这是客观存在。否认任何一方面都不是实事求是的态度。江青集团与林彪集团关系的发展,大体上经历了两个阶段。

一、九大之前,互相勾结,借势自重

九大之前,两个集团以勾结利用为主,合伙打倒共同的"敌人",搞乱全国,乱中夺权。这期间虽然也有互相争夺的矛盾,但很小,远不及勾结利用:林彪需要利用江青的特殊身份,林彪的地位也需要"中央文革小组"假无产阶级司令部的名义加以维护;江青集团虽然有特殊身份作为政治资本,又有擅长大批判的笔杆子可以打人,但资历太浅,在党内和学术界名声不好,势单力孤,江青要利用林彪的地位和权力,借势以自重。

早在"文化大革命"发动阶段,江青集团与林彪集团来往就密切起来。"1965年这段时间,林彪、叶群常住在苏州、上海一带,江青也以搞'现代戏'为名,往返于

---

① 《中华人民共和国最高人民法院特别法庭审判林彪江青反革命集团案主犯纪实》,法律出版社1982年版,第43页。

② 金春明:《"文化大革命"史稿》,四川人民出版社1995年版,第440—441页。

京沪。为此,他们的来往更加密切起来。1965年3月,江青为讨好林彪、叶群,专门为他们演出《红灯记》。她事先反复交代:'林总和我生一样的病,怕风,场子里的温度一定要控制好。'这样还不放心,林彪来之前,她先到现场检查。她百般挑剔,这不行,那要换,对林彪极尽讨好之意,害得工作人员苦不堪言。在平素的接触中,我们看到的江青是个阴冷、傲慢、目空一切的人,没想到为了接触林彪,她却显得如此热情,如此殷勤"。"更有甚者,在排演《智取威虎山》时,江青还通过张春桥对上海京剧院说:'这个戏要树林总,你们不要小看一出戏,它的意义很大,现在不是搞一出戏,而是打一场政治仗。'"①

1966年2月炮制《林彪同志委托江青同志召开部队文艺工作座谈会纪要》,是江青集团与林彪集团开始互相勾结、狼狈为奸、结成反党联盟的一个标志。江青要出台,缺乏适当的名义,由林彪出面委托她召开部队文艺工作座谈会,然后又用中央军委的名义把文件送党中央批转,取得中共中央文件的权威身份,使江青有一个辉煌的出台亮相。

这一时期,江青一伙由于位卑势弱,急需尊神的保护,对林彪也十分尊敬,起码是表面上。江青对这一点也是自认不讳的。她在1967年4月12日在军委扩大会议的讲话中,就当众谈到这个问题。她说:"去年2月,林彪同志委托我召开部队文艺座谈会,这个文艺座谈会的纪要,就是请了你们'尊神',无产阶级专政的'尊神'来攻他们,攻那些混进党内的资产阶级代表人物,那些资产阶级反动'权威',才吓得他们屁滚尿流,缴了械。为什么这么有威力呢?就是因为有军队支持,他们怕人民解放军。"

江青处心积虑地请"尊神"来帮自己,她到苏州找林彪长谈后,林彪马上给人民解放军总政治部下达指示,对江青大加赞扬,这个指示全文如下:"江青同志昨天和我谈了话。她对文艺工作方面在政治上很强,在艺术上也是内行,她有很多宝贵的意见,你们要很好重视,并且要把江青同志的意见在思想上、组织上认真落实。今后部队关于文艺方面的文件,要送给她看,有什么消息,随时可以同她联系,使她了解部队文艺工作情况,征求她的意见,使部队文艺工作有所改进。部队文艺工作无论是在思想性和艺术性方面都不要满足现状,都要更加提高。"这段文字对江青评价非常之高,实际上是把江青摆在部队文艺工作的太上皇的地位。这不只是政治观点的一致,更重要的是政治斗争中互相勾结的需要。

---

① 陈丕显:《陈丕显回忆录——在"一月风暴"的中心》,上海人民出版社2005年版,第45页。

　　江青对林彪也是利用和吹捧,她在《纪要》中吹捧林彪:"林彪同志主持军委工作以来,对文艺工作抓得很紧,作了很多很正确的指示","在林彪同志的领导下,部队文艺工作毕竟比地方好些。"1966年3月19日,江青给林彪写了一封信,表示"根据你的委托",举行的部队文艺工作座谈会议的纪要,几经修改已经完成。态度十分恭谨。信中还特别强调:"主席很重视,对纪要亲自修改了两遍,觉得可以了。我又改了一点,请你们斟酌。此件建议用军委名义,分送中央一些负责同志征求意见,请他们指出错误,以便修改。当然首先要征求军委各同志的意见。"

　　接到江青信后,3月22日,林彪就给军委各常委写了一封信,对这份《纪要》大加赞扬,给予极高的评价,称《纪要》"是一个很好的文件,用毛泽东思想回答了社会主义时期文化革命的许多重大问题,不仅有极大的现实意义,而且有深远的历史意义。""纪要中提出的问题和意见,完全符合部队文艺工作的实际情况,必须坚决贯彻执行,使部队文艺工作在突出政治、促进人的革命化方面起重要作用。"这份纪要在林彪的一番肯定之后,自然是顺利通过。4月10日,中共中央批准《纪要》。在炮制《纪要》的过程中,林彪和江青开始勾结起来。

　　"文化大革命"开始后,"中央文革小组"副组长江青希望插手军委的"文化大革命"事务,林彪为满足江青的权欲,不经军委常委会讨论,个人以军委名义下令,聘请江青为"全军文化工作顾问"。1968年3月,林彪又将江青的行政级别一下从九级提到五级。有人说林彪与江青的勾结,是江青主动去"勾结"林彪,所谓"请尊神",对林彪是不得已而为之,从上述林彪的表现来看,也并非完全如此。投桃报李,1967年底,由陈伯达、江青的推荐,叶群成了中央文革碰头会的成员。

　　两个集团的勾结和互壮声势在某些场合如群众大会讲话的场合,就相当公开而露骨。仅以1968年3月24日林彪在人民大会堂召开的军队干部大会讲话的纪录片段为例,就可以清楚地看出他们之间的关系:

　　当林彪讲到所谓"冲击中央文革"事件时,叶群马上带头呼口号:"誓死保卫中央文革! 拥护中央文革的正确领导!"

　　当林彪讲到代总参谋长杨成武"对中央文革是不忠诚的"时候,叶群马上高喊:"谁反对毛主席就砸烂谁的狗头! 誓死保卫江青同志! 反对对江青同志的迫害!"

　　江青也马上喊口号作为回报:"谁反对毛主席就打倒谁! 谁反对毛主席、林副主席就打倒谁!"林彪的大干将吴法宪带头回喊:"谁反对江青同志就打倒谁!"

　　姚文元也随即高呼:"谁反对毛主席就打倒谁! 谁反对林副主席就打倒谁!"吴法宪又喊:"誓死保卫江青同志,向江青同志学习! 向江青同志致敬!"江青回报以:

"向同志们致敬！伟大的人民解放军万岁！"

林彪还在讲话中吹捧江青："很显然，江青同志是我们党内的女同志中间很杰出的同志，也是我们党内干部中间很杰出的一个干部，她的思想很革命，她有非常热烈的革命情感，同时，很有思想，对事物很敏感，很能看出问题、能发现问题并采取措施。过去由于她多年身体不好，所以大家不了解她，在这次文化大革命期间就看出她伟大的作用。她一方面是忠实执行毛主席的指示，在另一方面她有很大的创造性，能够看出问题、发现问题。文化革命中间树立了许多丰功伟绩。固然是毛主席的英明领导，中央文革同志的努力，党中央同志的努力，但是她有她独特的作用，她始终站在这个运动的最前线。"叶群马上喊口号："江青同志是坚定的无产阶级革命家！谁整江青的材料罪责难逃！誓死保卫江青同志！毛主席万岁！毛主席万万岁！"①

两伙人互相配合，或在讲话中赞扬对方，或领导群众高呼口号，气氛可谓热烈感人。从这一互相声援致意的热闹场面，可以看出两个集团之间互相勾结、支持，狼狈为奸的一面。

林彪作为毛泽东的接班人被写进党章，也与他本人跟江青、张春桥勾结，得到江青一伙的支持是分不开的。为回报林彪的捧场、抬举，江青也全力发挥自己的作用。

1968年10月17日中共八届十二中全会讨论党章时，江青提出，"林彪同志很有无产阶级革命家的风度。""他那样谦虚，就应该写在党章上。""作为接班人写进党章。"她进一步强调说："一定要写！"

1968年10月27日讨论党章时，江青仍然坚持主张要把林彪作为接班人写进党章。

1969年4月，在党的"九大"前夕召开的中央讨论修改党章的会议上，江青再一次力主将林彪的名字写进党章，她说："林彪的名字还是要写上，我们写上了，可以使别人没有觊觎之心，全国人民放心！"②

张春桥更是利用合法形式，积极配合。1967年11月，毛泽东把修改党章的任务交给了上海。张春桥回到上海，便大造舆论："上海市广大党员和革命群众强烈

①　中国人民解放军国防大学党史党建政工教研室编：《"文化大革命"研究资料》中册，1988年版，第87—94页。

②　张耀祠：《张耀祠回忆毛泽东》，中共中央党校出版社1996年版，第113—114页。

要求在党章上写明林彪同志是毛泽东同志的接班人,以保证我们的党永不变修,永不变色!"于是,在张春桥负责起草的党章草案上,出现了党章从未有过的关于接班人问题的新规定。

1967年12月4日,经张春桥修改、签发的上海市革命委员会修改党章小组简报第九期写道:"大家强烈要求在新党纲、党章中,大树毛主席的绝对权威,进一步提高林彪同志的崇高威望。许多老工人说,有林副主席做毛主席的接班人,我们这些上了年纪的人可以放心了。"张春桥改定的这段话,重点显然在后面,即"大树"林彪的"崇高威望"。

1967年12月23日,经张春桥修改的上海市革命委员会修改党章小组简报第二十五期写道:"要求在党纲中进一步提高林副主席的崇高威望,有的同志说,林副主席捍卫毛泽东思想,像当年恩格斯捍卫马克思主义、斯大林捍卫列宁主义一样,林副主席的功绩是不可磨灭的。"

关于林彪的名字是否写进党章的问题,毛泽东考虑了一个晚上,最后对"写作班子"说:"既然大多数同志都同意,那就把林彪写进去吧。"[①]张春桥负责起草的这个党章草案不仅为毛泽东所接受,而且在中共"九大"上通过了。

1966年12月,在张春桥、姚文元的支持下,王洪文在上海创办了一份打着"工人阶级"旗号的报纸——《工人造反报》。由于张春桥、姚文元的重视,《工人造反报》一度发展成为上海的一份大报。从这份报纸上也可以看出两个集团的勾结。在经过张春桥、姚文元审阅的"创刊词"中,申明报纸的政治主张,其中有:"誓死保卫林副主席",提出"谁要反对林副主席,就砸烂他的狗头"。谁反对陈伯达、张春桥、江青、姚文元,"就是炮轰无产阶级司令部",就要"坚决镇压"、"坚决对他实行无产阶级专政"。据不完全统计,这份报纸存在四年多时间中,仅以社论、评论、署名文章等形式直接吹捧林彪、江青的文章有四十多篇,其中由张春桥、姚文元、王洪文自己署名的文章有18篇,他们吹捧林彪"一贯高举","最忠实、最坚定、最彻底、最勇敢",表白要以"林副主席为光辉榜样","誓死捍卫林副主席"。

从《中华人民共和国最高人民法院特别法庭判决书》中,我们可以看出林彪、江青集团勾结犯罪的事实:

第一,林彪、江青反革命集团共同策划颠覆政府,推翻我国人民民主专政,制造全面内战。1967年1月23日,林彪确定夺取党和国家领导权的方针说:"无论上

---

① 张耀祠:《张耀祠回忆毛泽东》,中共中央党校出版社1996年版,第115页。

层、中层、下层都要夺。有的早夺,有的迟夺";"或者上面夺,或者下面夺,或者上下结合夺"。同年 1 月 22 日,张春桥说:"我们对所有的权都要夺"。从 1967 年至 1975 年,张春桥多次宣称,"文化大革命"就是"改朝换代"。

第二,共同策划,大搞法西斯专政,制造许多冤案、假案、错案,扫除篡党夺权的障碍。许多坏事都是他们合伙干出来的,你中有我,我中有你。无论是操纵群众制造舆论,发动批判配合攻击,还是利用专案名义大搞逼供信,制造伪证,蒙骗中央方面,都是配合得相当协调的。如在林彪、江青集团共同诬陷下,刘少奇被迫害致死。他们还煽动死整老干部。"文化大革命"初期,林彪不止一次地说:这次运动"就是一个批判干部的运动"。"现在的革命是革我们原来革过命的命。"1967 年 1 月 23 日,林彪在大区书记会议上叫嚷:"对老干部,有的要烧,有的要烧而不焦,坏的是烧焦。"1967 年 4 月,张春桥叫嚣:"文化大革命主要是批老干部,解决老干部的问题,无论是谁都逃脱不了。"他们煽动"打倒一切"、"改朝换代",把群众运动的烈火引向广大老干部,严重破坏了党的干部政策。

第三,煽动反军乱军,企图使中国人民解放军完全受他们的控制。1967 年"揪军内一小撮"就是林彪、江青反革命集团共同谋划的。他们在中国人民解放军中制造了大批冤案,使 8 万多人遭到诬陷迫害,1 669 人被迫害致死。

九大以前,林彪与江青一伙虽以互相勾结共同作恶为主,但此时暗中钩心斗角,互搞小动作的事已在不断发生。例如,江青找林彪支持"样板戏",林彪采取了躲的态度。先是躲到北戴河,听说江青要来北戴河,又慌忙飞去江西。秘书们曾慨叹:"一个副统帅,让个女人撵得到处跑!"

当毛泽东带着张春桥到苏州去看林彪,问林彪怎样才能防止"出修正主义"时,林彪的回答是:还是要靠黄、吴、李、邱这些从小"跟着毛主席干革命"的人,要"防止小资产阶级掌权",不管林彪的本意如何,在江青、张春桥、姚文元听来,矛头肯定是对着他们的。

1966 年,受张春桥、姚文元支持的上海军医大学的一派组织多次揪斗了邱会作。

1967 年邱会作在林彪出面保护下站稳脚跟,进入中央军委办事组后,又指使这个军校的另一派组织秘密搜集、整理张春桥的"反党言论"。

这种例子还有很多,恕不一一列举。"物以类聚,人以群分"。他们之间既不会有"文字协定",也没发表过"联合声明"。但是,共同的野心,决定了他们在某种政治气候条件下,必然会紧紧地抱成一团。林彪、江青集团正是"文化大革命"滚滚浊流中泛起的恶浪。

二、九大以后,钩心斗角,矛盾日重

九大以后,林彪集团和江青集团的关系逐渐由勾结利用为主转变为矛盾斗争为主,争权夺利的矛盾日益突出。

这两个集团在"打倒一切、全面内战"的动乱中都分别加强了各自的势力,两个反革命集团的骨干人物都如愿以偿地进入中央政治局和中央委员会。

林彪的"副统帅和接班人地位"写入了党章;林彪集团的五员大将:黄永胜、叶群、吴法宪、邱会作、李作鹏都进入了党的中央政治局;掌握军队实权的中央军委办事组,由林彪集团一手把持;林彪的一些亲信也进入了党的中央委员会,并把持了一部分地方政权,真可谓权势赫赫,不可一世。

江青集团也今非昔比:江青、张春桥、姚文元都进入了党中央政治局;他们的顾问康生当选为中央政治局常委;他们的一批亲信和骨干进入中央委员会,造反起家的王洪文当上了中共中央委员。

但林彪的权势仍然超过江青集团,因为江青领导的中央文革小组在九大后已不复存在了。关于中央文革小组的取消,毛泽东在 1969 年 3 月间在谈到九大的文件时说:"中央文革不要加了,是管文化革命的。文化革命快要结束了,用常委。"①在九大通过的新党章中,原来由康生主持起草的修改草案中规定"设立在无产阶级文化大革命中产生的中央文革这样的机构",毛泽东在审阅时把它改为"设立若干必要的精干的机构"。②在毛泽东的心目中,已经进行了三年的"文化大革命"该准备收尾了,他考虑在适当时候召开第四届全国人民代表大会,制定第三个国民经济发展五年计划,把局势逐步纳入正轨。

中央文革小组的取消,江青集团的主要成员,除任政治局委员外,在中央政府和军队中没有任何职务,再也不能与中共中央、国务院、中央军委并列发号施令了。江青后来发牢骚说:"自九大以后,我基本上是闲人。"③直至 1970 年 11 月,成立中

---

① 毛泽东同中央文革碰头会成员谈话记录,1969 年 3 月 3 日。逄先知、金冲及主编:《毛泽东传》(1949—1976),中央文献出版社 2003 年版,第 1156 页。

② 毛泽东对《中国共产党章程(草案)》送审稿的修改,手稿,1968 年 10 月 14 日。逄先知、金冲及主编:《毛泽东传》(1949—1976),中央文献出版社 2003 年版,第 1156 页。

③ 江青给毛泽东的信,1974 年 11 月 19 日。逄先知、金冲及主编:《毛泽东传》(1949—1976),中央文献出版社 2003 年版,第 1157 页。

央组织宣传组,江青集团才重新获得一块公开合法的活动阵地。两个集团都为实现篡夺党和国家的最高权力的同一目标展开了新一轮的互相勾结、互相利用和互相争夺,他们不可避免地在"权力再分配"问题上产生矛盾。

九届二中全会之前,林彪集团与江青集团之间的矛盾激化,明争暗斗,互相倾轧。特别是原属江青集团的陈伯达倒向林彪集团一边,更是火上浇油。张春桥嘲笑黄永胜:"是个大老粗,什么也不懂。"①林彪在同陈伯达、黄永胜、吴法宪会面时说:"张、姚不过是无名小卒,不知是从哪里冒出来的,也没有做过什么大的,不过是个小记者"。②张云生的《毛家湾纪实》中曾写到林彪与江青的矛盾。有人看后以为是在美化林彪,其实不然。林彪与江青之间的根本矛盾当然离不开由谁来控制最高权力、控制军队、主宰中国这个核心问题。

在党的九大选举中央委员会时,双方各自策划,少给对方投票。林彪、叶群还布置同伙少投江青、张春桥等人的票。黄永胜说,要给这些"红人""扫扫面子"。结果选中央委员时,江青少了 6 票。据邱会作的儿子萧光说,邱会作就是不投江青票的六人之一。江青气得要查票,毛泽东说,不要查,党的代表大会历来没有这种做法。事情才算了结。而张春桥、姚文元所在的华东组也有人不投叶群的票,叶群怀恨在心。这说明两个集团之间的斗争已经开始表面化了。

九大后不久,1969 年 9 月,林彪到江西省视察。他在讲话时说:在中国,小资产阶级可能把权抢走,要防止小资产阶级抢权,现在就要注意。他还明确说:据我看,上海就是小资产阶级掌权。地方上的负责人虽然不一定都了解两个集团之间的关系,但对作为毛泽东接班人的林彪还是相信的,故误以为是他传达了中央的"新精神"。他的党羽更是把他的话奉为圣旨。《江西日报》很快就发表了反对小资产阶级抢权的文章,并编印了马克思主义经典作家有关小资产阶级的一些语录。《福建日报》也发表了贯彻林彪讲话精神的社论。其他地方也有类似的举动。对这些社论文章的矛头所向,江青等人心里当然是明白的。

为了标榜谁在理论上"正确",他们也发生了争论。为了证明自己是"真正的马克思主义者",林彪一贯表现出在理论上标新立异,独树一帜。他在 1968 年党的八届十二中全会发言中,曾把中国的"文化大革命"与欧洲中世纪的"文艺复兴运动"

---

① 逄先知、金冲及主编:《毛泽东传》(1949—1976),中央文献出版社 2003 年版,第 1157 页。

② 访问吴法宪谈话记录,1983 年 11 月 18 日至 25 日。逄先知、金冲及主编:《毛泽东传》(1949—1976),中央文献出版社 2003 年版,第 1558 页。

相比较。林彪的本意是要拔高赞扬"文化大革命",赋予它在人类历史发展上以重要地位。可是,江青为标榜自己是真正的"革命左派","真正的马克思主义者",她认为把资产阶级的文艺复兴运动同无产阶级的"文化大革命"类比,是贬低了无产阶级,下令缩小对林彪讲话的传达范围。江青抓住了这个问题,并在林彪讲话上面做了一些批示。她把这个附有她批示的林彪讲话,送给了林彪,说如果林彪同意,请林彪把她对林彪讲话做的批语转毛主席。林彪批了请政治局讨论过后呈主席批示,毛泽东未予批准。

1969年秋林彪在苏州时,江青寄去一包材料,让林彪表态支持。其中有江青致林彪短信一封,另有两份材料。一份是江青致全党的关于文艺问题的长信,信中把"文化大革命"前17年文艺界说得一无是处。另一份是致全党信的附件,题为《周扬鼓吹文艺复兴的一些言论》,借批判周扬之名,指桑骂槐地批判林彪在八届十二中全会上将"文化大革命"与欧洲中世纪的"文艺复兴运动"相比较的论点。林彪将江青送来的材料压下,不予理睬,江青自然极为不满。后来江青来找林彪,他们发生了冲突。除了让叶群赶江青走那次外,还有一次他还扬言要找枪,要"毙了她"!江青抓住林彪关于"文艺复兴"的讲话,居心叵测,确实想借这些小动作抬高自己,以实现自己梦寐以求的当"女皇"、当"中央主席"的野心。林彪之所以讨厌江青恨江青,也与江青老想证明他在"理论上有问题"、"不是真正的马克思主义者"这一决定升降去留,生死存亡的要害问题不无关系。[①]

既要篡权,没有枪杆子当然不行。"军队听不听话"和"听谁的话"自然也就成了矛盾焦点之一。张春桥私下曾不无忧虑地说:"我们只有笔杆子,没有枪杆子","最担心的是军队不在我们手里。"[②]

江青想抓军队,想插手军队的"文化大革命",处处受到"干扰",开始她以为是黄永胜在搞鬼,曾多次卡黄永胜。最典型的一例就是江青坚决反对黄永胜作为中国党政军代表团团长出访阿尔巴尼亚。应阿尔巴尼亚劳动党中央委员会和阿尔巴尼亚政府的邀请,中国将派出党政军代表团前去参加阿尔巴尼亚解放二十四周年庆祝活动和进行友好访问。在八届十二中全会结束以前,中央文革碰头会确定黄永胜率中国党政军代表团出国。代表团成行前夕,江青突然提出异议,坚决反对黄永胜出访。理由简单而粗暴:他不配!为此,两个集团之间气氛紧张,直到周恩来

---

① 官伟勋:《我所知道的叶群》,中国文学出版社1993年版,第210—213页。

② 金春明:《四人帮浮沉记》,辽宁人民出版社1997年版,第138页。

出面斡旋,毛泽东点头让黄永胜出访,江青才作罢。江青自然知道,黄永胜后面还有人,是叶群,在她看来叶群自然与林彪有关了。卡黄永胜,其矛头对着的还是林彪。

两个反革命集团之间在争夺最高权力上明争暗斗,相互利用,尔虞我诈。两个集团既有相同之处,也有区别。

相同之处表现在:

第一,主要成员都是窃据高位,或文权在手,或武权在握,他们可以利用他们的地位和权力,采取合法的和非法的、公开的和秘密的、文的和武的等各种手段进行反革命活动。

第二,在组织上,主犯中的不少人曾经是党和国家领导人,以封建的人身依附关系结成帮派体系,加上某些法西斯的纪律来维系的。

第三,两个反革命集团都产生于"文化大革命"的特殊历史条件下,利用了党的错误进行反革命活动。

林彪、江青两个反革命集团的区别主要有三点:

第一,江青利用特殊身份,传达"最高指示",代领袖立言,从而增加了其反革命集团的能量;林彪则以"语录不离手,万岁不离口"出现在群众中,标榜自己最忠于、最紧跟毛泽东的。

第二,江青集团有理论伪装,他们都摆出一副马克思主义"理论权威"的面孔,搞了一套极左的假马克思主义"理论",欺骗蒙蔽不少人。其理论主要有无产阶级专政下继续革命的理论、文艺黑线专政论、打碎国家机器论、批"唯生产力"论、民主派即走资派论及党内资产阶级论。林彪集团尽管也搞一些"理论",但他们毕竟是一些搞"枪杆子"出身的,没有江青一伙搞出的"理论"系统和完备,他们从事反革命活动的重点是侧重于武装叛乱上。

第三,林彪集团的主要势力在军队,搞"大小舰队",林彪的反革命政变纲领《"571工程"纪要》写得十分清楚:"联合舰队"是这个反党集团的"基本力量"。他们企图谋害毛泽东,发动武装政变,抢班夺权。江青集团则把触角伸向社会的各个角落,在北京、上海、辽宁等地建立了秘密联络点,结成全国性帮派体系。这批人虽然数量不多,但能量颇大,其中不少人篡夺了一些地区、部门的领导权。

正如1981年的最高人民法院特别法庭判决书中所说:"林彪反革命集团和江青反革命集团都各自图谋夺取党和国家的最高权力,它们在结成联盟的同时,又有尖锐的矛盾。"它们之间的矛盾在九届二中全会前后全面爆发。

第三节　庐山上风云突变　毛泽东和林彪的矛盾尖锐化

在 1970 年 8 月的九届二中全会前后,林彪集团就设立"国家主席"和"称天才"两个问题突然发难,与江青集团展开了正面冲突,并导致了与毛泽东的矛盾尖锐化,毛泽东下决心抓住了这一时机,解决他们在党内"搞宗派活动"的问题,击破其阴谋。

一、"设国家主席"和"称天才"问题的争论

在修改宪法的过程中,围绕着要不要设国家主席的问题,毛泽东和林彪发生了一场直接的争执。

1970 年 3 月 8 日,毛泽东提出召开四届人大和修改宪法的意见,同时提出关于改变国家体制,不设国家主席的建议。这是毛泽东第一次提出不设国家主席。政治局通过了毛泽东的提议。

3 月 9 日,中央政治局遵照毛泽东的指示,开始了修改宪法的准备工作。3 月 17 日,中央政治局就修改宪法的指导思想和修改宪法中的一些原则性问题向毛泽东等写了《关于修改宪法问题的请示》,毛泽东批阅了这个请示:"同意第一项所提修改问题的意见。"①这里也包含同意不设国家主席。

3 月 17 日至 20 日,中央召开工作会议,讨论召开四届人大和修改宪法问题。到会同志拥护毛泽东关于召开四届人大、修改宪法的意见和不设国家主席的建议。3 月 18 日,中央工作会议秘书组根据各组简报整理的"关于修改宪法问题的意见"材料中写道:"同意《关于修改宪法问题的请示》这一文件。并提出了下列补充意见:关于设不设国家主席问题,七个组的多数同志,同意《请示》中提出的意见,不设国家主席","按照全国、全党、全军的共同愿望,都是希望毛主席当国家主席,林副主席当国家副主席,但大家一致拥护伟大领袖毛主席关于不设国家主席的指示,认为这样更能体现党的一元化领导"。

为了扭转这种形势,4 月 11 日,林彪从苏州通过电话向在长沙的毛泽东提出关于设立国家主席问题的三条建议,这个电话记录同时传给中央政治局。林彪提

---

①《建国以来毛泽东文稿》第 13 册,中央文献出版社 1998 年版,第 85 页。

出的三条建议是：

"一、关于这次'人大'国家主席的问题，林彪同志仍然建议由毛主席兼任。这样做对党内、党外，国内、国外人民的心理状态适合。否则，不适合人民的心理状态。

二、关于副主席问题，林彪同志认为可设可不设，可多设可少设，关系都不大。

三、林彪同志认为，他自己不宜担任副主席职务。"

4月12日，周恩来主持中共中央政治局会议，讨论林彪关于要毛泽东兼任国家主席的意见。多数政治局成员同意由毛泽东担任国家主席，并将讨论意见向毛泽东请示报告，毛泽东当日就予以批示："我不能再作此事，此议不妥。"①吴法宪和李作鹏在宪法工作小组会上，提出写上"国家主席"一章。因而当时中共中央办公厅印发的宪法修改草案讨论稿有设国家主席和不设国家主席两种方案。

4月下旬，毛泽东第三次提出他不当国家主席的意见。他说：孙权劝曹操当皇帝。曹操说，孙权是把他放在炉火上烤。我劝你们不要把我当曹操，你们也不要做孙权。毛泽东这一次坚持他的意见，已经与前两次有很大的不同，已经超出了修改宪法关于设不设国家主席问题讨论的本来含义，有点怀疑别人建议他当国家主席是另有所图，别有用心了，话中还带有指出分裂危险的深刻含义。

5月中旬，林彪与吴法宪谈话，继续坚持设立国家主席的主张，他说：不设国家主席，国家没有一个头，名不正言不顺。林彪要吴法宪和李作鹏在宪法工作小组会上，提出写上国家主席一章。②林彪此时的理由，已经改变了以前"不适合人民的心理状态"的说法，而具有了对抗性，其实质是指责毛泽东正在制造"名不正言不顺"的政治局面。

叶群在1970年5月赋词一首，内有"将相奋起卫红旗"一句。她说："这是警句。我们有相也有将，相就是陈伯达，将就是黄、吴、李、邱。现在相和将要一起奋起，保卫林副主席。"③叶群的话，既说出林彪集团已经面临某种危机的现实形势，也说明了林彪集团的确已经形成一股势力，这股势力绝不是一般的力量，而是"有相也有将"。这一讲话还提出了林彪集团的一项新的任务：在设立国家主席问题上

---

① 《建国以来毛泽东文稿》第13册，中央文献出版社1998年版，第94页。

② 中共中央党史研究室著：《中国共产党历史》（第二卷1949—1978），中共党史出版社2011年版，第836页。

③ 钱钢：《反革命野心把林彪一伙拴在一起》，《历史的审判》上，群众出版社2000年版，第409页。

与毛泽东尖锐对立,用斗争的形式来保卫林彪未来的政治地位,这是林彪与毛泽东尖锐对立的一个重要标志。

据林彪的秘书回忆:"1970年夏天,毛家湾的待客热有一个很窄的范围。说来说去就是这些人:从陈伯达到黄、吴、李、邱。他们相聚的时间大都在晚上,力图避开钓鱼台方面的注意。例如陈伯达到毛家湾来,通常是从钓鱼台出发后,先在市内其他地方兜兜圈子,然后再转向毛家湾。……这类事情多起来以后,我们在旁看热闹的工作人员们也就慢慢明白了:九大前夕开始形成的两个新的营垒,已经阵线分明了。……7月的一天,叶群从外面开会回来,趾高气扬地在秘书们面前流露说:'政治局开会讨论四届人大问题,争论可激烈啦! 我站在多数一边,那个少数孤立了。'从我们接触到的一些蛛丝马迹中可以判断出,所争论的问题中心是如何对待毛主席的问题。"①

7月中旬,在中央修改宪法起草委员会开会期间,毛泽东第四次提出不设国家主席,说设国家主席是形式,不要因人设事。

8月初,叶群打电话对吴法宪说:林彪的意见还是要坚持设国家主席,你们应在宪法工作小组提议写上这一章。

1970年8月13日的宪法工作小组会议,吴法宪因为"天才地、全面地、创造性地"这"三个副词"问题和康生、张春桥发生了争吵。

早已知道毛泽东反对提"三个副词"的张春桥提出这三个副词在宪法中可以不写了,并且说这三个副词"是讽刺"。对张春桥积怨甚深的吴法宪立即激烈反驳,给张春桥扣上否定八届十一中全会公报的帽子,并提出"要防止有人利用毛主席的伟大谦虚贬低毛泽东思想"。

一个并不是搞理论工作的职业军人却同一位号称"理论权威"的政客,争论一个理论性很强的问题,表面上看似乎很奇怪,其实并不突然,这恰恰是两个集团之间矛盾冲突的反映。会上没有发言的陈伯达,会后却给吴法宪鼓劲,夸他"能坚持原则,风格很高"。这次直接冲突终于引发了九届二中全会上两个集团的摊牌。吴法宪将争吵情况通过黄永胜报告叶群和林彪。叶群打电话对吴法宪说:"林总说,吴胖子(指吴法宪)抓住了眼镜(指张春桥)的辫子,放了一炮,说得对,干得好,有功。"②

---

① 张云生:《毛家湾纪实——林彪秘书回忆录》,春秋出版社1988年版,第382—385页。
② 邵一海:《林彪9·13事件始末》,四川文艺出版社1996年版,第57页。

8月14日晚,政治局会议讨论宪法草案定稿。事前,叶群打电话给陈伯达、黄永胜,要他们准备论天才问题的语录,准备和张春桥、康生斗争。但张、康在会上出乎意料地默不作声,结果宪法草案没经任何争论就通过了。林彪一伙准备的语录没有派上用场。

客观地说,设立或不设立国家主席,完全是一种具体的政治体制问题,是可以充分讨论的,并不涉及反党,甚至反革命问题。毛泽东主张不设,并不等于最后决定,况且全会的主要议程就是讨论修改宪法,更可以允许有不同意见。设国家主席与否,是国家体制的一个重要问题,在一定范围内提出几种建议,并进行酝酿、讨论,是无可非议的。一些同志考虑到中国的政治传统,特别是新中国成立以后一直设立国家主席,已成为我国政治体制的重要组成部分,符合各族人民的习惯和愿望,因而坚持设国家主席,这本是无可厚非的。

法学家张友渔在1982年说:"设立国家主席是我国1954年宪法规定的重要制度,在十年动乱不正常的情况下,把设主席的规定全取消了……本来,对国家制度来说,对内对外代表国家的国家主席是不可缺少的。"

王德祥在《试论我国国家主席制度》一文中也说:"从1966年之后,由于十年内乱,国家主席被迫停止了活动,当时担任国家主席的刘少奇同志被迫害致死。1975年修改《宪法》时,正式取消国家主席的设置,使我国元首制度处于不明确状态。粉碎'四人帮'以后,1978年《宪法》仍然坚持不设国家主席的决定。这两部《宪法》在设置国家主席问题上的指导思想都是不妥当的,因为它要把国家主席看作一种人为结果,这就不能不给我国机构的设置带来消极的影响。"

1982年第五届全国人民代表大会第五次会议通过的《中华人民共和国宪法》恢复设立国家主席和副主席,这对健全国家体制是十分必要和有意义的,也比较符合我国各族人民的习惯和愿望。

然而,在"文化大革命"这种不正常的年代,在那种特殊的历史条件下,本属正常的问题却成为一场政治斗争的导火线。这场争执表面看起来是关于国家体制的意见分歧,实质上是一场政治斗争。

毛泽东之所以要取消国家主席的设置,并不是从国家体制的角度认为不应该有国家主席,实际上,在1954年第一届全国人民代表大会宪法规定设立国家主席,对中国为什么要设立国家主席,毛泽东曾说过:"我们中国是一个大国,叠床架屋地设个国家主席,目的是为使国家更加安全。有议长,有总理,又有个主席,就更安全些,不至于三个地方同时都出毛病。""设主席,在国务院与全国人大常委会之间有个缓冲作用。"①

此时,毛泽东不赞成设立国家主席是出于政治上的种种考虑。毛泽东在1959年第二届全国人民代表大会之后就不再担任国家主席,由刘少奇担任。事隔十余年,他更不愿意再就任此职,造成他想恢复原职的误解。但若由其他人担任,则在党的主席之外,又有一个主席,刘少奇的前车之鉴,不能不考虑。而抓住设国家主席和"称天才"问题反击林彪集团,也是毛泽东意欲削弱林彪集团势力的手段。

江青、张春桥等人在"称天才"等问题上和林彪一伙发生了激烈的争吵,并非如后来他们标榜的"反林有功",而是借堂皇的题目作卑劣的文章,他们的一切活动都是为了各自集团的利益。

正因为上述因素的存在,这场争执才演变成为严重的政治冲突,一直到林彪集团彻底垮台。

林彪为何提出要设立国家主席?林彪是否想当国家主席?这是研究林彪集团不可回避的两个问题。

国外有的研究者认为,在中国的政治体制下,"国家主席一向是个无足轻重的虚职"②、"一个没有实权的礼仪性的职位"③。这种看法是不确切的。中国的国家主席所拥有的权力既不等同于现代君主政体下国家的君主,现代君主的权力是有限的,甚至是虚位的国家元首,只是拥有礼节性程序上的象征权力;也不等同于现代共和制政体下的国家总统,许多国家总统是实权元首,行使掌握国家最高行政权。中国的国家主席的权限介于两者之间。

1954年第一届全国人民代表大会第一次会议制定的《中华人民共和国宪法》,对于国家主席的权限有详尽的条文。兹照1954年第10期《新华月报》所载《宪法》第二章第二节原文,转录于下:

第二章　第二节　中华人民共和国主席

第四十条　中华人民共和国主席根据全国人民代表大会的决定和全国人民代表大会常务委员会的决定,公布法律和法令,任免国务院总理、副总理、各部部长、各委员会主任、秘书长,任免国防委员会副主席、委员,授予国家的勋章和荣誉称

---

① 《王汉斌细说修宪》,《中华儿女》2003年第3期。
② 孙万国:《古有窦娥,今有林彪》,《明报》,1996年第7期。
③ [美]R.麦克法夸尔、费正清:《剑桥中华人民共和国史——中国革命内部的革命》(1966—1982年),中国社会科学出版社1992年版,第326页。

号,发布大赦令和特赦令,发布戒严令,宣布战争状态,发布动员令。

第四十一条　中华人民共和国主席对外代表中华人民共和国,接受外国使节;根据全国人民代表大会常务委员会的决定,派遣和召回驻外全权代表,批准同外国缔结的条约。

第四十二条　中华人民共和国主席统率全国武装力量,担任国防委员会主席。

第四十三条　中华人民共和国主席在必要的时候召开最高国务会议,并担任最高国务会议主席。

最高国务会议由中华人民共和国副主席、全国人民代表大会常务委员会委员长、国务院总理和其他有关人员参加。

最高国务会议对于国家重大事务的意见,由中华人民共和国主席提交全国人民代表大会、全国人民代表大会常务委员会、国务院或者其他有关部门讨论并作出决定。

从以上条文中可以看出宪法赋予国家主席的权力,是相当广泛并具有很大权威的。因此,国家主席并非是"虚职"或"礼仪性的职位"。

中华人民共和国第一任主席是毛泽东。1958 年 12 月 10 日,中国共产党八届六中全会同意毛泽东的建议,他不作下届中华人民共和国主席候选人。毛泽东主要出于中央主要领导人划分为一线和二线的考虑,同时担任国家主席,必须参加大量的国际事务活动,有些是"形式"性的事务,而他不担任国家主席的职务,专做党中央的主席,可以更能够集中精力来处理党和国家的方针、政策、路线的问题,也有可能腾出较多时间,从事理论工作,这并不妨碍他对于国家工作继续发挥领导作用。

1959 年 4 月,第二届全国人民代表大会第一次会议选举刘少奇担任中华人民共和国主席。毛泽东在 1961 年针对中共中央主席与国家主席的关系发表过重要谈话。他说:"前年,中华人民共和国主席改名换姓了,不再姓毛名泽东,换成姓刘名少奇,是全国人民代表大会选出来的。以前,两个主席都姓毛,现在,一个姓毛,一个姓刘。过一段时间,两个都姓刘。要是马克思不请我,我就当那个名誉主席。"[1]这一谈话表明由刘少奇担任国家主席,并设立名誉主席,是将权力平稳过渡到"接班人"手中的重要措施。

---

① 熊向晖:《毛泽东主席对蒙哥马利谈"接班人"》,《新中国外交风云》,世界知识出版社1990 年版,第 55 页。

1964年12月下旬至1965年初,在第三届全国人民代表大会第一次会议上,刘少奇又一次当选为国家主席。1969年刘少奇惨遭迫害致死之后,国家主席空缺。此后,某些需要国家元首的场合由国家副主席董必武以"代主席"身份出现。这种状况只能暂时维持,国家主席的空缺是需要填补的。

谁继任国家主席呢?按照当时的政治形势,只有两人可担此任:要么毛泽东,要么林彪。林彪一伙企望林彪能当上国家主席,而且看来唯有他可能当选国家主席。毛泽东早在1959年他66岁时便辞去国家主席之职,1958年就提出不当国家主席,岂会在1970年他77岁时重新出任!如果毛泽东不当国家主席,则非林彪莫属了!

国家主席所拥有的权力对林彪来说,是否是可有可无的?林彪为什么要抓住国家主席问题发难?这是因为:

第一,林彪虽然为"接班人"、"副统帅",但他的权力还是有限的。

1966年八届十一中全会后,林彪虽然成为党内"二把手"和唯一的中共中央副主席,在中共九大上,林彪的接班人的地位已明文载入党章,不过,这个副主席之职,还填补不了林彪的权欲。实际上,党的副主席并没有多大实权:毛泽东是党的威望无比的领袖,一切党的重大事务必须由毛泽东拍板;至于在政府内,自1954年起,林彪即任国务院副总理,受周恩来领导。即使在1959年林彪取代彭德怀主持中共中央军委工作以及1966年成为党的唯一副主席后,其行政职务仍是副总理兼国防部长,在总理周恩来之下。而且毛泽东对林彪的信任是有一定限度的。林彪作为接班人从来没有享受到像刘少奇那样大的权力。林彪对此是不满意的。叶群私下发牢骚说:林彪不就是个副主席、副总理、国防部长么!这么多年来就是这么多工作。如果能够担任国家主席,林彪可以在国家机构中获得一个与党内职务相应的位置。

第二,林彪认为毛泽东有改变接班人的想法。

林彪自己就说过:"我这个接班人是不保险的,不可靠的,现在是没有人,刘少奇不也当过接班人吗?"这说明领袖与"接班人"、接班人与非接班人的关系并不是固定的、永久的,即使成为"接班人",仍然可能出现变化。刘少奇的悲剧不能不深深地铭刻在林彪的心中。

九大期间,使林彪焦虑和猜疑的问题更多。在推举大会主席时,会场上曾经出现过非常耐人寻味的一幕。毛泽东突然说:"我推荐林彪同志当主席。"林彪毫无准备,但他立即说:"伟大领袖毛主席当主席。"毛泽东随即提出更新的建议:"林彪同志当主席,我当副主席,好不好?"①虽然毛泽东继续担任大会主席,但他这一极其特殊的举动,对林彪、也对会议的全体代表产生极其复杂的政治影响。

九大党章取消了八大党章设立名誉主席的规定,这表明毛泽东已经改变了八大党章上所安排的自己到适当的时候不再担任中共中央主席,担任名誉主席来解决"接班人"过渡问题的一些措施,说明只要毛泽东在世,林彪不可能通过毛泽东退居二线的形式直接"接班"了。林彪显然意识到了这一点。九大期间,毛泽东就"接班人"的问题与林彪谈过话,毛泽东对林彪谈到,你年纪大了以后谁来接班,曾提到张春桥的名字。②毛泽东关于张春桥也可以接班的话,林彪绝不会对此无动于衷。他认为毛泽东有改变接班人的意图。种种迹象使林彪意识到江青、张春桥等人的势力发展有超越自己的趋势。

正如1981年1月,特别法庭《判决书》指出的:"1970年,林彪意识到江青、张春桥等人的势力的发展有超越自己的趋势,图谋提前'接班'。"林彪集团成员李伟信1971年10月13日的笔供也承认:林彪一伙分析由张春桥代替林彪的可能最大,一定要把张春桥搞掉。叶群曾说,九大以后,"在苏州,他转氨酶高,我们俩人都哭了。他哭政治上的,我哭主要是政治上的,加上责任上的"。③从叶群的话中,已经相当深刻地表现出林彪对自己在未来的政治生活中的地位有可能改变而惶恐不安的精神状态。毛泽东取消国家主席的建议在林彪看来,再次证明了"我这个接班人是不保险的,不可靠"的分析。毛泽东决定不设国家主席,说明他要改变"接班人"先担任国家主席职务的这样过渡办法。这一建议更为直接地改变了应该由"接班人"林彪担任国家主席的安排。也意味着取消了林彪未来接班的过渡手段和法律保障,还意味着毛泽东对林彪判断的不确定性。

第三,林彪集团的真实意图确是希望林彪担任国家主席。

林彪本人是否想当国家主席,这一直是研究中争论不休的问题。虽然没有资料证明林彪本人直接表达过想当国家主席,但林彪集团的言行是最好的注脚。从表面上看,林彪一反一贯紧跟毛泽东的做法,在毛泽东明确表示不设国家主席后,他仍坚持建议毛泽东担任国家主席,但实际上林彪是别有用心。

---

① 席宣、金春明:《"文化大革命"简史》,中共党史出版社1996年版,第203页。

② 王年一:《大动乱的年代》,河南人民出版社1988年版,第388页。

③ 《林立果窃听叶群与黄永胜的一次通话》,江波、黎青编:《林彪1959年以后》,四川人民出版社1993年版,第263页。

"九一三"事件爆发后,1971年11月14日,毛泽东在接见参加成都地区座谈会的同志时的谈话中,曾分析了林彪等人主张设立国家主席的用心:"那个司令部(指林彪集团,作者注)要我当国家主席是假,林当主席、林接班是真。也有一些人是真心要我当主席,和林彪不一样。有人说,我不当主席,老百姓通不过。我说:我不当主席有十几年了嘛。我这个人,同你们吹一吹是可以的,要我当国家主席,天天迎接外宾,迎来送往,什么国书啊,那一套,无非是催我见上帝。"

邱会作后来交代说:"我知道毛主席不同意设国家主席,也不愿意当国家主席,要是设国家主席,这职务肯定落在林彪身上。"

李作鹏则公开对别人说:林彪当国家主席,"比较合适","也能通得过"。

"九一三"事件后不久,1971年10月21日,吴法宪就设国家主席问题亲笔交代了四条:

"(一)一九七〇年四月中旬和下旬,主席两次告诫林彪不要再提设国家主席之后,五月中旬有一次我见林彪时,我问他对宪法修改有什么意见,他说:他主张要设国家主席,不设国家主席,国家没有一个头,名不正言不顺。林彪要我和李作鹏在宪法工作小组会上,提出写上国家主席一章。

(二)七〇年七月,叶群曾向我当面说过:如果不设国家主席,林彪怎么办,往哪里摆?

(三)七〇年八月初叶群打电话对我说:林彪的意见还是要坚持设国家主席,你们应在宪法工作小组提议写上这一章。

(四)七〇年八月廿一日在庐山,黄昏前叶群邀吴、李、邱去游仙人洞。叶群说:设国家主席还要坚持。我根据林彪、叶群的交代,八月廿三、廿四、廿五日先后同王秉璋、王维国、陈励耘等人讲过坚持设国家主席问题,对其中有些人还讲过不设国家主席林彪怎么办,往哪里摆。"

关于吴法宪供认叶群说"如果不设国家主席,林彪怎么办,往哪里摆?",现在吴法宪翻供说,这话是汪东兴说的,九一三以后的专案组逼迫他将此话安在叶群头上。吴法宪在《岁月艰难　吴法宪回忆录》写道:"(一九七〇年)八月二十日,我约江西省革命委员会主任程世清一道下(庐)山,一起去接中央和各省市来的人。程世清是东道主,我管飞机。我和程世清过去就很熟悉,所以在下山的路上他同我说起,前一天他陪毛泽东上庐山,汪东兴对他讲:'这次修改宪法,要坚持设国家主席,毛主席当国家主席,林副主席当国家副主席。如果不设国家主席,毛主席怎么当我们的国家主席呢?不设国家副主席,林彪同志往哪里摆?'我听到这句话感到很高兴,我想汪东兴传的话,就是主席的意思吧。这一下,我感到心里更有底了。这里我要特别声明一下,过去很多文件及文章都说,这句话是叶群亲自对我讲的,这根本不是事实。实际上,这句话是我从程世清那里听到的,是汪东兴传来的话。叶群从来没有对我说过这句话。这是一个多年的冤案,我要在这里更正一下。这里当然我有一定的责任,但历史就是历史。当年在'九一三事件'之后对我审查时,专案组为了收集林彪有'野心'的证据,千方百计地诱导我,非要我把这句话安到叶群的身上。我开始拒绝了,后来迫于他们施加的种种巨大压力,就顺从他们,说了违心的话。但我在当时写的材料上,对一些被逼出来的假话都做了记号,怕时间一长,自己也忘了。如果现在还能找到我当时写的材料,就会看到,我当时特地在这句话下面做了记号。"①"如果不设国家主席,林彪怎么办,往哪里摆?"这句话下面吴法宪的确做了记号。此话到底出自谁之口,已无从考证,但却能表达林彪集团的真实意图。

第四,以"天才论"、设"国家主席"为借口发难,可以赢得多数人的赞同,借机打击江青一伙的势力。

打击对林彪构成直接威胁的张春桥等人,以此来间接削弱毛泽东的力量,这在"文化大革命"的条件下,在人民对江青集团的不满与日俱增的情况下,是完全有可能被党内外所接受的。当时对江青集团不满的人很多,不只是林彪集团。事实上,许多和江青一伙有矛盾的人,当时有意无意地站到了林彪一边。林彪集团从打击江青、张春桥入手,应该是利用或至少是看见了这个局势。

林彪等坚持设国家主席,也并非坚持这种体制。林彪等在设国家主席问题上大做文章,主要是为了借此巩固其地位,并打击江青集团。因此,在当时的特殊的历史条件下,设国家主席和"称天才",成为林彪集团夺取党和国家最高权力的基本策略。

到了此时,林彪集团准备上庐山在九届二中全会上同张春桥再大斗一场。况且,党章上已确定林彪为毛泽东的接班人了,有资本,有力量来争一争了。筹备召开四届人大、修改宪法,是一次"权力再分配"的好时机,林彪若能如愿以偿,当上国家主席,不仅可以巩固他接班人的地位,同时也是对日益膨胀的江青集团的沉重打击。在九届二中全会上,假如指出张春桥是反"天才论",反毛主席的,利用参加会议的中央委员们对毛泽东的崇拜心理,那就肯定会赢得大多数人的赞同,一方面使

---

① 吴法宪:《岁月艰难 吴法宪回忆录》,香港北星出版社 2006 年版,第 788 页。

自己设国家主席的主张得到大多数人的拥护,逼毛泽东不得不在设国家主席问题上让步;另一方面可以借此打击张春桥。而一旦确立了国家主席制度,总理人选必须由国家主席任命,这样,张要当总理,必得通过林彪这一关,林彪就可以遏制他。况且,这种做法也就避开了同毛泽东发生直接对抗的可能。

二、九届二中全会上的冲突

毛泽东已觉察到这两个集团间的矛盾有所发展和林彪一再坚持设国家主席的用心所在,预感到在九届二中全会上可能会发生冲突。因此,在二中全会开幕前夕1970年8月22日晚的中央政治局常委会上,毛泽东强调:要把这次大会开成一个团结的、胜利的会,而不要开成分裂的、失败的会。[①]

在这次中央政治局常委会上,关于设国家主席问题,讨论中除毛泽东外,其他四名常委均提出,根据群众的愿望和要求,应实现党的主席和国家主席一元化,即在形式上有一个国家元首、国家主席。周恩来提出,如果设国家主席,今后接见外国使节等外交礼仪活动可由国家主席授权。康生说,设国家主席,这是全党全国人民的希望,我们在起草宪法修改草案时也这么希望,但又不敢违反主席关于不设国家主席的意见。处在这一矛盾中,我们感到压力很大。陈伯达说:如果这次毛主席再担任国家主席,将对全国人民是个很大的振奋和鼓舞。陈伯达讲后,林彪也附和。只有毛泽东坚持说:如果你们愿意要国家主席,你们要好了,反正我不做这个主席。

8月23日下午,九届二中全会正式开幕,林彪毕竟是一位"战略家",经过长时间的思考之后,他一反"主席拥护的你就拥护,主席反对的你就猛反对"的行为准则,正如在战争年代捕捉战机一样,林彪捕捉战机是非常敏感而快捷的,他敏感地抓住张春桥这一突破口。林彪采取主动进攻的姿态,用他惯用的推崇毛泽东的手法,发表了富有煽动性的讲话。

林彪着重讲了"元首"的问题:"这次宪法修改草案,表现出这样的特点:就是突出毛主席和毛泽东思想在全国的领导地位。肯定毛主席的伟大领袖、无产阶级专政元首、最高统帅的这种地位;肯定毛泽东思想作为全国人民的指导思想,是全国一切工作的指导方针。这一点非常重要,非常重要。用宪法的形式固定下来非常

---

① 中共中央文献研究室编:《周恩来年谱》(1949—1976)下卷,中央文献出版社1997年版,第387页。

好,非常好!可以说是宪法的灵魂。是三十条中间在我看来是最重要的一条。这条反映出我国革命经验中间最根本的经验。"

林彪还说:"这次宪法里面规定毛主席的领导地位,规定毛泽东思想是领导思想。我最感兴趣认为最重要的就是这一点。"林彪明知毛泽东反对设国家主席,明确表示自己不当国家主席,却换了一个名词,用毛泽东的"领导地位"、"元首"这样的称呼,实际上又把设国家主席这个问题尖锐地提了出来,已经把"元首"即国家主席的头衔强加给毛泽东。他还说:"这个领导地位,在国内、国外除少数极端反动分子以外也都承认。"

对林彪的这个讲话,毛泽东当场听了,没有任何表示,似要看事态的发展。

林彪发言后,康生表示对林的发言"完全同意,完全拥护",并提出,在要毛泽东当国家主席、林彪当国家副主席的问题上,"所有意见都是一致的"。"如果是主席不当(国家)主席,那么请林副主席当(国家)主席。如果是主席、林副主席都不当的时候,那么(国家)主席这一章就不设了。"①

林彪集团的成员陈伯达、叶群、吴法宪、李作鹏、邱会作等人在小组会上散发他们搞的恩格斯、列宁等称"天才"的语录,声称有人利用毛泽东的伟大谦虚,贬低毛泽东思想,并鼓动与会者要毛泽东任国家主席。在小组讨论过程中,林彪的讲话得到了绝大多数与会者的拥护。据说,二百多个中央委员和候补委员,只有毛泽东、江青、张春桥、姚文元等少数人没发言,其他人都发言了,而且都表示拥护。在讨论中,还有人提出宪法应写上毛泽东是国家主席,林彪是副主席。有的人发言中点了张春桥的名,有些人不点名地攻击江青。

陈伯达在华北组发言,他说:"我完全拥护林副主席昨天发表的非常好、非常重要、语重心长的讲话。林副主席说:这次宪法中肯定毛主席的伟大领袖、国家元首、最高统帅的地位,肯定毛泽东思想作为全国人民的指导思想。这一点非常重要,非常重要。"他还大谈"天才论",并引用吴法宪的话说,"这样的人要否定(八届十一中全会的)公报,要否定无产阶级文化大革命。""在毛主席亲自领导下,文化大革命取得了伟大胜利之后,有的人竟然怀疑文化大革命,是不是想搞历史翻案。我就提出这个问题。""我看这种否定天才的人无非是历史的蠢材。要赶快觉醒起来,阶级斗争的规律,是不以人们的意志为转移的"。他还手舞足蹈地边比划边说:"有的反革

---

① 中共中央文献研究室编:《周恩来年谱》(1949—1976)下卷,中央文献出版社 1997 年版,第 387 页。

命分子听说毛主席不当国家主席了,欢喜得跳起来了。"①

吴法宪在西南组的发言中说:"在这次讨论修改宪法中,有人竟说毛主席天才地、创造性地、全面地继承、捍卫和发展了马克思列宁主义'是个讽刺'。我听了气得发抖。""……要警惕和防止有人利用毛主席的伟大谦虚来贬低伟大的毛泽东思想"。吴法宪制造政治局内存在反对"贬低毛泽东思想"的尖锐斗争,可以借机打击对立面康生和张春桥等人,还可以树立林彪在新的形势下继续"最忠诚、最坚定地执行和捍卫毛泽东同志的无产阶级革命路线"的形象。

在中南组,叶群声泪俱下地说:"林彪同志在很多会议上都讲了毛主席是最伟大的天才,说毛主席比马克思、列宁知道得多,懂得的多。难道这些话都要收回吗?——坚决不收回,刀搁在脖子上也不收回!"②

这样,整个会议的气氛十分紧张,一些不明真相的人轻信了他们的发言,纷纷批判"贬低毛泽东思想"的人。在华北组讨论发言中,一位著名的科学家首先建议在宪法的第二条中增加毛主席是国家主席,林副主席是国家副主席。在毛泽东身边工作的汪东兴,也发言支持设国家主席。汪东兴说:"根据中央办公厅机关和八三四一部队讨论修改宪法时的意见,热烈希望毛主席当国家主席,林副主席当国家副主席。有的说不当国家主席可以减少些事务,如接见外宾等,事实上凡到中国来访问的外宾,绝大多数主席都接见了,主席不接见他就不走。主席的接见,影响是巨大的。""建议在宪法中恢复'国家主席'一章。毛主席当国家主席,林副主席当国家副主席。这是中央办公厅机关的愿望,是八三四一部队的愿望,也是我个人的愿望。"一些中央委员和候补中央委员还联名写信给毛泽东和林彪,拥护毛泽东当国家主席。

据大会秘书处印发的九届二中全会第六号简报,即"华北组会议第二号简报"(1970年8月24日)载:"大家热烈拥护林副主席昨天发表的非常重要、非常好、语重心长的讲话。认为林副主席的讲话,对这次九届二中全会具有极大的指导意义。""大家听了陈伯达同志、汪东兴同志在小组会上的发言,感到对林副主席讲话的理解大大加深了。特别是知道了我们党内,竟有人妄图否认伟大领袖毛主席是当代最伟大的天才,表示了最大、最强烈的愤慨,认为在经过了四年文化大

---

① 陈伯达在中共九届二中全会华北组汪东兴发言时的插话记录,1970年8月24日。逄先知、金冲及主编:《毛泽东传》(1949—1976),中央文献出版社2003年版,第1574页。
② 逄先知、金冲及主编:《毛泽东传》(1949—1976),中央文献出版社2003年版,第1575页。

革命的今天,党内有这种反动思想的人,这种情况是很严重的。这种人就是野心家、阴谋家,是极端的反动分子,是地地道道的反革命修正主义分子,是没有刘少奇的刘少奇反动路线的代理人,是帝修反的走狗,是坏蛋,是反革命分子,应该揪出来示众,应该开除党籍,应该斗倒批臭,应该千刀万剐,全党共诛之,全国共讨之。"①

林彪让秘书把华北组的简报念了两遍,说:"听了那么多简报,数这份有分量,讲到实质问题。"邱会作给在北京留守的黄永胜打电话说:"现在可热闹了,都动起来了。"林彪集团以为胜券在握,实际上高兴得太早了,他们忽略了决定性的因素是毛泽东的态度。

8月25日中午,江青率张春桥、姚文元到毛泽东的住处,向他反映了会议上发生的情况和"华北组会议第二号简报"引起的巨大反响。这次见面到底谈了什么,如何谈的,尚没有见到详细可信的材料,但有一点是很清楚的,就是毛泽东明确地站在江青、张春桥的一边。而态度最积极抢先发言登上简报,留下白纸黑字的"理论家"陈伯达,则作为出头鸟,成为首先被点名批评的对象。

8月25日下午,毛泽东要汪东兴立刻通知召开有各组召集人参加的中央政治局常委扩大会议。他先分别同林彪、周恩来、陈伯达、康生进行单独会谈。随后,他向到会的人宣布:刚才,我和几位常委商量,认为现在各组讨论的问题不符合全会原定的三项议程。②会议决定立即停止讨论林彪的讲话,收回被他称为"反革命简报"的"华北组会议第二号简报"。毛泽东在会上气愤地说:"设国家主席的事不要再提了,让我早点死,就让我当国家主席! 谁坚持,谁就去当,反正我不当!"他还对林彪说:"我劝你也不当国家主席!"③当面给了林彪一个警告。当晚,周恩来主持各大组负责人会议,传达了常委会的决定。

这样,会议的形势来了个180度的大转弯。林彪一伙顿时慌作一团,吴、叶、李、邱立即找小组秘书收回自己的讲话,已经写成简报的也不让印发上送,完全乱了阵脚。这样,林彪集团只能转攻为守,尽量把事往陈伯达身上推,上保林彪,下保自己。林彪试图稳住局面,他私下传话给吴法宪等:不要再坚持设主席了,也不要提"天才"了。当周恩来提出要吴法宪检讨时,林彪在暗中给吴法宪打气:"你没有

---

① 九届二中全会第六号简报,即"华北组会议第二号简报"。逄先知、金冲及主编:《毛泽东传》(1949—1976),中央文献出版社2003年版,第1576页。

②③ 逄先知、金冲及主编:《毛泽东传》(1949—1976),中央文献出版社2003年版,第1576页。

错,不要检讨!"①刚从北京来到山上的黄永胜也悄悄销毁了事先准备好的发言稿。在这一回合的较量中,林彪集团打了败仗。

从8月26日到30日的五天里,全会各小组一直休会,毛泽东、周恩来不分昼夜地找人谈话或开小会,进行调查研究。毛泽东心里大体明白了,他在陈伯达整理的那份论述"天才"的语录上,写下了一大段批语,在这个批语的抄清件上,他又加上了一个标题——《我的一点意见》,在全会印发,对陈伯达进行了严厉的批判。不久后陈伯达被定为"反党分子"。毛泽东《我的一点意见》批语全文如下:

这个材料是陈伯达同志搞的,欺骗了不少同志。第一,这里没有马克思的话。第二,只找了恩格斯一句话,而《路易·波拿巴特政变记》这部书不是马克思的主要著作。第三,找了列宁的有五条。其中第五条说,要有经过考验、受过专门训练和长期教育,并且彼此能够很好地互相配合的领袖,这里列举了四个条件。别人且不论,就我们中央委员会的同志来说,够条件的不很多。例如,我跟陈伯达这位天才理论家之间,共事三十多年,在一些重大问题上就从来没有配合过,更不去说很好的配合。仅举三次庐山会议为例。第一次,他跑到彭德怀那里去了。第二次,讨论工业七十条,据他自己说,上山几天就下山了,也不知道他为了什么原因下山,下山之后跑到什么地方去了。这一次,他可配合得很好了,采取突然袭击,煽风点火,唯恐天下不乱,大有炸平庐山,停止地球转动之势。我这些话,无非是形容我们的天才理论家的心(是什么心我不知道,大概是良心吧,可决不是野心)的广大而已。至于无产阶级的天下是否会乱,庐山能否炸平,地球是否停转,我看大概不会吧。上过庐山的一位古人说:"杞国无事忧天倾"。我们不要学那位杞国人。最后关于我的话,肯定帮不了他多少忙。我是说主要地不是由于人们的天才,而是由于人们的社会实践。我同林彪同志交换过意见,我们两人一致认为,这个历史家和哲学史家争论不休的问题,即通常所说的,是英雄创造历史,还是奴隶们创造历史,人的知识(才能也属于知识范畴)是先天就有的,还是后天才有的,是唯心论的先验论,还是唯物论的反映论,我们只能站在马列主义的立场上,而决不能跟陈伯达的谣言和诡辩混在一起。同时我们两人还认为,这个马克思主义的认识论问题,我们自己还要继续研究,并不认为事情已经研究完结。希望同志们同我们一道采取这种态度,团结起来,争取更大的胜利,不要上号称懂得马克思,而实际上根本不懂马克思那样

---

① 逄先知、金冲及主编:《毛泽东传》(1949—1976),中央文献出版社2003年版,第1576页。访问吴法宪谈话记录,1983年11月18日至25日。

一些人的当。

毛泽东看出这场风波与林彪有关,但他把批评集中指向陈伯达一人,对林彪仍不去触动,采取了保护的态度。在《我的一点意见》的手稿上最初有一句:"陈伯达摘引林彪同志的话多至七条,如获至宝。"①但在文件印发全会前,他又删去这句话,并把修改件给林彪看。②

1970年9月6日,党的九届二中全会闭幕。毛泽东要林彪主持闭幕会。这时,陈伯达已不在主席台上。

在闭幕会议上,毛泽东对党的路线教育问题、高级干部的学习问题、党内外团结问题作了重要指示。在讲到高级干部读马、列的几本书的问题时,他说:"现在不读马、列的书了,不读好了,人家就搬出什么第三版呀,就照着吹呀,那末,你读过没有?没有读过,就上这些黑秀才的当。有些是红秀才哟。我劝同志们,有阅读能力的,读十几本。基本开始嘛,不妨碍工作。""要读几本哲学史,中国哲学史、欧洲哲学史。一讲读哲学史,那可不得了呀,我今天工作怎么办?其实是有时间的。你不读点,你就不晓得。这次就是因为上当,得到教训嘛,人家是哪一个版本,第几版都说了,一问呢?自己没有看过。"在讲到党内外团结问题时,毛主席说:"不讲团结不好,不讲团结得不到全党的同意,群众也不高兴。""所谓讲团结是什么呢?当然是马克思列宁主义基础之上的团结,不是无原则的团结。提出团结的口号,总是好一点嘛,人多一点嘛。包括我们在座的有一些同志,历来历史上闹别扭的,现在还要闹,我说还可以允许。此种人不可少。你晓得,世界上有这种人,你有啥办法?一定要搞得那么干干净净,就舒服了,就睡得着觉了?我看也不一定。到那时候又是一分为二。党内党外都要团结大多数,事情才干得好。"③

主持会议的林彪最后简单地说了几句:"这个会议整个进程中间都是主席亲自指导的。会议过程中间出现的问题,主席很敏锐地发现了,顺利地解决了。这个会,可能成一个是团结的会,还是个分裂的会?经过主席的这种指导,依然变成了一个团结的会,胜利的会。"④

---

① 毛泽东:《我的一点意见》,手稿,1970年8月31日。转引自:逄先知、金冲及主编:《毛泽东传》(1949—1976),中央文献出版社2003年版,第1579页。

② 逄先知、金冲及主编:《毛泽东传》(1949—1976),中央文献出版社2003年版,第1579页。

③ 《建国以来毛泽东文稿》第13册,中央文献出版社1998年版,第126—127页。

④ 林彪在九届二中全会闭幕会上的讲话记录,1970年9月6日。逄先知、金冲及主编:《毛泽东传》(1949—1976),中央文献出版社2003年版,第1581页。

林彪集团利用修改宪法的机会,在九届二中全会上发动突然袭击,造成了一场严重的斗争。如何判断这场斗争的性质? 在"文化大革命"时期,是根据中央转发的关于林彪罪行材料中的两个提法来定论的:一是林彪集团的一次未遂政变;二是林彪集团的政治纲领是设国家主席、理论纲领是天才论。

后来史学界有人发现这种提法有问题,就较少使用了。因为:第一,林彪一伙是在党的会议上,用合法的与和平的手段掩盖其抢班夺权的阴谋,把它称为一场政变,似乎根据不足。在最高人民检察院的《起诉书》中也没有把九届二中全会上的活动列为林彪反革命集团的罪行,而是把九届二中全会空过去了。第二,设不设国家主席,这是国家政治体制中的一个具体问题,可以有不同意见。林彪一伙主张设国家主席是别有用心,揭露他们的阴谋野心就可以了,不必上纲为"政治纲领"。天才问题是一个理论问题,至今哲学界还有不同的认识。林彪一伙讲"天才"是别有用心的,要利用这个问题当棍子打击别人,图谋实现自己的野心。因此,只要揭露问题的实质就可以了,不必上纲为"理论纲领"。

九届二中全会打击了林彪反革命集团的夺权阴谋,这个集团的主要成员陈伯达受到了严厉的批判,林彪集团遭到了一次挫败。但是,这次全会没有从政治上清算林彪集团,也没有从组织上完全把他们揭露出来。斗争并没有完结。

第四节　庐山会议后的再较量

九届二中全会后,为了清除林彪集团的影响,防范这一集团进行新的阴谋活动,使他们的宗派活动和非组织活动有所收敛,毛泽东、党中央采取了一系列的措施。

一、"甩石头"、"掺沙子"、"挖墙角"

九届二中全会后,毛泽东采取一系列措施,解决由庐山会议暴露出来的问题。

1970年10月,毛泽东分别在吴法宪、叶群在九届二中全会后的第一次书面检讨上批示,严厉批判了吴、叶及军委办事组林彪集团的成员。

在吴法宪的检讨信上,毛泽东批示:"作为一个共产党人,为什么这样缺乏正大光明的气概。由几个人发难,企图欺骗二百多个中央委员,有党以来没有见过。"在"有人利用毛主席的伟大谦虚"这句话旁,毛泽东批示:"什么伟大谦虚,在原则性问题上,从来没有客气过。要敢于反潮流。反潮流是马列主义的一个原则。在庐山上我的态度就是一次反潮流。"①

在叶群的书面检讨信上,针对叶群在信中讲到黄永胜、吴法宪 1970 年 8 月中旬给林彪和她打电话,反映中央修改宪法小组会上关于"天才"问题争论的情况时说:"在北戴河时连续接了几个这方面的电话,他们当时是出于热爱主席向林彪同志反映。"毛泽东在"连续接了几个这方面的电话"下面划了杠,批示"爱吹不爱批,爱听小道消息,经不起风浪。""一个倾向盖着另一倾向。九人胜利了,当上了中央委员不得了了,要上天了,把九大路线抛到九霄云外,反九大的陈伯达路线在一些同志中占了上风,请同志们研究一下是不是这样呢?"在叶群提到"论天才的语录"旁,毛泽东批示:"多年来不赞成读马列的同志们为何这时又向马列求救,题目又是所谓论天才,不是在九大论过了吗? 为何健忘若此?"叶群的信中写道:"今后我一定要努力活学活用主席著作(尤其是主席的哲学著作),并按主席的教导认真读几本马、恩、列、斯著作"。毛泽东在"认真读几本马、恩、列、斯著作"下面划了杠,批注:"这是十分重要的。一个共产党人不读一点马、列,怎么行呢? 我指的主要是担负高级职务的人。"毛泽东最后在叶群的检讨信上严厉地批道:"不提九大,不提党章。也不听我的话,陈伯达一吹就上劲了,军委办事组好些同志都是如此。党的政策是惩前毖后,治病救人,除了陈伯达待审查外,凡上当者都适用。"②

毛泽东还作出了一个异乎寻常的决定,进一步加强江青等人的权势。1970 年11 月 6 日,中央发出高级干部要学习马列著作的通知,提出高级干部"只有读一些马、恩、列、斯的基本著作,才能识别真假马列主义"。同日,中共中央作出《关于成立中央组织宣传组的决定》。决定指出:为了党在目前进行的组织宣传工作,实施统一管理,中央决定在中央政治局领导下,设立中央组织宣传组。中央组织宣传组管辖中央组织部、中央党校、人民日报、红旗杂志、新华总社、中央广播事业局、光明日报、中央编译局的工作,以及中央划归该组管辖的工作。工、青、妇中央一级机构和它们的五七干校,也归其管辖。中央组织宣传组设组长一人,由康生担任,组员若干人,由江青、张春桥、姚文元、纪登奎、李德生担任。这个决定大大加强了江青等人的权力,实际上削弱了林彪一伙的力量。虽然遏制了林彪一伙,却为江青一伙的力量发展壮大提供了条件。组员中没有林彪集团的成员,康生自九届二中全会

---

① 《建国以来毛泽东文稿》第 13 册,中央文献出版社 1998 年版,第 137—138 页。
② 同上书,第 143—148 页。

后便称病不出;李德生并非江青一伙,后来调到沈阳军区,中央组织宣传大权便完全落入江青、张春桥、姚文元手中。组织和宣传历来是党的最基本的重要工作,这样一来,江青一伙实际上把持了党中央的一部分重要权力。

1970年11月16日,经毛泽东批准,中共中央发出《关于传达陈伯达反党问题的指示》,转发了毛泽东在九届二中全会上写的《我的一点意见》,并附了关于"称天才"的几段语录,指出"陈伯达采取了突然袭击,煽风点火,制造谣言,欺骗同志的恶劣手段,进行分裂党的阴谋活动。"要求知情人检举揭发他的问题,同时要求党的领导干部加强学习,防止上当受骗。中央领导机关首先开展了"批陈整风"运动。

毛泽东还采取"甩石头"、"掺沙子"、"挖墙角"等措施削弱林彪集团的势力。毛泽东自称为"甩石头"、"掺沙子"、"挖墙角"的措施有四条:

第一,写了《我的一点意见》,"批了陈伯达搞的那个骗了不少人的材料";

第二,1970年12月16日,毛主席在中共三十八军委员会《关于检举揭发陈伯达反党罪行的报告》上批示,要求北京军区开会讨论"为何听任陈伯达乱说乱跑,他在北京军区没有职务,中央也没有委任他解决北京军区所属的军政问题,是何原因使陈伯达成了北京军区及华北地区的太上皇"的问题;

第三,1971年1月8日,毛泽东在济南军区反骄破满的报告上批示,指出"我军和地方多年没有从这一方面的错误思想整风,现在是进行一场自我教育的极好时机了。"①中共中央、中央军委转发了济南军区的报告和毛泽东的批示,人民解放军开展一场反对骄傲自满,提倡谦虚谨慎的自我教育运动;

第四,1971年2月,毛主席严厉批评军委办事组召开的军委座谈会"根本不批陈。"毛泽东称这些办法就是拿到这些石头,加上批语,让大家讨论,这是甩石头。为了打破林彪集团包办军事工作的局面,1971年4月,毛主席派纪登奎、张才千参加由黄永胜、吴法宪把持的军委办事组,这就是毛泽东在南巡谈话中所说的"掺沙子","土太板结了就不透气,掺一点沙子就透气了"。这样可以对林彪的权力起到一定的牵制作用。1971年1月,毛主席指示改组北京军区,免去北京军区司令员郑维山和政委李雪峰的职务,任命李德生任北京军区司令员,谢富治任北京军区第一政委,纪登奎任第二政委,谢富治任北京军区党委第一书记,李德生任第二书记,纪登奎任第三书记,这就是毛主席在南巡谈话中所说的"改组北京军区,这

---

① 《建国以来毛泽东文稿》第13册,中央文献出版社1998年版,第200页。

叫挖墙角"。①

1970年12月,按照毛泽东的提议,由周恩来主持,召开了华北会议。这次会议主要是揭发批判陈伯达在华北地区的一些活动和罪行。

1971年3月15日,毛泽东在对两报一刊编辑部文章《无产阶级专政胜利万岁》送审稿的批语中指出:"我党多年来不读马、列,不突出马、列,竟让一些骗子骗了多年,使很多人甚至不知道什么是唯物论、什么是唯心论,在庐山闹出大笑话。这个教训非常严重,这几年应当特别注意宣传马、列。"②

1971年4月13日至29日,中共中央召开"批陈整风汇报会"。会上讨论林彪集团主要成员黄永胜、李作鹏、邱会作等人的书面检讨和吴法宪、叶群的第二次书面检讨。党中央、毛泽东对他们进行尖锐的批判。毛泽东明确批示,他们以后是实践这些申明的问题。毛泽东告诫叶群要从路线上端正态度;批评吴法宪"缺乏光明正大";指出军委办事组(改组之前)"欺骗中央","老是被动",要求他们用实际行动改正他们的错误。4月29日,周恩来代表中央对这次会议作总结讲话中指出黄永胜、吴法宪、叶群、李作鹏、邱会作在政治上犯了方向路线错误,组织上犯了宗派主义错误,希望他们实践自己的申明,认真改正自己的错误。

这一系列措施,在全党和全国人民中,首先是在高级干部中,揭露林彪集团的真面目和提高认识起了积极作用。而对于林彪集团,则既是教育挽救,又是对他们权势的削弱。

毛泽东在九届二中全会上及会后,屡屡强调要"保林"的态度也在不断动摇。1970年12月,毛泽东与斯诺会晤,对林彪鼓吹的"四个伟大",提出了前所未有的严厉批评。1971年5月底,中共中央向各地下发了1970年12月《毛主席会见美国友好人士斯诺谈话纪要》,毛泽东在这个谈话中表达了对"四个伟大"的反感。这个谈话作为中共中央文件的附件发至全党,实际上公开了毛泽东对林彪一些做法的反感和不满。

1971年8月16日,周恩来、张春桥、纪登奎等人根据毛泽东的指示去北戴河向林彪汇报工作。在汇报结束之际,周恩来转达了毛泽东的指示,党中央决定10月1日前后召开九届三中全会,然后召开四届人大。林彪担心自己的问题在三中全会

---

① 关于郑维山、李雪峰一事属错案,十一届三中全会后中共中央已批发文件作了改正。当时挖"墙角"并无事实根据。

② 《建国以来毛泽东文稿》第13册,中央文献出版社1998年版,第216页。

上会不会旧话重提？四届人大是否会让自己继续担任副总理和国防部长？毛泽东是否会废除他这个接班人？

毛泽东等待林彪自己觉悟的耐心正在动摇。到1971年夏，一些迹象表明，毛泽东对林彪的态度有一个根本性的转变。8月14日至9月12日毛泽东离开北京去南方各地巡视。在武汉、长沙、南昌、杭州和上海，分别同湖北、河南、广东、广西、江西、江苏、福建等省的党政军负责人，进行了多次谈话。毛泽东谈话的主要内容是：

第一，着重谈了1970年8月在庐山会议上同有些人搞突然袭击抢班夺权的斗争，指名批评了林彪、陈伯达、黄永胜、吴法宪、叶群、李作鹏、邱会作等人，以及同他们一伙关系诡秘的人。

第二，讲了划分正确路线和错误路线的三项基本原则："要搞马克思主义，不要搞修正主义；要团结，不要分裂；要光明正大，不要搞阴谋诡计"。

第三，重申了党的干部政策，强调对犯错误的同志要实行"惩前毖后，治病救人"的方针，指出：我们的干部大多数是好的，不好的总是极少数。

当林彪已探知到毛泽东于8月中旬至9月中旬南巡谈话的内容时，特别是毛泽东谈到"庐山这件事还没有完，还没有解决"、"陈伯达后面还有人"、"有人急于想当国家主席，急于夺权"①，还明确地讲到仍有"两个司令部"的存在，不言而喻，毛泽东认为林彪已充当了反对他的另一个司令部的头头。此时，林彪已清楚地意识到毛泽东将批判的矛头直接指向了自己，将要与他进行公开的政治决裂了。"犯了大的原则的错误，犯了路线、方向错误，为首的，改也难。历史上，陈独秀改了没有？瞿秋白、李立三、罗章龙、王明、张国焘、高岗、饶漱石、彭德怀、刘少奇改了没有？没有改。""对这些人怎么办？还是教育的方针，就是'惩前毖后，治病救人'。对林还是要保。回北京后，还要找他们谈谈"②。从这些话中可以看出毛泽东已对林彪完全失去了信任，并把他放在了与自己对立的位置上，但直到此时，毛泽东仍没完全放弃对林彪要保、要教育的态度。

二、"联合舰队"铤而走险制定《"571工程"纪要》

1970年的庐山会议，林彪一伙发起了"集团进攻"。结果是败下山来。然而他

---

①　邵一海：《林彪"9·13"事件始末》，四川文艺出版社1996年版，第57页。

②　汪东兴：《汪东兴回忆：毛泽东与林彪反革命集团的斗争》，当代中国出版社1997年版，第93、181页。

们并没有善罢甘休。在叶群的指使下，黄、吴、李、邱销毁材料，研究对策，统一口径，订立攻守同盟。叶群对正在写检查的吴法宪说："沉着一些……还有林彪、黄永胜嘛，只要不牵涉他们两人。大锅里有饭，小锅里好办。"黄、吴、李、邱深知自己与林彪之间那种"一荣俱荣，一损俱损"的关系，下山时，他们相约到机场为林彪送行，在机场照"政治像"，表示永远和林彪抱成一团。

在批陈整风运动中，黄、吴、叶、李、邱继续捂盖子，批陈不力。九届二中全会后，在毛泽东、周恩来的一再督促下，黄、吴、叶、李、邱才都勉强写出检讨，他们把庐山会议上表现出来的重大原则立场问题以及军委办事组成立三年以来的错误仅仅解释为"抓日常工作多"；"思想水平不高"；"开展批评与自我批评不够"；对毛泽东强调进行路线教育"没有真正理解"；作风上"蹲机关多，下部队少"；"工作中忙忙碌碌，限于事务"。利用军委座谈会的简报，他们继续吹嘘自己"突出政治，狠抓根本"、"谦虚谨慎"、"办事认真"。①

自九届二中全会以后，林彪一直保持沉默，称病不出，拒不批陈，也不检讨。这一时期，林彪在公开场合就很少露面了。"五一"晚间在天安门城楼看放焰火，他告了病假，但周恩来坚持请他去。林彪去后，同毛泽东、西哈努克夫妇、董必武坐在一起，毛、林二人谁也没有主动打招呼，几分钟后，林彪不告而退。6月中旬毛泽东在人民大会堂接见罗马尼亚外宾，林彪和周恩来作陪，但林彪只在会场坐了几分钟就退场，在湖南厅外的大厅枯坐。

林彪一伙虽受到打击，却并不甘心失败。他们开始重新考虑夺取最高权力的方式。1971年8月8日晚，叶群与吴法宪、邱会作等人在林彪家里密谈。据吴法宪、邱会作在"九一三"事件后交代，这次密谈重点议论"四届人大"过关问题，叶群说，不是那么容易过关，事情无法预料，那么多代表，你们不端林彪，别人也要端，要追问下去怎么办。叶群还说：不是只保林彪的问题，林彪和你们分不开，黄、吴、李、邱都要保，你们靠林彪，林彪也靠你们，就是这么几个"老战友"，死也死在一起，不能再受损伤了。叶群还说：办法总会有的，"天无绝人之路"活（豁）出来。吴法宪顺着叶群的话说：我们这些人搞文的不行，搞武的行。吴法宪后来交代："我这个话是响应林彪、叶群搞反革命政变的话。这句话来源于林彪。"②林彪一伙总结失败教

---

① 李可、郝生章：《"文化大革命"中的中国人民解放军》，中共党史出版社1989年版，第122页。

② 吴法宪1972年3月3日供词。

训,阴谋策动反革命武装政变。

林彪集团凶恶的一翼——"联合舰队",在这种形势下开始跃跃欲试。林立果对九届二中全会有个分析:

"这是一次未来斗争的总预演,演习,拉练。双方阵容都亮了相,陈是斗争中的英雄,吴是狗熊(,)我方此次,上下好,中间脱节,三是没有一个好的参谋长。

这些老总们政治水平低,平时不学习,到时胸无成竹(,)没有一个通盘,指挥军事战役可以,指挥政治战役不可以。说明了一点,今后的政治斗争不能靠他们的领导,真正的领导权要掌握在我们手里。"

这个谈话要点,反映了林彪集团对庐山这场斗争的估量,表达了他们的政治野心和反革命阴谋。同时透露出以林立果为头子的"联合舰队"将要走上第一线,欲图用武力实现篡夺党和国家最高领导权的阴谋。

1970年11月,林彪对其子林立果说:要与军以上的干部见见面,不见面就没有指挥权。①

1971年,林彪在苏州对林立果说:"南唐李后主有两句诗:'几曾识干戈','垂泪对宫娥'。他就是因为不懂武装斗争的重要性,所以才亡了国。这是前车之鉴,我们不能束手待毙。"②

1971年3月,林立果、周宇驰等人在上海制定了谋杀毛泽东,发动反革命武装政变的详细计划——《"571工程"纪要》(571为"武起义"三个字的谐音,指"武装起义")。

《"571工程"纪要》作为小舰队发动政变的纲领,具有几大特点:

一是暴露出"小舰队"穷凶极恶的面目。《"571工程"纪要》分析了发动政变的可能性、必要件、基本条件、时机、力量、口号和纲领、实施要点、政策和策略、保密和纪律等九个方面,认为毛泽东已对他们不放心,与其束手待毙,不如破釜沉舟,要在军事行动上,先发制人。他们企图利用恐怖手段进行政变,如利用上层集会一网打尽或利用特种手段如毒气、细菌武器、轰炸、543③、车祸、暗杀、绑架、城市游击小分队等手段,夺取全国政权或制造割据局面。要求他们的党羽不成功便成仁,泄密者、失责者、动摇者、背叛者严厉制裁。《"571工程"纪要》集中暴露出林彪集团的

---

① 于弓:《林彪事件真相》,中国广播电视出版社1988年版,第403页。
② 中共中央文献研究室编:《周恩来年谱》(1949—1976)下卷,中央文献出版社1997年版,第440页。
③ 一种武器代号。

阴险和凶残,至今读来仍让人感到毛骨悚然。

二是《"571工程"纪要》显示出对毛泽东刻毒的怨恨,也反映出林彪集团和江青集团之间尖锐的矛盾和激烈的冲突。他们在《"571工程"纪要》中把毛泽东称为"B—52"(美国的一种轰炸机的名称),称"'B—52'好景不长","他已成了当代的秦始皇。""他不是一个真正的马列主义者,而是一个行孔孟之道、借马列主义之皮、执秦始皇之法的中国历史上最大的封建暴君";"独裁者";"他用封建帝王的统治权术";"不仅挑动干部斗干部、群众斗群众,而且挑动军队斗军队、党员斗党员,是中国武斗的最大倡导者";"今天甜言密[蜜]语那些拉的人,明天就加以莫须有的罪名置于死地;今天是他的座上宾,明天就成了他阶下囚";"他是一个怀疑狂、疟[虐]待狂,他整人哲学是一不做、二不休,他每整一个人都要把这个人置于死地而方休,一旦得罪就得罪到底、而且把全部坏事嫁祸于别人。"《纪要》中还提出了"打倒当代的秦始皇——B—52"的口号。他们知道毛泽东在全党、全军和全国人民中的崇高威望,在策略上提出了"打着B—52旗号来打击B—52力量"。林彪对毛泽东长期阳奉阴违,在公开场合是"跟得最紧"、"举得最高"的毛泽东的"亲密战友"和"接班人",但在私下里却对家人议论毛泽东的是非,发泄不满。林立果是在这个阴暗家庭的氛围中长大的,耳濡目染,在他的小团伙里也非议毛泽东,从《纪要》里不难看出有林彪私下谈话的余音。

《"571工程"纪要》中称江青集团是"笔杆子托派集团",说江青集团"一小撮秀才仗势横行霸道,四面树敌,头脑发胀,对自己估计过高。""正在任意篡改、歪曲马列主义,为他们私利服务。他们用假革命的词藻代替马列主义,用来欺骗和蒙蔽中国人民的思想。当前他们的继续革命论实质是托洛茨基的不断革命论,他们的革命对象实际是中国人民,而首当其冲的是军队和与他们持不同意见的人"。"政变正朝着有利于笔杆子,而不利于枪杆子方向发展。""因此,我们要以暴力革命的突变来阻止和平演变式的反革命渐变。反之,如果我们不用'五七一'工程阻止和平演变,一旦他们得逞,不知有多少人头落地,中国革命不知要推迟多少年。""一场新的夺权斗争势不可免,我们不掌握革命领导权,领导权将落在别人头上","是一场你死我活斗争! 只要他们上台,我们就要下台,进监狱。卫戍区。或者我们把他吃掉,或者他们把我们吃掉。"《"571工程"纪要》在政变的实施要点中特别提出采取"奇袭式","一定要把张(指张春桥)抓到手,然后立即运用一切舆论工具,公布他叛徒罪行。"从《"571工程"纪要》中,可以看出林彪集团与江青集团已经形成了你死我活、势不两立的激烈的对立和冲突。

三是《"571工程"纪要》具有极大的欺骗性，极有煽动性和蛊惑力。不可否认，《"571工程"纪要》也说出了中国社会的一些真实的情况，如："十多年来，国民经济停滞不前"；"群众和基层干部、部队中下干部实际生活水平下降，不满情绪日益增长。敢怒不敢言。甚至不敢怒不敢言"；"党内长期斗争和文化大革命中被排斥和打击的高级干部敢怒不敢言"；"农民生活缺吃少穿"，等等。

事实上，提出这些问题其目的一是要为自己发动政变提供充分的借口；二是要把一切罪责诿过他人，推脱自己在造成这些灾难性问题上所应该承担的历史责任，把自己打扮成使中国人民脱离苦海，带来"民富国强"的"救星"。

有人认为林彪是要早日结束"文化大革命"，这是一种片面的看法。林彪集团是在"文化大革命"的动乱中起家的，林彪当上国防部长后，就大整彭德怀、黄克诚、谭政、罗瑞卿，排挤其他老帅，伙同"四人帮"打倒刘少奇、邓小平，残酷迫害数以万计的军队中高级干部，整死贺龙、傅连暲等数百人，这些账都不能只算在他人头上。

林彪、叶群和黄、吴、李、邱都是依靠"文化大革命"整人起家的，林立果的"联合舰队"的骨干几乎都是造反派的头头，是"文化大革命"的既得利益者。

"听其言更要观其行"，生活的骄奢淫逸、大搞特权是林彪集团的一大特点。且从毛家湾的选美活动看，其规模之大，时间之久，手段之卑劣，在古今中外都属少见。叶群爱好游泳，在毛家湾的西院，不惜挥霍国家重金，由空军某工厂特制，修了一座几百平方米、冬夏保持30来度的高级室内游泳池，还专门找了一个会游泳的"教员"，游泳后，内勤服侍按摩，过着"封建贵族加现代特权"的生活。

叶群采取各种手段从国家博物馆和北京文物管理处索要文物、图书，建了一间古玩室，珍藏着3000多件国宝古玩字画。仅举一例，1970年5月2日，康生、陈伯达、叶群、黄永胜、吴法宪、邱会作等人，到北京市文物管理处库房，将库存的珍贵文物，几乎洗劫一空。

总后勤部部长邱会作对林家的衣、食、住、行全力保证。1970年元月，胡敏（邱会作之妻）根据叶群、林彪的旨意，在总后企业部、生产技术研究所设立了一个"特殊供应点"，摆设各种高级用品，专供林彪、叶群一伙选用。胡敏派人在上海、杭州、苏州等地采购高级用品一百四十八种，价值四万三千七百多元，林彪、叶群几乎无代价地白拿白用，还动用大量的外币为叶群进口两部高级轿车、摄像机等。

空军司令部副参谋长胡萍对林家交办的事情惟命是从，不仅对他们坐飞机给予特殊关照，对林彪、叶群日常吃的、用的都竭力筹办。为了讨好叶群，他动用公款，花几千元港币托人从香港给叶群买了防止肥胖和脱发的药。

　　王维国还指使专人用公款为林家采购珍贵文物和生活奢侈品。仅从1969年12月到1971年9月，经王维国批准用于给林家送礼和供林立果挥霍的公款就有两万多元。

　　林彪的干将，原空5军政委、省革委会副主任陈励耘，在杭州为林彪兴建行宫，对外称704工程，历时将近一年，耗资三千万元，用去木材八千立方米、钢材三千吨、黄铜一百八十吨。这样的例子，举不胜举。

　　在林立果的手中，进口的高级名牌货不可胜数，有进口照相机、电视机、磁带录像机、电热水器、空气除湿器、电子防盗器等等。他的亲信巧立名目，采用欺骗手法，弄来大量公款甚至外汇，以供挥霍。情报部部长贺德全以"技术革新"为名，从广州搞来三万美元外汇，供林立果使用。贺德全还以"卫星侦察站需要"为名，向国家申请外汇六万八千美元，为林立果进口电器及生活用品。从1970年9月到1971年9月，贺德全为林立果提供超短波接受机、抛物面天线等九千多件器材，以及多架照相机、录音机，建照相暗室，花去人民币五十余万元。

　　不难想象，一旦这群人的阴谋得逞，给中国人民带来的决不是他们打出的招牌所标榜的"国富民强"。

〔附〕"571工程"纪要①

（一九七一、三月二十二—二十四）

（一）可能性

（二）必要件

（三）基本条件

（四）时机

（五）力量

（六）口号和纲领

（七）实施要点

（八）政策和策略

（九）保密和纪律

---

　　① 《"571工程"纪要》用铅笔编了页码。原本页码编到第二十四页，但缺第八页。从原本记载的情况看，第七页已记完一个问题，第九页是另起一个问题，文意是连贯的。文中划□处是原本中删去的字、句、段，明显的错别字，改在〔　〕内。

可　能　性

Δ9　2后①，政局不稳，统治集团内部矛盾尖锐，右派势力抬头

军队受压

十多年来，国民经济停滞不前

群众和基层干部、部队中下干部实际生活水平下降，不满情绪日益增长。敢怒不敢言。甚至不敢怒不敢言

统治集团内部上层很腐败、昏庸无能

众叛亲离

(1) 一场政治危机正在蕴[酝]酿，

(2) 夺权正在进行。

(3) 对方目标在改变接班人

(4) 中国正在进行一场逐渐地和平演变式的政变。

(5) 这种政变形式是他们惯用手法

(6) 他们"故计[伎]重演"。

(7) 政变正朝着有利于笔杆子，而不利于枪杆子方向发展。

(8) 因此，我们要以暴力革命的突变来阻止和平演变式的反革命渐变。反之，如果我们不用"五七一"工程阻止和平演变，一旦他们得逞，不知有多少人头落地，中国革命不知要推迟多少年。

(9) 一场新的夺权斗争势不可免，我们不掌握革命领导权，领导权将落在别人头上

我方力量

经过几年准备，在思想上、组织上、军事上的水平都有相当提高。具有一定的思想和物质基础。

在全国，只有我们这支力量正在崛起，蒸蒸日上，朝气勃勃。

革命的领导权落在谁的头上，未来政权就落在谁的头上，

在中国未来这场政治革命中，我们"舰队"采取什么态度？

取得了革命领导权就取得了未来的政权。

革命领导权历史地落在我们舰队头上。

和国外"五七一工程"相比，我们的准备和力量比他们充分得多、成功的把握性

---

① 据李伟信交代，是指九届二中全会以后。

大得多。

和十月革命相比,我们比当时苏维埃力量也不算小。

地理回旋余地大

空军机动能力强。

比较起来,空军搞"五七一"比较容易得到全国政权,军区搞地方割据。

两种可能性:

夺取全国政权,

割据局面

必　要　性、必　然　性

B—52①好景不长,急不可待地要在近几年内安排后事。

对我们不放心。

如其束手被擒,不如破釜沉舟。

在政治上后发制人,

军事行动上先发制人

我国社会主义制度正在受到严重威胁,

笔杆子托派集团正在任意篡改、歪曲马列主义,为他们私利服务。

他们用假革命的词藻代替马列主义,用来欺骗和蒙蔽中国人民的思想

当前他们的继续革命论实质是托洛茨基的不断革命论,

他们的革命对象实际是中国人民,而首当其冲的是军队和与他们持不同意见的人

他们的社会主义实质是社会法西斯主义

他们把中国的国家机器变成一种互相残杀,互相倾轧的绞肉机式的

把党内和国家政治生活变成封建专制独裁式的家长制生活

当然,我们不否定他在统一中国的历史作用,正因为如此,我们革命者在历史上曾给过他应有的地位和支持。

但是现在他滥用中国人民给其信任和地位,历史地走向反面,实际上他已成了当代的秦始皇,

———————————————

①　污蔑毛泽东的代称。

为了向中国人民负责,向中国历史负责,我们的等待和忍耐是有限度的!

他不是一个真正的马列主义者,而是一个行孔孟之道、借马列主义之皮、执秦始皇之法的中国历史上最大的封建暴君。

基本条件

有利条件:

国内政治矛盾激化

　　危机四伏

——独裁者越来越不得人心,

——统治集团内部很不稳定,争权夺利、勾心斗角、几乎白热化。

——军队受压 军心不 高级 中上层干部不服、不满,并且握有兵权

——一小撮秀才 仗势 横行霸道,四面树敌 头脑发胀,对自己估计过高。

——党内长期斗争和文化大革命中被排斥和打击的 高级 干部敢怒不敢言。

——农民 生活 缺吃少穿

——青年知识分子上山下乡,等于变相劳改。

——红卫兵初期受骗被利用,已经发 充当炮灰,后期被压制变成了替罪羔羊

——机关干部被精简,上五七干校等于变相失业;

——工人(特别是青年工人)工资冻结,等于变相受剥削。

国外矛盾激化

中苏对立。整苏联。我们行动会得到苏联支持。

最重要的条件:我们有首长 威 名望、权力和联合舰队的力量

从自然条件上讲

国土辽阔、回旋余地大,加之空军机动性强,有利于突袭、串联、转移,甚至于撤退。

困难

△目前我们力量准备还不足

△群众对B—52的个人迷信很深

△由于B—52分而治之,军 队 内矛盾相当复杂,很难形成被我们掌握的统一

的力量。

△ B—52身［深］居简出,行动神秘鬼［诡］窄［诈］,戒备森严,给我们行动带来一定困难

时　　　机

敌我双方骑虎难下

目前表面上的暂时平衡维持不久,矛盾的平衡是暂时的相对的,不平衡是绝对的。

是一场你死我活斗争！ 只要他们上台,我们就要下台,进监狱。 卫戍区。或者我们把他吃掉,或者他们把我们吃掉。

战略上两种时机：

一种我们准备好了,能吃掉他们的时候;

一种是发现敌人张开嘴巴要把我们吃掉时候,我们受到严重危险的时候;这时不管准备好和没准备好,也要破釜沉舟。

战术上时机和手段

△ B—52在我手中,敌主力舰①均在我手心之中。

属于自投罗网式

△ 利用上层集会一网打尽

△ 先斩 局部 爪牙, 先和B—52 既成事实, 逼 迫B—52就范,

逼宫形式

△ 利用特种手段如毒气、细菌武器、轰炸、543②、车祸、暗杀、绑架、城市游击小分队

基本力量和可借用力量

基本力量　△ 联合舰队和各分舰队(上海、北京、广州)。

　　　　　△ 王、陈、江③掌握的四、五军 骨干力量

---

① 指党中央负责同志。

② 一种武器代号。

③ 指王维国、陈励耘、江腾蛟,下同。

△九师、十八师

△二十一坦克团

△民航

△三十四师

借用力量：国内

△二十军

△三十八军

△ 黄 军委办事组

△国防科委

△广州、成都、武汉、江西、济南、福州、新江、西安

△ 社会力量、农民、 红卫兵 青年学生、机关干部、工人。

国外：

苏联（秘密谈判）

美国（中美谈判）

借苏力量拑［箝］制国内外其它各种力量。

暂时核保护伞①

动员群众口号   纲领

全军指战员团结起来！

全党团结起来！

全国人民团结起来！

打倒当代的秦始皇——B—52，

推翻挂着社会主义招牌的封建王朝，

建立一个真正属于无产阶级和劳动人民的社会主义国家！

对外：

全世界真正的马列主义者联合起来！

全世界无产阶级和被压迫民族联合起来！

---

① 指把我国置于苏联核武器的"保护伞"之下。

全世界人民团结起来！

我们对外政策是坚持和平共处五项原则

承认现有的与各国的外交关系，保护使馆人员的安全。

全国人民团结起来，全军指战员团结起来，全党团结起来

用民富国强代替他"国富"民穷

使人民丰衣足食、安居乐业　政治上、经济上 组织上 得到真正解放

用真正的马列主义作为我们指导思想，建设真正的社会主义代替 B—52 的

封建专制的社会主义，即 社会封建主义。

全国工人、农民、机关干部、各行各业要坚守岗位，努力生产，保护国家财富和档案，遵守和维护社会秩序。

因此，各地区、各单位、各部门之间，不准串联。

全国武装力量要服从统率部的集中统一指挥，坚决 严厉镇压反革命叛乱和一切反革命破坏活动！

实施要点

三个阶段

第一，准备阶段

（1）计划

（2）力量

△指挥班子

　　江、王、陈

△两套警卫处

公开的李松亭

秘密的

上海小组①负责。

新华一邨。

教导队②

---

① 上海小组是联合舰队的分舰队。

② 上海小组下组建的为政变服务的"教导队"，其中绝大多数是受欺骗和蒙蔽的战士。新华一邨是教导队的驻地。

△ 四、五军部队训练（地面训练）

△ 南空直属师工作

（十师）

　周建平负责

争取二十军

（江、王、陈）

——｜扩大舰队｜

——｜加速根据地建设｜

｜京、｜

｜沪、｜

｜杭、｜

｜蜀、｜

｜穗｜

（3）物质准备

武器　　　　　＿＿＿＿＿＿

　领

　自造

通讯器材｜（包括 01 工程）｜①

车辆

掌握他们仓库地点、主要军械库

（4）情报保障

掌握三个环节

　搜集

　分析

　上报

第二阶段

实施阶段

---

① 指林立果为搞政变专门设计制造的一种收发机。

奇袭式

一个先联后斩　　上面串联好,然后奇袭。

一个先斩后联。

一个上下同时进行。

一定要把张①抓到手,然后立即运用一切舆论工具,公布他叛徒罪行。总的两条:

一是奇袭。

二是一旦 进行 开始、坚持到底。

第三阶段

巩固阵地,扩大战果 夺取全部政权

(1) 军事上 首先 固守 阵地

△尽力坚守上海

　　占领电台、电信局,交通

　　把上海与外界联系卡断。

△力争南京方面中立,但做好防御

△固守浙江、江西

△掌握空降、空运

(2) 政治上 采取 进攻

△上面摊牌

△掌握舆论工具

　　开展政治攻势

(3) 组织上扩大

△迅速扩军

△四方串联

政策和策略　　　　　　　　　———————

打着 B—52 旗号打击 B—52 力量

———————————————————

① 指张春桥。

团结一切可能团结的人

缓和群众的舆论

联合一切可以联合的力量

解放大多数

集中打击B—52及其一小撮独裁者

打着B—52旗号来打击B—52力量

我们的政策：

解放一大片（大多数）

保护（团结）一大片

打击一小撮独裁者及其身边的

他们所谓打击一小撮 保护 不过是每次集中火力打击一 派 批，各个击破。

他们一批 今天利用这个打击那个；明天利用那个打击这个。今天一小撮、明天一小撮，加起来就是一大批。 他们这样做，不　他用封建

帝王的统治权术

不仅挑动干部斗干部、群众斗群众，而且挑动军队斗军队、党员斗党员，是中国武斗的最大倡导者

他们制造矛盾，制造分裂，以达到他们分而治之、各个击破 巩固 维持他们的统治地位的目的。

他知道同时向所有人进攻，那就等于自取灭亡，所以他 今天拉 每个时期都拉一股力量，打另一股力量。

今天拉那个打这个，明天拉这个打那个；

今天甜言密[蜜]语那些拉的人，明天就加以莫须有的罪名置于死地；今天是 他的 座上宾，明天就成了 他 阶下囚；

从几十年的历史看， 究竟 有哪一个人开始被他捧起来的人， 不被 到后来不曾被判处政治上死刑？

有哪一股政治力量能与他共事始终。他过去的秘书，自杀的自杀、关压[押]的关压[押]，他为数不多的亲密战友和身边亲信也被他送进大牢，甚至连他的亲生儿

子也被他逼疯。

他是一个怀疑狂、疟[虐]待狂，他整人哲学是一不做、二不休　他每整一个人都要把这个人置于死地而方休，一旦得罪就得罪到底、而且把全部坏事嫁祸于别人。

戳穿了说，在他手下一个个像走马灯式垮台的人物，其实都是他的替罪羊

过去，对B—52宣传，有的是出于历史需要；有的出于顾全民族统一、团结大局；有的出于抵御外 来侵 敌；有的出于他的法西斯的压力之下； 对广大群众来说，主要是 有的是不了解他的内情。

对于这些同志，我们都给于[予]历史唯物主义的分析，予以谅解和保护。

对过去B—52以莫须有罪名加以迫害的人，一律给于[予]政治上的解放。

保密、纪律

此工程属特级绝密，不经批准不 得 准向任何人透露。

坚决做到一切行动听指挥，发扬"江田岛"精神①。 不成功便成仁

泄密者、失责者、动摇者、背叛者严厉制裁。

---

①　江田岛是日本海军学校所在地。这个学校以日本军国主义的武士道精神训练学生。所谓"江田岛"精神，就是法西斯武士道精神。

第四章
"九一三"事件与林彪集团的覆灭

九届二中全会会上及会后，毛泽东和党中央采取一系列措施，使林彪集团陷入更加被动的境地。随着批陈整风的深入，林彪的接班人地位岌岌可危，林彪集团的宗派势力濒于瓦解。在这种情况下，林彪集团面临着两种选择，或是缴械投降或是对抗到底。林彪集团选择了后者，他们决心铤而走险，以林立果为首的法西斯组织"小舰队"开始走上前台，准备以反革命武装政变拯救其即将覆灭的命运。

第一节　"九一三"事件探析

历史的进程总是由许多渐变与突变的链环组成，而人们关注的，往往是那些突变事件，因为突变事件不但富于戏剧性，也凝聚了渐变过程的重要因素，鲜明显现质的特点。因此，"九一三"事件虽然发生了已有 40 余年之久，仍然是人们津津乐道的一个话题；一直是大众媒体比较关注的一个问题；也是学术界研究的一个热点问题。

一、"九一三"事件的谜团

"九一三"事件的经过是这样的：

在制定武装政变计划《"571 工程"纪要》之后，1971 年 3 月 31 日，林立果根据《"571 工程"纪要》建立"指挥班子"的计划，在上海召集江腾蛟（原人民解放军南京军区空军政委，1968 年 5 月被中央军委免去南京军区空军政委职务）和空四军政治委员王维国、空五军政治委员陈励耘、南京部队空军副司令员周建平秘密开会，指定江腾蛟为南京、上海、杭州"进行三点联系，配合、协同作战"的负责人。

1971 年 9 月 5 日和 6 日,林彪、叶群先后得到周宇驰、黄永胜的密报,获悉了毛泽东南巡谈话的内容,决定对在旅途中的毛泽东采取谋杀行动,发动武装政变。9 月 8 日,林彪下达了武装政变手令:"盼照立果、宇驰同志传达的命令办",并由林立果、周宇驰对江腾蛟和空军司令部副参谋长王飞以及"联合舰队"的其他骨干分子进行具体部署。

正当林彪集团紧张地策动武装政变的时候,毛泽东对他们的阴谋有所警觉,突然改变行程,于 9 月 12 日安全回到北京。

林彪集团的谋杀计划失败后,林彪随即准备带领黄永胜、吴法宪、李作鹏、邱会作等人南逃到他当时准备作为政变根据地的广州,图谋另立中央政府,分裂国家。

根据林彪的命令,空军司令部副参谋长胡萍安排了南逃广州的飞机八架,于 9 月 12 日将其中的 256 号专机秘密调往山海关供在北戴河的林彪、叶群、林立果使用。当晚 10 时许,周恩来总理追查 256 号专机突然去山海关的行动,命令将该机立即调回北京。胡萍一面谎报 256 号专机去山海关是飞行训练,并伪称飞机发动机有故障,拒不执行调回北京的命令;一面将周恩来总理追查飞机行动的情况报告周宇驰。周宇驰随即又报告了林立果。林彪得知周恩来总理追查专机去山海关的情况后,判断南逃广州另立政府的计划已不可能实现,遂于 13 日零时 32 分登机强行起飞,外逃叛国,途中机毁人亡。

"九一三"事件的谜团有种种之说,如:林彪叛逃"劫持"说、"导弹击毁三叉戟说"、"火箭炮打死"说等等猜测和说法。

至今仍然有人怀疑飞机是导弹打下来的。还有人传说,林彪乘坐的飞机是周恩来下令打下来的,这纯粹是缺乏军事常识的无稽之谈。当时我军的地空导弹还比较落后,即使现在提高射程的地空导弹也不可能从我国境内打到数百公里以外的温都尔汗上空(温都尔汗距北京直线距离约 900 公里,距最近的我国边境也有 300 多公里),256 号飞机起飞以后一直在我雷达监视之下,但它飞出国境以后不久,就从雷达屏幕上消失了。连雷达都探测不到的目标,还能用导弹打吗?

三叉戟 256 号是如何坠毁的?周恩来接到林彪座机强行起飞的报告后,即令李德生前往空军司令部作战室指挥跟踪,随时报告情况;派杨德中随吴法宪去西郊机场;派纪登奎去北京军区空军司令部。周恩来急到毛泽东处汇报林彪出逃情况。吴法宪打电话来请示是否拦截林彪座机?周恩来答:"此事需请示毛主席。"毛泽东表示:"天要下雨,娘要嫁人,由他去吧。"周恩来同意毛泽东的意见。在空军司令部监视林彪飞机的李德生向周恩来请示处置办法时,周恩来向李德生转达了毛泽东的意见。①

1971年10月12日、13日,周恩来在广州期间,两次听取广州军区负责人关于清查与林彪事件有关联的人和事的情况汇报,并简要讲述"九一三"事件经过。在谈及为何不将林彪座机击落时说:"他是副统帅,打下来我怎么向人民交代?只好打开雷达监视飞机的行动,直到飞机飞出国境,才算是真相大白。这件事报告了主席,主席说'天要下雨,娘要嫁人',他要跑,有什么办法。"②

20世纪90年代,澳大利亚一位年轻记者彼得·汉纳姆采访了当年从林彪、叶群尸体上割下头颅的前苏联病理学专家维塔利·托米林,得知林彪和叶群的头骨藏在前苏联"克格勃"的档案库里已经23年,前苏联医学专家确证摔死在蒙古温都尔汗的是林彪与叶群。1994年1月31日《美国新闻与世界报道》杂志披露了彼得·汉纳姆的采访报道。有关毛泽东秘密暗杀林彪的种种传言不攻自破。

二、林彪之死,天造地合

"九一三"事件后,1972年7月5日,周恩来在上海接见上海市委常委时谈到:"出了林彪事件,出现这么一个结局,谁也没有料到,谁也无法导演。林彪之死,真是天造地合。这是必然性的结果,偶然性的出现。"③"林彪死了是偶然性,但他失败是必然性。"④林彪集团以"九一三"事件的形式宣告失败表现出极大的偶然性,而偶然性的背后起支配作用的仍然是历史的必然性。同偶然性相比,必然性代表着事物发展的本质和总趋势及其客观规律,处于事物发展的主导地位。决定林彪集团必然失败的原因主要有以下几个方面:

第一,党内健康力量和人民群众对林彪集团的斗争。

"文化大革命"是一场由领导者错误发动,被林彪、江青反革命集团利用,给党、国家和各族人民带来严重灾难的内乱,同时也是一场党内健康力量和人民群众抵制"文化大革命"的错误和对林彪、江青反革命集团进行斗争的历史。《关于建国以来党的若干历史问题的决议》指出:"党和人民在'文化大革命'中同'左'倾错误和林彪、江青反革命集团的斗争是艰难曲折的,是一直没有停止的。"

---

① 中共中央文献研究室编:《周恩来年谱》(1949—1976)下卷,中央文献出版社1997年版,第481页。

② 同上书,第488—489页。

③ 同上书,第534页。

④ 同上书,第542页。

其一,从"文化大革命"的发动者毛泽东本人来说,也是在不断反省中认识和改正自己重用林彪等人的失察和错误,他不仅制止和纠正了一些具体的错误,而且在关键时刻领导了粉碎林彪集团的斗争。有关这个问题,前文已论述很多,这里不再赘述。

其二,林彪搞个人崇拜这一套做法,也遭到党内军内不少领导干部的反对。

如林彪提出学习毛主席著作走"捷径"、"背警句",提倡在军队中培养和树立"三八作风"等一套做法,受到总政治部主任谭政的抵制。对工作上的不同意见,林彪看成是对自己不紧跟的表现,1960年10月至1961年1月总政治部整风期间,林彪主持和发动了反对"谭政反党宗派集团"的斗争,给谭政罗织的罪名是:反对"三八作风";谭政主张系统地、完整地学习马列主义和毛泽东思想,林彪斥之为"糊涂观念"、"反对毛泽东思想";谭政曾主持制定和下发了关于加强干部理论教育的指示、院校政治理论教育大纲、军队中高级干部文化教育十年规划等重要文件,林彪据此认为"使政治工作方向发生了严重偏差";指责谭政在彭德怀主持军委工作期间,同彭德怀、黄克诚的所谓"资产阶级军事路线"长期"和平共处","贯彻执行彭(德怀)黄(克诚)路线",在反彭黄斗争中"态度暧昧"、"表现消极"、"不作任何揭发";污蔑谭政主持的总政治部内有个"圈圈",有所谓的"谭政反党宗派集团"等。1961年1月,谭政受到撤职、降职处分,撤销了谭政军委常委、军委办公会议成员的职务,改任总政治部副主任。

直到1979年3月21日,中共中央、中央军委发出通知,同意总政治部《关于为"谭政反党宗派集团"冤案彻底平反的决定》,《决定》指出:林彪一伙窃取了军队领导大权,攻击总政治部,污蔑谭政同志。谭政在总政治部工作期间,坚决贯彻执行了毛主席、党中央的路线、方针和政策,工作中的成绩是主要的。他提出要系统、完整地学习马列主义、提倡部队要学习文化和科学技术,对我军革命化、现代化建设起了积极作用,政治工作的方向是正确的,不存在反党的问题,更不存在谭政反党宗派集团。[1]

继谭政后,罗荣桓出任总政治部主任,他对林彪提出的这些实用主义的口号、方针也提出异议。罗荣桓反对林彪歪曲毛泽东思想,提出学习毛主席著作,一定要系统地学。

1961年1月,他在同总政治部副主任梁必业谈话时针对林彪提出的"带着问

---

[1] 参见黄瑶:《中国元帅罗荣桓》,中共中央党校出版1996年版,第686—689页。

题学",指出:"带着问题学,就是要到毛选中去找答案。这样提不适当。比如两口子吵架,发生了问题,如何到毛选中去找答案?还是应当学习立场、观点、方法。"他批评林彪的"顶峰论"说:"把毛泽东思想说成是当代思想的顶峰,那就没有发展了?毛泽东思想同马列主义是一样的。马列主义向前发展了,毛泽东思想也要随着时代的发展而发展嘛!"

1961年1月27日,罗荣桓在总政治部召开的青年工作座谈会上进一步指出:"学习毛著必须反对教条主义,要好好学习《改造我们的学习》。小平同志讲,对毛选宣传要反对庸俗化。只喊口号不行,不能各取所需。这个问题一定要注意。"他还严肃地指出:"如何学习毛泽东思想,是学习词句,还是学习立场、观点、方法,这是个严肃的政治问题。""要反对借宣传毛主席来突出自己。"

1961年2月2日,罗荣桓在接见《解放军报》主要负责人时,再次强调指出,学习毛泽东著作,"要领会毛泽东思想的精神实质,不要满足于引证某些词句。"并说:"对林总的宣传要认真负责,他随便讲的一些话,不分场合报导出来,是不好的。"①

1961年4月4日,罗荣桓在给正在哈尔滨军事工程学院学习的儿子罗东进的一封信中,再一次重申了自己的观点。他在信中说:"理论必须联系实际,因为理论是来自实践,而又去指导实践,再为实践所证实、所补充。……学毛主席的著作,亦不要只满足一些现成的词句或条文,最要紧的是了解其实质与精神。所谓带着问题去学毛主席著作,决不能只是从书本上找现成的答案。历史是向前发展的,事物是多样性的。因此也就不可能要求前人给我们写成万应药方。"②

罗荣桓和林彪的分歧终于在1961年4月30日召开的军委常委第26次会议上发生了正面交锋。会议在讨论《合成军队战斗条令概则》草案时,因其中套用了林彪"带着问题学"几句话,罗荣桓提出异议,林彪态度傲慢,起身拂袖而去。

罗荣桓认为这场争论是一个重大原则问题,就通过电话报告了时任中共中央总书记的邓小平。经书记处讨论,赞同罗荣桓的意见。邓小平在1965年的一次会议上批评有些单位硬性规定学习毛泽东著作时间,效果很差的"形式主义"的做法,指出:"在青年中毛主席著作的一些基本东西是要提倡学习的,但一年四季都这么搞也不行。"不应该要求"学物理的,整天背雷锋日记和毛主席语录。"1975年9月,邓小平谈到怎样宣传毛泽东思想时说:"林彪把毛泽东思想庸俗化的那套做法,罗

---

① 《当代中国人物传记》丛书编辑部:《罗荣桓传》,当代中国出版社1991年版,第579页。
② 同上书,第588—590页。

荣桓同志首先表示不同意,说学习毛主席著作要学精神实质。当时书记处讨论,赞成罗荣桓同志的这个意见。林彪主张就学'老三篇'(后来加成'老五篇'),是割裂毛泽东思想。毛泽东思想有丰富的内容,是完整的一套,怎么能够只把'老三篇''老五篇'叫做毛泽东思想,而把毛泽东同志的其他著作都抛开呢?怎么能够抓住一两句话,一两个观点,就片面地进行宣传呢?"[1]1977年5月,在批评"两个凡是"时,邓小平又提起这件事,他说:"毛泽东思想是个思想体系。我和罗荣桓同志曾经同林彪作过斗争,批评他把毛泽东思想庸俗化,而不是把毛泽东思想当作体系来看待。我们要高举旗帜,就是要学习和运用这个思想体系。"[2]

刘少奇在1964年9月23日起草《答江渭清同志的一封信》中提出:"同不能把马克思、列宁的学说当成教条一样,也不能把毛泽东的著作和讲话当成教条。应当运用毛泽东思想的精神实质,来分析你们那里的实际情况,正确地总结你们那里的实践经验,正确地确定今后的工作方针、计划和步骤","现在党内把毛泽东思想当教条的大有人在。"在这封信中,刘少奇还说:"我们的原则,是向一切有真理的人学习,不只是向职位高的人学习。"[3]刘少奇致信毛泽东,请他对信审阅修改,毛泽东认为"信写得很好"。这封信经过修改,10月20日,中共中央发出《关于认真讨论刘少奇同志答江渭清同志的一封信的指示》,将此信作为中共中央文件发至全国县团级党委。

1964年12月21日,张闻天在《毛泽东语录》出版之际,针对林彪多次鼓吹的"毛泽东思想是当代马克思列宁主义的顶峰"的言论,在一张卡片上写道:"对于古人、今人和自己所发现的真理,决不应该认为是绝对正确和永远正确的","不要盲目崇拜"。否则,就是"绝对的、片面的、静止的、形而上学的、反科学的"[4]。

1965年12月8日至15日,朱德出席毛泽东在上海主持召开的中共中央政治局常委扩大会议,针对会上林彪、吴法宪、李作鹏等诬陷罗瑞卿"篡军反党",反对"突出政治",反对"活学活用"毛泽东思想等,朱德提出,不能说毛泽东思想是马列主义的顶峰,顶峰就不能发展了。[5]

[1] 《邓小平文选》第2卷,人民出版社1994年版,第36—37页。
[2] 同上书,第39页。
[3] 《刘少奇年谱》(1898—1969)下卷,中央文献出版社1996年版,第604页。
[4] 中共中央党史研究室张闻天选集传记组、张培森:《张闻天年谱》下卷,中共党史出版社2000年版,第1240页。
[5] 中共中央文献研究室:《朱德年谱》(1886—1976)下,人民出版社2006年版,第1944页。

1966年8月12日,陶铸对来京开会的中南各省(区)委书记讲话时说:"突出宣传毛主席,不要搞形式主义,空喊口号!"

1966年9月,陈毅在国务院外事办公室全体人员大会上毫不隐瞒他说出自己对林彪搞的那一套的看法,他说:有的人嘴里说得好听,拥护毛主席,实际上不按主席思想办事,别看他把主席语录本举得很高,是真拥护毛主席,还是反对毛主席?我怀疑,我还要看。同年10月,陈毅在一次"家宴"上,说了一段耐人寻味的话:德国出了马克思、恩格斯,又出了伯恩斯坦。伯恩斯坦对马克思佩服得五体投地,结果呢?马克思一去世,伯恩斯坦就当叛徒,反对马克思主义!俄国出了列宁、斯大林,又出了赫鲁晓夫。赫鲁晓夫对斯大林比对亲生父亲还亲!结果呢?斯大林一死,他就焚尸扬灰,背叛了列宁主义!中国现在又有人把毛主席捧得这样高。毛主席的威望国内外都知道嘛!不需要这样捧嘛!我看哪,历史惊人地相似,他不当叛徒我不姓陈![①]

针对林彪提出的所谓"顶峰论",中央政治局候补委员、中共中央宣传部部长陆定一也提出不同看法:"顶峰"这句话,让后人去说。如果说马列主义发展到了顶峰,岂不等于它再也不能前进、不能发展了吗?在他的主持下,中共中央宣传部向中央写了一份报告——《中央宣传部关于毛泽东思想和革命领袖事迹宣传中一些问题的检查报告》,希望纠正社会上盛行的学习毛泽东思想简单化、庸俗化、贴标签的不良学风。这份报告送到中央后,刘少奇、周恩来、邓小平、彭真都画了圈,并以中央的名义转发了这份报告。这份报告无疑是纠正林彪大搞学习毛泽东思想的形式主义。林彪会看到这份报告和中央的意见的。陆定一居然敢于和林彪针锋相对提出不同意见,这也是林彪对陆定一恨得咬牙切齿的原因之一。陆定一被打倒的罪状之一是污蔑他"对毛泽东思想无感情,反对学习毛主席著作,认为'以毛泽东思想为指导'是庸俗化、简单化、实用主义、贴标签"。

对林彪提出的"捷径"、"活学活用"、"立竿见影"、"四个第一"等一套东西,不少党的理论工作者也提出异议,如针对林彪提出的"学习毛主席著作是学习马列主义捷径",中央党校校长兼党委书记杨献珍说:"搞学问是没有什么秘诀和捷径可走的,这是从左边来的修正主义。"武汉大学的李达校长在《怎样学习毛泽东思想》一文中指出:"我们学习毛泽东思想,首先要学习毛泽东同志如何应用马克思列宁主

---

① 刘树发:《陈毅年谱》下,人民出版社1995年版,第1168—1169页。

义的理论和方法去研究中国的革命和建设问题因而作出结论的那种榜样。"①李达因反对"顶峰论",遭到林彪的忌恨,林彪在1966年9月18日的讲话中点名批评李达。

其三,"左"的做法,也遭到了人民群众中一批较早觉醒者的反对,他们采取各种斗争方式,揭露林彪。

1966年11月15日,北京农业大学附属中学高三学生刘握中、张立才化名伊林、涤西,在清华大学贴出了《致林彪同志的一封公开信》的大字报,尖锐地批驳了林彪神化毛泽东的一系列讲话,并指出林彪的作为将使中国党面临法西斯党的危险。②

王藕,又名舒赛,原名祝成龙,她于1966年12月初,在清华、北大校园内、王府井大街等处张贴了十八张题为《誓死揪出在毛主席身边的真正的资产阶级阴谋分子》的大字报,指出林彪"一贯奸巧"、"招降纳叛,残害忠良,妄图篡乱变天"、"祸害广大工农兵人民"。

1968年2月,清华大学附属中学学生陈凡给毛泽东写信,反映对林彪的看法,批评林彪的错误言行。共产党员朱守忠对林彪等在"文化大革命"中掀起的大规模造神运动进行了尖锐的抨击。他在一次与人谈话时指出:"现在有人高喊什么'毛主席的话,句句是真理,一句顶一万句','毛主席思想是马列主义的顶峰'等等。我看说得过了,连毛主席本人都通不过","特别是动辄喊'万岁',天天唱'东方红',早上拜,晚上拜,开会拜等等,仪式繁琐,我看更不必。最近又大搞什么'忠字化',竟然把毛主席当作偶像、佛爷来供祀,真是花样层出,劳民伤财。长此胡闹下去,到底是好不好?"他对九大把林彪作为接班人写进党章提出了不同的看法:"更令人难以容忍的是,居然把林彪的名字载进了所谓的党章中。这还叫什么共产党党章?这就预示着'九大新党章'不久即将随同这位'接班人'连同他的所谓'政治报告'一起丢进垃圾堆。"③

1968年4月,西北工业大学姜明亮等人上书中共中央、毛泽东,列举了林彪与江青的十六条"罪状"。

1968年5—6月,湖南新化一中的萧瑞怡先后三次上书毛泽东,历数了个人崇

---

① 《李达文集》第4卷,人民出版社1988年版,第739页。

② 余习广:《位卑未敢忘忧国——"文化大革命"上书集》,湖南人民出版社1989年版,第81页。

③ 李邦禹等:《塞外青山埋忠骨》,《文汇报》1980年10月12日。

拜的危害性。

张志新,辽宁省委宣传部的一名女共产党员,1969年在干部连排会议上,在后来一次一次的批斗会上,她大胆地喊出"我对林彪没有什么信任",多次阐明自己的思想:"什么'顶峰',什么'一句顶一万句',什么'不理解也要执行'?这样下去不堪设想!这不是树立毛主席的威信,是树立林彪自己的威信,我对林彪没有什么信任!现在天天搞什么'宣誓',搞这个形式主义干什么?他不忠于毛主席,就是做那些事也不行。忠于不忠于毛主席,主要看认不认识真理。中国共产党从诞生以来,毛主席坚持了正确路线,尤其是一九三五年遵义会议以后,确立了毛主席在党内的领导地位,结束了第三次左倾路线在党中央的统治,在最危险的关头挽救了党,毛主席的威望不是靠大树特树树起来的,是在几十年革命斗争中自然形成的,毛主席在党的历史上建立的丰功伟绩是不容否定的。"[1]

这些思想的先驱者或被逮捕,或被判刑,蹲监牢,受酷刑,甚至被处死。

林彪集团的覆灭再一次证明了最终决定历史命运的必然是千千万万的人民大众,历史发展尽管有曲折,但得人心者昌,逆人心者亡,这是一条颠扑不破的真理。

第二,外强中干、色厉内荏——林彪集团自身的虚弱性。

林立果及其"小舰队"野心勃勃,杀气腾腾,但到紧要关头,始终没有人敢动手去谋害毛主席,例如拔出枪、放炸药或点火。他们开会研究的几条谋杀毛泽东的办法实际上只停留在仓促的狂想上就宣告流产,甚至连会还没开完就宣布"作废"了。《"571工程"纪要》倒像几个志大才疏、眼高手低者梦呓的"狂人日记",或几个蹩脚演员在密室里表演的短命的《我的奋斗》。林彪集团外强中干的虚弱性暴露无余。这说明靠趋炎附势结成的力量毕竟是脆弱的,他们表面上都对林立果百般迎奉巴结,平时争相表示对林家的忠诚,其目的是为了得到庇护和向上爬的机会。当发现林彪的地位发生动摇,当林立果真要冒天下之大不韪,谋害毛泽东时,他们在思想情感上立即与林立果拉开了距离,林立果就孤立得很,真正死心塌地、铁心跟他干的人就更少了。即便林立果拿出林彪手令,许多人还是在推诿敷衍他,想方设法地脱身事外。

毛泽东南巡还在杭州,陈励耘当时任浙江省革委会副主任,主管毛泽东在杭州的全部警卫工作,要谋害毛泽东,他是有条件的,林立果派于新野到杭州,准备说服陈励耘动手,但陈励耘有意对于新野态度冷淡。直到毛泽东离开杭州,陈励耘没有

①　国防大学党史党建政工教研室编:《"文化大革命"研究资料》下,1988年版,第683页。

向部下说过任何越轨的话或做过任何威胁毛泽东安全的事。这也是后来两案审判时检察机关决定对他免予起诉的重要原因。

王飞、江腾蛟都是属于受林家恩惠较多的,他们各自心怀鬼胎,相互推诿,强调困难,谁也不主动地自愿死干。林立果虽然狂妄凶狠,但并无干才,他们策划的八种谋杀手段固然狠毒,但都缺乏可操作性,让谁干都推称困难,都想溜号,还没干事就先乱了套:让王飞调空军警卫营冲击钓鱼台,他推说动员不了部队,空军带武器进不了城。王飞回家,把林立果要谋害毛主席的事告诉了妻子,其妻要他露天睡在阳台上弄个感冒住院躲开,王飞在外睡了一宿,没有生病,后来又想找医生想办法给他针灸搞瘫痪或弄个脑震荡住院。让江腾蛟到南方动手,他推称王维国不见得听他的,又要林立果给他配人;让"实力派"关光烈调所属部队,他推说没有军委命令,一个排都调不动;鲁珉知道轰炸机部队没人,提出用轰炸机轰炸,为逃避参与阴谋,他把自己的眼睛搞红肿住院。在此期间,林立果还要王永奎研制一个用无线电制导从西单发射打击中南海的爆炸装置,还问李伟信"能不能进口一个小型原子弹。"由此可以看出林立果是何等的疯狂和无知。一些受蒙蔽的人,一旦了解真相后立即起来揭发,最为关键的是,毛泽东在全党全军中具有着独一无二的崇高威望,没有干部战士肯替林彪的家族利益卖命,不会服从他们谋害毛泽东的命令。这是他们商量来商量去,仍是无计可施的根本原因。正如王年一在《大动乱的年代》中所说:"他们想干什么就干什么,杂乱无章,反革命准备不是有条不紊地进行的。"[1]

"九一三"事件中跟着林彪出逃的,只有他的妻子、儿子和死党几个人,跟随林彪多年的卫士长李文普也不愿随林彪叛逃苏联,而在紧要关头揭发林彪、叶群、林立果私调飞机,阴谋出逃的却正是林彪、叶群的女儿林立衡。

林彪的"四大金刚"黄、吴、李、邱没有直接参与《"571工程"纪要》的策划,事先也不知道林彪南逃广州另立中央的计划,也没有参与谋害毛主席的阴谋活动。比如说吴法宪,在"九一三"事件发生的当晚,林彪的座机就要飞出国境时,吴法宪在西郊机场打电话请示周恩来是否拦截林彪的座机。吴法宪虽然是林彪的亲信,毕竟还是跟随毛泽东几十年的老红军,在他心里,毛泽东的分量还是大大超过了林彪,他搞政治投机,讨好林彪,而一旦林彪和毛泽东发生了冲突,看林彪大势已去,他最终还是要抛弃林彪。

---

① 王年一:《大动乱的年代》,河南人民出版社1988年版,第423页。

　　即使是小舰队的骨干分子江腾蛟在"九一三"事件后的第二天,9月14日,组织上找他谈话,在还不知道林彪逃跑机毁人亡的情况下,就交代了谋害毛泽东的阴谋罪行,写了《谋害毛主席阴谋事件的经过》等书面材料,交代了自己的罪行,也主动揭发了林彪、叶群、林立果、周宇驰、于新野等人的罪行。同日,鲁珉也交代了自己的罪行。

　　"九一三"事件的善后工作,进行得非常顺利。周恩来给各大军区打电话,各大军区负责人都表示支持,就连和林彪关系密切的广州军区司令员丁盛,也很快回电话到总理办公室,表示"我无限忠于毛主席闹革命。"①这些事实都说明了林彪的孤立。

　　有人把林彪与林立果、叶群的问题完全分开,认为林彪多谋善断,不可能把政变想得那样简单,失败得那样惨,把林彪的责任推得一干二净。这不是实事求是和对历史负责的态度。林彪在战争年代打了许多胜仗,那是依靠广大人民群众的支持,无数的战士浴血奋斗的结果。而晚年的林彪脱离群众脱离实际,整天关在房子里苦思冥想,只有老婆儿子给他出主意,代他实施指挥,失败是必然的。

　　"九一三"事件之前的林彪心态也是十分虚弱、消沉、绝望,绝不能和战争年代指挥作战相比较。秘书回忆:"庐山会议后的林彪更是沉默寡言。他除了听于运深(林彪的秘书)讲点中央传阅件外,几乎不听秘书讲任何其他文件了。他有时看点电影,他既很少会客,也不愿和身边的工作人员谈什么;平时不是出去'转车',就是独自一人在室内踱步。看来,他是更加烦闷,也更加孤伶了。"林彪的警卫姜作寿回忆"九一三"事件前的林彪说:"我只觉得我们保卫的这位党的副主席自从庐山下来之后,情绪不那么好,整日愁眉苦脸;满脸阴郁,不见一丝笑容。"

　　《"9·13"事件始末》一书中写到林立果与林立衡9月7日下午的一次谈话:林立衡又问"首长知道暗杀主席吗?"林立果说:"他同意。"停了一下,又说道:"他现在不想活了,这些都是他的主意。"这段描写,有无根据,不得而知。但林彪说不想活了,这话还有出处,据1994年8月10日《中华读书报》摘录的图门(曾任最高人民检察院特别检察厅检察员)的撰文中称,1971年6月2日下午林彪在卧室对他的警卫秘书李文普说:"北戴河的房子不要盖了,反正我活不了几天啦!""把这个门改到东边就可以了。"9月11日12时30分,内勤听到林彪说:"反正活不了多久了,死也死在这里,一是坐牢,二是从容就义。"从以上几处文字看,"九一三"前的林彪,情绪

---

　　① 　童小鹏:《风雨四十年》第二部,中央文献出版社1996年版,第465页。

非常低沉,几次流露出"死"的念头。①

　　像林彪这样在中国共产党内身居高位的"副统帅",组织集团,手下几员大将都掌握兵权,一旦一系列阴谋活动彻底暴露,也就立即众叛亲离,顷刻瓦解。林彪集团的覆灭说明党心、民心和军心之所向,正如邓小平所言:"林彪不亡,天理难容"。②"天理"乃是林彪集团覆灭的历史必然性吧。

第二节　"九一三"事件后中国政局的变化

　　胡乔木同志曾以"九一三"事件作为"文化大革命"的十年的分界线:1966—1971年为"文化大革命"前期;1971—1976年为"文化大革命"后期。③党的十一届六中全会决议指出:"林彪事件客观上宣告了'文化大革命'的理论和实践的失败。""九一三"事件的发生,用极其冷酷的方式,为"文化大革命"运动,写下了一个大大的问号,成为"文化大革命"的"分水岭",此后出现了纠正"文化大革命""左"倾错误的契机,中国政局开始了一系列深刻的变化:

一、惊雷过后的觉醒

　　"九一三"事件不啻一声惊雷,广大干部和群众起初根本无法相信林彪这个毛泽东"亲密的战友"、"最好的学生"和"接班人"要谋杀毛泽东并叛逃,听到传达林彪叛逃的中央文件时,先是如同晴天霹雳,目瞪口呆;继而则想不通林彪已经是写在党章上的"接班人"了,何以还要迫不及待地抢班夺权;最后,人们终于从狂热中猛醒,深而思之,从开始对林彪集团阴谋活动的揭露批判到后来对"文化大革命"运动进行抵制和批评,怀疑和否定"文化大革命"的思想也就势所必然地出现了。中国人民开始用自己的头脑来思考所面临的现实问题了,从普通百姓到高级干部,从军队到地方,"九一三"事件一时成了热门话题,种种议论和猜测又加深了人们思考:

　　林彪是毛泽东的亲密战友和载入党章的接班人,竟然要谋害毛泽东,另立中央,可见毛泽东选人也有错误,也犯错误。人们开始打破了对毛泽东本人的无限崇

---

① 张聂耳:《风云"九一三"》,解放军出版社1999年版,第309—310页。
② 毛毛:《我的父亲邓小平:"文化大革命"岁月》,中央文献出版社2000年版,第207页。
③ 龚育之:《关于建国以来党史的分期》,《学习时报》2000年1月31日第3版。

拜和把毛泽东神化、把毛泽东思想教条化的做法。人们开始从个人崇拜的狂热中觉醒,对这种由领导者自己给自己选择"接班人"制度是否合理、正确发出疑问。这一事件也促使更多的人对"文化大革命"产生怀疑和否定。林彪是参与发动"文化大革命"的主要人物,又是"文化大革命"的主要支持者,曾被赞誉为"党不变修,国不变色的保证",这样一位大人物竟在"文化大革命"中叛党叛国,"文化大革命"果真正确和必要吗?"文化大革命"中打倒老干部,"踢开党委闹革命"等一套做法正确吗?"文化大革命"果真是"反修防修"的"头等大事"?"九一三"事件来得那么突然,人们对所谓"第十次路线斗争"竟毫无察觉,可见"路线斗争不可知"。再者,党内斗争果真应当自下而上地搞吗?人类社会的进步,果真要依赖于无休止的暴力革命吗?还是也需要、抑或更需要建设、稳定与通过改革逐步完善?社会主义究竟应该是什么样子?

这些问题涉及如何评价"文化大革命"以来的路线、方针、政策的问题。虽然广大的人民群众还不能够从更深层次上来否定"文化大革命",但上述思索加上对"文化大革命"恶果的直观感受,使人们对"文化大革命"的态度发生了根本的变化:由忠诚的信仰逐渐变成怀疑,狂热的情感逐渐变得冷淡。尽管限于当时的环境,人们不能公开说出否定"文化大革命"的话,但可以肯定的是,林彪事件成为党和人民关于正确认识和评价"文化大革命"功过是非的一剂功效神速的"清醒剂"和摆脱蒙昧的"启动器"。千百万善良的人们痛感历史给予的无情嘲讽和莫大羞辱。人们不再轻信用"一贯高举""一贯紧跟"的姿态表现出来的所谓"忠诚",对诸多极端化的、形式主义的作法开始产生疑问。由此,林彪事件便成为许多人认识上的一个转折点,尔后,人们更信服的是事实,而不是"文化大革命"以来所盛行的冠冕堂皇的华丽赞歌和口号式的说教。

许多被隔离审查的同志在与外界隔绝的情况下,就是从这一事件中看到党内出现了纠正错误的契机,从而积极致信党中央和毛泽东表达自己的意见和要求。如邓小平在江西给毛泽东写信,提出自己想复出工作的请求。

还有的同志则是从这时开始,对我国社会主义建设的经验教训进行理论总结。如张闻天在外地隔离审查期间,就是从"九一三"事件的发生中洞察到"文化大革命"失败了。从10月起,他即恢复一度因"文化大革命"而被中断的研究,动笔写论述社会主义基本问题的文稿。[1]他在肇庆被监护期间所写的《无产阶级专政下的政

---

① 程中原:《张闻天传略》,《中共党史资料》第35期。

治和经济》、《党内斗争要正确进行》等文章,运用马克思列宁主义的武器,针对"文化大革命"这场灾难中暴露出来的种种问题,分析产生的原因,探讨怎样正确处理政治和经济、党和国家、领袖和群众的关系和党内斗争,寻求中国建设社会主义的规律。新闻出版工作者恽逸群1973年在被剥夺一切政治权利的情况下,写下了《略谈"个人崇拜"》一文,指出凡是把国家最高领导人神化的,"必定有奸人弄权,阴谋篡夺权力。这是古今中外绝无例外的普遍规律。"①

广大人民群众也开始觉醒。1973年3月,成都电讯工程学院电工教研室副主任屠德雍,写成了《文化大革命十大罪状》,向全国各地广为散发。这篇文章全面系统地列举了"文化大革命"给我国各条战线造成的严重破坏和损失,对于人们认识和抵制"文化大革命"的错误产生了很大的影响。②

1974年11月,三位青年署名李一哲,在广州街头贴出一张题为《关于社会主义民主与法制》的大字报。这篇大字报针对林彪集团猖狂破坏社会主义的民主与法制,大搞封建法西斯专政的暴行,指出:林彪反党集团赖以产生的社会历史条件是延续两千多年的中国封建社会的意识形态;林彪反革命路线的表现形式是极"左"。大字报还未点名地指出了江青的许多罪行,并联系这些现象,指出我国在上层领域中存在的某些缺陷。

四川雅安地区一名叫李天德的知识分子,1975年写的致中共中央、国务院的万言书——《献国策》原件,被中国革命博物馆作为革命文物收藏,《献国策》锋芒直指那场"好得很,就是好"的"文化大革命"。他指出:"关于文化大革命,我认为是完全不必要的,坏处大大超过好处。"他那犀利的笔锋,触及当时人们讳言的个人迷信,要求正确评价毛主席的功与过,尖锐地指出毛主席晚年的严重错误。他在万言书中、提出整整十二个方面的国策。③

毋庸讳言,这些思想先驱者的主张难免还有一定的时代色彩和局限,但瑕不掩瑜,真理的内核华光千秋。

二、毛泽东在政策上进行局部性调整

"九一三"事件对中国社会产生的震动中,作为"文化大革命"的发动者,毛泽东

① 张鸣、乐群:《"文化大革命"中的名人之思》,中央民族学院出版社1993年版,第330页。

② 参见郭文亮:《水与舟关系的现代诠释——人民群众在"文化大革命"中的历史作用》,《中山大学学报》(社科版)2000年第5期。

③ 《"文化大革命"研究资料》下册,中国人民解放军国防大学党史党建政工教研室,1988年版。

受到的震撼首当其冲。在失去对林彪信任的最后一刻,他也未必会想到林彪会谋害自己,叛国外逃。多年来,他一直提醒人们要警惕睡在身边的赫鲁晓夫一类的人物,如今,一颗埋在他身边多年的"炸弹"果真"自我爆炸"了。

毛泽东本人,从纯洁完美的终极理想出发,想通过"文化大革命"这种形式,"公开地、全面地、自下而上地发动广大群众来揭发我们的黑暗面",从而保证党的纯洁性和战斗性,但是,经过五年的天翻地覆,竟结出"九一三"事件的苦果,可谓南辕北辙。

历史的辩证法是无情的,在毛泽东试图通过"文化大革命"把中国引上自己认定的"反修防修"的马克思主义道路时,历史竟然把他也引进了迷离恍惚的歧途。

"九一三"事件对毛泽东的理想、信念、追求、精神和健康都是一个巨大的打击。

在许多场合,毛泽东屡屡以自嘲的口吻提到林彪。

1971年10月16日,毛泽东听取关于接待基辛格访华的方案,曾对在座的熊向晖谈起"九一三"事件,连声说:"我的'亲密战友'啊!多'亲密'啊!"表露出他心中的无限感慨。他援引了唐朝杜牧的诗"折戟沉沙铁未销,自将磨洗认前朝。东风不与周郎便,铜雀春深锁二乔"来形容林彪之死,并说:"三叉戟飞机摔在外蒙古,真是'折戟沉沙'呀。"①

1972年1月10日,毛泽东在参加陈毅的追悼会时,亲自把林彪摔死的消息告诉第一个外国人——西哈努克亲王:"今天向你通报一件事情,即那位'亲密战友'林彪,去年9月13日坐一架飞机要跑到苏联去,但在温都尔汗摔死了。林彪是反对我的,陈毅是支持我的。我就一个'亲密战友',还要暗害我,阴谋暴露后,他自己叛逃摔死了。"②

最耐人寻味的是,据毛泽东身边的工作人员介绍,在毛泽东故居里有一本平装的《白香山集》,其中《放言五首并序》的第三首:"赠君一法决狐疑,不用占龟与祝蓍。试玉要烧三日满,辨材须待七年期。周公恐惧流言日,王莽恭谦未篡时。向使当初身便死,一生真伪复谁知?"毛泽东对全诗都用红笔划了着重线,他对白居易这首诗的观点显然是赞赏的。1972年在批判林彪反革命罪行时,毛泽东引用这首诗的后四句,用以说明一个人的错误发展是有一定的过程的,认识一个人是革命还是

---

① 熊华源、安建设编:《林彪反革命集团覆灭纪实》,中央文献出版社1995年版,第87页。

② 陈长江、赵桂来:《毛泽东的最后十年——警卫队长的回忆》,中共中央党校出版社1998年版,第179—180页。

假革命也是有一定过程的。

多种材料记载，"九一三"事件发生后，毛泽东受到很大刺激，陷入极度的痛苦和失望之中，他的身体明显衰弱下来，此后疾病缠身。毛泽东每每吟诵南朝诗人庾信的《枯树赋》："昔年种柳，依依汉南，今看摇落，凄怆江潭，物犹如此，人何以堪？"悲怀之心境，流露无余。

林彪事件的爆发，使毛泽东不得不对一些具体措施重新审视，特别是对"文化大革命"中的一些过激做法，加以更正，主要表现如下：

第一，批判林彪集团。

"文化大革命"中，毛泽东重用林彪一伙，但对林彪的一些极端言论和作法也不满意（如对林进行过某些含蓄的批评）。"九一三"事件之前，在1970年党的九届二中全会期间，毛泽东即开始揭露、批判陈伯达，并由此入手，批评林彪一伙的错误。"九一三"事件后，毛泽东对极"左"思潮的不满情绪有了进一步的发展。从1971年10月起至翌年初，毛泽东在一系列言论中集中批判了林彪，同时，肯定了受到林彪一伙打击、迫害的老同志。

1971年10月4日，他在接见军委办公会议的成员时，批判了林彪搞的突出政治、个人崇拜等形式主义的作法和选拔干部的所谓"三条标准"，实际上是否定了林彪自1960年主持军委工作以来所搞的"突出政治"的那一套作法，而有些作法，过去毛泽东本人也曾加以肯定过。如他提出："军队要整顿"，并说："四好运动形式主义，把部队作风带坏了，要改变。""现在搞空的东西多了"。这里，毛泽东关于"军队要整顿"思想的提出，固然含有要在政治上清除林彪集团骨干分子的内容，同时，也包含着他对形式主义严重危害的清醒认识，这是他思想逐渐向实际方面转变的反映。

毛泽东还对林彪鼓吹和"文化大革命"中盛行的"紧跟"等提法表示异议，他说：什么"紧跟"，我就不愿听，不能跟人，要跟党，跟路线。随后，毛泽东又表示对个人崇拜"讨嫌"，对"文化大革命"中普遍存在的讲假话和虐待"俘虏"的情况表示"不满意"。

此时毛泽东还不断作自我批评，对自己以往的一些做法采取否定的态度，确实难能可贵。如1972年5月，经过反复考虑，毛泽东同意发表他1966年7月8日致江青的一封信，①就包含了一种含蓄的自我批评。

---

① 该信是1972年5月中央批林整风汇报会期间，中央政治局和周恩来几经请示后，毛泽东才同意印发作为会议文件的，见周恩来在批陈整风汇报会第一次全体会议上的讲话。

...

上述情况表明毛泽东对"文化大革命"的一些重要错误已有所认识,这为人们重新认识"文化大革命",提供了不少有利条件。

第二,抓干部政策的落实问题。

林彪事件的发生,毛泽东开始重新考虑过去所认定的某些问题,尤其是对老干部的认识和评价问题,逐渐改变以前对一些老干部的错误看法和态度。"九一三"事件之后,在周恩来的大力协助下,他着重抓了干部政策的落实问题,"解放"了一大批党政军领导同志。①

1971年11月14日,毛泽东在接见来京参加成都地区座谈会的同志时,当着叶剑英的面对大家说:"你们再不要讲他'二月逆流'了。'二月逆流'是什么性质?是他们对付林彪、陈伯达、王关戚。"

1972年1月6日,毛泽东对前来商谈工作的周恩来和叶剑英说:"'二月逆流'经过时间的考验,根本没有这个事,今后不要再讲'二月逆流'了。请你们去向陈毅同志传达一下。"②但当叶剑英向生命垂危的陈毅传达毛泽东的指示,他已经处于昏迷状态,不可能听到为"二月逆流"的平反了,陈毅就在当日去世。

1972年1月10日,毛泽东参加了陈毅的追悼会。会后在接见陈毅的夫人张茜谈话时说:陈毅是个好人,是个好同志,要是林彪的阴谋搞成了,是要把我们这些老人都搞掉。并表示,邓小平问题的性质属于人民内部矛盾。这些话都被迅速传出去,在当时产生了良好的影响。

毛泽东出席陈毅的追悼会,本身就是一件极不平常的事情,给所有受到各种打击和迫害的老干部一个清晰而明确的信号。从此以后,许多老干部及其家属纷纷给毛泽东写信,揭发林彪的罪行,申诉自己受迫害的情况。他们有的要求解除监禁,出狱治病;有的要求落实政策,恢复工作;更多的则是要求弄清问题,作出结论。对于这些来信,毛泽东大多及时地作出了批示。据粗略统计,仅在1972年一年间,他批阅的这类来信就不下30件。对一般高级领导干部的情况,他明确指示中央有关部门及其负责人处理;而对担任过党和国家重要领导职务的干部,他则直接批交周恩来亲自处理。这些批示直接揭露了林彪集团迫害老干部的罪行。

---

① 参见唐洲雁:《毛泽东"文化大革命"后期"解放"和任用老干部情况简析》,《党的文献》1998年第2期。

② 中共中央文献研究室:《周恩来年谱》(1949—1976)下卷,中央文献出版社1997年版,第506页。

1972年3月5日,毛泽东对苏振华①来信的批语:"此人似可解放了。如果海军不能用他,似可改回陆军(或在地方)让他做一些工作。"②

在廖汉生(原国防副部长、北京军区政治委员)子女来信上批示指出:"我看廖汉生和杨勇一样是无罪的,都是未经中央讨论,被林彪指使个别人整下去的。"③

谭政(原任中共中央书记处书记、中央军委常委、中国人民解放军总政治部主任、国防部副部长)1960年10月在中央军委扩大会议上受到林彪的陷害,被撤职、降级,1973年4月他给毛泽东写信,希望近期内能够解放出来。1973年5月,毛泽东在谭政信上批示:"纪、汪酌处。同时印发政治局各同志。"④

有些批示的范围不仅涉及个人,而且涉及与个人相关的案件,如对罗瑞卿的批示涉及"彭罗陆杨"一案,1973年11月20日,对罗瑞卿来信的批语:"似可释放。请中央酌定。"⑤毛泽东批示后不久,罗瑞卿被解除监禁。1975年6月,罗瑞卿恢复了党的组织生活,并担任中央军委顾问。对谭震林的批示涉及"二月逆流"事件;1972年3月25日,毛泽东对杨成武家属来信的批语涉及"杨、余、傅事件"。他写道:"此案处理可能有错,当时听了林彪一面之词。"⑥

有的批示矛头不仅指向了林彪集团,而且指向了被他们搞乱的司法制度。如他在对林枫问题的批示中指出:"林枫问题过去没有弄清楚,有些证据不足,办案人员似有一些逼供信。"⑦

这一时期毛泽东批示的态度更为明确,内容更加具体。如对贺诚⑧的批语,1972年写的是"我意应给予工作"。⑨1975年5月17日在中央军委关于贺诚任职的请示报告上的批语则进一步指出:"奇文共欣赏,疑义相与析。贺诚无罪,当然应予分配工作。过去一切污蔑不实之词,应予推倒。""傅连暲⑩被迫死,亟应予以昭

---

① 苏振华,原任中共中央军委常委兼副秘书长、中国人民解放军海军政治委员。"文化大革命"中受到错误批判,被解除职务。1973年1月,苏振华复出任海军第一政委。

② 《建国以来毛泽东文稿》第13册,中央文献出版社1998年版,第290页。

③ 同上书,第302页。

④ 同上书,第351页。1975年谭政出任中共中央军委顾问。1979年3月21日,中共中央、中央军委发出通知,同意总政治部《关于为"谭政反党宗派集团"冤案彻底平反的决定》,为他彻底平反昭雪。

⑤ 同上书,第366页。

⑥ 同上书,第294页。

⑦ 同上书,第307页。

⑧ 贺诚,被打倒前任中国人民解放军军事医学科学院院长。

⑨ 《建国以来毛泽东文稿》第13册,中央文献出版社1998年版,第301页。

⑩ 傅连暲,原任卫生部副部长、中国人民解放军总后勤部卫生部第一副部长、中华医学会会长。

雪。""贺诚幸存,傅已入土。呜呼哀哉!"①再如1975年7月2日,毛泽东在一个批示中说:"周扬②一案,似可从宽处理,分配工作,有病的养起来并治病。久关不是办法。"③这些批示,推动了干部政策的落实。

毛泽东"解放"老干部的批示,影响最大的莫过于对陈云、邓小平等同志的批语。

陈云在"文化大革命"中被解除了除中央委员之外的一切领导职务。1972年7月21日,他给毛泽东写信,要求分配力所能及的工作,参加老同志学习班,并在春秋季节到外地作些调研工作。毛泽东次日阅信后即批示"我看都可以同意","请中央商定"。

1972年8月3日,邓小平也给毛泽东写信,揭发林彪的罪行,同时提出愿意做一点工作。毛泽东阅后批示印发中央各同志,并写了一个较长的批语,表明了自己的态度。根据毛泽东的批示,周恩来召集中央政治局会议几次讨论,作出了关于恢复邓小平党组织生活和国务院副总理职务的决定。1973年12月,毛泽东又3次同中央政治局等方面的同志谈到邓小平复出的问题。至12月22日,中央又下发了关于邓小平担任中央政治局委员、中央军委委员,参加中央和军委领导工作决定的通知,使邓小平重新复出。

1973年12月21日,毛泽东在接见参加中央军委会议的同志时,作了自我批评,说听了林彪一面之词,错整了贺龙、罗瑞卿、杨成武、余立金、傅崇碧等,他再次称赞朱德是"红司令",从而使一批高级领导干部相继得到解放。

严峻的政治现实,使毛泽东不得不重新审视"文化大革命"的发动和发展的整个过程,也使他不可避免地要在政治上重新倚重在"文化大革命"中受到排斥的一些老同志。"九一三"事件后,在毛泽东的支持下,周恩来开始全面主持中央日常工作。党内在不同程度上对"文化大革命"持抵制态度的健康力量迅速地聚集起来,曾经受到林彪集团打击迫害的老同志向党中央提出了要清算林彪及其在中央和各

---

① 《建国以来毛泽东文稿》第13册,中央文献出版社1998年版,第432页。
② 周扬,原任中共中央宣传部副部长、中国文学艺术界联合会副主席、中国作家协会副主席。"文化大革命"中被错误打成所谓"文艺黑线代表人物"。1979年,中共中央宣传部批准文化部党组的决定,指出新中国成立后17年文化部的工作成绩是主要的,根本不存在什么"文艺黑线"和以周扬等为代表的所谓"黑线代表人物"问题。凡是因所谓"文艺黑线"等错案受到打击和诬陷者一律彻底平反。此后,周扬即被放出。
③ 《建国以来毛泽东文稿》第13册,中央文献出版社1998年版,第441页。

地的死党的罪行。这在客观上使党内抵制"文化大革命"的健康力量得到加强。"九一三"事件的发生和中央领导机构的变动,使狂热鼓吹"打倒一切"的江青、张春桥等人一时陷入被动。

第三,抓军队的整顿:防止山头主义,八大军区司令员对调。

"九一三"事件,中央军委副主席、国防部长林彪,中央军委委员、军委办事组成员叶群摔死在温都尔汗;林彪的"四大金刚"军委办事组组长黄永胜和军委办事组成员吴法宪、李作鹏、邱会作等人先后被隔离审查。在这种情况下,1971年10月3日,中共中央决定撤销军委办事组,成立新的中央军委办公会议,由军委副主席叶剑英主持军委办公会议,负责军委日常工作。军委办公会议由叶剑英、谢富治(北京军区第一政委)、张春桥(南京军区第一政委)、李先念(国务院副总理)、李德生(总政治部主任兼北京军区司令员)、纪登奎(北京军区第二政委)、汪东兴(中共中央办公厅主任兼中央警卫局局长)、陈士榘(工程兵司令员)、张才千(副总参谋长)、刘贤权(铁道兵司令员)等10人组成。

1971年10月4日,毛泽东接见了军委办公会议成员,提出了"关于整军建军和肃清林彪影响问题"。毛泽东指出,林彪搞了十一年,军队的问题不少。要整顿军队,肃清林彪的影响。要有破有立。对他们错误的东西要破,要立正确路线。四好运动搞了很多形式,要整顿。部队的作风也搞坏了,要改正过来。军事训练也有形式主义,军队要严格训练,严格要求,才能打仗。最后,毛泽东提出,要召开一次军委扩大会议,这是整军建军的重大问题。

这样,"九一三"事件后,毛泽东迅速地把整顿军队,召开军委扩大会议的任务提到了全军面前。"受任于平叛之际,奉令于整军之时"的叶剑英抓住了林彪主持军委工作以来推行的"左"的一套,尤其是其后期对军队建设造成的破坏,系统地清理了部队的问题,在广泛而深入的调查研究的基础上提出了新的建军方向,这集中反映在为筹备召开军委扩大会议,叶剑英主持领导下形成的《在中央军委扩大会议上的报告》和《中共中央军委扩大会议决议》初稿中。《报告》和《决议》的指导思想是,遵照毛泽东关于军队要整顿、要准备打仗的指示,针对林彪对军队建设造成的危害和影响,结合部队存在的主要问题,有破有立,以正面阐述为主,明确部队建设的方向。围绕这一指导思想,《报告》和《决议》主要解决了下列问题:

一是批判和清算林彪推行的资产阶级军事路线。《报告》和《决议》认为,林彪资产阶级军事路线的主要表现是:把马列主义和毛泽东思想对立起来,大搞形式主义、实用主义、教条主义,破坏我军政治工作的优良传统;反对党对军队的绝对领导,破坏党的民主集中制,实行军阀主义;推行宗派主义的组织路线,任人唯亲,结党营私,严重破坏党的干部路线和政策;制造军政对立,在军事训练上推行取消主义,形式主义,解放军成了"文化军";在国防科技研究、生产上瞎指挥,打烂仗,破坏我军装备建设。

二是提出了整顿军队的内容和措施。主要是:整顿思想作风,发扬我军政治工作的优良传统。要坚持和发扬理论联系实际的革命学风,彻底纠正实用主义和形式主义的倾向;注重学习和运用马列主义、毛泽东思想的立场、观点和方法;贯彻党对军队的绝对领导;肃清林彪宗派主义的流毒,落实党的干部政策,领导干部要跟党,跟党的路线,不要跟人。整顿编制、体制,改革部队装备。大力加强军事训练,健全规章制度。要从实战需要出发,实行严格训练,严格要求,提高部队的军事素质,纠正只搞文不搞武的倾向;要加强军兵种的协同训练,搞好冬季长途野营拉练;恢复必要的指挥院校和技术院校,并加强军、师教导队;建立和健全各种规章制度,加强部队管理,防止和克服无政府主义思潮的影响等。

当然,由于"四人帮"的干扰和破坏,由于整个国家仍然在"文化大革命"的轨道上运行,1972年军队整顿工作是十分艰难的。整顿的进一步展开,则是在1975年军委扩大会议召开时。

1973年12月22日,由毛泽东提议,邓小平参加中共中央和中央军委的领导工作。

为防止军队高级干部因盲目性而不自觉地造成山头,汲取林彪集团形成的经验教训,同日,根据毛泽东的建议,中央军委发出8个大军区司令员对调的命令:北京军区司令员李德生与沈阳军区司令员陈锡联对调,南京军区司令员许世友与广州军区司令员丁盛对调,济南军区司令员杨得志与武汉军区司令员曾思玉对调,福州军区司令员韩先楚与兰州军区司令员皮定钧对调。

"九一三"事件后,毛泽东对"文化大革命"政策的局部性调整,是他为了缓和各方面矛盾而采取的重要措施,是他在一定程度上能够正视现实的表现,也是他在一定时期内能够支持周恩来纠正"左"的错误的思想基础。

不过,毛泽东的这些措施是在国内的政治、经济面临着尖锐矛盾和困难的条件下采取的,而不是自觉地对"左"的指导思想的纠正。他并没有从根本上认识到自己发动"文化大革命"的理论和实践是错误的。这样,既在全局上坚持"文化大革命"的"左"倾理论,又在具体问题上对"文化大革命"在实践中的错误进行纠正,这使毛泽东陷入一个难以解脱的矛盾之中和一个两难选择的局面中,即:是维护和坚持"文化大革命";还是顺应形势,适时地以某种形式结束"文化大革命"。这是一对无法统一的矛盾,就像一曲不和谐的重奏明显地并存于毛泽东的思想之中。遗憾的是,毛泽东没有摆脱固有的思维方式。他认为林彪集团的暴露是第十次路线斗争,证明牛鬼蛇神过七八年就要跳出来一次,因此要不断地进行革命。

如同1958年冬至1959年春纠正"大跃进"中的某些具体错误,但不从根本上纠正"左"的指导思想一样,这次毛泽东虽然纠正了"文化大革命"中的某些错误,但他并未真正放弃"文化大革命"的"左"倾指导思想,甚至在某种程度上更加坚信"以阶级斗争为纲"、进行反修防修这样一场"大革命"的必要性。这就决定了毛泽东纠正"文化大革命"的错误还是有局限性的。毛泽东在思想上的深刻矛盾,预示着党内健康力量反对"左"倾错误和对江青等人的斗争不可能是顺利的。

三、周恩来抓住纠"左"的历史契机

"九一三"事件之前,周恩来在"文化大革命"中处境艰难,他既要在总体上维护并表示支持毛泽东发动的"文化大革命";又要在实际工作中纠正许多极端作法,努力减少"左"的错误造成的损失。由于大批党政军领导人被打倒或靠边站,加之林彪、江青两个集团利用毛泽东的错误篡夺了越来越多的权力,使得以周恩来为代表的党内健康力量愈显势单力薄。林彪集团的覆灭,使政局发生了明显变化:毛泽东在有限的范围内调整了政策,江青集团也不得不有所收敛。尤其重要的是,广大人民群众在饱尝动乱之苦后已开始觉醒,党心民心渴望安定团结,渴望把生产搞上去,生活得到改善。这些变化,成为1972年前后周恩来领导的纠"左"斗争的历史契机。

"九一三"之后,毛泽东决定由周恩来主持党中央的日常工作,把党政军的重要权力交给周恩来、叶剑英等人。这样,就使得党内上层力量的对比发生了自"文化大革命"以来的最重要的变化,党内健康力量获得了极大加强,成为周恩来能够在1972年前后领导开展批判极"左"思潮的斗争,在一段时间内公开着手纠正"文化大革命"错误的一个基本条件。周恩来实际上是全党全国人民中否定"文化大革命"的主要代表者,而此次否定"文化大革命",又是1967年2月前后中央许多领导同志要求纠正"文化大革命"错误这一正确主张的继续。为了在实际工作中纠"左",周恩来抓了四件大事[1]:

① 参见安建设:《周恩来领导的1972年前后批判极左思潮的斗争》,《党的文献》1993年第1期。

第一，在组织上抓住林彪垮台之机，在毛泽东的支持下，"解放"并重新起用了一大批老干部。

1972年4月周恩来指示《人民日报》起草一篇正面阐述党在干部问题上的政策和优良传统的社论，并亲自审改了这篇题为《惩前毖后，治病救人》的社论。社论在4月24日《人民日报》发表后，在全国反响很大。各地开始重新考虑落实干部政策问题。周恩来根据毛泽东有关批示，反复督促有关部门尽快结束一些专案审查工作，恢复一些担任过重要领导职务的同志的名誉，并把一大批下放劳动或"靠边站"的各级负责干部重新安置到领导岗位上。

原铁道部副部长刘建章的妻子刘淑清1972年10月20日给毛泽东写信说，刘建章1926年入党，今年62岁，不知何故于1968年2月被拘留审查，至今已五年。1972年6月8日，中央专案组通知我们家属到狱中探视，发现他体质很坏，面黄肌瘦，连说话有时也咬字不清。监狱生活条件差，每天饮水只有三杯的定量，每日"放风"也只有三十分钟的时间，有关政治上的大事更是不得而知。信中请求改变目前这种审查方式，允许家属经常探望，或准许刘建章回家等待审查结论并治病。毛泽东读信后极其震怒，质问"这种法西斯式的审查行为，是谁人规定的？应一律废除。"①

这就使得周恩来得到了改善被拘押的老干部的待遇的依据。1972年底，周恩来根据毛泽东对刘建章一案的批示精神，指示公安部会同北京卫戍区，对北京监狱的待遇问题作一次彻底清查，凡属毛泽东所说的"法西斯式的审查方式"都需列举出来，再一次宣布废除，并当着在押犯人公布，如有犯者，当依法惩治，更容许犯人控诉。此后不到4个月的时间里，仅中央交办、北京市负责审理的100多人中，就有一半以上获得"解放"。

根据周恩来的指示，卫生部组织北京十大医院在不到一个月时间里给近500名副部长以上的干部做体检，使他们在这个名义下获得"解放"，重新工作。1973年春天，身患癌症的周恩来在手术前专门写信给毛泽东，建议抓紧"解放干部"的工作。中央组织部提出一个300多人的名单，周恩来抱病连续主持政治局开会讨论。而江青、张春桥等人从中作梗，百般阻挠。为此，叶剑英愤然作了一首《过桥》诗："一匹复一匹，过桥真费力。多谢牵骡人，驱骡赴前敌。"

第二，在经济领域整顿经济秩序。

1971年11月至1972年1月，在周恩来的支持下，中央连续发出《关于严格控

---

① 《建国以来毛泽东文稿》第13册，中央文献出版社1998年版，第334页。

制社会集团购买力制止年终突击花钱的通知》、《关于调整部分工人和工作人员工资的通知》、《关于改革临时工、转换工制度的通知》、《1972年全国计划会议纪要》、《关于农村人民公社分配问题的指示》等文件,整顿企业,加强管理,恢复被砸烂的规章制度,强调实行按劳分配的原则。1973年2月26日,周恩来在听取《坚持统一计划、整顿财经纪律》(即经济工作十条)起草情况汇报时,专门作出了恢复经济秩序的重要指示,并明确指出:"整顿的方针要写清楚"。很快地,各项规章制度重新得到了建立和健全,进行经济核算和建立生产责任制的做法又在一些城市企业和农村生产队出现,物质奖励措施在某种程度上再次得到肯定。

由于1971年的计划指标和速度定得过高,加上过去经济中积累下来的问题(如基建规模过大等),到年底,职工人数、工资总额、粮食销售量大大突破原计划数字。1972年"三个突破"问题仍在发展,货币发行量也突破了。粮食和棉花被迫挖用国家库存,形成当时所说的"两个窟窿"。社会经济出现了危险的迹象。周恩来最早发现问题并指示国务院采取压缩基建项目和投资、精简职工人数、降低国防建设费用等各种措施,力争扭转这一不利的局面。到1973年底,上述问题基本获得解决。

在农村工作上,进一步纠正了一些"左"的政策。1971年12月26日,中共中央作出关于农村人民公社分配问题的指示,重申农村工作必须按《农业六十条》的规定进行,坚持按劳分配原则;强调农业要全面发展,不能把党的允许多种经营的政策当作资本主义去批判,并规定了一些在生产和分配上有利于农民的具体政策。

经过调整和整顿,1973年经济建设取得很大的成就,当年计划的主要指标均完成或超额完成,工农业主要产品产量都有大幅度提高,粮、棉产量创历史最高水平,成为"文化大革命"以来国民经济形势最好的一年。

第三,在政治上加强了对极"左"思潮的批判。

周恩来亲自指导教育、科技、文化、卫生、体育等战线加紧肃清极"左"思潮的影响。

从1971年9月到1972年秋,在批判林彪的过程中,周恩来先后在全国计划会议、公安工作会议、出版工作座谈会、科学工作会议、卫生工作会议等许多场合,提出要批判极"左"思潮,批判无政府主义。

1972年5月21日,周恩来在中央各部门和各省、市、自治区负责人会议上发表讲话指出:林彪在1966年5月18日关于政变的讲话是"极'左'"的。他联系这些部门遭林彪一伙严重破坏的事实,反复强调:过去,林彪造成极"左"思潮、形式主义,只搞那个"突出政治",不搞业务,不抓训练;现在要提倡为革命刻苦钻研业务技术,提高质量,勇于攻关。周恩来的这些指示,有力地推动了各条战线批判极"左"思潮斗争的开展。大批科技人员从五七干校调回北京,重新走上科研岗位,各大学的教学秩序也有所恢复,一批被批、被封的优秀作品也重新面世,还新产生了一批歌颂工人、农民的好作品。

1972 年 10 月 14 日,《人民日报》社根据周恩来关于对极"左"思潮要批透的讲话精神,组织了一版批判无政府主义的文章,成为自"九一三"事件以来在党报上首次发表的批判极"左"思潮的文章。包括龙岩的题为《无政府主义是假马克思主义骗子的反革命工具》、纪众言的题为《坚持无产阶级铁的纪律——读〈共产主义运动的"左派"幼稚病〉的一点体会》和李定的题为《一个阴谋家的丑史——读〈巴枯宁〉》等三篇批判极"左"思潮和无政府主义思潮的文章。这些文章尖锐地指出林彪是煽动极"左"思潮和无政府主义思潮,搞乱社会主义建设的罪魁祸首。在周恩来提出的批林整风中要批判极"左"思潮的正确思想指导下,各条战线联系实际肃清极"左"思潮的影响,林彪等人鼓吹的"突出政治"、"群众运动天然合理"、"否定一切"、"砸烂一切"等观点受到了广泛的批判。

第四,在外交上,周恩来对外交战线上的"左"倾错误进行了批评,并协助毛泽东适时地调整了中国的外交战略。

1972 年 8 月 1 日、2 日,周恩来连续两天在人民大会堂向回国述职大使和外事单位负责人作长篇报告,其中贯穿了"要批透极'左'思潮"这一鲜明主题。他说:"极'左'思潮是有世界性的。中国也有极'左'思潮,在我们的鼻子下面也有嘛,外交部也有,驻外使领馆也有。""实际上各单位的极'左'思潮都是林彪放纵起来的","林彪用极'左'的方法破坏主席的威信,把主席说过了头,什么'顶峰'呀,'一句顶一万句'呀,'第三个里程碑'呀,等等。其实这些都是假的,结果是要谋害主席。""极'左'思潮,就是夸夸其谈,不实事求是","空洞、极端,形式主义空喊无产阶级政治挂帅,很抽象,这是违反毛泽东思想的"。关于政治和业务的关系,提出:运动就是要落实在政策和业务上,无产阶级政治挂帅挂在什么地方呢? 就是要挂在业务上。运动和业务不能对立。"[1]

这一时期国际上出现了对中国有利的外部环境。美国为了改变与苏联争霸中

---

① 《周恩来年谱》(1949—1976)下卷,中央文献出版社 1997 年版,第 541—542 页。

的不利态势,急于改善同中国的关系。周恩来协助毛泽东,适应国际形势的发展,超越意识形态的分歧,使中国外交向灵活的、务实的多边外交转变,取得一系列突破性进展。1971年10月,中国在联合国的合法地位得到恢复;1972年2月,尼克松应邀访华,中美发表了《联合公报》,中美两国开始走向关系正常化;1972年3月,中英外交关系由代办级升格为大使级;1972年9月实现了中日邦交正常化;从1971年10月到1972年底,共有25个国家先后与中国建交,对外关系出现了从未有过的新局面。周恩来还敏锐地抓住这一历史机遇,明确地提出要学习外国、特别是资本主义国家的长处,积极开展对外经贸合作和交流。

1972年由周恩来领导的这次纠"左",实质上是在当时还不可能全面清理"文化大革命""左"的错误的条件下所能进行的一种有限度的拨乱反正。它在可能的条件和范围内,努力纠正"文化大革命"的错误,阻止和减少它的破坏,逐步恢复党和国家的正常工作,使国民经济在相对稳定的局势下摆脱困境,有所发展,使各项工作出现了转机,许多合理的规章制度得到恢复,国家开始建立起较为正常的生产和工作秩序。这场斗争虽然在持续两年之后被迫中断,但作为"文化大革命"运动中党和人民抵制"左"的错误、同江青集团长期斗争的一个重要组成部分,无论在当时还是后来,都对中国的政治、经济、文化各方面产生了深远的影响。这场斗争成为1975年邓小平领导的全面整顿的先声。

四、江青集团企图扭转批林方向

林彪集团的覆灭,对江青集团来说喜惧参半,喜的是,解除了一个直接的威胁,减少了一个争夺最高领导权的强劲对手,其势力得到加强;惧的是,随着对林彪集团批判的深入,他们过去狼狈为奸,结伙干的坏事甚多,清查林彪集团的罪行,势必"拔出萝卜带出泥",将会造成对江青集团的新威胁。为此,他们采取了两种应对措施:

一是把自己打扮成反林、批林的"英雄"、"功臣"。江青集团的主要成员在林彪事件后相当长的一段时间里,一扫昔日"中央文革"的威风,开始悄悄"退却"了。有些人忽然变得极少出头露面,例如,姚文元早于九届二中全会之后便开始闭门读马列,以示与陈伯达"一类骗子"划清界限。这个集团的头面人物江青,则在"九一三"后的一些场合里极力表白她同林彪的"斗争",把自己扮作林彪一伙的受害者和反林、批林的"英雄"、"功臣",俨然成为正确路线的"代表"。他们本来与林彪有点矛盾,林彪垮台以后,就在各种场合,利用各种舆论工具,歪曲、夸大矛盾的性质,美化自己。江青一再声称"林彪是镇压我的人";"我是反林彪的";"林彪最恨我";"迫害我最厉害";"总理、康生、春桥、文元,我们是毛主席这一派的",而林彪一伙"到处放火,我们是救火队,保老同志"。他们要借"批林"洗刷和美化自己,掩盖自己与林彪的密切关系,摆脱被动局面。

二是极力反对批"左",竭力强调批判林彪的"极右"。对于极"左"思潮的批判尽管不可避免地带有局限性,但是发展下去,势必与"文化大革命"的理论与实践形成尖锐的对立,从而对"文化大革命"产生否定作用。江青集团的成员都是靠"文化大革命"起家的,他们不允许任何人否定"文化大革命",要竭力维护"文化大革命"这面"旗子"。江青还叫嚷:"批林整风,都整到我们头上来了!"①他们尖锐地提出了要掌握批林整风的大方向,必须正确对待无产阶级"文化大革命"的问题。他们一方面声称批"空头政治"、批"无政府主义"等是批"文化大革命";另一方面把各条战线在批"左"、调整中采取的具体措施攻击为所谓修正主义回潮。指责批"左"的文章为"大毒草"。张春桥提出,当前的主要倾向是经验主义。江青则强调应批林彪的"极右",在批林彪的同时也应着重讲一下无产阶级"文化大革命"的胜利。

批判极"左"思潮,遭到江青集团的阻挠,批林反右,中断了周恩来纠"左"的努力。更为严重的是,主持中央工作的周恩来与江青反革命集团发生尖锐对立的时候,毛泽东也错误地认为应当反右,否定了周恩来的正确意见。这就使已经开始好转的各项工作,又遇到了新的挫折,各项工作更加恶化。

尽管江青集团企图扭转对林彪集团"左"的错误的批判,但无法抹去它与林彪集团在"文化大革命"中互相勾结、利用的大量事实。特别是这两个集团的共同本质,使得它们都必然将自己置于党和人民的对立面。党和人民对于林彪一伙在"文化大革命"中罪行的批判越深入,江青一伙的真实面目也就随之暴露得越清楚,他们最终逃脱不了失败的命运,这也成为当时的一种不可逆转的大趋势。不过这已不属本课题的研究范围了。

第三节　聚焦"九一三"事件

相对"文化大革命"史的诸多研究领域来说,对林彪集团的研究还是具备一定

---

① 《人民教育》编辑部、《历史研究》编辑部:《"四人帮"尊法丑剧的幕前幕后》,《历史研究》1978年第5期。

基础的。"九一三"事件发生后即开始对林彪集团进行批判和揭露其罪行,1972 年中共中央下发了《粉碎林陈反党集团反革命政变的斗争》(材料之一、之二)和《粉碎林彪反党集团反革命政变的斗争》(材料之三);1980—1981 年对林彪、江青反革命集团的审判,特别法庭审判时提供了大量可靠的资料,包括反复核实、证据确凿的起诉书和判决书等等,使研究林彪集团具备了客观条件。但关于林彪集团问题的研究至今仍是一个尚未完全展开的领域。下文将从国内外主要著述介绍、我国学术界研究现状及当前如何深化对这一问题的研究等三个方面作一概述。

一、国内外主要论著及其观点介绍

以下将国内外主要论著分为四类进行介绍:一是我国大陆学术界发表的研究论著;二是港、台地区及国外发表的有关论著;三是回忆性的史料,即当事人和见证人的传记、回忆性的文章、著作;四是纪实性作品,主要是文学性的著作,但也包括新闻性的作品。这类作品的特点是史料引证不够规范,但有些论著如关于两案审判的著作采用了大量的采访材料和新闻报道,有一定的价值。当然,这几类区分难免有交叉重叠之处。

第一,"九一三"事件及其影响

研究者探讨这一罕见的恶性事件,总结出如下几方面的历史教训:第一,"九一三"事件证明,"文化大革命"并不能像它所宣称的那样反修防修,保证党和国家不改变颜色。"九一三"事件本身就最有说服力地宣告了"文化大革命"理论和实践的彻底失败;第二,它证明党的一系列根本原则是不能违反和破坏的,否则就必然要出大问题;第三,它还证明领袖个人选择自己的接班人的做法是失败的;第四,它再次证明反革命两面派是党内最危险的一种敌人。[①]

学术界对"九一三"事件对中国的影响也作了探讨。如张化的《九一三事件后毛泽东的思想矛盾及其变化》[②];唐洲雁《毛泽东"文化大革命"后期"解放"和任用老干部情况简析》[③];安建设的《"九一三"后周恩来领导的批判极左思潮的斗争》[④],

---

①　金春明:《"文化大革命"史稿》,四川人民出版社 1995 年版,第 344—346 页。

②　张化:《"九一三"事件后毛泽东的思想矛盾及其变化》,《中共党史研究》1992 年第 2 期。

③　唐洲雁:《毛泽东"文化大革命"后期"解放"和任用老干部情况简析》,《党的文献》1998 年第 2 期。

④　安建设:《"九一三"后周恩来领导的批判极左思潮的斗争》,《当代中国史研究》1995 年第 1 期。

认为"九一三"事件后周恩来等领导的批判极"左"思潮的斗争是十年"文化大革命"中党和人民抵制错误,反对江青反革命集团伟大斗争的不可分割的组成部分。这些文章的发表在一些重要问题上廓清了史实,为进一步的研究打下了基础。我国学术界近年来对林彪集团的研究主要体现在史实考证、有关书评和专题研究等方面。

比较有影响的论文有:中共中央党校于南教授发表的系列文章:《九届二中全会上的一场风波》;《毛泽东一九七一年南巡考述》;《惊心动魄的"九·一二"之夜》等等。也有些是针对国内外研究中存在的问题所写的书评或史实考证:如于南的《历史岂容歪曲——驳海外出版的〈林彪之死〉一书》;熊向晖的《毛主席1971年南巡谈话中的一个问题——小议汪东兴近著》;王年一、何蜀的《我们对汪东兴这本书有不同看法——〈毛泽东与林彪反革命集团的斗争〉读后》;汪杰的《〈林彪传〉的失误及教训》等文。

比较有影响的专著有:王海光的《折戟沉沙温都尔汗》①;胡哲峰、于化民的《林彪与毛泽东》②等等。

在胡绳主编的《中国共产党的七十年》、王年一的《大动乱的年代》、金春明的《"文化大革命"史稿》、席宣、金春明的《"文化大革命"简史》等书中,也比较系统地对林彪集团进行了研究。

第二,历史的真伪考证。

在港、台地区及国外发表的有关论著中,较有影响的作品有:香港《镜报月刊》1988年第6期刊登一篇署名萧萧写的《林彪女儿对林彪出走的披露》③;1998年8月香港出版的《天安门》杂志刊载了一篇署名"李蘅"的文章,标题是《林彪女儿林豆豆打破沉默,为林彪翻案》,副标题是"林豆豆访谈录",文章说"真正逼林彪出逃的是毛泽东","弥天大谎加罪林彪",还颠倒黑白地说"叶群搞选美实际是为毛泽东挑美女进贡"等等,这些捏造虚构的说法显然是蓄意谋划的结果。

国外有的学者利用我国内部公布的有关林彪事件的一些材料,凭借个人的想象,歪曲事实,编造了大量耸人听闻的谎言。如在纽约和伦敦同时出版了一本署名YaoMing—Li 的 *The Conspiracy and Death of Lin Biao*④ 一书,1983年6月在台

① 王海光:《折戟沉沙温都尔汗》,辽宁人民出版社1997年版。

② 胡哲峰、于化民:《林彪与毛泽东》,广西人民出版社1998年版。

③ (香港)《镜报月刊》,1988年第6期。《北京青年报》转载此文,《中国高干子女沉浮录》(吉林人民出版社1994年版)一书予以转载。

④ YaoMing—Li 的 *The Conspiracy and Death of Lin Biao*,1983,姚明理著,莫昭平、傅依萍译:《林彪的阴谋与死亡》,台北时报文化出版事业有限公司1983年版。

湾出版译著,名为《林彪的阴谋与死亡》,香港远东出版社改书名为《林彪之死》,于1983年8月出第一版,1985年8月再版。该书说林彪是在赴毛泽东晚宴之后被火箭炮击毙的,在外蒙古机毁人亡的是林立果和他的"小舰队"成员,该机是被导弹击中后才坠毁的。由于这本书是用中、英文写的,影响甚广。

1994年台北世界书局出版了王兆军的《谁杀了林彪》①,该书认为林彪是被毛泽东阴谋杀害,把与林彪集团的斗争写成了权力斗争,丑化党的领导人毛泽东、周恩来。

海外也有人为林彪鸣冤叫屈。如澳大利亚悉尼大学高级研究员台湾人孙万国就写有一篇《古有窦娥,今有林彪》,发表于香港《明报》月刊1996年7月号。该文在国际互联网上传播,产生了一定的影响。

孙万国还与悉尼大学一美籍教授泰伟斯合写了《林彪的文革悲剧》②一书。该书推断林彪没有和毛泽东进行权力之争,而且,林彪的根本政治姿态是被动的。该书对林彪事件的发生也从体制上作了分析,认为是存在着的个人集权专制压制了正常的政策和制度上的争执,导致宫廷阴谋。吴法宪的女儿金秋在美国出版了她的博士论文《权力的文化——文化大革命中的林彪事件》③一书也持同样的观点。

此外,港、台地区及国外发表的较有影响的著作还有:1978年香港出版的李天民的《林彪评传》④,该书对在各个历史时期的林彪都做了评价;荷兰学者雅普·冯·吉内肯的《林彪浮沉录》⑤,该书记述了林彪自1959年出任国防部长至1971年"九一三"事件机毁身亡这一沉浮过程;(美)R.麦克法夸尔、费正清主编的《剑桥中华人民共和国史》(1966—1982年)一书,书中的第二篇第四章《毛的接班人问题和毛主义的终结》由R.麦克法夸尔教授执笔,用了很大的篇幅论述林彪与毛泽东的分歧、"九一三"事件、林彪覆灭的影响。尽管由于东西方文化观念及意识形态的对立,作者的某些观点和结论是我们不能接受的,但相对海外其他著述来说,这几本书还是比较客观的,颇具参考价值。

---

① 王兆军:《谁杀了林彪》,世界书局1994年版。

② Frederick C, Teiwes Warren Sun: *The Tagedy of Lin Biao*. 泰伟斯、孙万国:《林彪的文革悲剧》,澳大利亚克罗福德出版有限公司出版1996年版。

③ Jin Qiu: *The Culture of Power——The Lin Biao Incident in the Culture Revolution*. STANFORD UNIVERSITY PRESS, 1999. 金秋:《权力的文化——"文化大革命"中的林彪事件》,斯坦福特大学出版社1999年版。

④ 李天民:《林彪评传》,明报月刊出版社1978年版。

⑤ [荷]雅普·冯·吉内肯:《林彪浮沉录》,世界知识出版社1988年版。

第三，当事人和见证人的回忆。

当事人和见证人的传记、回忆性的文章、著作，主要分为两类：

第一类是参与同林彪集团斗争的党和国家的领导干部的传记、回忆录和有关人员的回忆性文章。

较有代表性的作品有：如《周恩来传》(1949—1976)、《周恩来年谱》(1949—1976)中披露了大量的有关资料；《聂荣臻回忆录》中"关于林彪的几个问题"；汪东兴(时任中央办公厅主任)撰写的回忆录《毛泽东与林彪反革命集团的斗争》①，为研究林彪集团问题提供了较珍贵的第一手材料；李德生(时任北京军区司令员)在"九一三"事件发生时，代周恩来坐镇空军指挥所，他在《李德生回忆录》中详细叙述了粉碎林彪反革命集团的经过；吴德(时任北京市委第二书记)撰写了回忆录《庐山会议与林彪事件》②；《"九一三"事件前后的吴忠》③一文，讲述了时任北京卫戍区司令员的吴忠参与粉碎林彪集团的经过；还有张耀祠(时任中共中央办公厅副主任)的回忆录《张耀祠回忆毛泽东》④；朱秉秀是当年军委空军指挥所的值班作战参谋，"九一三"事件发生时，他曾参与处理这一事件，他撰文《邪不压正——"九一三"事件纪实》⑤，详细地记录了自己在空军指挥所亲历这一事件的始末；"九一三"事件后，空军成立了专家小组，调查飞机失事原因，王海上将是这个小组的组长，他撰写的《我的战斗生涯——王海上将》⑥一书中，披露了专家小组对飞机失事技术性上的原因的分析。

在熊华源、安建设编的《林彪反革命集团覆灭纪实》⑦一书中，收集了12篇知情者撰写的文章，真实地再现了历史的本来面目，其中包括驻蒙古大使许文益的《九一三事件的对外交涉》一文，到飞机失事现场考察的驻蒙使馆二等秘书孙一先、工作人员沈庆沂、王中远所写的《视察林彪叛逃飞机坠毁现场纪实》等文。孙一先著《在大漠那边》⑧一书，回忆自己亲历参与调查林彪坠机事件的经过和中蒙关系的波折。

---

① 汪东兴：《汪东兴回忆毛泽东与林彪反革命集团的斗争》，当代中国出版社1997年版。
② 吴德：《庐山会议与林彪事件》，《当代中国史研究》1995年第2期。
③ 董保存：《"九一三"前后的吴忠》，《人物》2000年第6期。
④ 张耀祠：《张耀祠回忆毛泽东》，中共中央党校出版社1996年版。
⑤ 朱秉秀：《邪不压正——"九一三"事件纪实》，《上海党史研究》，1996年第6期。
⑥ 王海：《我的战斗生涯——王海上将》，中央文献出版社2000年版。
⑦ 熊华源、安建设：《林彪反革命集团覆灭纪实》，中央文献出版社1995年版。
⑧ 孙一先：《在大漠那边：亲历林彪坠机事件和中蒙关系波折》，中国青年出版社2001年版。

　　这类文章还有很多,限于篇幅,不再一一赘述。

　　第二类为当年在林彪、叶群身边工作过或因"九一三"事件受牵连的人以及一些"九一三"事件的知情人口述或撰写的文章。

　　具有代表性的如林办秘书官伟勋所著《我所知道的叶群》①;林办秘书张云生的《毛家湾纪实》②一书;张宁的《自己写自己》③等书。

　　针对有些纪实作品把林彪描写成一个形同枯木、弱不禁风、生命垂危的病人,是叶群和林立果控制林彪,林彪出逃也是被他们挟持走的,《中华儿女》发表了系列知情人的文章,如:《林彪卫士长李文普不得不说》④一文,林彪卫士长李文普是证明林彪是否被挟持的一个关键性的人物,他听到林彪问"到伊尔库茨克有多远?"这是证明林彪叛逃的一个有力的证据。

　　康庭梓,256号三叉戟飞机的第二副驾驶,撰写《林彪座机强行起飞之前》⑤、《林彪座机强行起飞之后》⑥等文,介绍了飞机起飞前机组的情况,并以自己的专业知识和飞行经验,分析和推测飞机起飞后机上的情况。

　　较有影响的还有空军原政委高厚良口述《"9·13"事件后的林立衡暨说给豆豆的知心话》⑦一文,该文披露了许多鲜为人知的史实。

　　这些论著的问世对我们了解毛家湾,了解林彪、叶群的内心世界、个人生活,了解"九一三"事件都有价值,其中有不少是真实可信的,但也有相当数量的捕风捉影或有意编造之作,对某些史料的真实性还需要进行甄别。

　　第四,各类纪实。

　　这类作品数量很多。如张聂耳的《风云"9·13"》⑧;少华、游胡的《林彪这一生》⑨;汪幸福的《林氏三兄弟》⑩;闻峰的《神坛下的林彪》⑪;张聿温的《温都尔汗爆

　　① 官伟勋:《我所知道的叶群》,中国文学出版社1993年版。
　　② 张云生:《毛家湾纪实》,春秋出版社1988年版。
　　③ 张宁:《自己写自己》,作家出版社1998年版。
　　④ 李文普,高德明:《林彪卫士长李文普不得不说》,《中华儿女》1999年第2期。
　　⑤ 康庭梓:《林彪座机强行起飞之前》,《中华儿女》1999年第4期。
　　⑥ 康庭梓:《林彪座机强行起飞之后》,《中华儿女》2001年第2期。
　　⑦ 高厚良、高德明:《"9·13"事件后的林立衡暨说给豆豆的知心话》,《中华儿女》2001年第9期。
　　⑧ 张聂耳:《风云"9·13"》,解放军出版社1999年版。
　　⑨ 少华、游胡:《林彪这一生》,湖北人民出版社2003年版。
　　⑩ 汪幸福:《林氏三兄弟》,新华出版社1995年版。
　　⑪ 闻峰:《神坛下的林彪》,中国华侨出版社1993年版。

炸记》①；邵一海的《林彪 9·13 事件始末》②；天华编的《辉煌与罪恶——毛泽东与林彪》③；何力编的《林彪家族纪事》④；林青山的《林彪传》⑤，等等。

上述这类纪实性的作品对研究林彪集团及"九一三"事件提供了不少较有价值的史料，为深入研究打下了基础，其中不乏优秀之作，但是也有些不严肃的作品充斥其中，如林青山的《林彪传》，该书有 60 万字，是一个任意涂抹历史、东拼西凑，错误百出的大杂烩，甚至把徐向前的战功安到林彪的头上。有关林彪的图书鱼龙混杂，特别是一些向壁虚构、粗制滥造、打着纪实文学旗号的作品泛滥，贻害读者，以讹传讹，使后人无法了解历史真相，在研究上造成混乱。

1980 年底 1981 年初"两案"审判，对林彪反革命集团罪行的揭露达到了高潮，当时的报刊都有很多报道，审判后出版了一批审判纪实著作。如：《历史的审判》⑥；《历史的审判》（续集）⑦；《中华人民共和国最高人民法院特别法庭审判林彪江青反革命集团案主犯纪实》⑧；图门（特别检察厅副厅长）、肖思科的《震惊世界的77 天——林彪、江青反革命集团受审纪实》⑨；于福存、王永昌的《人民的审判——审判林彪"四人帮"反革命集团》⑩；等等。通过对林彪反革命集团罪行的揭露和审判，为进一步研究该集团打下了坚实的基础。

二、对深化"九一三"事件研究的思考

结合国内外研究现状来看，当前深化对林彪集团问题的研究，需要注意的问题是：

---

① 张聿温：《温都尔汗爆炸记》，贵州人民出版社 1988 年版。
② 邵一海：《林彪"9·13 事件"始末》，四川文艺出版社 1996 年版。
③ 《辉煌与罪恶——毛泽东与林彪》，西藏人民出版社 1999 年版。
④ 何力：《林彪家族纪事》，光明日报出版社 1989 年版。
⑤ 林青山：《林彪传》，知识出版社 1988 年版。
⑥ 《历史的审判》，群众出版社 1981 年版。2000 年再版。
⑦ 《历史的审判》（续集），群众出版社 1985 年版。2000 年再版。
⑧ 《中华人民共和国最高人民法院特别法庭审判林彪江青反革命集团案主犯纪实》，法律出版社 1982 年版。
⑨ 图门、肖思科：《震惊世界的 77 天——林彪、江青反革命集团受审纪实》，中共中央党校出版社 1994 年版。
⑩ 于福存、王永昌：《人民的审判——审判林彪"四人帮"反革命集团》，安徽人民出版社 1998 年版。

第一,史实的研究不可忽视,更需从理论上深化对林彪集团的研究。

总的看来,国内对林彪集团的研究特点表现为有关史实研究较多,翔实的史料为进一步的研究打下了基础,但也有些史料需要甄别。当年参与林彪集团反革命活动的仍健在的人,有些已经服法,改过自新,但也有一些人企图翻案。因而不可忽视对林彪集团的罪行的研究。国内外有关"九一三"事件有着种种传闻,现在有许多人特别是年轻人对林彪集团的罪行不甚了解,听之信之。上述因素的存在,使得这一研究具有现实意义。

在加强史实研究的同时,还需要研究一些深层次上的理论问题:为什么在像中国共产党这样久经锻炼的马克思主义政党中会出现这样的反革命集团?它产生的土壤和条件是什么?它是怎样活动和发展的,有哪些特点和规律?我们应该从中吸取哪些经验和教训等等。从这个角度来考察,目前的研究成果是不够令人满意的,这方面的论文很少,尤其显得薄弱。由于"九一三"事件以来,对林彪的研究上曾出现一概否定的片面做法,因而需要对这一研究领域进行一次比较系统的清理和总结,实事求是地评价林彪在历史上的功过是非,进一步总结这一事件提供的历史经验教训。

第二,需要对国内外的有关观点进行评析。

国外关于林彪集团问题的研究特别是其研究方法、研究视角对我们具有启迪作用,其中有的研究者态度比较客观,但是,由于某些研究者的立场不同,由于社会制度、意识形态诸方面的原因,见解多有偏颇、错误甚至曲解历史,而我们在这方面缺乏有说服力的评析,这就增加了我们用实事求是的历史唯物主义的立场、观点和方法评价这些学术著作的迫切性,而从这方面研究的论文发表的情况来看,是远远不够的。我们应以近年来发表和提供的新史料为基础,用准确的史实,充分的论证,回答国内外关于这一问题的一些有争议的看法。

第三,研究者在研究方法和手段上要不断创新。

研究者应遵循《关于建国以来党的若干历史问题的决议》的基本精神,运用辩证唯物主义和历史唯物主义的分析方法和马克思主义史学理论,坚持历史逻辑与理论逻辑相统一,注重宏观研究与微观研究相结合,史论结合。研究者要借鉴其他学科的研究方法,诸如心理学、社会学等领域的研究方法,以客观和科学的态度,在充分收集和占有资料的基础上,用事实说话。还可利用国际互联网收集资料,在研究手段上力求现代化。

第 五 章

几个有关史实辨析

对史实的核实、论证是研究的基础。宏观研究和微观研究是相辅相成、互相促进的。只有走进历史的深处，才能在纷繁复杂的现象背后发掘出事物的本质。对"九一三"事件的研究如果只是停留在宏观研究领域，而不加大对微观层次的研究力度，就不可能彻底剥去笼罩在这一事件上的层层迷雾。

第一节 所谓"林彪之冤"

本书第四章第三节《国内外聚焦"九一三"事件》介绍了澳大利亚悉尼大学高级研究员台湾人孙万国发表的《古有窦娥，今有林彪》一文，该文在国际互联网上广为传播，产生了一定的影响，其主要观点是"林彪三冤"：

"细检林彪与周恩来二人之文革言论，相观比察，举凡在保护老干部、稳定局面、缓和毛之激进、稳定军队、制止武斗、力促生产等诸大政策上，二者所持立场其实质差异无稽。反之，以抑己扬毛之初衷及批斗同僚之激烈观之，周之较林，实有过之而无不及。然而以身后声名论，一者崇为'我不入地狱谁入地狱'的圣人，一者沦为遗臭万年的反革命阴谋家，何其霄壤之别乎——此冤者之一也。

毛之整肃刘少奇，乃源于刘在调整'七分人祸'大跃进后的国民经济、在包产到户的农村政策、在四清的做法上，与毛歧异，触犯了龙颜。这至少是一条公开的'刘少奇路线'，毛要整他还说得上有个根据，说冤不冤，如今也得了平反。相形之下，林彪尽管骨子里也不以大跃进为然，也主张包产到户，但基于刘的教训，不惜隐抑私见，处心积虑标榜毛之正确，最后落得个反毛行刺的罪名、身败名裂的下场——此冤者之二也。

林彪之仓皇出逃，本是毛步步进逼弄出狗急跳墙的结局，事发后之案情，又全凭毛之未审先决、出乎臆想的判令,好事者又据此销毁证据,伪造事状,遂成大狱。其株连者何止千万,而苦主或其家属,死者含恨,生者坎坷。实事求是之不谋,历史公正之义之不张——此冤者之三也。"

上述这些论断与历史之真实相距甚远,实有辨析之必要。

一、驳林彪"冤屈之一"

孙万国称"林彪与周恩来二人之文革言论,相观比察,举凡在保护老干部、稳定局面、缓和毛之激进、稳定军队、制止武斗、力促生产等诸大政策上,二者所持立场其实质差异无稽。"但以身后声名论,一者崇为"我不入地狱谁入地狱"的圣人,一者沦为遗臭万年的反革命阴谋家,可谓霄壤之别。我们有必要分析林彪对"文化大革命"的态度问题,看看林彪在"保护老干部、稳定局面、缓和毛之激进、稳定军队、制止武斗、力促生产"等诸大政策上,是否与周恩来一致。

第一,"文化大革命"初期,林彪积极煽动动乱,为毛泽东发动"文化大革命"推波助澜。周恩来当时不能不说些拥护、支持"文化大革命"的话,但重点却显然不同。

"文化大革命"开始的时候,党内高层领导围绕着工作组的存废问题发生争论。这实质上是对进行"文化大革命"的目的和方法的争论。主要表现为对"乱"的不同看法,是要"天下大乱"还是有领导、有限制、有秩序地开展运动的分歧。

从毛泽东的一些言论中可以看出,他是主张"乱"的:1966 年 7 月 8 日,他在给江青的信中说:天下大乱,达到天下大治。8 月 23 日,他又在一次会议上说:主要问题是各地对所谓"乱"的问题采取什么方针。我的意见,乱它几个月,坚持相信大多数是好的,坏的是少数。没有省委也不要紧,还有地委、县委呢! 1967 年夏毛泽东说:"有些地方前一段好像很乱,其实那是乱了敌人,锻炼了群众。"

"文化大革命"初期,林彪积极煽动动乱。1966 年 8 月 8 日,林彪在中央文化革命小组讲话时公然宣称,要"弄得天翻地覆,轰轰烈烈,大风大浪,大搅大闹,这半年就要闹得资产阶级睡不着觉,无产阶级也睡不着觉"。

八届十一中全会之后,1966 年 8 月 13 日,中共中央召开了工作会议布置"文化大革命"和处理干部问题,林彪在会上说:"这次文化大革命触及到每个人的灵魂,党政军,工农商学兵,三里五界('三里'指党里、政府里、军队里;'五界'指学术界、教育界、新闻界、文艺界、出版界。作者注。)都是我们斗争的领域,十六条是我们具体的行动纲领。""不要重复压制群众、围剿左派的错误。要敢字当头,放手发动群众,坚定地依靠无产阶级革命派,集中力量,打击一小撮最反动的资产阶级右派,冲破一切阻力,把无产阶级文化大革命进行到底。不要走过场,干脆大闹几个月,弄得人们睡不着觉。这一次一定要大搞,这是破旧立新的重大的战略措施。"

1966年8月18日,毛泽东首次接见百万革命师生和红卫兵,林彪发表讲话,他代表党中央和毛主席,坚决支持革命师生"敢闯、敢干、敢革命、敢造反的无产阶级革命精神!"他煽动:"我们要打倒走资本主义道路的当权派,要打倒资产阶级反动权威,要打倒一切资产阶级保皇派,要反对形形色色的压制革命行为,要打倒一切牛鬼蛇神。""我们要大破一切剥削阶级的旧思想,旧文化,旧风俗,旧习惯,要改革一切不适应社会主义经济基础的上层建筑,我们要扫除一切害人虫,搬掉一切绊脚石!""我们要在毛主席的领导下,向资产阶级意识形态、旧风俗、旧习惯势力,展开猛烈的进攻!要把反革命修正主义分子,把资产阶级右派分子,把资产阶级反动权威,彻底打倒,打垮,使他们威风扫地,永世不能翻身!""我们要大立无产阶级的权威,要大立无产阶级的新思想,新文化,新风俗,新习惯。一句话,就是大立毛泽东思想。"

在林彪煽动"破四旧"(即所谓旧思想,旧文化,旧风俗,旧习惯)之后,由于当时对"新"、"旧"概念没有科学的标准和态度,加之红卫兵的盲目、狂热和无知,"破四旧"成了打人、抄家、砸文物的代名词。全国各地大批红卫兵冲向文化教育界、党政机关,冲向社会,砸烂他们所认定的"封、资、修"的事物;对他们所认定的"黑帮分子"、"资产阶级代表人物"、"反动学术权威"、"反革命修正主义分子"进行批斗、抄家、侮辱、殴打和迫害。一部分红卫兵在"破四旧"的名义下,焚烧和捣毁中外古典名著、珍贵文物字画,破坏文物古迹。北京1958年第一次文物普查中保存下来的6843处文物,竟有4922处被毁掉,其中大部分被毁于1966年8、9月间。全国许多名胜古迹遭受到严重破坏和难以挽回的损失,如山东曲阜有两千年历史的孔庙孔林,也受到红卫兵的破坏。

1966年8月31日,毛泽东第二次接见外地来京师生和红卫兵。林彪在大会上讲话说:我们热烈支持你们,坚决反对压制你们。而周恩来在大会上讲话则说:红卫兵要学习解放军,全心全意为人民服务,遵守三大纪律、八项注意;要用文斗,不要武斗。

同年9月15日,毛泽东在天安门第三次接见全国各地来北京串联的红卫兵,周恩来、林彪陪同接见。接见大会上,周恩来讲话强调红卫兵串联不要干扰工农业生产。他说:搞好工农业生产关系很大,它关系到我国社会主义建设,关系到第三个五年计划,关系到城乡人民生活。广大的工人、公社社员、科学技术人员和机关干部,都应该坚守生产岗位,不失时机地掌握生产环节。红卫兵和学生不要到工厂、企业单位、县以下的机关、农村人民公社去串联,工厂、农村不能像学校那样放假,停止生产来闹革命。然而,作为"副统帅"的林彪,在会上却发表了另外一种基调的讲话。他非但只字不提生产之事,反而以极富煽动性的口气对红卫兵说:"你们斗争的大方向是正确的,毛主席和党中央坚决支持你们。""那些走资本主义道路的当权派,那些资产阶级的反动权威,那些吸血鬼、寄生虫,都被你们搞得狼狈不堪。你们做得对,做得好。"显然,对于那些无政府主义思想浓厚的"造反派"和红卫兵来说,林彪的讲话更迎合和挑动了他们的狂热,政治嗅觉并不迟钝的他们也不难听出林彪和周恩来的讲话是如此的不和谐。中央文革一伙也借机攻击周恩来的讲话是"大毒草"。

1966年10月的中央工作会议上,关于"文化大革命"是否必要,林彪发表了自己的见解:"问题是这样摆着,把无产阶级文化大革命放在什么地位,有没有必要搞,是额外负担呢,还是我们的份内的事?……我们应该把毛主席提出的文化大革命放在很重要的地位。作为国家大事,作为政治问题,作为阶级斗争的一个重要部分,一个重要战线。这样子才是相称的。"①他还发表了自己的"乱子观":"十一中全会关于无产阶级文化大革命的决定里面就说,许多单位的负责人怕出乱子。好多人的确是怕出乱子。其实,这个乱子是乱敌人,而不是乱我们。有的时候,自己也给自己造成一点小乱。""乱子有两重性,这是毛主席早就讲过,有好的一面,有坏的一面。不要只看坏的一面,看不到好的一面,坏的方面可以向好的方面转化。""总的方面不可能出大乱子,我们的军队很巩固,我们的生产上升,一些学生、青年他们闹文化革命,能出得了什么乱子,是不可能出大乱子的。这就是我们对乱子这个问题的看法,这就是我们的乱子观。""我们不要怕出点乱子,应该敢字当头,而不要怕字当头。否则,我们就要犯错误,我们就要犯政治上的大错误。"②

1967年,林彪还在讲话中宣扬"文化大革命"这场内乱:"半年来文化大革命的成绩很大很大,震动全国人心。搞掉了一批牛鬼蛇神,大快人心。进行了一场不拿枪的全国性的大内战。……现在这个仗要继续打下去,坚决打下去。这个仗并不

---

① 林彪:《在中央工作会议上的讲话》(1966年10月25日),中国人民解放军国防大学党史党建政工教研室:《"文化大革命"研究资料》上册,1988年版,第147页。
② 同上书,第148页。

是打完了,并不是过头了,还不够,还要打。虽然揪出了一些牛鬼蛇神,但还有很多没有揪出来,不仅中层、下层有,上层也还有。""……进行全国大扫荡,挖出根子,扫除'地雷',这是全国性的扫雷战,要扫掉埋在内部各个角落的大大小小的'地雷'"。

对于汹涌而来的"文化大革命"狂飙,周恩来的认识则不同,他感到没有思想准备,曾对中国科学院的群众组织代表说过:"谁也没有想到大民主会发展到这样一个局面,我做梦都没梦到运动来得这样猛。"当他单看清事情已势不可挡的情况,那就只有敢于赴汤蹈火,坚守岗位,因势利导。

1966年11月中旬至12月初的工交座谈会上,很多领导干部发泄对"文化大革命"的不满情绪。11月19日,周恩来出席会议,在讲话中把当时的形势概括为"方兴未艾,欲罢不能,大势所趋,因势利导"四句话,要大家抱着"我不入苦海,谁入苦海"的态度,因势利导,挺身而出,保卫党和国家的利益,个人被冲垮了也毫无抱怨。

11月24日,周恩来在会上又讲了一段语重心长的话:我们不入地狱谁入地狱? 我们不入虎穴谁入虎穴? 他要求大家为了党和国家的利益,要不惜牺牲自己的个人利益,要有当年跟敌人打仗深入虎穴取虎子的精神,要抱定入"地狱"的决心。

在12月10日的工交座谈会和被"揪"来京的各省、市负责人座谈会上,周恩来说:要准备迎接汹涌的浪潮。大势所趋,万马奔腾来了,你根本挡不住,要因势利导。否则,就会被冲垮。又说:要组织生产班子,把懂生产的人、生产积极分子、老工人都吸引过来,把生产搞好。谈到如何对待红卫兵的冲击时指出:要摆脱被动,争取主动。如果省、市委领导还继续要这样被动下去就不利。对待红卫兵有三条:一是欢迎他们批判,抱有则改之,无则加勉的态度。而是站在他们当中一道来研究问题,弄清他们的要求是什么,合理的接受过来。三是要坚持原则,要讲政策,不能什么都签字。如卧轨抢车,就不能同意。①

1966年12月4日至6日,林彪主持召开政治局扩大会议,听取工交座谈会情况的汇报。林彪针对周恩来说的势不可挡,指责道:我们应该不是被动地而是主动地把这个革命席卷全国,这不是挡不挡的问题,而是迎接的问题;不是刹车的问题,而是要扩大的问题。就是要让它席卷每一个领域,渗透每一个领域。②他在这次会

---

① 《周恩来年谱》(1949—1976)下卷,中央文献出版社1997年版,第100—101页。
② 《中共中央政治局扩大会议记录》(三)(1966年12月6日),《周恩来传》(1949—1976)下,中央文献出版社1998年版,第943页。

议上还说:"文化革命这个战场是不能停火的,是个不停火的战争,战场战争(指武装斗争)可以停火,思想战场不能停火,只是打的方式不同,有时大打,有时小打,一定时间大打,一定时间小打,但不管大打、小打,一直要打下去,打到底。"

周恩来认为"文化大革命"是势不可挡,而林彪则是"迎接",从中可见两人认识的不同。在这次会上,林彪给工交座谈会作了结论:这次会议开得很不好,是错误的,思想很不对头。现在,需要来一个一百八十度的大转弯。不能把文化革命的成果单是落在生产上,如果我们以生产收获的多少来论文化革命的成败,那是大错特错。他批评中央有些领导同志"怕出乱子,特别是怕生产出乱子",提出"工交战线有严重的阶级斗争,工矿企业的文化大革命必须大搞"等。康生也说,经济基础方面的修正主义更值得重视,必须批判"唯生产力论"。

在充满政治高压的气氛下,会议正式通过了《关于抓革命、促生产的十条规定》(草案)(简称"工业十条")。其中规定:"八小时工作以外的时间,除了每周一次讨论生产问题外,都由群众自己商量安排,进行文化大革命";"工人群众在文化革命中有建立革命组织的权利";否定了党委对运动的领导等规定,提出让群众在"文化大革命"中自己教育自己;工人和学生之间可以串联等。12月9日,文件正式下发全国执行,使"文化大革命"正式扩及全国工交财贸各部门的基层单位。

1966年12月15日,林彪主持中央政治局扩大会议,会上,林彪指责主张农村分期分批搞文化大革命是不相信群众。这个会上讨论制定了中共中央《关于农村无产阶级文化大革命的指示(草案)》,提出农村"文化大革命"运动,也要采取"四大"的方式,实行大民主;社队之间可以进行串联等内容。而在12月13日的会上,周恩来就《关于农村无产阶级文化大革命的指示(草案)》的草稿中提出农村除允许成立红卫兵组织外,"其他的革命群众组织也可以建立和发展"的内容请示毛泽东:"其他的革命群众组织也可以建立和发展"一句是否可以考虑不要,因为农村中已有贫下中农协会、文化革命委员会、民兵、红卫兵等组织。毛泽东同意了周恩来这一建议。

《关于抓革命、促生产的十条规定》(草案)和《关于农村无产阶级文化大革命的指示(草案)》这两个文件,完全改变了中央关于工厂和农村原则上不开展"文化大革命"运动的决定,它们的正式下发执行,就使"文化大革命"运动的风暴遍及全国城乡各个角落,终于酿成"天下大乱"的局面。

对"文化大革命"所造成的损失,林彪是这样看的:"所付的损失,少数人觉得很大,其实,比起世界各国任何一次大革命都小得不能比拟,也比不上我们的抗日战争,解放战争,甚至比不上一次小的战役,一场不大的流行病。……所以说损失是最小最小最小,而得到的成绩是最大最大最大。"①林彪高度评价"文化大革命":"毛主席所进行的、所发现的、所领导的这种无产阶级文化大革命,如同马克思、恩格斯创造了科学的社会主义影响全世界,如同列宁、斯大林建立了在一个国家之内取得了无产阶级的政权和建立了社会主义国家这种胜利。"②

1967年8月9日,林彪发表一次影响颇大的讲话,他不顾天下大乱的事实,继续鼓吹"乱",他说:"表面看来很乱,乱是把反动路线搞乱了,把反动阶级搞乱了,把他们都暴露出来,党内最大的一小撮走资本主义道路当权派搞倒了。现在不少地区党、政机关都瘫痪了,表面上看来很乱;这个乱是必要的,正常的,不乱,反动东西就不能暴露。""乱有四种情况:(一)好人斗坏人,应该;(二)坏人斗坏人。这是"以毒攻毒",是我们可以间接利用的力量。(三)坏人斗了好人,像北京军区、海军、空军、总参、总后就有过这样的情形,好人挨整,暴露了坏人,锻炼了自己,好人吃点苦头,但尝到很大的甜头。(四)好人斗好人,这当然不好,有误伤,有损失,但可以从中得到教训。这四种情况,前三种都有利,只有第四种差些,但这是人民内部矛盾,容易解决。""要看到形势对我们很有利,这次文化大革命是个百年大计,千年大计,是巩固无产阶级专政、防止资本主义复辟的最有效的措施。只要伟大的领袖毛主席健在,只要有毛主席的崇高威信和解放军的力量这两个条件,就不怕,坏人一定会受到批判,受到惩罚。就是乱翻了天,也能够拧过来。"

从以上列举的林彪的一系列言行可以看出,在"文化大革命"狂飙突起之时,很多领导干部表现出"很不理解,很不认真,很不得力",而林彪却为"文化大革命"摇旗呐喊,煽风点火。

第二,从《关于军队院校无产阶级文化大革命的紧急指示》、《中央军委命令》(1967年1月28日)(即《军委八条》)、《中央军委命令》(1967年4月6日)的制定过程看林彪在"稳定军队"中到底起了什么作用。

林彪作为军队的直接领导者,仅次于毛泽东的军事领导人,对军队的稳定还是始终关注的,在"文化大革命"特殊的情况下,林彪不希望军队乱到足以否定自己权威的地步;另一方面他又不惜在必要时,以一定范围和程度内的"乱"为代价,遏止

---

① 《林彪在军以上干部会议上的讲话》(1967年3月20日),中国人民解放军国防大学党史党建政工教研室:《"文化大革命"研究资料》上册,1988年版,第366页。
② 同上书,第368页。

反对力量,保证其对军队的控制。因而林彪对"稳定军队"的看法还是有变化、有反复的。

1966年10月5日,中共中央批发了军委、总政《关于军队院校无产阶级文化大革命的紧急指示》(以下简称《紧急指示》)。这个指示在制造全国性的混乱中,起到了极为恶劣的作用。

林彪在《紧急指示》的起草过程发挥了关键作用。1966年10月1日,在天安门城楼上,解放军第二军医大学群众组织"红色造反纵队"的一个负责人向毛泽东、林彪反映说:军队院校镇压群众,与地方做法不同,搞了许多条条框框,限制太多。于是,林彪指令全军文化大革命小组立即发一个紧急指示,要军队院校的"文化大革命"运动完全按地方办法搞。根据林彪的这一提议,全军文革小组草拟了关于军队院校无产阶级文化大革命的紧急指示,基本思想是强调坚持党委领导。

文件起草后,林彪叫送中央文革小组审改,陈伯达、江青、康生、张春桥等认为草稿有很多地方不行,又逐字逐句加以修改,并且加进了取消军队院校党委领导的条文。因此,"紧急指示"的真正定稿者是陈伯达等人。对此改动,时任中央文革小组副组长、全军文革小组组长、总政治部副主任的刘志坚曾提出异议,由于毛泽东、林彪的同意,这个文件还是由中央批转下发。

《紧急指示》的严重错误主要表现在它宣布取消部队院校党委对"文化大革命"运动的领导。文件说:"以前军委总政对院校文化大革命的个别规定,如关于军队院校的文化大革命运动在撤出工作组后由院校党委领导的规定;关于指挥学校的学员队开展文化大革命的做法与连队相同的规定;关于只在军种兵种院校范围内不在军种兵种院校范围外的地方学校串联的规定等,已不适合当前的情况,应当宣布取消。"要求各院校按照《十六条》的规定,由学生和教职工选举成立文化大革命小组、文化革命委员会和文化革命代表大会作为文化革命的权力机构。

《紧急指示》公然在军队院校中煽动"四大",它指出:"根据林彪同志的建议,军队院校的文化大革命运动,必须把那些束缚群众运动的框框统统取消,和地方院校一样,完全按照十六条的规定办,要充分发扬民主,要大鸣、大放、大字报、大辩论,在这方面,军队院校要作出好的榜样"。

中共中央转发《紧急指示》时指出:"中央完全同意军委、总政关于军队院校无产阶级文化大革命的紧急指示。中央认为,这个文件很重要,对于全国县以上大中学校都适用,同样应当立即向全体学生和教职员工原原本本的宣读,坚决贯彻执行。"此后,全国掀起了"踢开党委闹革命"的浪潮。

由于《紧急指示》适用于一切单位,到1966年底,除野战部队以外的全国各级党委从此陷入瘫痪,领导中断。"踢开党委闹革命"的邪风就在中国大地上狂暴地刮了起来,造成从国务院各部委到省、地、县、社、队各级党政的机构组织普遍受到冲击,各级负责人普遍被揪斗、游街、批判的局面,后果十分严重。

为了稳定军队,在叶剑英等几位军委副主席的提议下,1967年1月14日,中共中央发出《关于不得把斗争锋芒指向军队的通知》。同日,林彪却授意《解放军报》发表一篇题为《一定要把我军的无产阶级文化大革命搞到底》的社论。社论指出:"决不能借口军队的特殊而对军队搞文化大革命有所动摇。"1月15日,林彪又授意军委发出《重申军队绝不允许当防空洞的通知》。林彪的这些举动,完全与中央通知精神相悖,导致许多造反派组织冲击军队。

1967年1月23日,林彪在碰头会扩大会议上发表讲话,强调:"军队文化大革命要有新姿态,要坚决站在群众一边,要敢字当头,不要怕字当头—机关要彻底搞。主要一条是革命,把革命摆在第一位。""对老干部有的要烧,不但烧,有的还要烧焦。"就在这个讲话中,林彪还批评说:"旧的全军文革小组没有搞好,刘志坚执行了刘邓资产阶级反动路线。"他还标榜自己如何"争取一些主动,如不让院校串联,我来个大串联。他们规定院校和部队一样搞正面教育,10月5日发了个紧急指示。冲国防部,扣不扣学生,我说不扣。机关文化大革命要不要大开展,要开展,不怕。"同日,中共中央、国务院、中央军委、中央文革小组作出了《关于人民解放军坚决支持革命左派群众的决定》,决定指出,以前军队不介入地方文化大革命的指示,一律作废,军队要积极支持广大革命左派群众的夺权斗争;重申军队不得做一小撮党内走资本主义道路当权派和坚持资产阶级反动路线顽固分子防空洞的指示。

《关于军队院校无产阶级文化大革命的紧急指示》、《重申军队绝不允许当防空洞的通知》、《关于人民解放军坚决支持革命左派群众的决定》等一系列指示、通知、决定发布之后,允许军事院校开展四大,出现了军队领导干部被乱揪斗、军事机关被冲击的混乱情况。

在军队出现混乱的情况下,1967年1月28日中央军委发布了《中央军委命令》即《军委八条》,《军委八条》的主要内容是:

(一)必须坚决支持真正的无产阶级革命派,对那些证据确凿的反革命组织和反革命分子坚决采取专政措施。

(二)所有军队人员必须坚守岗位,不得擅离职守。

(三)严格区别两类矛盾。不允许用对待敌人的方法来处理人民内部矛盾,不允许无命令自由抓人，不允许任意抄家、封门，不允许体罚和变相体罚。认真提倡文斗，坚决反对武斗。

（四）一切外出串联的军队人员应迅速返回本地区、本单位进行斗批改。

（五）今后则一律不许冲击军事领导机关。

（六）军队内部战备系统和保密系统不准冲击、不准串联。不得索取和抢劫军队的文件、档案和技术资料。

（七）军以上机关应按规定分期分批进行文化大革命。

（八）各级干部、特别是高级干部，要用毛泽东思想严格管教子女。

《军委八条》对稳定军队，反对地方不断升级的武斗，起到了一定作用。八条下达后，反军之风很快被煞住，许多带头闹事的造反派头头被逮捕，破坏军队稳定的分子被执行了纪律。毋庸讳言，林彪在《军委八条》的制定过程中也起到了一定的作用。林彪为什么能参与制定《八条命令》？怎样评价林彪的这一行动？我们有必要探究林彪同意制定《军委八条》的背景，分析其真实动机。

探究林彪对制定《八条命令》的态度和所起作用，有必要分析中央军委《八条命令》形成的详细过程。①把军队领导人稳定军队的指导思想变成具体的军委命令和规定，以求约束全军，这个动议首先是由全军文革组长徐向前提出的。全军文革小组成立时，林彪曾规定：全军文革隶属军委和中央文革双重领导，主要是中央文革领导，有事要先请示中央文革，然后报告他。②可全军文革向中央请示问题，常常是泥牛入海，有去无回。"林彪更鬼，躲在家里观察动静，极少出面答复问题"③。而离开中央文革小组和林彪，军委对重大问题不能作出决定。徐向前为解决部队稳定问题要求见林彪面谈，均遭到回绝。

徐向前于1967年1月24日夜闯林宅毛家湾，开门见山地向林彪讲了当前全军的混乱情况，提出"军队不能允许成立战斗队，军队这样乱下去不行，要尽快搞个条条和规定"。林彪同意军委发一个文件，并由他口述，秘书记录。林彪口述完"九条"后，提出请叶剑英、聂荣臻、杨成武来毛家湾研究。军委对"九条"进行了讨论。后经与中央文革小组反复讨论，改为七条通过了。

林彪把"七条"呈报毛泽东，并给毛泽东一封信，报告"七条"产生过程。毛泽东

① 参见：胡长水：《中央军委〈八条命令〉的产生》，《中共党史研究》1991年第6期。
② 徐向前：《历史的回顾》下，解放军出版社1987年版，第826—827页。
③ 同上书，第827页。

此时的心理是矛盾的,他既要将已经发动的"文化大革命"进行到底,又担心军队一旦失去控制将会导致整个局势难以收拾,也为了使"文化大革命"能比较稳定地进行,毛泽东对"七条"采取了支持的态度。毛泽东批示:"所定七条很好,照发。"但又提议加了一条关于管教干部子女问题,先交住京西宾馆的各大军区负责同志讨论,征求一下他们的意见。大家讨论中认为高干子女教育问题比较突出,完全有必要增加这一条,"七条"遂变成了"八条"。

如果从林彪参与军委"八条命令"的制定就推断出林彪的本意是"稳定军队",这种观点是难以说服人的。因为:

第一,林彪不怕乱,不惜乱,但是又不敢使军队大乱。徐向前在《历史的回顾》中曾分析说,林彪"是国防部长,主持军委工作,军权在握,军队大乱特乱,向毛主席交不了账,对他不利嘛!"军队大乱,也难保不乱到他头上,说不定有一天也会打倒他林彪,危及他的"权威"。徐向前元帅曾当面告诫林彪:"军队要是都乱了,你还当哪家的国防部长?"为此,林彪很是不安,他发现自己在军队点起的动乱之火,远远超出了预料,火有烧到自己头上之势。因此,林彪既要乱,又不要乱到否定自己权威的地步。乱也是有节制的。正如徐帅所言,林彪很"鬼"。

第二,林彪也需要通过一定程度的"治",来"保护"一些人,拉拢一些人,以结成反革命政治集团。林彪在讲到"大罢一批"时,总是要讲"大保一批"、"大升一批"。就在1967年1月23日军委碰头会扩大会上的讲话中,他在讲到对老干部有的"要烧焦"时,又说:"有的烧,有的保,有的放火,有的灭火。"打和拉,是林彪手中交替使用的两张牌,什么时候打出哪一张,完全取决于他的政治需要。这是一种拉帮结派的手段。因此,面对着军队高级领导干部的纷纷被揪斗,林彪就不能不考虑要刹一下车,"保"一些人了。如前文已提及林彪"保"邱会作等人的情况。

第三,徐向前直接"闯宫",慷慨陈言,是促成林彪同意制定《八条命令》的直接原因。1967年1月23日,军委碰头会扩大会议全体军队干部向毛泽东、林彪提出六条建议。1月24日晚7时,徐向前去见林彪。此行既是反映他作为全军文革小组组长、一个解放军元帅的意见,也是反映了军队众多高级将领的意见。这一点林彪是清楚的。而且,徐向前是在几次联系,林彪都不见的情况下,"先斩后奏",直接闯进林彪住地的。且徐向前敢于直言的品格,林彪是清楚的。所以林彪尽管不悦,也仍以元帅对元帅的礼貌接待了徐向前,可见林彪对徐向前此行是重视的。徐向前见到林彪后,对军队被冲击、干部被揪斗的情况作了充分的反映,这一点,从林彪给毛泽东的信也可看出。所以,当徐向前元帅激愤地说到军队许多领导干部被造反派打倒时,林彪生气地说,叫他们也来打倒我好了!①可见林彪对当时部队的混乱程度有了比较清楚的认识。在这种情况下,对林彪来说,按照徐向前的意见,发出一个新的命令,作出几条规定,既是众意难违,众怒难犯,也是保护自己和一些人的需要。林彪是一个颇有心机,很善窥测方向的人,对这一点不会不清楚的。

所以,从"八条命令"前后的情况看,林彪对军队"文化大革命"的基本思想是"不要怕乱",甚至不惜乱。其目的,一是标榜自己对"文化大革命"的"紧跟"姿态,实际上是把党的领袖的错误推到极端;二是以此打倒一些人,遏制反对力量,以夺取更大权力。我们应该看到林彪隐藏在背后的真实原因,看到在这个问题上林彪和其他军队老帅们的根本区别。

为了进一步解决稳定军队局势问题,军委碰头会议在叶剑英主持下,制定了《中央军委关于外出串联人员限时返回本单位的通知》(1967年2月8日);叶剑英又和聂荣臻研究主持制定了《中共中央军委关于军以上领导机关文化大革命的几项规定》(1967年2月11日)(即七项规定);《中央军委关于军队夺权范围的规定》(1967年2月16日),进一步规定了稳定军队的具体措施,下发部队。

虽然林彪参与制定军委"八条命令"是事实,但这与林彪对待军队"文化大革命"的一贯态度"不怕乱"、"不惜乱"并非一致。所以,"八条命令"发布不到3个月,即1967年4月初,林彪口授"十条命令",经中央文革碰头会讨论,毛泽东审阅修改,中央军委于1967年4月6日发布了"中央军委命令"。十条命令是:

(一)对群众组织,无论革命的,或者被反动分子所控制的,或者情况不清楚的,都不准开枪,只能进行政治工作。

(二)不准随意捕人,更不准大批捕人。对于确实查明的反革命分子要逮捕。但必须证据确凿,经过批准手续。

(三)不准任意把群众组织宣布为反动组织,加以取缔。更不准把革命组织宣布为反革命组织。对于犯有某些错误的群众组织,要积极进行帮助教育。对于确实查明被反动分子控制的群众组织,要做分化争取工作,孤立其最坏的头头,争取被蒙蔽的群众。必须公开宣布其为反动组织加以取缔的,要经中央批准。

(四)对于过去冲击过军事机关的群众,无论左、中、右,概不追究。只对业已查明特别坏的右派头头,要追究,但应尽量缩小打击面。不能仅仅根据是否冲击过军事机关这一点来划分左、中、右。

---

① 胡长水:《中央军委〈八条命令〉的产生》,《中共党史研究》1991年第6期。

（五）对待较大的群众组织采取什么态度，应就地深入调查研究，进行阶级分析；采取重大行动前，应向中央文革和全军文革请示报告。

（六）一概不要进行群众性的"请罪"运动。也不要强迫群众写检讨。群众自动写的检讨书，退还其本人。有些长期不觉悟并且坚持错误观点的群众，不要急于要他们认错，而要给以时间，让他们在斗争中自己教育自己。不允许体罚和变相体罚。例如，戴高帽，挂黑牌，游街，罚跪，等等。

（七）在军队中要深入进行以毛主席为代表的无产阶级革命路线同资产阶级反动路线的两条路线斗争的教育。学习毛主席著作，必须结合两条路线的斗争。广泛搜集揭露反动路线和一小撮党内走资本主义道路当权派的各种具体材料，印发到连队进行教育，使广大指战员了解他们的反动事实，进行彻底批判，肃清其恶劣影响。

（八）对派到地方上去或主持支左的干部，要详细交代政策。要防止赵永夫式的反革命分子或思想很右的人来主持支左工作。

（九）在支左工作中，要学会做群众工作，相信群众，依靠群众，有事同群众商量，善于采用说服教育的方式，而不应采取简单粗暴和命令的方式。

（十）对业已违反了上述诸条做法的，都要立即改正，积极进行善后处理。今后，坚决按以上各条办事。

命令中提到的赵永夫，当时任中国人民解放军青海省军区副司令员、西宁驻军"联办"领导小组副组长。1967年2月，"联办"领导小组在支左工作中，将青海省造反组织"八·一八红卫战斗队"定为反动组织予以取缔，确定了"敌人开枪，我还击"的原则，于2月23日调动武装部队夺占"八·一八"掌权的青海日报社，导致部队开枪的严重事件。赵永夫是当时夺占报社部队的组织者和现场主要指挥者。1978年8月13日，中共中央、中央军委转发总政治部《关于赵永夫同志所犯错误的结论和处理意见》，指出"一九六七年二月，青海省军区内部发生的问题，属于人民内部矛盾"；"'二·二三事件'的后果是严重的，但考虑到赵永夫同志已隔离受审十年，对错误已有认识，同意给予赵永夫同志撤销党内外职务的处分，原级不动，按正师职予以安排"。

"十条命令""从表面看来中心思想是'正确对待群众'，实质上是支持冲军队、反军队的激进派。它有正确的方面，但在很大程度上是对军委八条的否定"①。

---

① 王年一：《大动乱的年代》，河南人民出版社1988年版，第220页。

第三，一个是勇担历史重任的政治家；一个是维护个人和小集团利益的权谋者，这就是"文化大革命"中的周恩来和林彪之间的原则界限。

与林彪竭力挑动动乱相反，周恩来在"文化大革命"这种非常险恶、自身难保的环境中，努力领导党和政府的一些尚能工作的部门，尽力维持社会生产和国家政权职能的勉强运转，并设法取得毛泽东的同意，保护了一批受冲击的老干部、老专家和民主党派人士。陈云同志曾说过"没有周恩来同志，'文化大革命'的后果不堪设想"，这句话准确地揭示了周恩来在"文化大革命"中的作用。①周恩来在"文化大革命"极其复杂的情况下，一方面必须维护毛泽东作为党和人民领袖的地位与威望，又要尽可能地缩小其错误影响，减少其错误造成的损失；另一方面要与当时受毛泽东重用的林彪、"四人帮"及其同伙进行巧妙而坚决的斗争；还要对失去理智、激情勃发的"疯狂"的人们作大量艰苦深入的说服解释工作。

这是《周恩来年谱》中记载的感人的一幕：1967年8月27日："晨，接见外事口造反派。就一些造反派在'批判'陈毅问题上继续无理纠缠怒斥说：'你们完全是在向我施加压力，是在整我了！从昨天中午到现在，整整十八个钟头，我没有休息一分钟。我的身体不能再忍受了。'造反派置之不理，致使周恩来心脏病发作，在场的保健医生搀扶他离开会场。造反派仍不甘休，称：'我们就是要拦陈毅的汽车'，'还要再冲会场'。走到门口的周恩来转身怒斥：'你们谁要拦陈毅同志的汽车，我马上挺身而出！你们谁要冲击会场，我就站在人民大会堂门口，让你们从我的身上踏过去！'从此因病一天半无法工作。"②

周恩来之所以选择了不同于其他一些老革命家的抗争方式，在很大程度上是因为他深知，在极端复杂的形势下自己所处地位和应起作用的重要性。如果周恩来拍案而起，无非两种可能：一是被打倒的人更多，党和人民的利益损失更大；二是有引起党分裂、国家分裂的可能。因此，正是为着党和人民的最高利益，才迫使他选择了一条比直言不讳、牺牲自己更为艰难和痛苦的道路。这也正是一种"我不入苦海谁入苦海"的高度自觉的牺牲精神。他是从国家、人民、民族的利益出发，在中国特殊的历史时期起到了任何人无法取代的重大历史作用。

邓小平于1980年8月在回答外国记者提问时，对周恩来作出了公允的评价：

---

① 南山：《中流砥柱挽狂澜——周恩来与林彪、江青集团搞乱国民经济的斗争纪实》，《党史博览》1996年第5期。

② 中共中央文献研究室：《周恩来年谱》(1949—1976)下卷，中央文献出版社1997年版，第183页。

"'文化大革命'时,我们这些人都下去了,幸好保住了他。在'文化大革命'中,他所处的地位十分困难,也说了好多违心的话,做了好多违心的事。但人民原谅他。因为他不做这些事,不说这些话,他自己也保不住,也不能在其中起中和作用,起减少损失的作用。他保护了相当一批人。"①

"文化大革命"是中华人民共和国历史上的一场灾难,正是在这场全民族的大悲剧中,周恩来在党和人民中的威望达到了光辉的顶点。"文化大革命"中的周恩来和林彪,一个是勇担历史重任的政治家;一个是维护个人和小集团利益的权谋者,这是他们之间的原则界限。周恩来在特殊历史时期表现出了识大体、顾大局、担大任的杰出政治家品格,将永远为人民所铭记。周恩来去世之时,百万群众在十里长街哭送总理,联合国下半旗志哀,这正体现出他伟大的人格魅力。

二、驳林彪"冤屈之二"

孙万国在《古有窦娥,今有林彪》一文中称林彪的"冤屈之二"是和刘少奇相比,认为刘少奇有一条公开的"刘少奇路线",毛要整他还说得上有个根据,说冤不冤,况刘少奇案已得了平反。而林彪"不惜隐抑私见,处心积虑标榜毛之正确",最后落得个反毛行刺的罪名、身败名裂的下场,此林彪冤屈之二也。

笔者对孙万国所言林彪"不惜隐抑私见,处心积虑标榜毛之正确"也是赞同,但对孙万国主张林彪一案应予平反持异议。

林彪对毛泽东察言观色、曲意迎合、窥测方向。他在某种程度已经意识到毛泽东的一些错误,他认识到在"大跃进"中毛泽东"凭空想胡来",但他把三面红旗举得最高;他私下里说毛泽东"言行不一"、"搞权术",可是在公开场合又大声疾呼"谁反对毛主席,全党共诛之,全国共讨之";他私下里说彭德怀的"万言书"是正确的,就是急了点,可他实际上又站在毛泽东一边参与反"右倾机会主义"斗争,在庐山会议上给彭德怀定性为"野心家、阴谋家、伪君子";林彪私下里与家人议论毛泽东,发泄不满,但他在公开场合却称"文化大革命""损失可以说最小最小最小,而得到的成绩最大最大最大"。

著名爱国民主人士梁漱溟在"批林批孔"时期对林彪的看法,很值得人思考和回味:"我的批林,与众说不大一样。我认为林彪没有路线,谈不上路线,无路线可言。所谓政治路线,应该有公开拿得出来的主张,如刘少奇的主张就很多,不管怎

---

① 《邓小平文选》第2卷,人民出版社1994年版,第348页。

么错误,但他敢于说出来,公开提出,并自信是对的,这才够得上路线。而林彪的路线又是什么呢?不但我看不出,回答不上来,恐怕连他自己也说不上来,因为他公开说的全部是假话,用假话骗取信任,是说假话的第一能手!"①

1973年"北大"、"清华"两校编辑的《林彪与孔孟之道》引用林彪的言论"谁不说假话,谁就得垮台。不说假话办不成大事。"林彪表现出的这种政治品质是恶劣的。马克思、恩格斯在《共产党宣言》中说:"共产党人不屑于隐瞒自己的观点和意图"。②共产党人,特别是党的高级干部,在政治上要光明磊落,应该随时公开自己的政治见解,对每一个重大的政治问题表明自己的态度。可林彪的做法恰恰相反,"万岁不离口,语录不离手;当面说好话,背后下毒手",在他同毛泽东发生分歧,接班人的地位受到威胁时,林彪集团采取阴谋手段,企图武装政变,另立中央,谋害毛泽东,林彪最后折戟沉沙,自取灭亡。林彪已给自己作出了结论。

中国共产党是一个伟大的党,敢于直面自己的错误。1980年2月,在"文化大革命"结束四年之后,中共十一届五中全会作出《关于为刘少奇同志平反的决议》,撤销中共八届扩大的十二中全会通过的《关于叛徒、内奸、工贼刘少奇的审查报告》和把刘少奇"永远开除出党、撤销其党内外一切职务"的错误决定。刘少奇这一共和国最大的冤案得到平反昭雪。

可以设想,如若林彪不摔死在温都尔汗,也难免被押上被告席,受到法律的严正的制裁。历史是公正的,不会忘记任何人的功绩,也不会忘记任何人的罪恶。"好在历史是人民写的"!(刘少奇语)千秋功罪,人民自有公断。在人民书写的历史上,刘少奇拥有一个崇高的位置,而林彪也得到了应有的结论。

三、驳林彪"冤屈之三"

孙万国在《古有窦娥,今有林彪》一文中言,林彪事件中"株连者何止千万,而苦主或其家属,死者含恨,生者坎坷。实事求是之不谋,历史公正之义之不张"。

而历史的真实情况是:"九一三"事件后,对涉及林彪集团的人和事的清查和处理工作,军队中主要在空军、海军、总后进行,"林办"的工作人员集中办了几年"学习班"。对问题的处理还是比较客观、实际的。虽然也有扩大化的情况,这在"文化

---

① 张鸣、乐群:《"文化大革命"中的名人之思》,中央民族学院出版社1993年版,第369页。
② 《马克思恩格斯选集》第1卷,人民出版社1995年版,第307页。

大革命"中是不可避免的。但较之"文化大革命"的前期和以往类似情况的处理,还是能注意到掌握政策的。

1972年7月5日,周恩来在接见中共上海市常委,同他们就国内外形势和当前主要任务谈话时,讲到林彪事件时说:"一是专案审查,这么多人,要清查一下,排个队,要给他们政治生活、学习,不要搞政治隔绝;二是"三支两军",军代表,军宣队问题,要肯定成绩,但也有些地方风气搞坏了,要改。"①

毛泽东再三指出:死党只有那么几个人,对犯错误的同志要分析历史条件,林彪当时是副统帅,大家搞不清他的阴谋。对犯错误的人要采取"惩前毖后,治病救人"的方针,改了就欢迎。毛泽东还说:"比如对林彪下面的几十个工作人员和秘书,那些人都不用了?我看不行吧,要搞清楚,要教育,给他们工作做,不能不用,他们是组织派到那里去工作的嘛。"

1975年4月底,根据毛泽东关于尽快结束专案审查把人放出来的意见,在周恩来、邓小平的推动下,中共中央作出决定:除与林彪集团有关的审查对象和其他极少数人外,对绝大多数被关押受审查者予以释放。其中属于敌我问题的,有劳动能力的分配工作或劳动,丧失劳动能力的养起来,有病的安排治疗。属于人民内部矛盾的,妥善安置,补发工资,分配适当工作,党员恢复组织生活。搞错了的进行平反。对于尚不能作结论的,问题内部挂起来,分别由中组部和总政会同有关机关再作结论。待工作结束后,中央专案组自行撤销。

1975年6月24日,一位原在林彪处做保健工作的医生给毛泽东写信,反映他自"九一三"事件后参加学习班,至今已近四年,尚未作出正式结论的情况。对此,6月30日,毛泽东明确批示:"林办各下级人员,责任较轻,不宜久在学习班。似宜早作结论,免予追究,分配工作,以观后效。"②7月1日,毛泽东对涉嫌林彪集团的其他人员,也批示:"如无确证,只是嫌疑,则应释放,免予追究,以观后效。从实践中证明。"③

孙万国所谓的"死者含恨,生者坎坷",可能是听信港台某些报纸的报道。如香港《镜报月刊》1988年第6期刊登一篇署名萧萧写的《林彪女儿大胆披露父亲出走详情》等文。林立衡声称"九一三"事件后,空军把她当成林彪留下的"钉子",成立

---

① 中共中央文献研究室:《周恩来年谱》(1949—1976)下卷,中央文献出版社1997年版,第534页。

② 《建国以来毛泽东文稿》第13册,中央文献出版社1998年版,第439页。

③ 同上书,第440页。

专案组,对她大会小会批斗,逼她自杀,说"关押两年,整个人变形"等等。

最近《中华儿女》发表了高厚良口述、高德明整理的《九一三事件后的林立衡暨说给豆豆的知心话》一文,该文披露了许多鲜为人知的史实。空军原政委高厚良曾亲自参与处理林立衡相关问题,是历史见证人。他证实上述说法是不符合历史事实的。毛泽东、周恩来都是肯定林立衡举报有功,对她加以保护的。周恩来指示,林立衡回空军报社参加学习,接触群众,以党员相待,同志相称。报社专门成立了一个陪同林立衡学习的小组。小组同志分析林立衡1974年自杀的原因认为,可能是她自以为举报林彪叛逃有功,没有得到她所期望的奖赏,《空军报》复刊没有恢复她的领导职务,反而要她检讨她在《空军报》任副总编辑时所犯的错误;许多问题她也难以自圆其说,内心抵触而服药自杀。为了怕她再出事,小组加强了防范措施,派人轮流值班看护。当时小组考虑的主要是她的安全问题,几年学习,从来没要她写一份对自己问题的检查材料。

1974年毛泽东说,政治局要再议一下,对林立衡要解除监护,她和死党有区别,……让她到农场劳动锻炼,更多地接触群众。空军党委挑选了条件较好的河南开封某空降兵师农场安置她。林立衡在农场,只干一些轻微的劳动,享受正常的党员干部待遇。

当然,在当时清查林彪时,江青一伙插手,在"左"的思想指导下,有逼供信、扩大化的倾向,但十一届三中全会后都已实事求是地处理了。

林彪一案,铁证如山。林彪女儿林晓霖的一席话可谓掷地有声:"我认为父亲至少有三条错误:一是大搞对毛泽东的个人崇拜。二是对毛泽东有意见有看法为什么不能像彭德怀那样把意见看法都公开摆出来,即使受到打击报复,后人也会觉得公正无私受到世人的尊敬。三是"文化大革命"中那么多老干部被打倒,受折磨,周恩来费尽心机保护了不少人,而林彪除了保护扶持黄吴李邱几个亲信外,他和江青、叶群一起整倒了许多老干部,而且有些老部下被整得很惨。"[1]她还说,看待林彪,不能完全从私利出发,立足点要高,要对历史负责,对人民负责,对后人负责。[2]

海外某些研究者,为了猎奇,标新立异,置客观事实于不顾,为林彪翻案,竟将林彪与窦娥相比,显然是经不起推敲的。

---

[1]　高厚良口述、高德明整理:《九一三事件后的林立衡暨说给豆豆的知心话》,《中华儿女》2000年第9期。

[2]　笔者2001年3月19日与林晓霖谈话录。

第二节　对"两案"审判的再思考

孙万国在《古有窦娥,今有林彪》一文中,称林彪一案:"只有原告,不见被告";"只有原告控诉,不许被告发言,单以此事度之,则可计其为冤案者,大约不假。虽不中,亦不远矣。"①

孙万国文中所称"不见被告",指的是林彪、康生、谢富治、叶群、林立果、周宇驰等人是作为主犯被起诉的,但他们已经死亡,自然"不见被告"。但"两案"审判时,鉴于他们已经死亡,判决书只是列出他们的罪行,不再追究刑事责任,更谈不上冤屈。而其他的十名被告人却是在场的,"不见被告"是不符合事实的。所谓的"不许被告发言"也是不确切的,不但准许被告发言,还准许被告请律师代为辩护。孙万国之文言下之意对林彪一案的公正性产生怀疑。在林彪、江青反革命集团案审判三十周年之后,我们有必要重新审视"两案"审判。鉴于"两案"审判的资料已公布很多,且出版了大量纪实性作品,具体的审判情节,本篇不再赘述,这里且探讨三个目前尚有争议且具有重大现实意义的问题。

一、对林彪反革命集团的审判依据

1980 年 11 月 20 日,在北京正义路 1 号,中华人民共和国历史上史无前例的重大刑事案林彪、江青反革命集团案开庭审判。这是一次正义对邪恶的审判,真理对谬误的审判。

这的确不是一次普通的审判,从被告犯罪时的地位和权力看:一个反革命集团的头目林彪是写进党章的接班人,一个反革命集团的头目江青是有特殊身份的人物,十六名主犯中三名是中国共产党中央副主席(林彪、康生、王洪文),五名是政治局常委(林彪、陈伯达、康生、王洪文、张春桥),十三名是政治局委员(林彪、江青、康生、张春桥、姚文元、王洪文、陈伯达、谢富治、叶群、黄永胜、吴法宪、李作鹏、邱会作)。林彪集团的骨干都是军界的最高首脑人物,包括原中共中央军委副主席、国防部长林彪;四名正副总参谋长黄永胜、吴法宪、李作鹏、邱会作及三名空军高级军官。吴法宪、李作鹏、邱会作还分别把持总后勤部长、空军司令员、海军第一政治委

---

① 孙万国:《古有窦娥,今有林彪》,《明报月刊》1996 年第 7 期。

员等要职。

这次审判历时两个月零 7 天，经过 42 次法庭调查和辩论。最高人民法院特别法庭严格依照《中华人民共和国刑法》的规定，审理林彪、江青反革命集团案主犯的刑事犯罪，并追究他们的刑事责任。1981 年 1 月 25 日，中华人民共和国最高人民法院特别法庭对林彪、江青反革命集团案的十名主犯进行了终审判决。

那么，对江青等十名被告判刑主要依据是什么呢？主要是两个方面：

一是他们犯罪的事实、性质、情节和对于社会的危害程度，这是判刑的客观依据；

二是刑法的有关条文的规定，这是判刑的法律依据。

特别法庭确认江青等十名被告触犯的罪名一共六种，即阴谋颠覆政府罪，策动武装叛乱罪，组织、领导反革命集团罪或积极参加反革命集团罪，反革命杀人（未遂）、伤人罪，反革命宣传煽动罪，诬告陷害罪。由于这六种罪的性质不同，定刑的轻重也不同。特别法庭根据我国刑法罪责自负的原则，对每个被告人确定的罪名是不完全相同的。有的被告人的罪名比较多，有的比较少。如黄永胜、吴法宪、李作鹏、邱会作、江腾蛟等五人，每人只犯有三种罪名。这十名被告所犯的罪名种类和罪行的性质各不相同，是决定他们被判处的刑罚有轻有重、不尽相同的客观根据之一。特别法庭在判决书中列举了十三条刑法条款，作为判刑的法律依据。

对林彪、江青反革命集团主犯的宣判，充分显示了中华人民共和国宪法和法律的严肃性，表现了中华人民共和国法律的威严。

二、"反革命罪"罪名评析

有人提出疑问："1997 年的新刑法已经取消了'反革命罪'罪名，如何看待林彪、江青反革命集团的'反革命罪'，这是否意味着审判时所定的罪名是错误的呢？"甚至某些极力想为林彪翻案的人声称："反革命罪"是一项荒唐、无稽的罪名，审判林彪、江青反革命集团案是一桩最大的冤案。

回答这些问题，我们有必要先来考察什么是"反革命罪"。

1951 年公布的《中华人民共和国惩治反革命条例》中明确规定，凡以推翻人民民主政权破坏人民民主事业为目的的各种反革命罪犯，都要依法治罪。建国初期，全国范围内开展了大规模的镇压反革命运动。在新生政权刚刚建立之初，特别是在当时国内解放战争还没有完全结束，国际上帝国主义也在加紧对我国颠覆的情况下，坚决镇压反革命，对于巩固国家政权、维护社会安宁、保护人民利益，起到不可替代的作用。

1954年制定的第一部《中华人民共和国宪法》明文规定："中华人民共和国保卫人民民主制度，镇压一切叛国的和反革命的活动，惩办一切卖国贼和反革命分子。"

1980年1月1日起施行的《中华人民共和国刑法》仍沿用反革命罪，并将其规定为八大罪之首。规定："以推翻无产阶级专政的政权和社会主义制度为目的的、危害中华人民共和国的行为，都是反革命罪。"刑法规定，犯有阴谋颠覆政府、分裂国家、策动叛乱、组织领导反革命集团、宣传煽动推翻无产阶级专政的政权和社会主义制度等罪行，都要以反革命罪论处。

大量的证据充分证明，林彪、江青反革命集团案主犯所犯罪行严重，其危害国家和社会的行为，无论按照犯罪时的法律、法令，还是按照《中华人民共和国刑法》，都构成了犯罪。

《中华人民共和国刑法》第九条规定："中华人民共和国成立以后本法施行以前的行为，如果当时的法律、法令、政策不认为是犯罪的，适用当时的法律、法令、政策。如果当时的法律、法令、政策认为是犯罪的，依照本法总则第四章第八节的规定应当追诉的，按照当时的法律、法令、政策追究刑事责任。但是，如果本法不认为是犯罪或者处刑较轻的，适用本法。"1951年公布的《中华人民共和国惩治反革命条例》是在全国刚解放、镇压反革命运动正处在高潮中制定的，对各种反革命罪所规定的刑罚比现行的刑罚要重。根据我国刑法在溯及力方面采用的从旧兼从轻原则，对两案被告人适用了当时的《刑法》进行定罪量刑，符合以事实为根据，以法律为准绳的司法原则，也有利于被告人，体现了人道主义精神。

1997年3月14日，第八届全国人民代表大会第五次会议通过了修订的《中华人民共和国刑法》，新刑法用危害国家安全罪替代了反革命罪。这并不意味着1979年制定的刑法关于反革命罪的规定是不适当的。十多年来的司法实践证明，关于反革命罪的规定，对于惩治危害国家安全的犯罪，巩固人民民主专政的政权和保卫社会主义制度，在以往、现在和将来仍将起到很大的作用，是非常必要的。

为什么要更换反革命罪的罪名呢？因为随着中国的政治、经济和社会生活的发展变化，反革命罪的罪名在适用中逐步碰到了一些难以解决的新情况和新问题。特别是由于反革命罪规定了犯该罪是"以反革命为目的"，在适用时往往难以定罪。特别是我国已从革命时期进入集中力量进行社会主义现代化建设的新时期，从法律的角度考虑，对危害中华人民共和国的行为，规定适用危害国家安全罪比适用反

革命罪更为合适。同时这样规定也有助于同国际刑法发展趋势接轨。为此,刑法作了如下修订:

第一,危害国家安全罪替代了反革命罪,具体条文修改除保留原有的勾结外国危害我国的主权、领土完整和安全的罪状表述外,对于当前危险性更大的组织、策划、实施分裂国家、破坏国家统一活动的、武装叛乱、颠覆国家政权和推翻社会主义制度以及与境外机构、组织、人员相勾结实施这类危害国家安全的犯罪,作了更加明确、具体的规定。

第二,对反革命罪原来的有关规定内容,可以适用按普通刑事犯罪惩处的,尽量规定按普通刑事犯罪追究。如"聚众劫狱或者组织越狱的","制造、抢夺、盗窃枪支、弹药的"等均并入其他类。这次修订,反革命罪原有 15 条,修改为危害国家安全罪的共有 10 条,其余反革命罪规定的有关条文,均分别编入危害公共安全罪和妨害社会管理秩序罪等有关章节之中。

对任何罪犯的审判一般来说只能按当时的刑律定罪处罚,这是公认的常识。因为后来的刑法条文有改变,就认为以前的定罪量刑不当是不妥的。何况林彪集团就是按照新刑法,仍然构成犯罪,就是罪名有所变化而已。

三、"两案"审判热点、难点问题

这要从一次座谈会说起。2000 年 9 月 28 日,笔者参加了当代中国研究所召开的林彪江青反革命集团案审判工作座谈会。这次座谈会的议题主要有两个:一是黄(黄永胜)、吴(吴法宪)、李(李作鹏)、邱(邱会作)、江(江腾蛟)案审判工作的热点、难点问题。二是"两案"审判工作的伟大意义。当年参加"两案"审判工作的有关人员史进前(总政审判林彪案件领导小组负责人、最高人民检察院特别检察厅副厅长)、刘继光(总政审判林彪案件办公室副主任、特别法庭审判员)、图们(总政审判林彪案件办公室副主任、特别检察厅检察员)、翟学玺(最高人民法院特别法庭助理审判员)、马尚(最高人民检察院特别检察厅助理检察员)、张世荣(最高人民法院特别法庭审判员)、于凌宽(最高人民检察院特别检察厅助理检察员)等同志畅谈了"两案"审判的方针、原则和意义及审判黄、吴、李、邱案中遇到的难点和热点问题。

他们认为 20 年前"两案"审判案情复杂,难点问题主要表现在如何处理"三个交织"上,即党的路线错误与林彪江青反革命集团的罪行相交织;党的领导人的失察与林彪江青反革命集团利用领导人的错误犯罪相交织;被告人的错误与罪行相交织。而这"三个交织"归根结底为如何识别错误和犯罪。犯罪与错误的根本不同表现在以下几个方面：

第一，性质不同。

所谓错误，从根本上说是指主观与客观相分离，违背客观规律的行为。犯罪是指一切按照法律应当受刑罚惩处的危害社会的行为。错误是属于批评教育、吸取教训、党纪政纪的范畴。错误是是非问题，属于人民内部的社会政治矛盾。对于任何一个曾经担任党和国家领导职务的人来说，工作中的错误是难以避免的，包括一切革命政党及其担负领导责任的人，工作中发生错误以致所谓路线错误都是难以避免的。

路线错误同林彪、江青反革命集团的阴谋活动，在性质上是根本不同的。林彪、江青反革命集团是在"文化大革命"这一十分复杂的社会历史环境中发展起来的，他们采取反革命两面派的手法，钻进党和国家的领导核心，并且在相当长的时期里，以党和国家领导人的面貌进行活动。即使林彪、江青反革命集团中，他们的活动也并非全部都是反革命犯罪，其中也有一部分是属于各种错误。犯罪则是属于应追究刑事责任、受刑罚惩处的范畴；而根据我国刑法规定，林彪反革命集团，颠覆政府，分裂国家，策动叛乱，密谋杀害毛泽东，罪行确凿，属于敌我矛盾。在任何国家依据法律，都构成了犯罪。

第二，手段不同。

实施错误行为的手段，一般是符合正常的工作程序和组织原则，为当时的政策、法律所允许。而实施犯罪行为的手段，则是非正当的、为国家刑律所禁止的。

第三，目的不同。

犯错误，一般说是无心的。而犯罪则相反，反革命犯罪是有明确的反革命的目的。从法学观点看，一个人的行为是否构成反革命犯罪，是以行为人的主观有无反革命的直接故意，即反革命的目的为必要条件。根据我国刑法规定，这个目的就是"推翻无产阶级专政的政权和社会主义制度"。而林彪、江青一伙所实施的一切犯罪行为正是以此为目的。反革命罪行是敌我矛盾，工作中的错误是人民内部矛盾，必须严格区分，不容许把两种性质不同的问题混在一起。

这次座谈会上，曾经参加"两案"审判的工作人员一致认为，"两案"审判是以事实为依据，以法律为准绳的。司法机关在侦察预审和检察的过程中，进行了充分的调查研究。对林彪、江青一伙的诉罪，依据的都是经过验证的原始书证材料和原始物证，如档案、信件、日记、笔记、讲话记录和录音等。今天看来，审判是完全正确、公正的，经得起历史的考验和子孙后代的检验。"两案"审判重大的历史意义表现在：

第一，正确区分和处理了反革命犯罪和工作上路线上的错误两类不同性质的社会矛盾，是中国共产党成功开展不同性质斗争的典范。

通过审判，对林彪、江青两个反革命集团的大量活动进行了周密的、严肃的、精确的、负责的审查、调查、验证、核实，正确区分了犯罪和错误两类不同性质的矛盾。两案审判只审判他们触犯国家法律的反革命罪行，追究他们的刑事责任，不涉及工作中犯的路线错误，可以剥夺林彪、江青集团的一切借口，更可以充分揭露他们的反革命面目，使他们无法逃脱自己的罪责。区分了违反党纪和触犯刑律两种不同情况，分别处理。违反党纪，根据党的章程，在党内对他们进行实事求是的审查，并分别作出相应的处理。而对于他们超出党纪的范围，属于触犯国家刑律的问题，通过审判他们的犯罪问题，追究他们的刑事责任。

通过对林彪、江青反革命集团犯罪性质的正确理解，严格区分和处理犯罪和错误这两类不同性质的问题，深化中国共产党对党内斗争理论和实践问题上的认识，标志着中国共产党在这个问题上的进步。

第二，"两案"审判是我国依法治国的里程碑。

公开审理这样重大的案件，新中国成立以来还是第一次。两个反革命集团罪恶昭彰，法网无情，这次审判清算了他们的罪行，进一步揭露敌人、教育人民；尤其在于恢复法律的尊严，维护法制的权威，树立一个依法办事，依法治国的范例。这是具有深远影响的。

仅仅审判林彪、江青集团的罪行，还没有涉及他们在路线上的错误。对林彪、江青集团路线上错误的清理工作是通过起草《关于建国以来党的若干历史问题的决议》来完成的。

《关于建国以来党的若干历史问题的决议》对毛泽东在"文化大革命"中的错误与林彪、江青集团的罪行作了严格区分，毛泽东的错误同林彪、江青集团之间的阴谋活动在性质上是根本不同的，是路线错误与反革命罪行之间的差异。

十一届三中全会后，"两案"审判和《决议》的通过，彻底清算了林彪集团的罪行和错误，从而达到拨乱反正的目的，成为中国共产党人打开历史新篇章的两把钥匙。

此外，还需要指出的是，有人把"两案"审判同"文化大革命"中搞专案混为一谈，这不是缺乏历史常识就是别有用心。

第三节　林彪外逃中一个插曲的真相

《剑桥中华人民共和国史》(1966—1982年)第二篇文化大革命,其中第四章毛的接班人问题和毛主义的终结,由美国哈佛大学R.麦克法夸尔教授执笔,作者在谈论"九一三"事件时指出:"较近的一篇非官方文章对'九一三事件'的有关描述提出疑问,集中讨论了以下问题:为什么林彪夫妇不按事先安排的那样往南飞呢? 该文认为,林彪一家并没有立即放弃原先设想的南逃广州、另立中央的计划,毕竟,他们只要飞8(应该是3,作者注)个小时,就可以实现该计划。文章指出,这架三叉戟飞机在空中飞了近两个小时,而这样一架飞机从山海关飞到温都尔汗要不了一个小时,因此,三叉戟飞机实际上首先往南飞了约10分钟,然后掉头返回山海关,但发现山海关机场已遵照周恩来指示关闭。为什么林彪一伙放弃南逃计划不得而知,但该文暗示,是周恩来不让林彪着陆,以迫使他飞往苏联,这样他就站在了人民的对立面,成为国家的叛徒。"①

无独有偶,国内最近出版了一本有关"九一三"事件的畅销书,作为该事件的见证人,作者写道:"飞机起飞后20多分钟,留在九十六楼'林办'人员听到飞机返回的声音。九十六楼的人都聚集在坡顶向机场方向遥望,只听得飞机在机场上空轰鸣盘旋,大家都认为飞机回来了一定是想降落。当时'林办'的人已离开机场,谁都料想不到中央在飞机起飞之后下了封锁机场的命令,地面所有灯火熄灭,飞机无法降落。""飞机向莲花峰飞来,在九十六楼上空盘旋,久久不离去,大家仰望着它,最后见它在空中划出一个形似问号的线路,然后向北方飞去,再也没有回来。"②

这两段话的用意是说林彪在空中仍不想北去苏联,下令返回山海关机场,是周恩来下令关闭机场才无法降落,不得不向北方飞去。

在林彪乘机强行起飞后,周恩来曾代表中央政治局下达过禁飞令,这是不争的事实。问题在于:第一,这个禁飞令是何时下达的,当时林彪的飞机在何处? 第二,林彪专机起飞后,党中央的态度是要他回来,还是要赶他走? 第三,林彪是否有要

---

① 〔美〕R.麦克法夸尔、费正清:《剑桥中华人民共和国史——中国革命内部的革命》(1966—1982年),中国社会科学出版社1992年版,第347—348页。

② 张宁:《自己写自己》,作家出版社1998年版,第256—257页。

求降落的表示？把这三个事实考察清楚了，《剑桥中华人民共和国史》上的推论是否能站得住脚，也就一清二楚了。

为此，我们不妨对有关这一事件经过的更多材料，进行比较研究，以便了解历史的真相。

《周恩来传》是中央文献研究室的专家经过研究大量第一手的材料写成的，应该是可靠的。该书的记录如下："对林彪等突然乘机逃走的意图，当时还不清楚。对他们的全部阴谋计划，一时也并不了解。周恩来命令李德生坐镇空军司令部，监视飞机动向；派杨德中随吴法宪去西郊机场，派纪登奎去北京空军司令部，以便从各方面掌握情况。同时，他向全国发布禁空令：关闭所有机场，停飞所有飞机，开动全部雷达监视天空。周恩来还请调度员用无线电向这架飞机呼叫，要林彪等飞回来，告诉他们：不论飞机在何处降落，我周恩来都到机场去接。但飞机上一直没有回答。"①

对林彪事件颇有研究的专家于南教授在《关于林彪事件若干历史问题的考察》一文中也谈到：

"周恩来随后从人民大会堂赶到中南海毛泽东住处，汪东兴、张耀祠也几乎同时到达。周恩来命令打开华北地区所有雷达监视这架飞机，并与机上通话，告诉飞行员飞机可以在任何一个机场降落，但256号飞机不回答。地面雷达不断报告飞机的航向、时速和高度。飞机耍了个花招。开始时航向290度即向北京、大同方向飞，但十几分钟以后，在零点46分改航向为310度，向蒙古的西部即乌兰巴托、伊尔库茨克航线偏东一线飞行。"②

这些都说明，林彪乘机起飞后，中央的态度是要他回来，所以才从地面不断向这架飞机呼叫。而且，周恩来表示愿意亲自到机场接他，这也算仁至义尽了。

但是，关键的问题还是"禁飞令"是何时下达的呢？现在我们有幸找到当时亲自用电话向全国下达此项命令的当事人的准确回忆和电话记录，成为解开这一疑团的最有力的证据。请看：

朱秉秀是当年军委空军指挥所的值班作战参谋，"九一三"事件发生时，他曾协助李德生（总政治部主任，北京军区司令员，周恩来派他到空军司令部，代替自己坐镇指挥）参与处理这一事件，他详细地记录了自己在空军指挥所亲历这一事件的

① 金冲及：《周恩来传》(1949—1976)下，中央文献出版社1998年版，第1040页。
② 熊华源、安建设：《林彪反革命集团覆灭纪实》，中央文献出版社1995年版，第190页。

始末:

"周恩来指示,要空军指挥所直接用对空台与潘景寅沟通联络,要他飞回来,北京西郊机场和首都机场都可以降落。此时,吴法宪也在西郊机场指挥所亲自手握话筒不断地呼叫潘景寅,告诉他只要回来,一切都好办。但是,始终没有听到潘的回答。眼看着目标靠近边界线移动,1时50分飞出了国境,进入蒙古人民共和国领空,并在逐渐下降高度,直到我地面雷达上的飞机信号于温都尔罕(汗)以南消失。李德生立即向周恩来报告了雷达信号最后消失的位置。同时还示意我赶快拿笔作记录,一句一句地复诵着电话里周恩来传达的政治局命令:'从现在起,凡没有伟大领袖毛主席、林副主席、周总理、黄总长、吴司令员联名签署的命令,一架飞机都不准起飞。'记完后我又向李德生复诵了一遍。他说,没有错,这就是净空了,空中发现情况就是敌机(由于林彪出逃当时是绝对机密,命令下达后涉及的人将很多,所以在命令上不能不出现林),梁(指梁璞,当时任空军司令部参谋长)同时对我们两个作战参谋说,赶快向各军区空军、指挥所传达,要找他们指挥所值班指挥员亲自接电话,叫航行局局长尚登娥也来,航行部门要知道。我与徐心德(时任作战参谋)分工,由他接通电话,由我传达命令,流水作业。对方都是首长,接电话、记录、复诵都很费时,作战部副部长郝昌照主动站起来帮我们也向下传达命令,从1时56分到2时20分左右才将周恩来下达的政治局'禁航令'传达完毕。接着空军在场首长研究,经李同意又向各军区空军指示,要增开地面警戒雷达,严密对空监视,发现情况立即报告。"[1]

因此,"禁飞令"下达的时间是在9月13日凌晨1时56分到2时20分之间。即使是周恩来直接下达命令给山海关机场,那也只能是在1时50分左右,距林彪起飞的零点32分,已经是一个多小时之后的事。实际上当时林彪的飞机已经到国境线了。把不能降落归因于一个多小时后才发布的命令,显然十分荒唐!"禁飞令"是在林彪座机出境后发布的,同山海关飞机起飞前禁止256号飞机起飞而关闭机场是两回事,不能混淆。当时中央下达"禁飞令"的用意是,由于林彪集团在空军有相当的势力,林彪座机强行起飞后,在情况不明的前提下防止再有飞机逃跑,防止有人调动飞机来北京危害中央,这种预防措施是必要的。但就在"禁飞令"下达不到两个小时,林立果的小舰队成员周宇驰、于新野、李伟信等人还是在北京沙河机场用林彪手令劫持走了3685号直升飞机。

---

①   朱秉秀:《邪不压正——"九·一三"事件纪实》,《上海党史研究》1996年第6期。

至于机场采取关闭灯光的办法,恰恰是为了阻止林彪的飞机起飞。林彪等是在 11 点 50 分离开北戴河住地的。11 点 45 分,八三四一部队一名副大队长带 7 个人乘吉普车先出发去山海关机场准备控制飞机,但在途中,被林彪的轿车高速超了过去。他们到机场后见林彪、叶群正在上飞机,便找到机场调度室,要求制止这架飞机起飞。机场采取关闭灯光和鸣枪办法阻止起飞。可以清楚地看出,机场关闭灯光,并非是在飞机起飞之后,而是在飞机起飞之时,但飞机还是在黑暗中强行起飞了,林彪最后落得机毁人亡也是咎由自取。

其实,只要稍有常识的人都会知道三叉戟客机是时速超过 900 公里的大型客机,怎么可能像小飞机那样在北戴河的 96 号楼上空盘旋,"久久不离去"呢?飞机起飞的山海关机场距北戴河有 40 公里,从飞机的航向上看,基本上要经过北戴河的上空。此时,正处在混乱中的林办人员听到飞机的声音,从而产生各种想法是可以理解的,但是,不会看到差不多 1 500 米的空中 256 号飞机划出像"?"那样的轨迹。

256 号专机组副驾驶康庭梓以其专业知识和经验推测:飞机只有在原地做 180 度类似掉头那样的转弯时才勉强像"?"。当时雷达图显示没有飞机回转的迹象。飞机起飞时,没有像平时那样打开飞机外部的航行灯和闪光灯,右机翼端部的绿色航行灯在地面强行滑出时已被油车刮坏。况且飞行速度 500 多公里的飞机,转弯半径早已超出北戴河的范围,所以地面上的人决不会在深更半夜看清飞机转弯的轨迹,更不要说像"?"那样的轨迹了。[1]

机长潘景寅对山海关机场十分熟悉,天空中没有关着的大门,飞机上有雷达、着陆灯等先进设备,机场无线电都处于开通状态。如果飞机真的返回山海关机场甚至飞回北京,降落是不会有困难的。这架飞机是强行起飞的,机组成员中副驾驶员、领航员、空中通讯员、随机服务员,被林立果从北京带到山海关机场准备上飞机的"联合舰队"重要成员程洪珍,为林立果服务并发了手枪的两名女青年张××,袁××接到通知都在跑向飞机,因林立果怕后面有追兵,下令强行起飞才使他们没有来得及上飞机。这一切,山海关机场的许多工作人员都亲眼所见。林彪是跟在叶群身后从飞机舱门的软梯子自己爬上飞机的。如果他不想走,在登机前说一句话,机场上的工作人员、飞机驾驶员和随机工作人员都会上前保护林彪制止飞机起飞。针对国内外有关"九一三"事件的种种不实之词,林

---

① 康庭梓:《林彪座机强行起飞之后》,《中华儿女》2001 年第 2 期。

彪的卫士长李文普最近也撰文谈到:"我多次随同林彪乘坐飞机,飞机驾驶员会听林彪的指示飞向哪里。"①而且,这架飞机的航迹有地面雷达航线图为证,根本没有返回欲降落的证据。

历史是客观的,其真实面目也是不能任人涂抹和随意解释的。《剑桥中华人民共和国史》的作者都是外国学者,中国人自己还有不同见解的问题,不能苛求于外国人,但我们希望外国的学者注意吸纳这些最新的资料与研究成果,而不要不加分析地引用一些纯属臆测的描述、道听途说的材料或别有用心的观点,这样才能保持学术著作的严肃性和可信度。

第四节　解开林彪是否被挟持之谜

——兼评《剑桥中华人民共和国史》中的一则史实

由美国著名汉学家费正清和麦克法夸尔主编的《剑桥中华人民共和国史》一书中这样谈论林彪在外逃之前的情形:"在北戴河,叶群在与周恩来通话后,立即采取行动。她与林立果一起,喊醒吃了安眠药睡下的林彪,告诉他有人要来逮捕他。他们焚烧了文件,然后钻进汽车,驶往机场。"②

香港《镜报》月刊也曾刊登一篇文章称:"12点,叶群、林立果、刘沛丰等冲进林彪的房间,将已经吃安眠药睡下的林彪从床上拉起来,并喊:'快起来,有人抓你来啦!'四个人加李文普一同上了'红旗'防弹车。"③

这两段话都是说林彪仿佛是在毫不知情、毫无准备的情况下,被叶群和林立果喊醒,并告诉他有人要来逮捕他而出逃的。更有甚者,最近在国外盛传"林彪叛逃是被迫的,是被叶群和林立果挟持走的",国内也有一些人附和这种观点。

林彪一伙是否对出逃苏联毫无准备,林彪一伙为什么放弃南逃广州,改为北叛苏联呢?林彪在外逃的那天晚上究竟干了些什么?林彪是如何上了去机场的汽车的?又是如何上了三叉戟飞机的?搞清楚这几个问题,《剑桥中华人民共和国史》上的这则史实是否准确,林彪是否被挟持就真相大白了。

---

① 李文普口述,高德明整理:《林彪卫士长李文普不得不说》,《中华儿女》1999年第2期。

② [美]R.麦克法夸尔、费正清:《剑桥中华人民共和国史——中国革命内部的革命》(1966—1982年),北京:中国社会科学出版社1992年版,第346页。

③ 香港《镜报》月刊,1988年第6期。

一、出逃前的策划与准备

1971 年 8 月中旬至 9 月 12 日，毛泽东去南方巡视。林彪一伙对毛泽东南巡极为疑忌，不断打探毛泽东南巡谈话的内容。他们在北戴河接到李作鹏、顾同舟、刘丰密报毛泽东在南方同一些省市领导人谈话的内容后，认为"与其束手待毙，不如破釜沉舟"，并进行了紧张的策划。他们准备了三套方案。第一套方案是加快实施《"571 工程"纪要》，预谋在杭州、上海、苏州附近谋杀毛泽东。同时准备了南逃广州另立中央的第二套方案和准备出逃苏联的第三套方案。

其实，自 9 月 6 日起，有种种迹象表明，林彪、叶群等人已经开始紧张地为外逃做准备：

9 月 7 日，上午 9 时许，叶群要李秘书立即给留在毛家湾的秘书打电话，叫他们把《俄华字典》、《英华字典》、俄语和英语会话等几本工具书，交林立衡、张清林带到北戴河。晚上约 9 时 30 分，叶群突然拿着《世界地图集》问专门给她讲课的参谋：蒙古有哪些大城市？蒙古哪些地方有苏联军队？

9 月 8 日，上午 9 时，林立果来到林彪客厅。一进门，林彪像当年召集战将们商谈大事一般说："老虎，好朋友！请坐，请坐！"众人听了面面相觑。上午 10 时 30 分，林彪、叶群在林彪卧室里谈话。卫士和内勤均闻叶群边哭边说："说我是特务，叫我到农村没有安眠药怎么办。我要跑，你说走不走……"嗣后，林、叶密谈三个小时。

据此，可得出一个肯定的结论：9 月 8 日，也即林彪飞机出逃 4 天前，林彪肯定得知叶群要跑，林当时是党中央副主席、国防部长，若不同意叶的反叛行为，处置叶群只需喊一声。但林彪没让人看出有任何反应，这可以证明林、叶均在阴谋之中。

同日，林彪下达了"盼照立果、宇驰同志传达的命令办"的手令，林立果从北戴河到北京西郊机场给空军管专机的副参谋长胡萍看了林彪的手令，要胡萍"立即准备两架飞机，一架三叉戟，一架伊尔—18。机组人员要挑选对首长感情最深最可靠的。"同日上午，周宇驰要空司航行局局长搞一份苏联航班飞机飞行地图，说林副主席提到防止苏联搞突然袭击，要了解一下他们的飞行情况。为此，航行局局长还专门找到正在航行局帮助工作的一位民航局的领航员，只用了一个下午的时间就绘制成一份比例尺为二百万分之一的北京-乌兰巴托-伊尔库茨克的航线图并填写了有关的航行资料后于第二天交给了周宇驰。林彪的座机 256 飞机的航线，是一条以北京山海关机场为起点，经过河北承德飞向蒙古共和国的一条近似北京到蒙古乌兰巴托的航线，这正是空军党委办公室副主任周宇驰让航行局给他画的那条航线。

9月9日，上午7时，林彪对办公室的人讲，等林立果来后调一架很强的飞机再去大连。吩咐飞机要备飞三小时以上。并急找叶群谈到中午11时，其间内勤进来，看见叶群眼睛红红的。下午，周宇驰向空司雷达兵部技术处副处长许秀绪（"小舰队"成员）要三北地区雷达部署图和可作导航用的周围国家广播电台频率表。

9月11日，上午11点左右，叶群要李文普给家里打电话，要求把副军以上干部名册送来，说首长要研究一下战备问题。12时30分，林彪找叶群。内勤听到叶对林说："没想到小小的立果活动面那么大！"此间，林、叶又进行了密谈。

上述出逃的一切准备活动，如果说林彪没有参与或完全不知情，没有批准或默许，是不合乎工作规则，也是不合乎逻辑的。

二、放弃南逃广州，改为北叛苏联

虽然林彪一伙为外逃作了一些准备，但在他们的部署中，外逃苏联毕竟是下策。林彪一伙为什么放弃原来南逃广州、另立中央的设想呢？有这样几个主要因素：

其一，毛泽东南巡谈话在广州部队师以上干部会议上的传达，对阻止林彪一伙南逃起到了威慑作用。

毛主席南巡在长沙谈话后，广州部队召开了师以上二千多人的干部会议，传达了毛泽东谈话的主要精神。

9月5日深夜11点半，周宇驰通过电话从广州空军司令部参谋长顾同舟处了解到毛泽东谈话的内容并作了15页纸的记录。

9月6日，周宇驰亲自驾驶直升飞机来到北戴河，找到了林彪、叶群、林立果，把谈话的核心内容送给了他们。顾同舟还按照周宇驰的指使，把毛泽东的谈话内容，整理成详细的文字资料，9月9日，派老婆专程到北京，送给周宇驰、林立果。顾同舟还特地向林彪一伙密告了广州军区一些负责人对林彪的态度，说他们对林彪"只字未提"、"表态一般"等等。并把传达毛泽东谈话的影响和起到的作用，直接向林彪一伙通风报信。他还特别提醒林彪一伙注意："传达的声势还是比较大的，主席的指示很多，决不止传达这些"，以引起林彪反革命集团的警觉。

林彪一伙得知毛泽东谈话内容的另一条渠道是通过李作鹏。9月5日当李作鹏因外事活动到武汉时，刘丰把毛泽东的谈话内容告诉了李作鹏。李作鹏回到北京，马上将这一情况告诉了黄永胜、邱会作。黄永胜迅即把消息传给了叶群。林彪一伙顿时惊恐不已,深感大难临头,特别是广州部队已经传达了毛泽东的谈话,对阻止林彪一伙南逃起到了一定的威慑作用。1971 年 12 月 31 日,毛泽东对身边负责警卫工作的张耀祠说:"……我说了一次(指 1971 年 8、9 月主席南巡谈话),广州军区开了个两千人师以上的干部会,林彪就不敢去了(指林彪逃往广州破产)。"①

其二,毛泽东突然离开上海,回到北京,林立果等策划谋害毛泽东的第一套方案即"上策"已告失败,只有实行南逃的"中策"或北叛的"下策"。中央觉察到林彪一伙的阴谋后,追查三叉戟飞机的事,"南逃"已不可能,只有"北叛"。

9 月 11 日晚,林立果得到毛泽东已离开上海的密报,打乱了林彪一伙反革命政变的部署。这样,林立果等策划的谋害毛泽东的第一套方案即"上策"无法实现。

他们又紧急策划南逃广州,并拟定南下人员名单,调用了飞机,企图实行另立中央、分裂国家的第二套方案即"中策"。当天下午 4 时半,周宇驰在北京西郊机场秘密据点,找胡萍密谋,调 6 架飞机去广州。林彪一伙原估计毛泽东可能在 13 日上午返京,他们在这之前飞往广州。但毛泽东于 12 日下午提前回京,完全出乎他们的意料,打乱了他们行动的时间表。林彪的女儿林立衡发现异常情况后向驻北戴河的 8341 部队负责人作了报告。

9 月 12 日晚,周恩来听到有关汇报后,立即追查 256 号专机飞往山海关的原因并下令把飞机调回北京。林彪在空军的党羽谎称专机有故障、需要检修,因此才把飞机留在了山海关的海军机场。当时周恩来下令,非得他和黄永胜、李作鹏、吴法宪四人联署,该专机不得放飞(李作鹏在电话传达时,改为四个人中有一人批准即可放飞)。

9 月 12 日晚 10 点后不久,林立果接到周宇驰报告,知道了周恩来正在追查送他到山海关的这架三叉戟飞机的事。中央的这一决定,一下子打乱了林彪反革命集团南逃广州的部署,他们完全慌了手脚。这时,南逃广州另立中央已经不可能了,他们提出按第三套方案执行,改南逃为北叛,马上坐飞机夜航去苏联。

三、林彪是否参与了外逃的谋划

在重大的历史事件面前,普通人的命运常常被忽略不计,然而,恰恰是因为这些微不足道的普通人,给历史的真实充当了不可缺少的注脚。林彪身边的一些工

①　张耀祠:《张耀祠回忆毛泽东》,中共中央党校出版社 1996 年版,第 120 页。

作人员的回忆,为我们详细地勾勒出林彪叛逃之前的活动,成为解开历史之谜的钥匙。

9月12日下午,林彪、叶群突然决定要林立衡、张清林订婚,并立刻安排订婚仪式。这时,林立果已经在北京安排好了南逃的部署,早已给叶群通过电话。叶群在北戴河给林立衡举行订婚仪式则是在为逃跑故布疑阵。她通知林立果赶回参加婚礼,为林立果飞返北戴河制造了可以掩人耳目的借口。

晚上8时以后,按通常规定,负责照顾林彪生活的内勤公务员是不能离开内勤值班室看电影的,叶群却把他们赶出去看为林立衡订婚而演出的电影,自己躲进林彪房间关上门长时间密谈。

林立衡听说林立果快要回来,便去林彪房门口偷听,里边谈话声音很低听不清。

晚8时15分,林立果、刘沛丰(空军司令部办公室副主任)、程洪珍(空军司令部办公室秘书)坐256号三叉戟飞机秘密到山海关后,紧急赶到北戴河(程洪珍留在机场未去北戴河)。

晚9时左右,林立果回到96号楼,马上和叶群钻进林彪卧室三人一起密谈。

为了了解三人密谈的情况,林立衡逼着内勤公务员张恒昌、陈占照去门外偷听。张恒昌回来告诉她:"刚才,在卫生间里,隔着门隐约听到里边两句谈话,一句是叶群说的:'就是到香港也行嘛!'一句是林立果说的:'到这时候,你还不把黄、吴、李、邱都交给我。'"这里还有一处疑问,就是陈占照是否听到林彪"好像说什么是民族主义者",这句话的最初来源是一位当事人的自述:"大约过了两三分钟左右,小陈手中托着一只茶水盘返回来了,见到林立衡就说:'首长正在淌眼泪呢!''什么?!'林立衡一把抓住小陈的手:'你快些讲,首长和林立果讲了什么?!'小陈说:'我端了茶水进去时,叶主任和副部长蹲在首长的脚前,说话声音很轻,听不清楚:我见首长一面流泪,一面说……'小陈一双大眼睛犹豫地看着林立衡,欲言又止。'快讲,说什么?'首长好像说、说什么是民族主义者……副部长发觉我,把我推出来,后面的话没听见。'"①

此话以后多处传播,"好像"变成了"我起码是个民族主义者。"②又变成"首长

---

①　张宁:《"九·一三"事件前夕在林彪家中》,熊华源、安建设编:《林彪反革命集团覆灭纪实》,中央文献出版社1995年版,第125—126页。

②　何力:《林彪家族纪事》,光明日报出版社1989年版,第278页。

说,他至死都是民族主义者……"①但据李文普说:"这一段编得荒唐。林彪是久经沙场统帅过百万大军的党中央副主席,不是呜咽哭泣求儿子老婆放过他的那种人。他从不喝茶,他不打铃内勤公务员根本不敢进屋偷看偷听他和老婆儿子的谈话。""我没有听到内勤公务员陈占照说过他偷听到的这句话。林彪、叶群、林立果三个人秘密商量的谈话内容谁都说不清楚。在偷听来的一两句话上大做文章并不能推翻林彪是自己走上飞机并逃往苏联的历史事实。"②

晚10时30分左右,张恒昌和陈占照商量,准备让林彪休息。正在这时,叶群又到林彪的客厅,同林彪谈话。陈占照便先去吃夜餐,准备吃完夜餐回来再让林彪休息。

大约晚11时过后,林彪打铃叫张恒昌,告诉他说:"今晚不休息了,准备马上夜航到大连去,到大连住一个星期就回来,有些东西可以不带了。"

晚11时22分,周恩来与叶群通电话。据汪东兴回忆,是周恩来亲自打电话给叶群的。周恩来问叶群:"林副主席好不好?"叶群说:"林副主席很好。"周恩来问叶群知不知道北戴河有专机,叶群一开始骗总理说她不知道。稍稍停了一下,叶群又说:"有,有一架专机,是我儿子坐着来的,他父亲说,如果明天天气好,要上天转一转。"周恩来又问叶群:"是不是要去别的地方?"叶群脑子反应很快,回答周恩来说:"原来想去大连,这里的天气有些冷了。"周恩来说:"晚上飞行不安全。"叶群说:"我们晚上不飞,等明天早上或上午天气好了,再飞。"周恩来又说:"别飞了,为安全,一定要把气象情况掌握好。"周恩来还说:"需要的话,我去北戴河看一看林彪同志。"周恩来提出去北戴河,引起了叶群的警觉和慌张。周恩来要来北戴河,林彪南逃广州、另立中央政府的阴谋也就破产了。叶群劝周恩来不要到北戴河来,她说:"你到北戴河来,林彪更紧张,更不安。总之,总理不要来。"③

叶群在电话中露出了马脚,明明有飞机在山海关,叶群却说没有,暴露了他们想逃的阴谋。周恩来后来对身边的工作人员说:这时他才断定北戴河那里确实有问题,林彪可能要跑。

晚11时30分左右,林彪打铃。内勤公务员陈占照到林彪的客厅,林彪叫陈找

---

①　邢杰、胡有廉、孙建宁:《我在林彪家的最后时日》,何力:《林彪家族纪事》,光明出版社1989年版,第214页。

②　李文普口述,高德明整理:《林彪卫士长李文普不得不说》,《中华儿女》1999年第2期。

③　汪东兴:《汪东兴回忆毛泽东与林彪反革命集团的斗争》,当代中国出版社1997年版,第205—206页。

张恒昌。陈立即把小张找去。林彪叫张恒昌通知叶群,空军疗养院的两个护士(当时在96号楼照顾林彪——笔者注)不带了,让人把她们送回去。

晚11时40分,叶群把警卫秘书李文普找到林彪那里,自己先进去和林彪说了几句话,然后叫李文普进去。林彪对李文普说:"今晚反正也睡不着了,你准备一下,现在就走。"①李文普从客厅出来,叶群也跟着出来,叫"快点调车,越快越好"。

晚11时50分左右,林立果、叶群、刘沛丰一起来到林彪的客厅。过了一会,叶群、林立果出来。

林彪打铃,陈占照到林彪客厅,林彪对他说:"马上去大连,不休息了,有些东西可以不带,够用就行了。过几天再回来,回北京过国庆。"

陈占照走出客厅,看到叶群、林立果像热锅上的蚂蚁,叶群披头散发,林立果跑来跑去,忙着调车,十分着急的样子。

汽车调到车库,林彪、叶群、林立果、刘沛丰一起出来。林彪走在最后边。走到内勤门口时,他问:"东西都装车了没有?"陈占照答:"没装车。"林彪再没说什么,也没停步,连帽子、大衣都没带,就钻进了汽车。②

整个晚上林彪都在和叶群、林立果紧急密谋,急于出逃的林彪,哪还可能吃安眠药安然入睡? 更不存在被"喊醒"之事了。虽然林彪、叶群和林立果具体说些什么,我们不得而知,也"死无对证"。但在出逃前的夜晚,从林彪身边的工作人员的回忆情况可以判断:林彪没有吃安眠药入睡,也不是被人从床上拉起,也没有任何证据证明他们在走前焚烧了文件。至于说有人要去"逮捕"林彪,更是无稽之谈。实际上,就在"九一三"事件发生不到一个月前,8月16日,周恩来还前往北戴河向林彪汇报工作,③毛泽东在南巡时也说过"对林还要保。回北京后,还要找他们谈谈"④。可见,毛泽东还是想挽救林彪。对林彪等人准备谋害毛泽东和外逃苏联等阴谋,中央当时并不清楚,也不可能知道,怎么会下令"逮捕"林彪?

四、现场目击者作证

所谓的"挟持",通常是指从两旁抓住或架住或是指用武力强迫对方服从。我

---

① 李文普口述,高德明整理:《林彪卫士长李文普不得不说》,《中华儿女》1999年第2期。

② 参见邵一海:《林彪9·13事件始末》,四川文艺出版社1996年版,第248页。

③ 金冲及主编:《周恩来传》(1949—1976)下,中央文献出版社1998年版,第1036页。

④ 汪东兴:《汪东兴回忆毛泽东与林彪反革命集团的斗争》,当代中国出版社1997年版,第181页。

们且看林彪在北戴河 96 号上车时的情景。

林彪的内勤公务员张恒昌回忆:刘沛丰提着三四个皮包,首先上车,接着叶群、林立果上了车,林彪最后上了车。李文普上车后,汽车立即开走了。①史学者的文章大都采用这种说法,即林彪是最后走上汽车的。

但据李文普回忆:"杨振刚把车开上来,刚到车库门口停下,林彪光着头出来和叶群、林立果、刘沛丰走到车旁。这是一辆三排座大红旗防弹车,林彪第一个走进汽车坐在后排,叶群第二个走进汽车,坐在林彪身边。他们坐定了,中间第二排座才能放好。第三个上车的是林立果,他坐在第二排在林彪前面。第四个上车的是刘沛丰,坐在叶群的前面,我最后上车,坐在前排司机旁边。身后就是林立果坐的位置。"②

当然,至于林彪是先上还是后上,回忆者的记忆有所出入也是在所难免,根据推断,李文普的说法显然更为准确,因为车第三排坐好后,第二排座位才能放好,回忆者都说林彪和叶群坐在最后一排,所以林彪是第一个走上汽车的,坐在第三排好像更为精确。好在这个问题并不重要。这里的关键之处是很多人看到林彪是自己上了汽车,没有任何人逼迫或强拉他上车,因此,挟持的说法不能成立。

证明林彪究竟是否被挟持还有一个有力的证据:李文普和林彪同车去山海关机场。他在车上听到林彪问林立果:到伊尔库茨克有多远? 因为林彪原来对李说是去大连,现在听说去伊尔库茨克,是到苏联,李怕当叛徒,想到家里还有老婆孩子,不愿跟他们一道走,就突然喊停车。司机当时是听他的口令的,车一停,李便跳下车,车里人向他开枪,击伤左臂,李用右手掏枪还击。李文普在"九一三"事件后,一直是这么讲的,直到 1980 年审理"两案"时,从未改口,最近,针对一些别有用心的人对他的歪曲和攻击,这位年过七旬的老人,又一次重申了自己的所见所闻,打开了"九一三"事件的"黑匣子"。③

我们再来看看林彪是如何登上飞机的。赵雅辉等五同志,都是林彪乘 256 号三叉戟飞机仓惶逃命时的现场目击者。赵雅辉是山海关机场场站副站长,周振山是场站机械师,佟玉春是场站参谋长,王学高是场站油料科科长,刘三儿是场站油车司机。1972 年 7 月,中共中央印发了《粉碎林彪反党集团反革命政变的斗争(材料之三)》的第 24 号文件,公布了赵雅辉等五人的证词——《林彪、叶群等仓惶逃命

---

① 邵一海:《林彪 9·13 事件始末》,四川文艺出版社 1996 年版,第 246—247 页。

②③ 李文普口述,高德明整理:《林彪卫士长李文普不得不说》,《中华儿女》1999 年第 2 期。

目击记》：

"我们在现场亲眼看到叛党叛国分子林彪、叶群、林立果及其死党刘沛丰等人仓惶逃命,狼狈投敌的情形。1971年9月13日零点22分,林彪一伙乘坐红旗轿车,极高的速度开到停在机场的三叉戟飞机附近。车还未停稳,林彪一伙就急忙下车,叶群、林立果、刘沛丰拿着手枪,乱喊乱叫：快！快！快！快！快！快！飞机快起动！飞机快起动！叶群披头散发,林彪光着秃头,慌慌张张地跑到飞机驾驶舱门底下,在没有客机梯子的情况下,这伙叛徒卖国贼慌忙顺着驾驶舱的小梯子,一个一个往上爬。第一个上去的是刘沛丰,叶群往上爬的时候,林彪紧跟着往上爬,林彪的秃头都顶着了叶群的脚。他们没等机组人员上齐,连付(副)驾驶、领航员、通讯报务员都没上机,飞机滑行灯也没敢开,机舱门还未关上,飞机就急促起动,强行滑出。在滑行中,右机翼撞坏停在滑道旁的加油车罐口盖,刮掉了机翼上的铝皮,撞碎了机翼上的绿色玻璃灯罩和有机玻璃等。在没有夜航灯光和一切通信保障的情况下,便在一片漆黑中,于零点三十二分,强行起飞,仓惶逃命。

赵雅辉、佟玉春、王学高、周振山、刘三儿
1972年4月7日

山海关机场的这些工作人员亲眼所见林彪是跟在叶群身后从飞机舷门的软梯子自己爬上飞机的。如果他不想走,在登机前说一句话,机场上的工作人员、飞机驾驶员和随机工作人员都会上前保护林彪制止飞机起飞的。

1972年周恩来就曾针对林彪是被叶群、林立果"绑架"的说法指出："他是副统帅,别人怎么命令他？"

1981年初,审判林彪、江青反革命集团工作已经结束,即将解散的全国"两案"办公室收到一份林彪直系亲属的信,声称林彪是被叶群及林彪反革命集团"小舰队"成员骗上飞机外逃,最后摔死在蒙古人民共和国。为此,原特别检察厅副厅长、中国人民解放军总政治部副主任史进前将军专门批示："对×××、×××的前后交待材料要作专门的过细的研究。"于是,由解放军司法机关组成专门的调查班子,迅速梳理这件案情。据查,写信的当事人在"九一三"事件后的交待材料、写给毛泽东和周恩来的信及近年来的言论内容前后矛盾,态度似乎反复无常。①

"绑架、挟持"之论难以自圆其说,写在党章上的"接班人",掌握军队实权,身经

---

① 参见图们、肖思科：《震惊世界的77天——林彪、江青反革命集团受审纪实》,中共中央党校出版社1994年版,第222—223页。

百战的元帅,在周围有大批警卫部队的安全环境中,竟会被夫人和儿子绑架、挟持走,这岂不是笑话!

通过上述史料的考证、比较,特别是当事人亲眼所见,我们认为已经足以揭示出事实的真相,还历史以本来面目。林彪在决定是否逃跑时,可能有过激烈的思想斗争,即使说过不想走的话,这也是不难理解的。但不管怎么说,林彪最后还是自己走上了外逃之路。林彪必须对外逃一事负直接的责任,这是谁也开脱不了的铁的事实。

第五节　林彪的"九八"手令真伪之辨析

1971年9月8日,林彪下达了"盼照立果、宇驰同志传达的命令办"的手令,被称为林彪的"九八"手令。林立果带着这份手令赶到北京,进行具体部署。9月13日,"小舰队"的成员周宇驰、于新野、李伟信等乘直升飞机出逃时随身携带林彪的"九八"手令。直升飞机被迫降后,周宇驰为毁灭罪证,将这个手令撕碎扔掉,后由我有关部门将在现场搜集到的碎片拼对复原。

有关林彪"九八"手令的真伪,有种种说法。张宁在《尘劫》一书第七章有一节专门谈到手令,她认为林彪从来不用小、中号红笔书写,而是用红油笔,这个被撕碎的手令是别人模仿的。也有人说,江腾蛟在林彪出逃机毁人亡后,在羁押中两次讲,他所看到的手令,与公布的这份周宇驰临死前撕毁后拼上的不一样,字体不像。[1]国外有些学者怀疑林彪的字条是否指一个暗杀计划,或首先它是否是真实的。[2]

因为林彪的"九八"手令是证明林彪是否参与政变的关键证据所在,这个问题不能不辨别清楚。

一、看过"九八"手令的人的供词

1971年9月8日到12日,林立果在北京西郊机场和空军学院两个秘密活动据点向江腾蛟、王飞、胡萍等下达了林彪的手令。看到手令的人有林立果、江腾蛟、王飞、胡萍、刘士英、刘沛丰、李伟信、程洪珍等人,审判时,除林立果已死外,看过这个

---

① 张聂尔:《风云"九一三"》,解放军出版社1999年版,第287页。

② 泰伟斯、孙万国:《林彪的文革悲剧》,澳大利亚克罗福德出版有限公司1996年版,第102—103页。插图注释"There is no way of knowing whether the message actually refered to an assassination attempt, or whether it was genuine in the first place."

手令的人都供认出这一手令的内容。林立果、周宇驰"传达"的命令是什么呢？据参加反革命政变并亲自看过这个手令的王飞、胡萍、李伟信等人证实,手令的原文是:"盼照立果、宇驰同志传达的命令办。林彪,九月八日。"

二、"九八"手令所起到的作用

1971年9月8日晚,林立果乘三叉戟飞机从北戴河潜回北京,晚9时40分,林立果、周宇驰找胡萍在北京西郊机场密谈,拿出林彪的亲笔手令给胡萍看,并强调说:"这是首长的命令,事关重大。"并要胡萍立即准备两架飞机。随后,胡萍为林彪准备了三叉戟256号和伊尔18 703号两架飞机。

当天夜里,在空军学院秘密据点里,林立果、周宇驰同王飞进行了密谈,他们让王飞看了林彪的手令,确定由江腾蛟负责在南方谋害毛泽东,由王飞负责在北京攻打钓鱼台,王飞表示要"坚决保卫林副主席"。深夜,林立果、周宇驰又回到西郊机场秘密据点与等候在这里的江腾蛟会谈,给江腾蛟看了林彪的手令,商谈在上海谋害毛泽东的办法。林立果与江腾蛟谈完后,又立即赶回空军学院秘密据点,9月9日凌晨1时左右,林立果在空军学院的黑据点里,拿出林彪的手令让他的"舰队成员"刘士英、刘沛丰、李伟信、程洪珍等人传阅,并宣布这次"总的任务代号叫'571工程'即武装起义,这里就是指挥部。"

据8日晚至9日凌晨看过手令和听过传达的胡萍、江腾蛟、王飞等十几人都交代证实:尽管手令说法比较含蓄,但实际内容就是搞武装政变,谋害毛泽东。

9月10日,林立果、周宇驰同关光烈密谈调部队攻打钓鱼台,又给关光烈看了林彪的手令。

9月13日凌晨,周宇驰、于新野、李伟信靠着林彪的手令,欺骗机场的领导,选了3685号直升飞机,周宇驰给航空兵某师某大队副队长、直升飞机飞行员陈士印、沙河二〇三团三大队八中队长陈修文和3685飞机机械师张有良、机场调度长陈殿杰看了林彪的手令,骗取3685号直升飞机逃窜。陈士印供认:"周宇驰见我就拿出一张三十二开的纸,上面用红铅笔写的命令:望盼执行立果、宇驰的命令,林彪九月八日(陈说大意是这样,原字记不太清了)。"

三、江腾蛟与"九八"手令

1980年11月26日下午,第二审判庭开庭审问江腾蛟,审判员高斌问江腾蛟:"林立果给你看林彪的'九八'手令没有?"答:"看了","用红色铅笔写的","盼照立果、宇驰同志传达的命令执行。"法庭还当场出示和投影了林彪的"九八"手令。接着,法庭宣读了总政保卫部第226号鉴定书,结论是"写有'永胜,很惦念你,有事时可与王飞面洽'及'盼照□□、宇驰同□,□□的命□□林□九月八日'的两页检验材料上的字迹是林彪所写。"宣读后,审判员高斌问江腾蛟:"你看了手令后怎么表态的?"江腾蛟答:"我讲了三条,三句话:为了正义、为革命、坚决干。"问:"林立果给你指定什么指挥员名称没有?"答:"让我到上海作第一线指挥。"问:"指挥干什么?"答:"指挥谋害毛主席的行动。"①这里就产生了一个疑问,若如前文所言:江腾蛟两次讲,他所看到的手令,与公布的这份周宇驰临死前撕毁后拼上的不一样,字体不像,那么,在法庭审问江腾蛟之时,他为什么不当庭提出这个疑问?

针对有人说林彪写"九八"手令和给黄永胜"有事与王飞联系"的亲笔信不可靠,说林办有人专门模仿林彪笔迹代林彪在中央文件上签字,李文普说:"……打字员李根清字写得好,给林彪、叶群抄卡片,模仿林彪的字很像,有时一般划圈签字的文件就让他代签退回。但重要文件是不让他代签的。……李根清当时留在毛家湾,没有到北戴河来。叶群、林立果都不会模仿林彪的笔迹,别人更不敢胆大妄为代表林彪下手令了。"②

大量的人证、物证的存在,特别两案审判时,总政保卫部专门对林彪的"九八"手令作出鉴定,第226号鉴定书确认"九八"手令是林彪所写,这就有力地证明了林彪难脱干系。

第六节 256号飞机从起飞
到坠毁的几个疑点剖析
——不正常的转弯、机上大洞、飞机坠毁的原因

256号飞机折戟沉沙于温都尔汗,机上九人全部死亡,飞机上到底发生了什么事,飞机坠毁的原因到底何在,这给人们留下了很大的想象和猜测空间。近年来,一些知情者不断撰文,探究事实的真相。对于人们所关心的诸如256号飞机不正

---

① 《中华人民共和国最高人民法院特别法庭审判林彪江青反革命集团主犯纪实》,法律出版社1982年版,第124页。

② 李文普口述,高德明整理:《林彪卫士长李文普不得不说》,《中华儿女》1999年第2期。

常的转弯、机上大洞、飞机坠毁的原因等问题给予解释,这里择其要言,以飨读者。

一、不正常的转弯

林彪座机副驾驶康庭梓撰写《林彪座机强行起飞之前》①、《林彪座机强行起飞之后》②等文,介绍了飞机起飞前机组的情况,并以自己的专业知识和飞行经验,根据飞机不规则的飞行轨迹分析和推测飞机起飞后机上的情况变化。

康庭梓分析:林彪座机强行起飞后经过了一段很不正常的转弯,这条弧形转弯航迹的方向变化可分为三个阶段:

第一阶段,起飞后沿跑道方向直线爬升约 4 分钟;

第二阶段,右转弯到 270 度后直线飞行约 4 分钟;

第三阶段,从 270 度继续增大航向到 310 度后,又继续转到 340 多度,约 6 分钟。

以上三个阶段中,不同的是在起飞航向和 270 度的航向上都保持了一段稳定飞行,只有 270 度到 340 多度是连续、缓慢的转弯。

而在正常的情况下,飞机起飞后,高度上升到 100 到 150 米,飞行员果断地压坡度转弯到预定的航线上并继续爬高到规定的航线高度改为平直飞行。这个转弯应是及时和连续的,没必要也不允许转转停停,更不能分阶段进行。

康庭梓在文中合乎情理地推测了林彪座机不正常的转弯的原因:

第一段航迹看不到明显转变,看来飞广州的航线是预定的,此时机组人员还蒙在鼓里。第一段航线没有在规定的高度转弯,说明机长潘景寅③是按照他个人预计的航向飞行的,他的预定航线是飞往广州,也就是飞广州的航线他是知道的。飞机强行起飞之后,潘景寅操纵飞机沿起飞的方向照直飞了下去,因为到广州的方向与飞机起飞的方向大体一致,所以,从雷达屏幕上看不到明显的转弯动作。

林彪仓皇出逃的目的地已不是广州,而是北逃,北飞的航向与起飞的航向相差70 到 80 度。所以,林立果等人是不会允许潘景寅照直飞下去的,对于学了一点飞行知识的林立果来说,他不敢在飞机刚离地时,就向潘景寅与机械师露出杀机,逼迫他们马上右转弯对正外逃航向。这是因为,飞行员与机械师都有许多必须做的技术动作,在这些动作没有真正完成之前,林立果等人不敢明说。

---

① 　康庭梓:《林彪座机强行起飞之前》,《中华儿女》1999 年第 4 期。
② 　康庭梓:《林彪座机强行起飞之后》,《中华儿女》2001 年第 2 期。
③ 　潘景寅时任空军七一九六部队副政委,副师职,行政 16 级。

地面滑行时的林立果肯定是站在潘景寅即正驾驶员的后面,也就是领航员的位置上。飞机起飞几分钟后,已处在稳定的爬高过程中,机械师应该做的动作也已完成。此时,站在潘景寅身后的林立果等会用各种借口将3个机械师骗到飞机的后舱去,因为林彪在飞机上,还可以用来做最后的挡箭牌。飞机起飞前不可能将机械师们也甩下,起飞前的各种飞机准备及加油等工作离不开机械师,连飞机舱门的钥匙都在机械师身上。然而,飞机一旦完成起飞动作之后,3位机械师就成了多余的人。林立果等人决不敢当着机组4个人突然宣布叛逃的行动,因为,在驾驶舱的3位机械师一旦利用机上自己非常熟悉的设备进行抵抗,后果无法收拾。

第二段航线缓慢转弯,平直飞行仅仅4分钟;看来,叛逃目的已暴露,一场劫持与反劫持的斗争不可避免。

现在看这一转弯的第二段航线变化:飞机为什么在270到280度即向西的航向上稳定了几分钟呢?

潘景寅起飞后,脑子里只有飞广州的航线,林立果右转弯的命令会使他大吃一惊,此时,潘肯定会反问"为什么?"来证实自己是否听错了,紧接着就是提问:"右转弯飞往何处?"这是任何一个飞行员在空中必须弄清的问题,飞机不可能漫无目的地飞下去。

狂妄的林立果,一旦起飞升空,他会毫不掩饰地命令潘景寅右转弯飞向苏联的伊尔库茨克。事情的发展是,一旦潘景寅操纵飞机上天,他只有操纵飞机的技术而没有任何发言权了。此时,机长潘景寅面对突如其来的心理冲击,一方面在极其矛盾的心理状态下动作迟缓地向右增大航向;另一方面想着可能的对策。

当潘景寅用很小的转弯坡度,用那么长的时间把航向转到270到280度即对正北京的方向时,有意把飞机改为平直飞行了。乘坐过飞机的人都有这样的体会,飞机空中转弯时乘客是感觉不出来的,夜间更是如此,只有飞行员一边操纵飞机一边从指示航向的仪表即罗盘的度数变化上,才能真正知道飞机的去向。当然,内行的人也会知道从哪个仪表读出的是飞机的航向。三叉戟飞机夜间飞行时,仪表板是属于红光照明,要靠仪表旁边很小的灯泡照亮,才能读出仪表指出的数据,比白天飞行时读出仪表的数据要困难得多。飞机仪表板上指示航向的罗盘,其直径不过10公分,就像普通的茶杯盖那样大,飞机转弯时看上去只是里边带航向刻度的圆盘在动,而且,变化的速度很慢。林立果站在驾驶舱内,夜间只凭感觉判断飞机是否转弯是很困难的。从标图员标出的航迹过于缓慢的变化上可以肯定,潘景寅转弯时的坡度很小,反映在罗盘上的变化也很小,从244度转到270到280度,只有不到 30 度,潘景寅已经转到 270 度了,而林立果还没注意到航向的度数,于是反映在航迹上稳定了几分钟。

在此情况下,潘景寅在被迫向右的转弯中,会本能地把飞机对正北京的方向改平,朝北京飞去。然而,林立果等人决不会允许他飞回北京的,回北京等于自投罗网。在当时,不但北京他们不敢去,就是中国的任何机场他们也不敢去。所以,当林立果看清航向是 270 或 280 度时会坚决命令潘景寅继续右转弯增大航向。这就是在 270 到 280 度(向北京)的方向上为什么只稳定了几分钟的原因。

最后,第三段从 270 到 280 度转向 340 多度,这 60 度的转弯动作同样是很艰难的、迟缓的和不规则的。林立果发现航向不对时,他必须迫使潘景寅在最短的时间内将飞机转到叛逃的航向上。潘在极其被动的情况下很缓慢地向右转弯。最重要的是,在此过程中,潘景寅已经转到了叛逃的航向上了,但他没有将飞机的状态改为平直飞行,而是继续转过了头,达到 340 多度,超过叛逃航向 15 度,如果按照这个趋势继续转下去,就有掉转机头的样子。虽然无法知道驾驶舱内发生具体争执与争斗的情况如何,飞行员操纵飞机反映在航迹上不是向西飞,就是想掉头往东,竭力回避叛逃的航向。再次看出,潘景寅即使在林立果的逼迫之下也要想方设法与其周旋。

280 度以后的转弯是最关键的转弯,是由原来对正祖国首都北京而改飞异国他乡的转弯。仅 60 度的转弯就用了 6 分钟的时间,是平时正常转弯的好几倍。地面雷达的跟踪标图很客观地反映出飞行的轨迹,可想而知,小小的雷达屏幕把偌大的飞行空间浓缩在地图上后,看上去就如此反常,那么,具体在驾驶舱内,强迫转弯与不愿转弯的争斗该有多么激烈。

经过近 20 分钟的变化,飞机的航迹才稳定在 325 度的叛逃航向上,这对劫持飞机者而言,不知玩弄了多少威胁利诱的花招才得到还算满意的结果。①

"九一三"事件后,没有查出潘景寅什么问题,长时间没有哪一级组织或领导为他做结论,不少人怀疑他是林彪死党的一个成员,他的爱人孙祥凝被打成反革命家属,直到 1980 年才恢复自由。

1980 年 11 月 15 日,邓小平在会见美国《基督教科学箴言报》总编辑厄尔·费尔时,正值"两案"审判,费尔专门问了有关这方面的问题,在谈到那架"三叉戟"时,费尔问,根据调查,飞机失事是自然的事故,是由于飞机维修不好呢?还是别的原因?邓小平回答中有这样一句:据我个人判断,飞行员是个好人。因为有同样一架

---

① 康庭梓:《林彪座机强行起飞之后》,《中华儿女》2001 年第 2 期。

飞机带了大量的党和国家机密材料准备飞到苏联去。就是这架飞机的飞行员发现问题后，经过搏斗，飞机被迫降，但这个飞行员被打死了(指的是周宇驰、于新野、李伟信劫持的 3685 号直升飞机，飞行员陈修文被周宇驰开枪打死)。

　　潘景寅的爱人孙祥凝根据邓小平的这句话，经过一年的奔波，终于得到了由中国人民解放军总政治部发的《革命军人病故证明书》，内容如下：

　　"潘景寅同志于一九七一年九月十三日在蒙古温都尔汗飞机坠毁死亡，特向各位亲属表示亲切的慰问。望化悲痛为力量，为建设祖国和保卫祖国而努力奋斗。

中国人民解放军总政治部

一九八一年十二月二十三日"

　　"飞机坠毁死亡"的定性，既不是像林彪等人那样是叛徒，也没有按正常飞行事故中以身殉职被定为烈士。[1]这种结论在空军通称"随机正常死亡"。

附：林彪座机强行起飞后不正常转弯示意图[2]

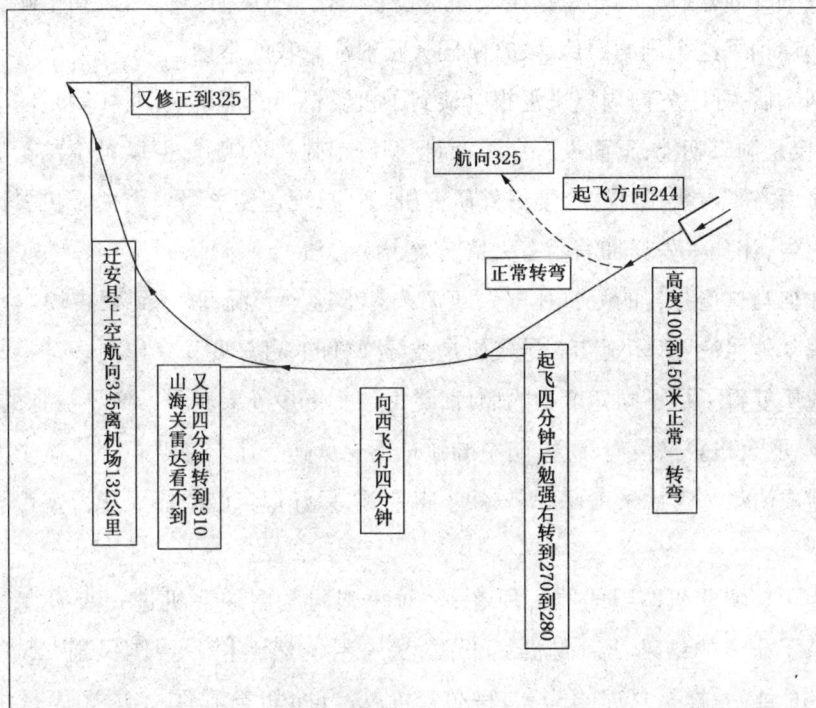

------

① 　舒云：《九一三事件中的飞行员潘景寅》，《百年潮》2000 年第 8 期。
② 　康庭梓：《林彪座机强行起飞之后》，《中华儿女》2001 年第 2 期。

二、机上大洞

坠机现场目击者时任中国驻蒙二等秘书孙一先著《在大漠那边》①一书,回忆自己亲历参与调查林彪坠机事件的经过,他在失事现场亲眼目睹了机上的大洞,并对大洞的原因作了细致的考察。

孙一先记下了自己发现飞机残骸上的大洞的形状:"这截大片机翼的翼根处,有一个大洞引起了我的注意,这不正是我要找的证据吗?翼根厚度五十厘米上下,我登上去仔细观察,洞在翼根处中央,'民航'的'航'字旁边,直径四十多厘米,周围有不规则的铝刺,刺尖有的朝里,有的朝外。它的旁边有兔耳朵形的细长洞两个,与大洞并不连接。翼根连接机体处的铝蒙皮凹陷,但没有燃痕。我进一步探查这个洞的底部,却发现并未穿透,机翼另一面完好无损,这只是一个向一面开的大洞。我默想,这个大洞很像是一枚地空导弹打的,但它却与我过去看过的被我军击落的国民党 U—2 飞机不同,那枚导弹是齐翼根处穿透,打掉了整个机翼,而这个洞为什么只朝一面开口?莫非是这个飞机大、机翼厚?那又为什么洞口朝上呢?我从各个角度拍了这个洞的照片,蒙方陪同人员很注意我的举动。"②

回国后,孙一先向周恩来汇报时谈到了机翼根部的那个大洞,怀疑是防空导弹打的,但是洞口朝上,下面没有穿透,而且洞口铝刺并不规则,所以难下结论。周恩来听了后点了点头说:"这个要好好研究研究。"总理还要求写一个关于机翼大洞的专题报告,让孙一先详细写明有关情况及个人看法。

如何写这份报告的呢?孙一先回忆:"对于这个大洞,联系到蒙古境内几乎遍布苏军基地,我一直怀疑 256 号飞机是被导弹打的,可是要我拿出更多证据却拿不出。我反复看了从不同角度拍的照片,觉得似乎更多迹象表明不像是被打的,特别是大洞朝上,机翼又没有穿透,防空导弹总不能从高空往下打吧。那么这个大洞是怎么造成的呢?考虑来考虑去,依然不得要领,只好把自己的怀疑和否定都写进报告里"③。

为了搞清飞机坠毁的原因所在,又对一架同类型的飞机进一步研究。孙一先记录了研究的结果:"来到机翼下面,我一看恍然大悟,'中国民航'四个大字(同"256 号"一样是总理的笔迹)写在右机翼,方向朝着地面,字的顺序是由翼尖

---

①　孙一先:《在大漠那边:亲历林彪坠机事件和中蒙关系波折》,中国青年出版社 2001 年版。

②　同上书,第 194—195 页。

③　同上书,第 255—256 页。

往里排,'航'字正好在翼根处。那么,失事现场机头左边二十米远的那截残翼,自然是右机翼的内展部分,'航'字旁边那个大洞是朝地而不是朝天了。而且,这还确证了飞机在爆炸前飘了起来,在空中翻了身,所以右翼折断到左边。我高兴地认为找到了根据,并不排除飞机被导弹打了一下的可能性,尽管翼面没有打穿。我向李代表说明了这个'发现',几人就一同来到右翼下面,我指出那个洞是在'航'字的旁边,洞口是朝向地面。可是,梁参谋长并没有支持我的观点,而是兜头浇了我一瓢'冷水'。他说:'这里正好是一个检查孔,是检查电路和油路用的,里面有一个油箱,要不要让机械师打开看看?'李耀文考虑了一下说:'算了,事情已经比较明白,"256号"右翼根的洞是油箱着火向下冲炸开的,所以翼面没有穿透,洞口铝刺也不规则。如果是导弹打的,不可能不穿透机翼,而铝刺也都应该通通往里翻。'杨德中听了点头表示同意。我当然是白高兴一番,李代表的分析看来无懈可击。"[1]

三、调查飞机坠毁的原因

"九一三"事件之后,周恩来指示空军成立一个专家组,对256号飞机坠毁的原因进行研究,调查飞机失事原因,王海上将是这个小组的组长,他在《我的战斗生涯——王海上将》一书中,披露了空军专家组对飞机失事技术性上的原因的分析:

256号飞机坠毁带有很大的偶然性,但其中又包含了许多必然因素。专家组根据我驻蒙古使馆工作人员在温都尔汗现场拍摄的照片,并对国内现存的与256号三叉戟同型号飞机进行比照研究。经过认真细致的比较、核实和分析,根据大量的证据首先排除了飞机空中爆炸和被击落的可能性。因为从失事现场拍的照片来看,有一道相当长的清晰的轨迹,这显然是飞机在地面高速滑行时留下的;飞机的残骸散布呈带状,比较集中,根据测算,如果飞机在空中爆炸,残骸碎片抛落地面,其散布面会很广,甚至可以抛落到十几公里乃至几十公里的范围内;机上人员的尸体也散布在一小片面积内,而且形状清晰可辨,如果从高空坠落,不可能呈现此种状态;若是空中起火,机上的燃料很快会在空中散掉,不会形成地面大面积燃烧的痕迹。而且从大量的证据来看,飞机接地是完整的,机身上的大洞是飞机上的油箱里的油同时向外燃烧爆炸时形成的。

---

[1]　孙一先:《在大漠那边:亲历林彪坠机事件和中蒙关系波折》,中国青年出版社2001年版,第260页。

专家组认为这架飞机是有操纵地进行野外迫降没有成功,造成破碎摔毁。飞行员作了野外降落的动作,从机翼残骸照片看,已经打开前缝翼,这种开前缝翼是靠机械螺旋杆传动的,只有人工操纵才能打开。说明飞机是有操纵地着陆。但降落为什么没有成功?

首先是降落的动作不确切,没有做全,造成着陆速度大。从残骸照片看,减速板没有打开,减小速度的反推力装置也没有使用,自然造成接地速度大。这些动作正常情况下应是副驾驶员做的,而机上没有副驾驶。

其次,三叉戟飞机的结构不利于野外降落。它的两翼安装在机身下部,机翼和机身腹部都有较大的油箱,因而在不放起落架着陆时,形成机腹、机翼同时接地,极易造成机翼折断,油箱破裂,引起燃烧。飞机残骸散布面积的长约为 750 米、宽约 80 米的狭长形状,飞机破碎严重。据此分析,飞机是以较大速度先尾部接地,形成跳跃,然后两翼折断,机身呈圆桶状带惯性前冲,破碎解体,机上人员被甩出,在此过程中,油箱破裂,造成大面积燃烧。

林彪的座机是在没有来得及加油,机组缺员的情况下强行起飞的。飞机因燃料将要耗尽,被迫紧急降落,驾驶员冒险以飞机肚皮擦地降落,飞机降落后,失去平衡,与地面冲撞,剩油起火爆炸。

从死者的遗体上看,都取下了手表等易于擦伤的物品,说明事先都作了迫降的准备。据专家分析,这种飞机下部与机肚底部几乎平行,尽管驾驶员技术很高,但很难掌握平衡,稍有偏差,就会导致机毁人亡,256 号飞机出事是必然的。[①]

256 号飞机坠毁还有其他一些因素:林彪使用的专机,原来是"子爵型"飞机,9月6日才确定以三叉戟256号取代,而"子爵型"飞机是一种飞行速度较慢(时速四百五十公里)的涡轮螺旋桨式飞机,进行野外迫降的危险性显然低于"三叉戟"喷气式飞机。他们出逃没有带领航员,地面也没有导航,在进入蒙古境内后,机长潘景寅本应该按照他过去驾专机飞莫斯科时,沿铁路线这一明显的目标飞行,一旦飞不到伊尔库茨克也可中途在乌兰巴托降落,中苏两国的民航飞机就是沿这条航线飞行的。然而,由于飞机是在对立国家上空飞行,林彪一伙清楚蒙古境内的防空部署,铁路沿线有好几处苏军机场和防空导弹阵地,不得不在铁路以东寻找航线,这就使得飞机燃料将尽时,无法确知自己在什么位置,不得不贸然迫降。[②]

---

① 参见:王海:《我的战斗生涯——王海上将》,中央文献出版社 2000 年版,第 232—235 页。

② 孙一先:《在大漠那边:亲历林彪坠机事件和中蒙关系波折》,中国青年出版社 2001 年版,第 284 页。

这种三叉戟飞机每小时空中耗油量 4 到 5 吨。9 月 12 日从北京起飞时,飞机上有 15 吨油。当晚飞到山海关机场消耗两吨半油。13 日零时 5 分,机械师准备给飞机加油时,由于林彪的座车急促到场,油车已准备好但未来得及给飞机加油,飞机就强行起飞了。①飞机飞到温都尔汗时,机上的油料不到 2.5 吨。

有人提出疑问,为什么不把油量耗尽再降落呢?飞行员为什么要采取迫降呢?对于这种大型飞机来说,迫降从来没有成功过。迫降不能放起落架,那么大的航速,飞机的大肚皮一擦地就要产生高温,继而引起油箱爆炸。如果飞机里没有油也可能不会爆炸,据专家说,如果飞机仅剩 200 公斤左右的油,那就不会发生爆炸。可是飞机本身还带着 2 吨多的油,为什么不再耗一些呢?虽然三叉戟没有放油装置,但完全可以在空中多转几圈。为什么没有把油最大限度地耗掉呢?据飞行员说,谁也不敢把油耗光了。这种大型飞机,可不像汽车,没油了,就停在原地不动了,一旦发动机抽不上油,飞机立刻从天上掉下来,一点也不含糊。所以如果还有 20 分钟的油,飞行员也不敢飞完最后的 20 分钟,再大的胆子也不敢把油全耗光。一般剩油应该不少于 4 吨,因为油量表到最后就不准了,指针来回晃,警告灯不住地闪,换上哪个飞行员也得赶快落地。三叉戟上一共有 5 块油量表,这是因为三叉戟的油箱设计特别合理,机油大都装在飞机翅膀里,飞机翅膀不规则,里面还有支撑的大梁。为了把油尽可能用光,里面安了好多油泵,但最后的油还是不能完全抽尽,总要剩下残油。也就是说,飞机迫降时爆炸是不可避免的。②附近几十里处有个军用机场,油料是够飞到那里的,但机上没有领航员和报务员,和地面无法联系,机上人不知地面有机场,只有迫降,结果折戟沉沙。

①　参见:康庭梓:《林彪座机强行起飞之前》,《中华儿女》1999 年第 4 期。
②　舒云:《"九一三"事件中的黑匣子之谜》,《党史天地》2000 年第 4 期。

第 六 章

对"林彪现象"的反思

　　历史是人类取之不尽、用之不竭的永久财富,世世代代的人们将会不断地从总结历史的经验中得到教益。被称为"史家之绝唱,无韵之离骚"的《史记》,在太史公笔下的人物是很宽泛的,既有达官贵人,也有鸡鸣狗盗之徒,"佞幸列传"勾勒出不少丑恶的画像,对后世也具有警示作用。林彪集团也如同《史记》所记述的"佞幸"之徒,为我们提供了反面教材。为了防止历史悲剧的重演,为了不再出现类似集团,有必要总结林彪集团的经验教训,引为鉴戒。

　　这里且用"林彪现象"这一提法,一则因为林彪现象与林彪有密切的联系,另外,"林彪现象"这一表述方法在时间和空间上有较大的伸缩性,因为与林彪现象类似的种种表现,并没有因为林彪的死去而完全消失。什么是"林彪现象"? 过去曾经有过两个流行的说法:一是"打着红旗反红旗",二是"语录不离手,万岁不离口,当面说好话,背后下毒手"。这两种说法虽然形象地揭示出林彪的两面派面孔,但没有充分揭示出"林彪现象"的深层本质。所谓的"林彪现象"是指党内已居高位的领导人,为了实现其更大的政治野心,利用动乱,大搞个人崇拜,排斥异己,结党营私,蒙上压下,骗取信任,成为党的最高领袖的接班人,然而野心终不能得逞,最后从革命的接班人到叛党叛国的反革命罪犯的转化过程。也就是说,"林彪现象"是与毛泽东的亲手培植,错误选择接班人有密切关系;"林彪现象"是在"文化大革命"的特定政治舞台上产生的,在党内风气很不正常情况下形成的;林彪现象是个变动的概念,林彪是个变化的人,林彪个人政治野心的恶性膨胀是林彪现象形成的根本原因。

　　分析林彪现象,应该从现象中看出深藏其中的"本质"。正如列宁所言:"在社会科学问题上有一种最可靠的方法,它是真正养成正确分析这个问题的本领而不致淹没在一大堆细节或大量争执意见之中所必需的,对于用科学眼光分析这个问题来说是最重要的,那就是不要忘记基本的历史联系,考察每个问题都要看某种现象在历史上怎样产生,在发展中经过哪些主要阶段,并根据它的这种发展去考察这一事物现在是怎样的。"以下试图按照列宁提示的方法,对林彪现象的经验教训作一些考察和反思。

第一节　林彪等人蜕变的主观原因

在长期的革命斗争中,林彪本人及其集团的主要成员都曾南征北战,出生入死,为中国革命的胜利立下了汗马功劳。黄永胜 17 岁就参加了秋收起义,当年加入中国共产党。吴法宪 15 岁参加中国工农红军,抢渡大渡河立下战功,21 岁已担任团政委,40 岁被授予中将军衔,是共和国少数几个年轻的中将之一。李作鹏在 16 岁就参加了中国工农红军,17 岁加入中国共产主义青年团,18 岁转入中国共产党。邱会作 15 岁参加了中国工农红军,16 岁加入中国共产主义青年团,17 岁转入中国共产党,他在长征中生病跟不上队伍,组织上发给他 10 块大洋,让他留在当地隐藏起来,以后自找生路。可是,他不愿离开革命队伍,就请了一个年轻力壮的老乡,背着他跟着部队走,背一天给一块大洋,后来终于跟上了队伍。江腾蛟在 38 岁就荣升为少将。参加密谋杀害毛泽东的小舰队成员鲁珉在抗美援朝中,不到 20 天的时间里,先后击落了五架美国当时最先进的 F-86 歼击机,荣获中国人民志愿军空军特等功臣、一级战斗英雄的称号。……他们集战功与罪恶于一身,不能不令人掩卷长思。他们堕落的教训给我们的启示是,领导干部只有树立正确的世界观、价值观、人生观,才能过好"权力关"、"亲属关"、"晚节关"。

在革命战争年代,在残酷的战争环境中,中国共产党只有扎根于人民群众之中,才能生存与发展,对党员是血与火的考验。而执政后,则是权和利的考验。毛泽东讲过一段极为深刻的话:"因为胜利,党内的骄傲情绪,以功臣自居的情绪,停顿起来不求进步的情绪,贪图享乐不愿再过艰苦生活的情绪,可能生长。……可能有这样一些共产党人,他们是不曾被拿枪的敌人征服过的,他们在这些敌人面前不愧英雄的称号;但是经不起人们用糖衣裹着的炮弹的攻击,他们在糖弹面前要打败仗。""中国的革命是伟大的,但革命以后的路程更长,工作更伟大,更艰苦。这一点现在就必须向党内讲明白,务必使同志们继续地保持谦虚、谨慎、不骄、不躁的作风,务必使同志们继续地保持艰苦奋斗的作风。"[1]

---

[1] 《毛泽东选集》第 4 卷,人民出版社 1991 年版,第 1438—1439 页。

　　林彪由一个战功赫赫的元帅变成反革命集团的头目,黄、吴、李、邱由开国战将变成反革命集团的主犯。他们急剧走向反面,不能不追究个人品质方面的原因。"物必自腐,而后虫生",林彪集团成员有个共同点,没有很好地改造世界观,个人主义突出,有强烈的追求个人权势的欲望,把党和人民给他们地位和权力,看作是向上爬的工具,地位越高,政治野心越不断膨胀。他们的这种思想意识在正常情况下特别是在战争年代,毕竟受到党的组织和纪律的约束,不可能充分显露,而一旦出现"文化大革命"这种极不正常的时机,他们的政治野心便极度扩张起来,终于走向反面。比如,吴法宪在"文化大革命"中,为了向上爬,他紧跟林彪、叶群,对上奉迎,看领导的脸色行事,没有原则,终于成为林彪集团的主犯。1980年"两案"审判前,当被告吴法宪接到起诉书副本时,他看了七遍后说:"我犯罪的根本原因,是我有野心。"江腾蛟走上犯罪道路应该说也是他个人主义恶性发展的结果,毛泽东曾两次否定提拔他为空军政治部主任的建议,而林彪对他封官许愿,他就死心塌地地为林彪效劳,积极参与谋害毛泽东的反革命政变。

　　林彪走上叛国之路和他的家庭有很大的关系。在林彪、叶群和林立果之间,存在着尔虞我诈、钩心斗角、彼此利用、互相控制的政治关系。作为林彪办公室主任,叶群掌握着不小的权力,林彪长期称病,不去参加会议,一些重要的会议由叶群代劳。林彪的指示、批示和意见都要经过她,下面向林彪的请示也必须通过她。叶群和林立果利用林彪的职权谋取利益。在林彪的纵容包庇下,叶群爬上了政治局委员的位置,林立果被提升为空军司令部办公室副主任兼作战部副部长,组织起"小舰队"。林彪把人民赋予的权力,当作自己和家庭成员谋取私利的手段,搞封建社会那种"封妻荫子"、"一人得道,鸡犬升天"的腐败之道。

　　在和平环境中,容易使人滋长贪图安逸,追求个人名利,不愿再过艰苦生活的情绪,失去了进取精神,滋长了脱离群众的官僚主义作风。据林彪秘书回忆,"文化大革命"中,林彪本人不亲自看文件,全听秘书讲,而且只听个大概。林彪办公室每天收到反映国内外重大动向的文件,平均都一二十万字,最多时达三十多万字,可在"文化大革命"初期,他最多时一天能听两次,一次听二三十分钟。到后来,林彪越听越没有兴趣,就减为一天听一次,再减为几天听一次,有时是一个礼拜左右听一次。许多国内外一些重大事件,林彪只是知道一点题目。叶群出主意,每次参加接见外宾或参加大型群众性会议前,秘书点题式地讲讲可能作为"话题"的文件。对需要批示的中央文件,林彪则是"主席画圈我画圈,主席批示我拥护。"有时连看也不看,甚至连"完全同意主席批示"这样几个字,有时也要秘书摹仿他的字体代写。遇到主席没表态或没画圈的文件,叶群就让秘书先送给别人看。

1944年毛泽东曾引用一首咏泥神诗来给官僚主义者画像:一声不响,二目无光,三餐不食,四肢无力,五官不正,六亲无靠,七窍不通,八面威风,久坐不动,十分无用。他说,除了三餐不食这一点不像外,官僚主义者的其他方面都很像这个神像。周恩来也曾列举了官僚主义的二十种表现:如"高高在上,孤陋寡闻,不了解下情,不调查研究,不抓具体政策,不做政治思想工作,脱离群众、脱离实际……这是脱离领导、脱离群众的官僚主义";"文件要人代读,边听边睡,不看就批,错了怪人……这是懒汉式的官僚主义";"贪享受,怕艰苦;好伸手,走后门;一人做'官',全家享福,一人得道,鸡犬升天……这是特殊化的官僚主义";"目无组织,任用私人,结党营私,互相包庇;封建关系,派别利益;个人超越一切,小公损害大公。这是宗派性的官僚主义";"革命意志衰退,政治生活蜕化,靠老资格,摆官架子……这是蜕化变质的官僚主义";"助长歪风邪气,纵容坏人坏事;打击报复,违法乱纪,压制民主,欺凌群众;直至敌我不分,互相勾结,作奸犯科,害党害国。这是走上非常危险道路的官僚主义。"①

毛泽东和周恩来对官僚主义表现的认识和概括,典型、具体、生动、形象。对照林彪,他也是一个典型的官僚主义者。他从脱离群众的官僚主义者、懒汉式的官僚主义者、特殊化的官僚主义者、宗派主义的官僚主义者、蜕化变质的官僚主义者,到走上非常危险道路的官僚主义者,最后完全走到了人民的对立面。

林彪为什么会成为"语录不离手,万岁不离口"的推动个人崇拜的急先锋呢?林彪大搞个人崇拜的实质是对领袖手中具有的无限权力的崇拜。《中国思想政治工作全书》指出:"权力是迫使他人或团体作出某种行为的能力"。国外学者马克斯·韦伯也指出:"权力是把一个人的意志强加在其他人的行为之上的能力"。这说明权力本身有很强的"支配性"和"不平等性",权力又具有很大的诱惑性和腐蚀性。因此,至高无上的权力的作用转移到个人身上,个人才成为崇拜的对象。

林彪念念不忘"权",对"权"的力量和作用,颂扬到顶礼膜拜的程度。他离开政权和权力的历史内容和社会内容,奢谈:"权的占有是总的占有,有权就有一切";"没有政权,就没有一切";"笔杆子、枪杆子,夺取政权靠这两杆子,巩固

---

① 《周恩来选集》下卷,人民出版社1980年版,第418—422页。

政权也靠这两杆子"。最终,林彪把对权力的崇拜,归结为对掌握权力的人的崇拜。

我们从权力崇拜的角度去分析林彪。他崇拜毛泽东,是崇拜毛泽东手中具有的绝对权力。林彪说过:"同意,非同意其事,乃同意其人也,天也";他还说:"遵命乃大德、大勇、大智";"主席就是最大的'群众',他一个人顶亿万人,所以和他的关系搞好了,就等于对群众搞好了,这是最大的选票"。叶群也说:"得一人得天下"。这表明,在林彪看来,谁掌握绝对权力,就应该全心全意崇拜谁,这是"大德、大勇、大智",乃天经地义。当然,这种个人崇拜的核心还是"为己",如黄永胜、李作鹏宣扬国际共产主义运动中"三大领袖"就必然出现"三大助手",即恩格斯是马克思的助手,斯大林是列宁的助手,林彪是毛泽东最好的助手,这是为了把林彪摆在恩格斯、斯大林相同的领袖地位;林彪集团妄图加害毛泽东,还是权力崇拜作祟,如《"571工程"纪要》所说:"B-52好景不长","领导权落在谁的头上,未来的政权就落在谁的头上",于是不顾一切地密谋用武力夺取党和国家的最高权力。

林彪集团蜕变的又一警示之处是领导干部如何保持晚节问题。关于保持晚节问题,林彪曾说过这样一段话:"保持晚节,的确是一个严肃的问题,严重的问题,不见得能保持。有的人革命革了三十年、四十年、五十年,有的人年纪到了五十、六十、七十甚至八十岁,是不是能够最后保持晚节,实在是一个问题。很多人就在最后几年没有搞好,滑下去了,不能保持晚节。我们自己应该好好地兢兢业业地来保证这个晚节,为后代树立榜样。"①林彪不幸而被自己言中。

现在有的领导干部,清廉、公正、勤奋大半辈子,却在临近退休的晚年违法乱纪,身陷囹圄,一生清名毁于一旦,实在令人痛心。领导干部一定要保持晚节,保持共产党人的本色,务必继续地保持谦虚、谨慎、不骄、不躁的作风,务必继续地保持艰苦奋斗的作风,淡泊名利,站好人生最后一班岗。

以史为鉴,警钟长鸣。领导干部只有树立正确的世界观、价值观、人生观,才能过好"权力关"、"亲属关"、"晚节关"。这就是从林彪集团的蜕变中得出的最直接、最鲜明的警示。

---

① 林彪:《林彪在中央工作会议上的讲话》(1966年10月25日)。

第二节 林彪集团产生和发育的土壤

马克思在论述路易·波拿巴是怎样登上法国政治舞台时指出:"人们自己创造自己的历史,但是他们并不是随心所欲地创造,并不是在他们自己选定的条件下创造,而是在直接碰到的、既定的、从过去承继下来的条件下创造。一切已死的先辈们的传统,像梦魇一样纠缠着活人的头脑","他们战战兢兢地请出亡灵来为他们效劳","用这种借来的语言,演出世界历史的新的一幕。"①

林彪集团表现出浓厚的封建色彩。在政治上思想上,他们把人民群众对领袖人物的感情,变成祭奠现代迷信的贡品;把人民拥戴的领袖人物神化为"几百年"、"几千年才产生一个"的"天才",是无所不知、无所不能、句句话都是真理的神。他们把对待领袖个人的态度作为"左"和"右"、"革命"和"反革命"的唯一标准。林彪宣称:反对领袖,"就是反对一切","什么唯物论,什么辩证法,什么历史唯物论,什么自然科学,不学也行",唯有学会忠于领袖,才是"超过一切、高于一切"的最大学问。②

在那些日子里,神化领袖个人竟成了共产党员党性的最高表现,封建专制主义的愚忠重新复活。林彪、江青一伙编导的"三忠于"、"四无限"的滑稽戏,被强行普及到全国的城镇和农村,"忠字舞"跳得如痴如醉,"早请示晚汇报"异常虔诚。现代封建迷信活动在中国大地上如火如荼。给林家"选妃"、对林彪、林立果效忠宣誓等一系列活动中,人们亲眼目睹了封建主义思想的猖獗。

在组织上,林彪被毛泽东指定为接班人,领导人自己给自己指定接班人就是沿用封建主义的一套做法。林彪集团是在宗派主义基础上发展起来的,他们以派划线,任人唯亲,排除异己,结党营私,林彪组建了军委办事组这样"嫡系"班子主持军委日常工作,他还允许夫人儿子参政,造成"林家王朝"的政治形象,这和我国古代那种封建门阀制度、门阀作风,很有几分相似。

林彪在总体素质上存在着局限性,思想意识中的封建遗毒甚深,这就决定了林彪不可能成为新时代所需要的政治家。

---

① 《马克思恩格斯选集》第1卷,人民出版社1995年版,第585页。
② 1967年1月23日,林彪在接见军委碰头会扩大会议全体人员讲话。

林彪集团之所以能够在中国社会主义的大地上产生,本身就说明封建主义仍然有着深厚的社会基础。封建社会在我国有着两千多年的发展历史,封建主义思想的影响可谓根深蒂固。它几乎遍及我国社会生活的各个领域,渗透到社会的每一个角落,而且不可避免地在某种程度上侵入了中国共产党的肌体。

严酷的历史教训,使人们回想起马克思在《资本论》序言中分析德国时所说的:"不仅苦于资本主义生产的发展,而且苦于资本主义生产的不发展。除了现代的灾难而外,压迫着我们的还有许多遗留下来的灾难,这些灾难的产生,是由于古老的陈旧的生产方式以及伴随着它们的过时的社会关系和政治关系还在苟延残喘。不仅活人使我们受苦,而且死人也使我们受苦。死人抓住活人!"①列宁说过,当旧制度灭亡的时候,其思想不可能装在棺材里,埋在地底下,他还在腐蚀着人们。

中国共产党是在具有深厚封建主义冻土层、深土层的环境中建立的马克思主义政党。在中国共产党领导下进行的新民主主义革命和社会主义革命、开展社会主义建设,是异常艰难困苦的事业。封建主义的宗法观念、等级观念、特权思想和家长制作风以及闭关自守、盲目排外、人身依附、关系网等等封建主义的东西,在现代化建设的洪流中不时沉渣泛起,与社会主义民主政治建设的要求背道而驰,压倒了党纪国法,破坏了党的团结。

我们已经告别了 20 世纪,回首上个世纪的历史进程,封建主义就像一条又粗又黑的线,时刻在绊缠着历史的脚步,阻拦着历史的进程。这也是思想领域里留给新世纪的一个巨大的消极因素。历史当然不会是简单的重复,但历史由于封建主义的阻挡,进程会迟缓、停滞、甚至倒退,这确是可能的。只有认真清除封建主义的影响,坚决抵制封建专制主义对各个领域的侵蚀和破坏,才能把中国建设成为民主、文明、富强、和谐的社会主义现代化国家。

邓小平在 1980 年 8 月 18 日召开的中央政治局扩大会议上作的《党和国家领导制度的改革》这篇重要报告中,就把反对封建主义的影响作为一项重要任务提了出来。当然,彻底肃清封建主义思想的影响是一项长期的历史任务,我们必须用社会主义先进文化不断去战胜、克服和代替封建主义腐朽思想,消灭封建主义思想存在的条件。

---

① 《马克思恩格斯选集》第 2 卷,人民出版社 1995 年版,第 100—101 页。

第三节　林彪集团产生的制度根源

林彪集团的产生,不仅有意识形态上的原因,还与我国政治体制中存在的弊端有关。由于我国在"文化大革命"及其以前的一个较长时期内,实行的是"权力过分集中于个人或少数人手里"的"中央高度集权的管理体制",政治体制上的个人集权制、领导职务终身制和指定接班人制,是林彪集团能够得逞于一时的制度上的根源。

邓小平指出:"我们过去发生的各种错误,固然与某些领导人的思想、作风有关,但是组织制度、工作制度方面的问题更重要。这些方面的制度好可以使坏人无法横行,制度不好可以使好人无法充分做好事,甚至会走向反面。……领导制度、组织制度问题更带根本性、全局性、稳定性和长期性。这种制度问题,关系到党和国家是否改变颜色,必须引起全党的高度重视。"①这是我们在付出了包括"文化大革命"在内的高昂代价之后,所获得的具有历史意义的认识。

林彪现象是跟毛泽东的接班人理论和实践联系在一起的。毛泽东晚年思考的一个中心课题就是反修防修,进行无产阶级专政下的继续革命。为达此目的,必须解决好无产阶级革命事业接班人的问题。因而,毛泽东日益迫切地考虑接班人的问题。当然,接班人既有革命事业的接班人,也包括毛泽东本人的接班人。随着毛泽东对中共中央副主席、中华人民共和国主席刘少奇日益不满,最终取消了刘少奇接班人资格,与此同时,毛泽东指定林彪作为自己的接班人。毛泽东寄希望于个人选择接班人,没有考虑领导体制的问题,这种历史局限性使他陷入无法解脱的矛盾和失望之中。"九一三"事件几乎造成严重危及党和国家、毛泽东个人安全的政治危机,给予个人指定接班人模式一次严重的惩罚。实践已经证明,毛泽东把选拔培养接班人这样一个具有重大战略意义而且十分复杂的工作,作为个人的事情,自己来选择决定接班人,这就为林彪这样的野心家、阴谋家篡夺最高权力提供了方便,使党的建设遭到严重破坏。由于毛泽东在全党的权力是至高无上的,在党内的最高领导地位是不可动摇的,在这种体制下,只要得到毛泽东的信任、赏识,就能够得到较快的提拔、重用,这是毫无疑义的。林彪正是利用了中国政治体制中存在的弊端对毛泽东大搞个人崇拜并取得成功的。

---

① 《邓小平文选》第2卷,人民出版社1994年版,第333页。

毛泽东寄希望于个人选择接班人的方式以及用这种方式选出的接班人,而领导体制问题始终在他的视野之外。这种历史局限性使他一次又一次地陷入无法解脱的矛盾和失望之中。林彪阴谋的败露,并没有使他对体制问题有深刻的认识。他看到的只是激烈的阶级斗争和"这一个"接班人的不行,他并没有方法真正解决接班人问题。这使毛泽东陷入极大的苦闷之中。弥留之际,他沉痛地表示,我死了以后会怎么样,只有上帝才能知道。毛泽东不知道,他的这种苦闷,正是集权政治的必然结果。正如邓小平所说:"一个领导人,自己选择自己的接班人,是沿用了一种封建主义的作法。"①

既然我们为此付出了巨大的代价,就应该彻底清醒,就应该汲取教训:

首先,民主集中制是从中国共产党成立就十分明确的根本组织原则,集体领导则是党的民主集中制在各级领导机构中的应用。如果不实行集体领导,由某一个领导人凌驾于党的组织之上,就会造成独断专行。因为无论怎样卓越的一个领导人,他的才智和经验总是有限的。实行集体领导,即使有个别人提出错误的意见,经过大家的共同讨论,在多数情况下总是能作出正确的或比较正确的决定,即使集体作出一些错误决定,也容易被发现并得到及时的纠正。可以说,领袖的集体领导制度是使党的路线、方针、政策和重大决策保持经常正确性的有效保障。实行集体领导是中国共产党对"文化大革命"时期大搞个人崇拜和抛弃集体领导原则所造成的灾难性后果的深刻总结。

其次,事业要有继承人,新陈代谢,旧去新来,从这个意义上说"接班"、"接班人"的概念是可以的,但这是事业的"班",不是个人的"班"。如果只是接个人的班,由个人来选自己的接班人,那就免不了还会出林彪一类人,出现"林彪现象"。

马克思主义政党是代表工人阶级和人民群众利益的,执政以后所掌握的权力是人民给予的,立党为公、执政为民是党的性质和宗旨在新的历史时期的具体体现。事业是人民的事业,权力是人民赋予的,党的领导人应由党和人民通过真正的民主程序来选定,必须坚决废止封建时代皇帝指定太子那样来培养接班人的方式。因此选拔党的事业的接班人必须按照绝大多数党员和人民的意愿行事,严格按照党章的规定进行,不能违背党的民主集中制原则和集体领导制度,不搞个人交班。选拔接班人除了确立正确的原则标准外,还必须建立起一整套的选拔接班人的程序和方法,使之制度化,以减少主观随意性,使接班人的选拔在制度上得到保证。

---

① 《邓小平文选》第 2 卷,人民出版社 1994 年版,第 347 页。

要将竞争、民主、公开和法制原则引入干部队伍建设中,加快干部的选拔、培养、考核、交流和监督等重要制度的建立和完善,逐步形成优秀人才能够脱颖而出,富有生机和活力的选人用人机制。用民主的方法、科学的制度、严密的程序、有效的监督,选拔任用德才兼备的党政领导干部。

第四节　林彪集团活动的环境

在缺乏民主和法治、已有的法制又被"无法无天"的"造反"大破坏的环境里,党内才会产生出林彪集团。他们践踏法律,恣意妄为,栽赃诬陷,陷害忠良,任意拘押,刑讯逼供,查抄私产,草菅人命,严重破坏我国的社会主义秩序,严重侵犯公民的生命权和人格权,大批忠于党和人民的领导干部,被打成"走资派",遭到批斗、抄家、毒打、关押或囚禁,受尽了非人的折磨。副省(部)级以上的高级干部,被立案审查的占 75%,被批斗、关押的难以数计。一些功勋卓著的领导干部在战场上历经枪林弹雨,在敌人的囚室中备受严刑拷打,没有死去,却死在共和国的监狱中。广大知识分子,被斥为"反动学术权威"、"臭老九",遭到打击和迫害,受到压抑和歧视。成千上万的爱国民主人士、爱国华侨被加上"特务"、"间谍"的罪名。十年内乱全国上下受打击迫害和株连的干部群众达 1 亿人,占全国人口的九分之一。

据特别检察厅起诉书中列举的数字,在"文化大革命"中,林彪、江青两个集团共诬陷、迫害 729 511 人,其中 34 800 人被迫害致死①,其中,在军队中有 8 万多人遭到诬陷迫害,1 169 人被迫害致死。

"文化大革命"与社会主义法制是根本不能共容并存的。在"彻底砸烂公检法"的口号下,公安机关、人民检察院、人民法院遭到严重破坏。为了"保卫文化大革命",维护造反夺权后的"革命秩序",1967 年初由中共中央、国务院发布的《关于在无产阶级文化大革命中加强公安工作的规定》即《公安六条》,是"文化大革命"期间对刑事司法工作影响最为恶劣的一个文件。其中第二条规定:"凡是投寄反革命匿名信,秘密或公开张贴、散发反革命传单,写反动标语,喊反动口号,以攻击污蔑伟大领袖毛主席和他的亲密战友林彪同志的,都是现行反革命行为,应当依法惩办。"反对领袖个人就是反革命,反对林彪、"四人帮"就是反对领袖本人,因而也是反革

---

① 《触目惊心的统计》,1980 年 11 月 21 日《北京晚报》。

命。它完全是维护林彪、江青反革命集团的利益。

据统计,"文化大革命"期间全国因涉嫌攻击林彪、江青而被逮捕、判刑的,就有10万人之多。一纸《公安六条》,竟然可以废止国家根本大法,以至彭德怀、贺龙、刘少奇……一个个党和国家领导人惨遭毒手。在全国无奇不有的冤案何止千万!在这种政治条件下,那些敢于向林彪、"四人帮"以及他们制造的现代迷信挑战的人们,便不能不受到如林彪所言"全党共诛之"、"全国共讨之"和江青所言"千刀割、万刀割"的惩罚。对领袖个人稍有异议,被视为冒犯神灵,轻则"坐飞机",挂牌子,进"牛棚",重则投入监狱,乃至迫害致死。林彪以对天才的绝对崇拜作为尚方宝剑,以"共诛之"、"共讨之"和"谁反对就打倒谁"的帮规公然向法制挑战。

"文化大革命"从指导思想上脱离了马克思列宁主义、毛泽东思想的正确轨道;从政治上背离了马克思主义政党赖以生存和发展的一系列基本原则;从组织上摧毁了党的中央到地方的各级机构;从国家政权上瓦解了社会主义国家的职能部门。

"文化大革命"中,原有的政治体制受到强烈的冲击和破坏,陷入瘫痪和半瘫痪的境地,为林彪集团野心和势力恶性膨胀提供了条件。"文化大革命"以前,中共中央军事委员会作为中国共产党领导全国武装力量的最高军事领导机关,只对军队系统和其他武力量实施领导,一般不介入地方事务。"文化大革命"开始后,军队的作用发生了变化。一方面由于运动的冲击,中央和地方许多党和政府的机构陷于瘫痪,需要通过军队来维持秩序,控制局面;另一方面,"文化大革命"也需要一个能够对运动进行有效控制的组织系统,军队是当时唯一能起这种作用的组织。因而从1967年初开始,军队便大规模地进入地方,以支左、支工、支农和军管、军训等方式,对地方秩序和运动进行控制。在九大以前,以毛泽东为首的领导核心对中央各部委和地方各级党政机关和企事业单位的管理和控制,在很大程度上是通过军队系统来完成的。

中共中央军事委员会的权力和作用明显增大,使担任国防部长的林彪作用日益突出。加之主持军委日常工作的林彪一跃而成为毛泽东的接班人、中国第二号人物,这又加重了军委的地位。1969年以前中央发布的命令、通知等,许多都是以中共中央、国务院、中央军委、中央文革的名义下发的。可以说,在"文化大革命"前期,除了"中央文革小组"之外,中央军委也是对全国起主要领导作用的机关之一。

从1967年1月上海夺权开始到1968年9月初西藏、新疆两个自治区革命委员会成立止,全国除了台湾省外的29个省、市、自治区都建立了革命委员会这种领导机构,基本上完成了"三结合"。革命委员会实际上多由军队干部主持,而参加进去的一些造反派头头则互相勾结或相互对立,使革委会经常处于纷争和动荡中,无法正常行使议事和办事职能。总之,革委会集党、政大权于一身,形成党政合一、政企合一的一元化领导体制,实现了更高程度的集权,实际上是国家政治体制和国家行政工作的一次重大倒退。

中共九大通过的党章许多条文直接背离了马克思主义,公然违背了党的民主集中制原则,把林彪作为毛泽东的亲密战友和接班人写进党纲的总章。这种认定领袖和指定接班人的做法,又进一步强化了个人高度集权的领导体制。

在"无产阶级专政下继续革命的理论"的指导下,是非混淆,敌我关系颠倒,一大批党和国家各级组织中的领导骨干被视为革命对象,为林彪、江青一伙在全国范围内煽动"打倒一切,全面夺权"大开方便之门,使从中央到基层的党的各级组织遭到了致命的破坏,因而能够在全国形成帮派体系。林彪提出"罢一批人的官,升一批人的官,保一批人的官",实际上就是罢那些反对内乱的老一辈无产阶级革命家的官,升、保那些出卖灵魂,伙同林彪狼狈为奸,疯狂进行阴谋活动人的官,利用动乱,拉帮结伙,组织反革命集团,以便"乱中夺权"。"文化大革命"采取通过"天下大乱"达到"天下大治"的方式,为林彪、江青等人所利用,为他们组织阴谋集团,篡夺党和国家的权力提供了条件。

林彪集团正是在"文化大革命"这种极"左"混乱的年代里发展壮大起来的。该集团的私心、野心膨胀于"左"倾思想发展和泛滥之中、社会主义建设过程中发生曲折之际、党的组织路线和工作作风发生错误之时。没有"文化大革命"就不会有林彪集团。而林彪集团一旦形成后,又反过来把"文化大革命"运动的错误推向极端。"林彪现象"是"左"的错误的产物,"左"的环境和气氛最适宜于林彪一类人的生存和发展,林彪集团又为"左"的错误推波助澜。

每个时代都造就出符合那个时代需要的人。恩格斯赞扬文艺复兴"是一个需要巨人而且产生了巨人——在思维能力、热情和性格方面,在多才多艺和学识渊博方面的巨人的时代"。马克思在为《路易·波拿巴的雾月十八日》一书所写的第二版序言中说:"维克多·雨果只是对政变的负责发动人作了一些尖刻的和俏皮的攻击。事变本身在他笔下却被描绘成了晴天的霹雳。他认为这事变只是一个人的暴力行为。""相反,我则是证明,法国阶级斗争怎样造成了一种条件和局势,使得一个平庸而可笑的人物有可能扮演了英雄的角色。"①

可以说,是"文化大革命"的"条件和局势"造就了林彪集团。"文化大革命"为

---

① 《马克思恩格斯选集》第1卷,人民出版社1995年版,第580页。

林彪集团实现政治野心提供了条件。承认这一点,并不是要减轻林彪集团的罪行,而是要从深层次上思考问题,对林彪集团不能仅限于道德的谴责和罪行的揭露上,应把研究的重点放在分析林彪集团之所以能够形成和作乱的条件上,总结防止历史重演的经验教训。这就是必须彻底否定"文化大革命""左"的理论与实践,以经济建设为中心代替以阶级斗争为纲的错误方针,把解放和发展生产力作为社会主义社会的根本任务,坚持党在社会主义初级阶段的基本路线不动摇。

林彪集团的出现及其所犯下的罪恶,使我们深刻感受到历史教训的沉重,体会到民主和法制的重要。再也不能容许任何破坏民主,践踏法制的行径。

十一届三中全会后,在纠正冤假错案的过程中,人们更是迫切地体会到建设社会主义法制的必要性,邓小平在会见日本公明党第八次访华团时坦诚地说道:"我们好多年实际上没有法,没有可遵循的东西。""我们的法律太少了。""没有广泛的民主是不行的,没有健全的法制也是不行的。我们吃够了动乱的苦头。""要加强民主就要加强法制。"①

邓小平充分估计到法制建设的困难,他率先冲破了法学研究理论上的禁区,提出了依法办事,法律面前人人平等的观点。当外国记者问"怎样才能避免或防止再发生诸如'文化大革命'这样可怕的事情"时,邓小平明确地告诉她:"这要从制度方面解决问题。""现在我们要认真建立社会主义的民主制度和社会主义法制。只有这样,才能解决问题。"②

1980年在省、自治区、直辖市人大常委会负责同志第一次座谈会上,彭真同志强调:有了民主与法制"九亿人民就把国家命运掌握在自己手里。在这种制度下,林彪、'四人帮'一类阴谋家、野心家想篡夺国家领导权就比较困难了"③。彭真1985年1月在《对立法工作培训班学员的讲话》中总结道:"……是不是还允许今后再发生'文化大革命'那种情况?我看,没有哪个老百姓,没有哪个忠实于共产主义事业的同志,希望再发生'文化大革命'。但是,只有愿望不行啊!总要有个东西作保障。什么东西?就是要健全社会主义民主和法制,十亿人统统都要按照宪法、法律办事,就是一项重要保障。"④1996年,江泽民在中共中央举办的法制讲座上郑重地说:我们党政治领导的主要方式就是使党的主张通过法定程序变成国家意志,

---

① 《邓小平文选》第2卷,人民出版社1994年版,第189页。
② 同上书,第348页。
③ 《彭真文选》,人民出版社1991年版,第385页。
④ 《彭真文选》,人民出版社1991年版,第533页。

通过党组织的活动和党员的模范带头作用带动广大人民群众,实现党的路线、方针、政策。干部依法决策,依法行政是依法治国的重要环节。他还说:我们现在这些领导同志大多是学习自然科学的,要管理好国家和社会,必须补上法律这一课。① 2002年胡锦涛在《纪念宪法施行二十周年大会上的讲话》中指出:"宪法……具有最大的权威性和最高的法律效力。全国各族人民、一切国家机关和武装力量、各政党和各社会团体、各企事业组织,都必须以宪法为根本的活动准则,并负有维护宪法尊严、保证宪法实施的职责。"2012年,习近平《在首都各界纪念现行宪法公布施行30周年大会上的讲话》中指出:"宪法与国家前途、人民命运息息相关。维护宪法权威,就是维护党和人民共同意志的权威。捍卫宪法尊严,就是捍卫党和人民共同意志的尊严。保证宪法实施,就是保证根本利益的实现。只要我们切实尊重和有效实施宪法,人民当家作主就有保证,党和国家事业就能顺利发展。反之,如果宪法受到漠视、削弱甚至破坏,人民权利和自由就无法保证,党和国家事业就会遭受挫折。这些从长期实践中得出的宝贵启示,必须倍加珍惜。我们要更加自觉地恪守宪法原则、弘扬宪法精神、履行宪法使命。"

从党和国家领导人的这些谈话中,可以体会到中国共产党人已决心领导人民走上民主与法治的道路。中共十五大已把依法治国作为党领导人民治理国家的基本方略;中共十六大把坚持党的领导、人民当家作主和依法治国的有机统一作为发展社会主义民主政治的根本要求;十六大通过的《中国共产党章程(修正案)》第一次把依法治国这个党领导人民治理国家的基本方略写进党的根本大法之中,这是坚持和完善社会主义市场经济的客观需要,是社会主义政治文明的重要标志,是国家长治久安的重要保证。党的十八大报告强调,弘扬社会主义法治精神,树立社会主义法治理念,增强全社会学法尊法守法用法意识。提高领导干部运用法治思维和法治方式深化改革、推动发展、化解矛盾、维护稳定能力。任何组织或者个人都不得有超越宪法和法律的特权,绝不允许以言代法、以权压法、徇私枉法。21世纪,唯有民主与法治才能为中国社会主义现代化建设保驾护航。

弹指一挥间,"九一三"事件发生至今已有四十余年,它早已成为一场噩梦,中国人民早已从"文化大革命"这场深重的灾难中走了出来,找到了一条中国特色社会主义道路。历史翻开了新的一页,愿形形色色的"林彪集团"和"林彪现象"永远在中华大地上绝迹!

---

① 《政治局委员听的课》,新华出版社2002年版,第3—4页。

主要参考文献

（一）著作

《马克思恩格斯选集》(第1—4卷),人民出版社1995年版。

《列宁选集》(第1—4卷),人民出版社1995年版。

逄先知、金冲及主编:《毛泽东传》(1949—1976),中央文献出版社2003年版。

《建国以来毛泽东文稿》(第1—13卷),中央文献出版社1996—1998年版。

《毛泽东军事文集》(第1—6卷),军事科学出版社、中央文献出版社1993年版。

军事科学院毛泽东军事思想研究所:《毛泽东军事年谱》,广西人民出版社1994年版。

《毛泽东选集》(第1—4卷),人民出版社1991年版。

《毛泽东文集》(第5—8卷),人民出版社1996—1999年版。

中共中央文献研究室:《毛泽东年谱》(1893—1949)(上、中、下卷),人民出版社、中央文献出版社1993年版。

《邓小平文选》(第2—3卷),人民出版社1994年、1993年版。

中共中央文献研究室编:冷溶,汪作玲主编:《邓小平年谱》(1975—1997),中央文献出版社2004年版。

《邓小平思想年谱》(1975—1997),中央文献出版社1998年版。

中共中央文献研究室,中央档案馆编:《建国以来刘少奇文稿》(第一册、第二册、第三册、第四册),中央文献出版社2005年版。

《刘少奇年谱》(1898—1969)(下卷),中央文献出版社1996年版。

中共中央文献研究室、中共中央党校:《刘少奇论党的建设》,中央文献出版社1991年版。

《周恩来年谱》(1949—1976)(上、中、下卷),中央文献出版社1997年版。

金冲及主编:《周恩来传》(1949—1976)(上、下卷),中央文献出版社1998

年版。

中共中央文献研究室编：《朱德年谱》（1886—1976），中央文献出版社 2006年版。

彭德怀：《彭德怀自述》，人民出版社 1981 年版。

王焰：《彭德怀年谱》，人民出版社 1998 年版。

李烈：《贺龙年谱》，人民出版社 1996 年版。

刘树发：《陈毅年谱》（下卷），人民出版社 1995 年版。

《陈云文集》，中央文献出版社 2005 年版。

胡绳：《中国共产党的七十年》，中共党史出版社 1991 年版。

中共中央党史研究室：《中国共产党历史》（第一卷）（上、下册），中共党史出版社 2002 年版。

中共中央党史研究室：《中国共产党历史大事记》（1919.5—2005.12），中共党史出版社 2006 年版。

新华月报社编：《中华人民共和国大事记》，（1949—2004），人民出版社 2004年版。

黄铮：《共和国主席刘少奇》，中共党史出版社 1998 年版。

黄铮：《刘少奇的最后岁月》（1966—1969），中央文献出版社 1996 年版。

王光美、刘源、郭家宽：《你所不知道的刘少奇》，河南人民出版社 2000 年版。

李智舜：《毛泽东与十大元帅》，中共中央党校出版社 1994 年版。

本书编写组：《"文化大革命"中的周恩来》，中共中央党校出版社 1997 年版。

吴庆彤：《周恩来在"文化大革命"中——回忆周总理同林彪、江青反革命集团的斗争》，中共党史出版社 1998 年版。

毛毛：《我的父亲邓小平："文化大革命"岁月》，中央文献出版社 2000 年版。

《中国人民解放军将帅名录》（第一集），解放军出版社 1987 年版。

中共中央文献研究室：《朱德传》，人民出版社、中央文献出版社 1993 年版。

《当代中国人物传记》丛书编辑部：《陈毅传》，当代中国出版社 1991 年版。

《当代中国人物传记》丛书编辑部：《贺龙传》，当代中国出版社 1993 年版。

《当代中国人物传记》丛书编辑部：《徐向前传》，当代中国出版社 1991 年版。

《当代中国人物传记》丛书编辑部：《彭德怀传》，当代中国出版社 1993 年版。

《当代中国人物传记》丛书编辑部：《罗荣桓传》，当代中国出版社 1991 年版。

《当代中国人物传记》丛书编辑部：《聂荣臻传》，当代中国出版社 1994 年版。

《当代中国人物传记》丛书编辑部:《叶剑英传》,当代中国出版社 1995 年版。

杜易:《大雪压青松:"文化大革命"中的陈毅》,世界知识出版社 1996 年版。

甘耀稷、罗英才、铁竹伟:《中国元帅陈毅》,中共中央党校出版社 1996 年版。

徐向前:《历史的回顾》,解放军出版社 1987 年版。

聂荣臻:《聂荣臻回忆录》,解放军出版社 1986 年版。

熊向晖:《历史的注脚——回忆毛泽东、周恩来及四老帅》,中共中央党校出版社 1995 年版。

董保存:《谭震林外传》,作家出版社 1992 年版。

黄瑶、张明哲:《罗瑞卿传》,当代中国出版社 1996 年版。

汪东兴:《汪东兴回忆毛泽东与林彪反革命集团的斗争》,当代中国出版社 1997 年版。

张耀祠:《张耀祠回忆毛泽东》,中共中央党校出版社 1996 年版。

杨成武:《杨成武将军自述》,辽宁人民出版社 1997 年版。

权延赤:《微行——杨成武在 1967》,广东旅游出版社 1997 年版。

傅崇碧:《傅崇碧回忆录》,中共党史出版社 1999 年版。

祝庭勋:《李德生在动乱岁月——从军长到党中央副主席》,中央文献出版社 2007 年版。

陈明显:《陈明显回忆录——在"一月风暴"的中心》,上海人民出版社 2005 年版。

朱元石等访谈整理:《吴德口述:十年风雨纪事——我在北京工作的一些经历》,当代中国出版社 2004 年版。

李镜:《儒将肖华》,解放军文艺出版社 1998 年版。

《王尚荣将军》编写组:《王尚荣将军》,当代中国出版社 2000 年版。

陈清泉、宋广渭:《陆定一传》,中共党史出版社 1999 年版。

中共中央党史研究室张闻天选集传记组,张培森:《张闻天年谱》(1942—1976)(下卷),中共党史出版社 2000 年版。

薄一波:《若干重大决策与事件的回顾》,中共党史出版社 2008 年版。

金春明主编:《评〈剑桥中华人民共和国史〉》,湖北人民出版社 2001 年版。

金春明:《"文化大革命"史稿》,四川人民出版社 1995 年版。

席宣、金春明:《"文化大革命"简史》(增订新版),中共党史出版社 2006 年版。

王年一:《大动乱的年代》,河南人民出版社 1988 年版。

金春明、黄少群:《不平凡的七十年》,辽宁人民出版社 1991 年版。

金春明:《四人帮浮沉记》,辽宁人民出版社 1997 年版。

王海光:《折戟沉沙温都尔汗》,辽宁人民出版社 1997 年版。

王海光:《从革命到改革》,法律出版社 2000 年版。

郑谦、韩钢:《毛泽东之路·晚年岁月》,中国青年出版社 1993 年版。

林韦、徐荇、苏沛:《"四人帮"批判》,中国社会科学出版社 1983 年版。

廖盖隆:《中华人民共和国编年史》,河南人民出版社 2000 年版。

何理:《中华人民共和国史》,中国档案出版社 1995 年版。

靳德行:《中华人民共和国史》,河南大学出版社 1989 年版。

高皋、严家其:《"文化大革命"十年史》,天津人民出版社 1986 年版。

纪希晨:《史无前例的年代:一位人民日报老记者的笔记》,人民日报出版社 2001 年版。

张鸣、乐群:《"文化大革命"中的名人之思》,中央民族学院出版社 1993 年版。

余习广:《位卑未敢忘忧国——"文化大革命"上书集》,湖南人民出版社 1989 年版。

江波、黎青:《林彪 1959 年以后》,四川人民出版社 1993 年版。

熊华源、安建设:《林彪反革命集团覆灭纪实》,中央文献出版社 1995 年版。

周国全、郭德宏:《动乱中的陈伯达》,安徽人民出版社 1993 年版。

谭宗级:《十年后的评说》,中共党史资料出版社 1987 年版。

张化、苏采青等编:《回首文革》(上、下),中共党史出版社 2000 年版。

《历史在这里沉思》(1—3 卷),华夏出版社 1987 年版。

李可、郝生章:《"文化大革命"中的中国人民解放军》,中共党史出版社 1989 年版。

韩延龙:《中华人民共和国法制通史》(上、下),中共中央党校出版社,1998 年版。

李济琛:《千秋功过》,光明日报出版社 1994 年版。

中共中央党史资料征集委员会,中国人民解放军辽沈战役纪念馆建馆委员会,《辽沈决战》编审小组:《辽沈决战》(上、下),人民出版社 1988 年版。

《辽沈战役亲历记》,文史资料出版社 1985 年版。

戴常乐、刘联华:《第四野战军》,国防大学出版社 1996 年版。

中国军事博物馆:《抗美援朝战争纪事》,解放军出版社 2000 年版。

逄先知、李捷:《毛泽东与抗美援朝》,中央文献出版社 2000 年版。

《缅怀毛泽东》(下),中央文献出版社 1993 年版。

陈长江、赵桂来:《毛泽东的最后十年——警卫队长的回忆》,中共中央党校出版社 1998 年版。

陈明显:《晚年毛泽东》,江西人民出版社 1998 年版。

张素华、边炎军、吴晓梅:《说不尽的毛泽东——百位名人学者访谈录》(上、下),辽宁人民出版社;中央文献出版社 1995 年版。

李锐:《李锐反"左"文选》,中央编译出版社 1998 年版。

李锐:《庐山会议实录》(增订本),河南人民出版社 1994 年版。

王继平、郑祖铤、赵立昆、唐检云:《什么是封建主义　怎样肃清封建主义》,湖南教育出版社 2000 年版。

李敬德:《官僚主义——历史综合症》,文津出版社 1995 年版。

高光、李振霞、方文:《正确认识个人在历史上的作用反对个人崇拜》,黑龙江人民出版社 1982 年版。

王玉波:《历史上的家长制》,人民出版社 1984 年版。

林喆:《权力腐败与权力制约》,法律出版社 1997 年版。

胡伟:《政府过程》,浙江人民出版社 1998 年版。

王沪宁:《政治的逻辑——马克思主义政治学原理》,上海人民出版社 1994 年版。

林尚立:《当代中国政治形态研究》,天津人民出版社 2000 年版。

施九青、倪家泰:《当代中国政治运行机制》,山东人民出版社 1993 年版。

迟夫林、田夫:《中华人民共和国政治体制史》,中共中央党校出版社 1998 年版。

郑谦、庞松、韩钢、张占斌:《当代中国政治体制发展概要》,中共党史资料出版社 1988 年版。

洪承华、郭秀芝:《中华人民共和国政治体制沿革大事记》(1949—1979),春秋出版社 1987 年版。

姜思毅:《中国人民解放军政治工作教程》,国防大学出版社 1986 年版。

宋晓明:《中共党建史》(1949—1976),党建读物出版社 1996 年版。

赵云献:《马克思主义执政党建设原理》,人民出版社 1998 年版。

冯建辉:《走出个人崇拜》,河南人民出版社 2001 年版。

吴大华、蒋宪平、詹复亮:《新刑法罪名通论》,中国方正出版社 1997 年版。

胡康生:《中华人民共和国刑法释义》,法律出版社 1997 年版。

杨天石、朱地:《亲历者记忆》,上海辞书出版社 2005 年版。

郭德宏、王海光、韩钢:《中华人民共和国专题史稿》(1966—1976),四川出版集团,四川人民出版社 2004 年版。

张树德著:《红墙大事——共和国历史事件的来龙去脉》,中央文献出版社 2005 年版。

罗荣桓、谭震林等著:《亲历井冈山革命根据地创建》,江西人民出版社 2007 年版。

(二) 文件、资料等

国防大学党史党建政工教研室编:《"文化大革命"研究资料》(上、中、下),1988 年版。

中共中央文献研究室:《建国以来重要义献选编》(1—20 册),中央文献出版社 1992—1998 年版。

中共中央文献研究室:《三中全会以来》(上、下),人民出版社 1982 年版。

中共中央文献研究室:《十二大以来》(上、中、下),人民出版社 1986、1986、1988 年版。

中共中央文献研究室:《十三大以来》(上、中、下),人民出版社 1991、1991、1993 年版。

中共中央文献研究室:《十四大以来》(上、中、下),人民出版社 1996、1997、1999 年版。

中共中央文献研究室:《十五大以来》(上),人民出版社 2000 年版。

中共中央文献研究室:《十六大以来》(上、中),人民出版社 2005、2006 年版。

中共中央文献研究室:《关于建国以来党的若干历史问题的决议注释本》,人民出版社 1985 年版。

中共中央党校党史教研室编:《中共党史参考资料》(1966 年 5 月—1977 年 8 月),1979 年版。

中共中央党校中共党史教研二室编:《中国共产党社会主义时期文献资料选编》(1—6 册),1987 年版。

1972 年中共中央下发《粉碎林陈反党集团反革命政变的斗争》(材料之一、

之二）。

1972 年中共中央下发《粉碎林彪反党集团反革命政变的斗争》（材料之三）。

《历史的审判》（上、下），群众出版社 2000 年版。

《中华人民共和国最高人民法院特别法庭审判林彪江青反革命集团案主犯纪实》，法律出版社 1982 年版。

（三）纪实性作品

孙一先：《在大漠那边：亲历林彪坠机事件和中蒙关系波折》，中国青年出版社 2001 年版。

于弓：《林彪事件真相》，中国广播电视出版社 1988 年版。

林雨星：《林彪全传》（上、中、下），远方出版社 2000 年版。

林青山：《林彪传》，知识出版社 1988 年版。

张聂耳：《风云"9·13"》，解放军出版社 1999 年版。

邵一海：《林彪 9·13 事件始末》，四川文艺出版社 1996 年版。

图们、肖思科：《特别审判——林彪、江青反革命集团受审纪实》，中央文献出版社 2003 年版。

肖思科：《超级审判》（上、下），济南出版社 1992 年版。

吕相友摄；镡德山主编：《中国大审判：公审林彪、江青反革命集团十名主犯图文纪实》，辽宁人民出版社 2006 年版。

何力：《林彪家族纪事》，光明日报出版社 1989 年版。

张聿温：《温都尔汗爆炸记》，贵州人民出版社 1988 年版。

汪幸福：《林氏三兄弟》，新华出版社 1995 年版。

点点：《非凡的年代》，上海文艺出版社 1987 年版。

官伟勋：《我所知道的叶群》，中国文学出版社 1993 年版。

焦烨：《叶群之谜——一个秘书眼中的叶群和林彪》，中国文联出版公司 1993 年版。

张聿温：《死亡联盟——高饶事件始末》，北京出版社 2000 年版。

董保存：《杨余傅事件真相》，解放军出版社 1987 年版。

张云生：《毛家湾纪实》，春秋出版社 1988 年版。

罗点点：《红色家族档案》，南海出版公司 1999 年版。

胡哲峰、于化民：《毛泽东与林彪》，广西人民出版社 1998 年版。

天华:《毛泽东与林彪》,西藏人民出版社1998年版。

叶永烈:《权力的游戏——毛泽东与林彪交往秘录》,新疆人民出版社2000年版。

闻峰:《神坛下的林彪》,中国华侨出版社1993年版。

黑雁男:《十年浩劫》,国际文化出版公司1988年版。

叶永烈:《陈伯达传》,人民日报出版社1999年版。

(四) 港台、国外出版物

《文化大革命史论》,"国立"政治大学国际关系研究中心。

《中共林彪事件原始材料汇编》,交流图书公司。

《文化大革命博物馆》,东方出版社有限公司、天地图书有限公司1995年版。

李天民:《林彪评传》,明报月刊出版社1978年版。

张正隆:《雪红血白》,利文出版社1997年版。

明晓、赤男:《谋杀毛泽东的黑色"太子"》,香港中华儿女出版社2000年版。

赤男、明晓:《林彪元帅叛逃事件最新报告》,香港中华儿女出版社2000年版。

姚明理著,莫昭平,傅依萍译:《林彪的阴谋与死亡》,明报出版社1983年版。

王兆军:《谁杀了林彪》,世界书局1994年版。

多伦多大学图书馆编:《文革中的林彪》。

澳门广东文史室:《林彪事件文件集》。

《毛主席的接班人——林彪》,时代背景出版社。

罗德里克·麦克法夸尔,费正清:《剑桥中华人民共和国史——中国革命内部的革命》(1966—1982年),中国社会科学出版社1992年版。

罗德里克·麦克法夸尔:《文化大革命的起源》(一)(二),河北人民出版社1989年版。

[美]莫里斯·迈斯纳著,杜蒲、李玉玲译:《毛泽东的中国及后毛泽东的中国——人民共和国史》,四川人民出版社1992年版。Maurice Meisner *Mao's China and After—A Histry of the People's Republic*, 纽约自由出版社1986年版。

[英]克莱尔·霍林沃思著,高湘泽等译:《毛泽东和他的分歧者》,河南人民出版社1989年版。

Yao Ming-Li: *The Conspiracy and Death of Lin-Biao*.

姚明理著,莫昭平、傅依萍译:《林彪的阴谋与死亡》,台北时报文化出版事业有限公司 1983 年版。

Frederick C, Teiwes Warren Sun: *The Tragedy Of Lin Biao*

泰伟斯、孙万国:《林彪的文革悲剧》,澳大利亚克罗福德出版有限公司出版 1996 年版。

金秋:《权力的文化——"文化大革命"中的林彪事件》,斯坦福特大学出版社 1999 年版。

Jin Qiu: *The Culture of Power—The Lin Biao Incident in the Culture Revolution*, Stanford University Press, 1999.

[荷]雅普·冯·吉内肯:《林彪浮沉录》,世界知识出版社 1988 年版。

[美]威廉·A·约瑟夫:《极左思潮与中国》(1958—1981),东南大学出版社 1989 年版。

[美]斯图尔特·施拉姆:《毛泽东》,中央文献研究室《国外毛泽东思想资料选辑》编辑组编译,红旗出版社 1987 年版。

[美]埃德加·斯诺:《西行漫记》,生活·读书·新知三联书店 1979 年版。

[法]K. S. 卡罗尔著,刘立仁、贺季生译:《毛泽东的中国》,贵州人民出版社 1988 年版。

[法]艾伦斯坦著,方光明等译:《斯大林现象史》,时事出版社 1986 年版。

孙万国:《古有窦娥,今有林彪》,(香港)《明报》月刊,1996 年第 7 期。

萧萧:《林彪女儿对林彪出走的披露》,(香港)《镜报》月刊,1988 年第 6 期。

李蘅:《林彪女儿林豆豆打破沉默,为林彪翻案——林豆豆访谈录》,《天安门》1998 年第 8 期。

明晓赤男:《谋杀毛泽东的黑色"太子"》,香港中华儿女出版社 2000 年版。

明晓赤男:《林彪元帅叛逃事件最新报告》,香港中华儿女出版社 2000 年版。

吴法宪:《岁月艰难　吴法宪回忆录》,香港北星出版社 2006 年版。

王力:《王力反思录》,香港北星出版社 2001 年版。

高文谦:《晚年周恩来》,香港明镜出版社 2004 年版。

丁凯文主编:《重审林彪罪案》,香港明镜出版社 2004 年版。

陈晓农编:《陈伯达最后口述回忆》,阳光环球出版香港有限公司 2005 年版。

（五）　主要论文

《"文革"前的"全国人民学解放军"运动述评》,《党史研究资料》2002 年第

11 期。

北京大学法律系:《林彪、江青反革命集团主犯的几个罪名注释》,《中国法制报》1981 年 2 月 6 日第 3 版。

贺源、张沱生:《党的八届十一中全会述评》,《党史研究》1982 年第 6 期。

于南:《历史岂容歪曲——驳海外出版的〈林彪之死〉一书》,《党的文献》1984 年第 4 期。

全德:《力挽狂澜正气凛然:叶帅同林彪、江青一伙的一场尖锐斗争》,《星火燎原》1984 年第 6 期。

聂荣臻:《关于林彪的几个问题》,《星火燎原》1984 年第 5 期。

许建华:《毛泽东同志由反对个人崇拜到接受个人崇拜的过程》,《党史研究》1984 年第 5 期。

高文谦:《艰难而光辉的最后岁月——记文化大革命期间的周恩来》,《文献与研究》1984 年第 11 期。

郑谦:《从"文化大革命"的发生看领导体制、政治体制改革的必要性》,《党史通讯》1985 年第 10 期。

于南:《林彪反革命集团的形成和覆灭》,《中国社会主义革命和建设史教学研究》,中国人民大学出版社 1985 年版。

《如何评价林彪在历史上的表现》,《理论信息报》1985 年第 12 期。

胡华:《关于党史人物传记的研究和写作问题》,《党史研究》1986 年第 1 期。

席宣:《关于"文化大革命"起因的探讨》,《中共党史研究》1988 年第 5 期。

苗长青:《林彪制造个人崇拜新探》,《理论学刊》1988 年第 2 期。

金春明:《"文化大革命"与政治体制改革》,《炎黄春秋》1989 年创刊号。

《国外学者论林彪》,《党史纵横》1989 年第 3 期。

姚杰:《论辽沈战役中的林彪》,《中共党史研究》1990 年第 4 期。

王年一:《关于"二月逆流"的一些资料》,《党史研究资料》1990 年第 1 期。

汪杰:《〈林彪传〉的失误及教训》,《中共党史研究》1990 年第 1 期。

黄峥:《林彪摔死后的风波》,《党员特刊》1991 年第 9 期。

胡长水:《中央军委"八条命令"的产生》,《中共党史研究》1991 年第 6 期。

于南:《九届二中全会上的一场风波》,《党的文献》1992 年第 3 期。

王年一:《有关贺龙冤案的一些资料》,《党史研究资料》1992 年第 4 期。

张化:《九一三事件后毛泽东的思想矛盾及其变化》,《中共党史研究》1992 年第 2 期。

于南:《毛泽东一九七一年南巡考述》,《党的文献》1993 年第 5 期。

陈再道:《"七二〇事件"前后毛泽东对我的保护》,《党的文献》1993 年第 1 期。

安建设:《周恩来领导的 1972 年前后批判极左思潮的斗争》,《党的文献》1993 年第 1 期。

《贺龙传》编写组:《贺龙蒙难纪实》,《国史研究参考资料》1993 年第 2 期。

孙泽学:《〈伟大的中国革命〉一书中中华人民共和国史部分若干史实考证》《党史研究资料》1993 年第 10 期。

辛鸣:《过分清醒的现实主义:从〈致江青的信〉看毛泽东晚年心态》,《毛泽东思想论坛》1994 年第 2 期。

张化:《文化大革命中党和人民的斗争历程研究综述》,《中共党史研究》1994 年第 4 期。

于南:《惊心动魄的"九·一二"之夜》,《党的文献》1994 年第 4 期。

张子申、董保存:《杨成武将军眼中的林彪》,《党史博览》1994 年第 4 期。

《析 1971 年毛泽东南巡对粉碎林彪集团的重要作用》,《福建党史月刊》1994 年第 9 期。

吴德:《庐山会议与林彪事件》,《当代中国史研究》1995 年第 2 期。

盛和年、盛洪奇:《罗荣桓与林彪的分歧和斗争》,《党史天地》1995 年第 12 期。

钱跃、徐冰:《浅论"文化大革命"时期的历史主体》,《党的文献》1996 年第 3 期。

陈立旭:《"九一三"事件后肯定与否定"文化大革命"的斗争与毛泽东的心态》,《毛泽东思想研究》1996 年第 5 期。

朱秉秀:《邪不压正——"九一三"事件纪实》,《上海党史研究》1996 年第 6 期。

李丹慧:《中苏分裂与"文化大革命"时期中国外交》,《党史研究资料》1997 年第 1 期。

萧克:《忆 1958 年军队反"教条主义"斗争》,《百年潮》1997 年第 2 期。

刘志男:《九大至九届二中全会前夕毛泽东与林彪的分歧与矛盾》,《当代中国史研究》1997 年第 3 期。

金春明:《关于文革史的研究》,1998 年。

张志明:《〈剑桥中华人民共和国史(1966—1982)〉若干史实辨证》,《当代中国史研究》1998 年第 4 期。

李耐因:《"九一三"事件前林彪、江青 470 次通话》,《炎黄春秋》1997 年第 7 期。

唐洲雁:《毛泽东"文化大革命"后期"解放"和任用老干部情况简析》,《党的文献》1998 年第 2 期。

刘勇:《走向和解的中美关系与"文化大革命"》,《北京党史研究》1998 年第 3 期,第 28~32 页。

熊向晖:《毛主席 1971 年南巡谈话中的一个问题——小议汪东兴近著》,《党的文献》1998 年第 5 期,第 87—88 页。

何蜀、王年一:《我们对汪东兴这本书有不同看法——〈毛泽东与林彪反革命集团的斗争〉读后》,《炎黄春秋》1998 年第 8 期。

刘振华:《马克思主义执政党制度建设研究》(博士论文),1998 年。

王年一:《一场大有来头的小型武斗——文革中的"5·13"事件》,《百年潮》1999 年第 1 期。

王年一:《关于"军委办事组"的一些资料》,《党史研究资料》2001 年第 7 期。

李文普,高德明:《林彪卫士长李文普不得不说》,《中华儿女》1999 年第 2 期。

康庭梓:《林彪座机强行起飞之前》,《中华儿女》1999 年第 4 期。

曾景忠:《关于 1970 年修宪中设不设国家主席争论的几个史实献疑》,《党史研究资料》1999 年第 6 期。

曾令勋:《1954 年至 1965 年底中国人民解放军建设史研究》(博士论文)1999 年。

舒云:《"九一三"事件中的黑匣子之谜》,《党史天地》2000 年第 4 期。

刘荣刚:《回眸"两案"审判——访图们同志》,《中共党史研究》2000 年第 5 期。

陈扬勇:《1967 年春军以上干部会议若干问题探讨》,《党的文献》2000 年第 6 期。

林源:《"文化大革命"中的林彪现象论析》,《南京社会科学》2000 年第 9 期。

王文耀、王保春:《关于陈伯达起草九大报告的前前后后》,《中共党史研究》2003 年第 2 期。

范硕:《"三支两军"的缘起与"七二〇"事件的爆发》,《中华儿女》2001 年第 2 期。

康庭梓:《林彪座机强行起飞之后》,《中华儿女》2001 年第 2 期。

王建国:《〈毛泽东给林彪的信〉探析》,《毛泽东思想研究》2007 年 3 期。

何云峰:《"文革"发动阶段毛泽东对林彪的态度辨析》,《湖南科技大学学报》

(社会科学版)2006 年第 3 期。

周敬青:《毛泽东对林彪接班人地位的确立和废黜》(上、中、下)《党史纵览》2003 年第 11 期,2004 年第 1 期,第 2 期。

邓礼峰:《"文化大革命"时期人民解放军的主要成就和经验教训》,《当代中国史研究》2003 年第 3 期。

刘志青:《论"九一三"事件后"解放军学全国人民"活动》,《当代中国史研究》2003 年第 3 期。

顾为铭:《军队高干会和毛泽东的"八月指示"》,《当代中国史研究》2003 年第 6 期。

李捷:《从解冻到建交:中国政治变动与中美关系》,《党的文献》2002 年第 5 期。

江红英:《毛泽东与领袖接班人问题——兼论党的制度建设》,《中共党史研究》2005 年第 1 期。

庹平:《周恩来探索中国社会主义建设的理论贡献》,《当代中国史研究》2008 年第 2 期。

陈东林:《"文化大革命"时期的国民经济状况研究述评》,《当代中国史研究》2008 年第 2 期。

唐正芒:《周恩来与"文化大革命"时期的粮食问题》,《当代中国史研究》2008 年第 1 期。

陈虹:《杨成武谈揭批罗瑞卿实情》,《炎黄春秋》2005 年 10 期。

陈丕显:《武汉"七二〇"事件彻底平反的经过》,《武汉文史资料》2006 年第 8 期。

马克昌:《特别辩护回顾——为林彪、江青反革命集团案主犯辩护反思》,《法治论丛》2006 年第 6 期。

刘随清:《"三支两军"的初衷及其两重性》,《中共党史研究》2006 年第 5 期。

杨德山:《试析"三支两军"兴起的原因》,《中共党史研究》2005 年第 6 期。

陈少铭:《一九六九年"国际形势座谈会"及其历史贡献》,《中共党史研究》2008 年第 1 期。

沈传宝:《中央文革小组的历史沿革及立废原因探析》,《中共党史研究》2007 年第 1 期。

钟德涛、柳青:《军队"批林整风"运动述略》,《中共党史研究》2005 年第 3 期。

马英民:《"文化大革命"时期民众主流意识探析》,《党的文献》2003 年第 6 期。

陈扬勇:《周恩来对"文化大革命"的认识与态度》,《党的文献》1998 年第 3 期。

高华:《革命政治的变异和退化:"林彪事件"的再考察》,《二十一世纪》2006 年 10 月号。

(六) 主要报刊、杂志

《参考消息》;《人民日报》;《光明日报》;《新华月报》;《解放军报》;人大复印资料《中国现代史》、《中国共产党》、《中国政治》、《毛泽东思想研究》、《邓小平理论研究》;《中共党史研究》;《毛泽东思想论坛》;《毛泽东思想研究》;《党的文献》;《党史通讯》;《当代中国史研究》;《党史研究资料》;《炎黄春秋》;《中华儿女》;《百年潮》等等。

注:对于一些杜撰虚构的纯粹纪实文学作品,描述事件人物的真实性值得怀疑,本书不作为参考。

中共中央党校　金春明教授：

在整个中共党史中，"文化大革命"十年是非常需要研究而又很不容易研究的一个时期。林彪问题就是其中很难研究的问题之一。涉及最高统帅和副统帅、法定接班人的关系，政治上十分敏感。对林彪事件，国内外均有多种研究著述出版，但分歧颇大，论断相左，很少共识。四十多年来，争议之声不绝于耳。说明这是一个颇有研究价值的历史事件。我的学生周敬青教授，广泛搜集大量史料，经过多年的潜心研究，经过认真地比较分析，在综合、继承、批判前人成果的基础上，对林彪事件的来龙去脉、关节点和问题实质，进行比较系统而科学的梳理和探求，形成自己的判断和见解，并对这段复杂而曲折的历史，作出比较通俗而合理的阐述。博士论文基础上写成的这本书，对研究和思考林彪问题，不失为比较可信的一家之言。

中共中央党校　于南先生：

作者选择了这个有相当难度的课题，收集了大量资料，对林彪集团进行剖析，廓清林彪集团的来龙去脉，回答了人们的一些疑问，批驳了一些谬误，实事求是地还林彪的本来面目，填补了林彪问题研究中的一些空白，这是一件十分有益的学术工作。

中国人民大学中共党史系　彭明教授：

"文化大革命"十年，在党史、国史上占有重要位置，留下的教训也十分深刻，使人们永远不能忘记，将长留史册。因此，对它的研究，为国内外学者所重视。如《关于建国以来党的若干历史问题的决议》所言，这场"文化大革命"是由领袖个人错误发动，而被两个反革命集团利用所造成的。因此弄清这两者之间的关系，成为说明事件真相的关键。作者抓住"林彪集团"的兴衰进行研究，可说抓住关键之一。因此，课题很有意义，它极有助于对"文化大革命"史的全面研究。总的来讲，从选题到综述和分析都是不错的，文字也通畅可读。特别是最后论证的几个不实之处，用有力的证据,辨析了若干失实的传说和误断,显示出作者的科学作风。从理论上分析了"林彪现象及其经验教训",总结得很好,既有理论上也有实践上的意义,可以起到"警世"的作用。

中共中央党校　郭德宏教授:

关于林彪集团及"九一三"事件,一直是国内外研究的一个热点,出版的著作很多,众说纷纭,莫衷一是。本书比过去的研究深入了一步,特别是对几个有关事实的辨析,驳斥了所谓"林彪三冤"等错误的说法,进一步澄清了一些有关的事实,对于进一步开展关于林彪集团及"九一三"事件以及"文化大革命"的研究,总结其中的经验教训,是有价值的。本书的突出之处,一是资料非常丰富,论据比较充分;二是分析比较细致;三是文字生动流畅。

中国人民解放军后勤指挥学院　邵维正教授:

本书选题重大,涉及"文化大革命"研究中一个关键性问题,尽管"九一三"事件已过去三十多年,林彪集团仍为国内外所关注。本书详尽叙述了国内外这一领域研究的前沿状况,针对国外的歪曲和国内的疑惑,展开深入的再研究,并予以有说服力的回答,尤其在林彪蜕变的轨迹、林江两个集团的结盟和对抗、林彪现象的剖析等方面具有创新性,对深化"文革"史的研究有理论价值,对执政条件下党的建设有现实意义,能引发诸多思考。本书立论正确,分析深刻,实事求是,评价公允,把宏观研究与微观研究结合起来,对林彪现象的经验教训作了理性剖析,从主观原因、社会基础、制度根源等方面进行深入阐述,同时又对国内外有争论的若干史实作了考订。

中共中央党校　王仲清教授:

这本书的特点是:(一)从现实出发,针对性强,勇于挑战。(二)在分析国内外研究成果的基础上,根据占有的史料,对问题作出独到的见解,态度鲜明,笔锋泼辣,毫不避让。(三)对这一历史事件的历史渊源、前因后果等诸多方面,分析周到,论点周密,叙述细致,历史逻辑和理论逻辑结合得好。特别是对国内外引起较大争议的若干问题,进行了有力的辩驳,阐明了自己的观点。

中国人民大学中共党史系　陈明显教授:

林彪集团问题虽已过三十多年,并在中央的不少文件中都作了定论,但定论为政治结论,至于把它作为学术问题来研究,或从总结历史经验教训的角度进行研究,还是很必要和有意义的。选择此题加以再研究、再认识很有意义。本书在林彪集团的形成、九届二中全会的暴露以及覆灭几部分中,提出了不少创新观点。尤其指出林彪集团是在特定历史条件下的产物,是在争权夺利过程中形成的等观点是很正确和有见地的。全书理论观点正确,文章结构完整,史料丰富。本书确是一部写得十分朴实、十分精彩的优秀著作,值得学习和推荐。

中共中央文献研究室   安建设研究员:

能够遵循《关于建国以来党的若干历史问题的决议》的基本精神,运用辩证唯物主义和历史唯物主义的立场、观点和方法,尊重历史,尊重事实,以史为据,史论结合,是一部体现作者严肃治学态度和正确研究方法的力作。

书中涉及中共党史和国史中一系列重要事件和人物的研究,同时针对国内外有关林彪问题的各种揣测、讹传以及别有用心的说法进行了辩驳,是一项政治性很强、有着现实意义的研究课题。就此,作者努力发掘史料,客观评述,深入考察,悉心研作。本书有助于澄清事实,深化研究,驳斥谰言,维护《关于建国以来党的若干历史问题的决议》和"两案审判"的正确结论。在把握、分析各类最新史料和研究成果的同时,作者能够提出自己的独立见解和判断,进而提高了本书的质量,体现了作者的科研能力和水平。

中共中央党史研究室   郑谦研究员:

林彪事件是党史、国史中一个奇特而又十分敏感的问题。"文化大革命"后三十年来,与党史领域里其他课题相比,这方面的严肃的、学术性的研究成果并不算多,而这又与有关林彪事件的大量"海外"作品、"纪实"作品和"地摊文学"形成了鲜明对比。一些海外著作或是出于反华、反共的目的,或是出于猎奇的需要,散布了大量似是而非或歪曲事实的材料和结论。国内的"地摊文学"在商业利益的驱动下,使这个问题成为一个长盛不衰的题材。这些文字混淆了视听,搞乱了人们的思想。如何在前人研究的基础上,在仍然缺乏一些关键性资料的情况下,在充斥许多伪学术、假材料的情况下,站在党性、科学性的立场上,考证辨伪,详加论述,并进行一些深层次思考,总结必要的经验教训,仍是摆在党史、国史界的一个重要课题。本书在这方面进行了大量努力,取得了可喜的成果。

1. 本书坚持了党性与科学性的统一,坚持了正确的导向。在唯物史观的指导下,对大量史料进行了严格、科学的筛选和辨别,批驳了海内外一些奇谈怪论,有利于读者科学、全面地了解林彪事件的来龙去脉。

2. 本书搜集了近三十年来有关这个问题的大量资料,研究了大量有关研究成果,书中对国内外研究状况的述评就提供了许多有利于推动研究的信息。正是在这样一种扎实资料的基础上,作者有可能比较全面、准确地对林彪蜕变的轨迹、林彪集团的形成及覆灭进行论述。

3. 本书的结构比较合理。作者从对历史的考察入手,对林彪在解放后一段时间里思想发展过程的分析较之以往的学术著作更为系统,一些结论也有新意,有关林彪现象的分析也颇具特色。如果不进行深层次的理论分析,林彪事件难免给人一种神秘的色彩。作者在这里提出"林彪现象"的概念,并从历史传统、体制弊端及"文化大革命"这样一种特定环境等方面入手,分析了这一现象产生的原因和过程,从而使林彪现象成为一个有规律可循的历史现象。作者由此提炼出来的一些经验教训也是比较深刻的。总之,本书文字流畅,具有较高的学术品位和价值。

中共中央党校党史部　　柳建辉教授:

选题得当,对学科发展和社会进步有较大的理论意义和实践意义。虽然研究难度较大,但书中史论结合,论从史出,对宏观问题和微观问题的关系处理恰当;基本观点立论正确,证据充分,史料翔实;全书结构合理,条理清楚,文字流畅。作者提出不少新见解,是一部较优秀的学术著作。

中共中央党校党史部　　王海光教授:

自 1971 年"九一三"事件发生以来,对林彪集团和林彪事件的研究就成为中共党史和中华人民共和国史的热点问题。可以说,很少有什么课题能像它一样,引起人们如此持久不衰的兴趣。这也从一个角度反映出了这个课题的学术价值和政治价值。特别是进入九十年代之后,有一小部分人出于不同的动机,在海内外发表和出版一些为林彪翻案的文章和书籍,使对林彪事件的厘清更有其紧迫性和必要性。本书具有敏锐的学术眼光和现实针对性,难度亦大。书中对国内外学术界关于林彪问题的研究状况有比较清楚全面的了解和把握。书中所引用的书籍资料,收集面很广,囊括了国内公开出版的有关资料和海外有影响的论著,对问题的论述分析有着材料的丰富性。本书对林彪集团的形成、发展到覆灭的过程,论述甚详,在每一个有争议的问题上都引用大量的史实进行了详尽的分析,去伪存真,提出了自己的观点,展现了一个历史的真实发展过程,能够有力地回应海内外在这个问题上的不实之词。

清华大学哲学系　唐少杰教授:

本书具有三个优点:

一是思想性很强。旗帜鲜明地坚持历史唯物主义的基本原理,在对"文化大革命"的林彪集团问题的再认识这一重大课题上,充分运用了历史的、批判的并与现实相统一的方法,实事求是而又鞭辟入里地分析和概述了林彪集团问题的由来和演变,特别是从坚持和发展马克思主义,改革和完善社会主义制度的高度得出了若干重要的思想认识的指导原则。

二是学术性较高。立题富有创见,认识充分有力,阐述严谨细致,结构周密分明。最重要的是,本书从历史与逻辑相统一的高度上,非常恰当地不断由事实演进的叙述转化为对历史的批判和现实反思的把握,真正体现了作者的学术功底和本书的学术价值。

三是在运用和分析文献资料方面显示出丰富、翔实、扎实和厚重的特色。在收集了相关问题的几乎全部发表的文献资料的基础上,十分出色地分析了它们的所长或所短,力求达到去伪存真、去芜存精,加以批判地进行考证和取舍。

后　记

　　本书是在我的博士论文的基础之上写成的。1998 年,我进入中共中央党校,攻读博士研究生。入学伊始,导师金春明教授就开设了"文化大革命"史研究的前沿问题专题讲座,并提出了林彪集团这一研究课题。我开始思考这个问题,收集材料,并发表了一些相关的文章,但是否把它作为毕业论文的选题,我一直是顾虑重重。因为林彪毕竟是个敏感的人物,有人说"评价这个人物是轻不得,重不得,深不得,浅不得",如何把握好分寸,确实是一大难题,同时还受到资料的限制,又自恐学力浅薄,难以驾驭这个课题。直到第二年,我决定把这个题目作为自己的毕业论文,并将马克思的那句名言抄在案头以自勉:"在科学的入口处,正像在地狱的入口处,'这里必须根绝一切犹豫;这里任何怯懦都无济于事。'"我想,世世代代的人们将会不断地从历史中汲取智慧。从这个意义上讲,不是任何一个人,甚至也不是那一代人,可以完成对某个历史事件或历史人物的反思。我的努力如果能对林彪集团问题的研究有所推进,个人的付出也是值得的。

　　研究生毕业后,我到上海市委党校工作,这期间,我一直在关注这个课题的研究进展,并不断地对自己的论文进行冷静的思考与修补,对文中的资料进行校核和考证。论文修改的过程,也是不断否定自我,追求完善的过程。

　　本书从选题、写作、修改到定稿,历经十五载。个中艰辛,体味殊深。我只是竭尽全力,在茫茫的史料和众说纷纭的见解中力求去伪存真、去粗取精、甄别是非、探赜索隐,以期在这一研究领域有所创新。这虽像一场马拉松似的较量,但"坐冷板凳"既是一种磨砺,又是一种乐趣。抱着对社会、对历史、对读者负责的态度,力求做到科学性、思想性、学术性、通俗性融为一体,使研究成果更接近大众,是我的孜孜追求。当我诚惶诚恐地把拙作献给读者之时,希望我交出的是一份满意的答卷!

　　本书凝聚着很多人的劳动。

　　首先感谢我的导师金春明教授,他将我领进"文化大革命"这一研究领域。金老师指导我选择了这一课题,并将多年收集的国内外相关研究资料和自己的研究成果供我参考。从本书提纲的设计到反反复复的修改，从结构的安排到字斟句酌的润色，写作的每个环节都得到了导师的悉心指导，字里行间都浸透着导师的心血。

感谢中共中央党校于南教授，于教授参加了"两案"的审判工作，是国内研究林彪问题的专家，他将自己多年积累的资料提供给我，并多次给我以指导和鼓励，于老师认真地审改我的毕业论文和本书初稿，甚至每一处注释、每一个词语、每一个标点都一一校核，并亲自为本书作序，使拙作增辉。在我的心目中，一直把他当成自己的又一位导师。

三年读博，幸遇两位恩师，他们淡泊名利的高尚人格、勤奋严谨的治学态度、教书育人的可贵品质、探求真知的理论勇气，给我以启迪，也是我今后人生的努力方向。

中国人民大学彭明教授担任我论文答辩委员会主席。当年彭教授在论文答辩会上和蔼可亲的音容笑貌依然历历在目。先生已驾鹤西归，但先生坐冷板凳的精神永远激励着我在学术上追求真知。

中国人民大学陈明显教授；中国人民解放军后勤指挥学院邵维正将军；中国社会科学院副院长、当代中国研究所所长李捷研究员；中共中央党校王仲清、郭德宏、陈雪薇、王海光、宫力、柳建辉、陈述教授；安徽师范大学黄德渊教授；中央文献研究室安建设研究员、田松年研究员；中共中央党史研究室郑谦、张化研究员、黄如军研究员；当代中国史研究所杜蒲、刘国新、刘志男研究员；国防大学王年一教授；清华大学的唐少杰教授，或审阅我的博士论文并提出了宝贵的修改意见，或在写作过程中给予指导或帮助。中共上海市委党校副校长朱华教授审改了书稿，提出了许多宝贵的修改意见。本书的写作和出版过程中得到上海人民出版社原社长丁荣生、原社长王兴康、社长王为松、副总编辑齐书深；中共上海市委党校常务副校长王国平教授、副校长郭庆松教授、党史党建教研部张明楚教授、张忆军教授、肖昌进教授、刘宗洪教授；陕西省作家协会副主席、陕西师范大学文学院朱鸿教授的支持和帮助，中央党校同窗三载的 98 级博士研究生和中共上海市委党校第 13 期中青年理论工作者研讨班的同学们一直在关注此书的出版，在此一并表示衷心的谢意。

本书饱含着我的家人的关爱、理解与奉献。作为子女、妻子、母亲，我欠下了家人很多很多。在读博撰写博士论文期间，年迈的父母翘首盼望女儿能常回家看看，但一次次都是匆匆来回；我的婆婆默默地承担几乎所有的家务；我的爱人无怨无悔地担起了相妻教子的重负并多次审读该书稿；天真的儿子最爱对我说的话就是"妈妈,去写您的作业吧!"

任何研究都是踏在前人的肩膀上的。本书也是在前人研究的基础上完成的,他们的支撑,使我在这一深邃的研究领域中展开了飞翔的翅膀。写作中参阅了有关专家的研究成果,这里一并表示衷心感谢。

由于"文化大革命"中历史事件的复杂性和目前档案材料的局限性,以及本人才智不济,本书的错误和疏漏之处一定很多,敬请广大读者不吝赐教。

光阴荏苒,史海钩沉,蓦然回首,感慨万千。

周敬青
2017 年 6 月

图书在版编目(CIP)数据

解读林彪:"九一三"事件与林彪集团的覆灭/周
敬青著.—上海:上海人民出版社,2013(2013.7 重印)
ISBN 978 - 7 - 208 - 11293 - 3

Ⅰ.①解⋯　Ⅱ.①周⋯　Ⅲ.①九·一三反革命事件
(1971)-研究 ②林彪反党集团-研究　Ⅳ.①D652

中国版本图书馆 CIP 数据核字(2015)第 040281 号

责任编辑　吕桂萍
封面设计　储　平

解读林彪
——"九一三"事件与林彪集团的覆灭
周敬青　著

出　　版　上海人民出版社
　　　　　　(201101　上海市闵行区号景路 159 弄 C 座)
发　　行　上海人民出版社发行中心
印　　刷　江阴市机关印刷服务有限公司
开　　本　720×1000　1/16
印　　张　20.25
插　　页　2
字　　数　343,000
版　　次　2013 年 4 月第 1 版
印　　次　2025 年 1 月第 18 次印刷
ISBN 978 - 7 - 208 - 11293 - 3/K · 1973
定　　价　68.00 元